Christoph Schneider

Der Warschauer Kniefall

AF287789

Historische Kulturwissenschaft · Band 9

Herausgeber
Bernhard Giesen (Konstanz)
Alois Hahn (Trier)
Jürgen Osterhammel (Konstanz)
Rudolf Schlögl (Konstanz)

Neben Strukturen und Ereignissen rücken in den kulturwissenschaftlich orientierten Geistes- und Sozialwissenschaften Diskurse, Kommunikationsprozesse, Rituale, Symbole und Medien als Ebenen und Prozessoren von (Selbst-) Beobachtungs- und Wahrnehmungsprozessen in das Blickfeld der Forschung. Aus dieser thematischen Öffnung ergeben sich neue Möglichkeiten des methodischen und theoretischen Austausches zwischen den unterschiedlichen Fächern.

Die Reihe HISTORISCHE KULTURWISSENSCHAFT versammelt vor diesem Hintergrund Monographien und Sammelbände aus allen Disziplinen, die eine kulturwissenschaftliche, disziplinübergreifende Fragestellung verfolgen und ihren Gegenstand in einer methodisch orientierten, historischen Perspektive bearbeiten.

Christoph Schneider

Der Warschauer Kniefall

Ritual, Ereignis und Erzählung

UVK Verlagsgesellschaft mbH

Abbildung auf der Einbandvorderseite: Gerhard Schröder am Willy-Brandt-Denkmal in Warschau.
© dpa Picture-Alliance GmbH

Dissertation der Universität Konstanz; Tag der mündlichen Prüfung: 21. April 2005;
1. Gutachter: Prof. Dr. Bernhard Giesen
2. Gutachter: Prof. Dr. Werner Georg

Bibliografische Information der Deutschen Bibliothek
Die Deutsche Bibliothek verzeichnet diese Publikation in der Deutschen Nationalbibliografie; detaillierte bibliografische Daten sind im Internet über <http://dnb.ddb.de> abrufbar.

ISSN 1613-6624
ISBN 13: 978-3-89669-600-7
ISBN 10: 3-89669-600-9

© UVK Verlagsgesellschaft mbH, Konstanz 2006

Einbandgestaltung: Susanne Weiß, Konstanz
Satz und Layout: Andreas Brehmer, Konstanz
Druck: Books on Demand GmbH, Norderstedt

Diese Arbeit ist im KFK/Sonderforschungsbereich 485 »Norm und Symbol. Die kulturelle Dimension sozialer und politischer Integration«, Konstanz, entstanden und wurde auf dessen Veranlassung und unter Verwendung der ihm von der Deutschen Forschungsgemeinschaft zur Verfügung gestellten Mittel gedruckt.

Gedruckt auf alterungsbeständigem Papier

UVK Verlagsgesellschaft mbH
Schützenstr. 24 · D-78462 Konstanz
Tel. 07531-9053-0 · Fax 07531-9053-98
www.uvk.de

Vorwort

Die vorliegende Arbeit entstand im Rahmen des Sonderforschungsbereichs „Norm und Symbol" an der Universität Konstanz. Dies sei deshalb hier an erster Stelle erwähnt, weil sich die Kollegialität und das Arbeitsklima innerhalb dieses Forschungsverbundes sehr produktiv auf die Auseinandersetzung mit dem vorliegenden Fall auswirkten. In gleicher Weise muss hier das von Prof. Dr. Jeffrey C. Alexander und Prof. Dr. Bernhard Giesen geleitete gemeinsame Seminar der Universitäten Yale und Konstanz zum „Performative Turn" genannt werden, das ebenfalls einen positiven und richtungsweisenden Einfluss auf die Arbeit ausübte.

Mein besonderer Dank gilt vor allem meinem Betreuer Prof. Dr. Bernhard Giesen, der mir für die Bearbeitung des Themas einen beträchtlichen Vertrauensvorschuss eingeräumt hatte, und ebenso möchte ich meinen Kollegen am Konstanzer Lehrstuhl für Makrosoziologie für die zahlreichen Anregungen und Diskussionen danken. Dank schulde ich ebenso Prof. Dr. Rudolf Schlögl für seine Kritik während der Endredaktion des Manuskripts. Genauso möchte ich an dieser Stelle Gerold Gerber erwähnen, der mich immer wieder auf heikle Punkte aufmerksam machte, insbesondere in Hinsicht auf die hermeneutische Ausrichtung der Analyse. Dank schulde ich weiterhin Yonca Bozkurt, Yvonne Schwark und Andreas Brehmer für die geleistete technisch-redaktionelle Unterstützung.

Es sei einleitend auf ein Problem aufmerksam gemacht, das mit der immer noch andauernden „Aktualität" des Kniefalls zusammenhängt. Der Kniefall Brandts am Warschauer Ghetto-Denkmal gehört zu den Ikonen der bundesrepublikanischen Politik. Um dieses Ereignis zu rahmen, mobilisierte die Presse eine Fülle von Symbolen und Erzählweisen, die spätestens auf den zweiten Blick christlichen Ursprungs sind. Der Kniefall und das von ihm ausgelöste Medienecho lässt sich daher mit einem rationalistischen Politikverständnis nicht greifen, sondern gehört zur säkularisierten Mythologie des Politischen. Was nun die „politische Mystik" angeht, so schreibt Ernst H. Kantorowicz hierzu Folgendes: „Von einer Mystik bleibt in der Regel nicht viel übrig, wenn sie aus dem warmen Dämmerlicht des Mythos und der Fiktionen hervorgeholt und das kühle Scheinwerferlicht der Tatsachen und der Ver-

9

nunft auf sie gerichtet wird. Ihre Sprache klingt außerhalb ihres mystischen Zirkels, ohne das Echo ihrer eigenen Magie, primitiv und sogar etwas albern. [...] Namentlich die politische Mystik verliert ihren Zauber und wird sinnlos, wenn sie aus ihrem ursprünglichen Milieu, aus ihrem Raum und ihrer Zeit herausgenommen wird."[1] Zwar beschäftigt sich Kantorowicz mit der politischen Ordnung des Mittelalters, aber dennoch kann die zitierte Passage genauso auf die Symbolik und Mythologie zeitgenössischer Politik übertragen werden. Kantorowicz' abgeklärter Skeptizismus entgegen mythischer Bedeutungsvermittlung wird im Rahmen der vorliegenden Arbeit jedoch nur zur Hälfte geteilt: Obwohl der Kniefall Brandts – und damit die Auseinandersetzung mit dem Holocaust – gerade für Deutsche nicht *histoire*, sondern *mémoire*, also nicht „erkaltete Geschichte", sondern lebendige und eminent identitätskonstituierende Erinnerung ist, so darf die soziologische Analyse ihr „entzauberndes" Potential dennoch nicht verlieren. Auch wenn der Kniefall für uns noch so „bedeutend" sein mag, seine Untersuchung muss dessen ungeachtet die nötige Distanziertheit einhalten. Es wird im Folgenden allerdings nicht generell davon ausgegangen, das Mythische – man muss ergänzen: das Symbolische und Rituelle – wirke vom distanziert-aufgeklärten Standpunkt automatisch „primitiv", „sinnlos" oder sogar „albern" wie Kantorowicz es unterstellt. Die vorliegende Arbeit hat es sich nicht zum Ziel gesetzt, solche Formen der Kommunikation als überkommen und vielleicht sogar als „betrügerisch" zu entlarven, sondern es wird darum gehen, ihre vielfältigen Bedeutungsschichten aus dem kulturellen Kontext heraus zu verstehen.

Christoph Schneider

---

1   Ernst H. Kantorowicz, Die zwei Körper des Königs. Eine Studie zur politischen Theologie des Mittelalters, München 1994, S. 27.

1. Einleitung

„Mag einer dazu sagen, er selber hätte es nicht getan. Aber hatte nicht jener Augenzeuge Recht, als er dort über Willy Brandt schrieb: ‚Dann kniet er, der das nicht nötig hat, für alle, die es nötig haben, aber nicht knien?' Es war ein unerhörter Vorgang, ein unvorstellbarer Augenblick."
(Richard von Weizsäcker[1])

„Es war – ich kann es nicht anders nennen – eine biblische Szene."
(Henri Nannen[2])

1. Eingrenzung des Untersuchungsrahmens

Der Gegenstand dieser Arbeit ist der Kniefall Willy Brandts im Jahre 1970 am Denkmal des Warschauer Ghettos. Die empirische Grundlage ist dabei insbesondere die Berichterstattung der inländischen Presse[3], und zwar nicht nur diejenige des Jahres 1970, sondern ebenso die Presseartikel des Jahres 2000, als sich das Datum des Kniefalls zum dreißigsten Mal jährte.

Die zentrale Frage ist, wie und warum eine demutsvolle Geste der Selbsterniedrigung und Schuldanerkennung dennoch charismatisch wirken und – wenn auch zeitverzögert – zu einem nationalen Symbol werden konnte.[4] Um dieser Frage nachzugehen, ist es nötig, die Symbo-

---

1 Zit. nach *Die Zeit*, 07.12.2000, S. 5.
2 Zit. nach *Stern*, 15.10.1992, S. 1.
3 An einigen Stellen wird auch auf die ausländische Presse verwiesen. Der stichprobenartige Einbezug der ausländischen Presse dient der Verifizierung der Ausgangshypothese, dass – im Gegensatz zu Deutschland – im Ausland die Bedeutung von Brandts Kniefall schon sehr früh, das heißt bereits im Jahre 1970 erkannt wurde. Was die Reaktion des Auslands betrifft, so wird in *Kapitel sechs* exemplarisch das Titelbild der Januarausgabe des *Time-Magazines* des Jahres 1971 interpretiert, als Brandt zum „Man of the Year" gewählt wurde.
4 Vgl. Bernhard Giesen, Das Tätertrauma der Deutschen. Eine Einleitung, in: ders. /

11

lik der Geste und vor allem auch die Art und Weise, wie in der Presse über dieses Ereignis „erzählt" wurde, über den kulturellen Kontext zu deuten, in den der Kniefall als ein nur dem Schein nach „isoliertes" und „einmaliges" Ereignis eingeflochten war. Im Mittelpunkt steht daher die Untersuchung derjenigen kulturell vorhandenen Ausdrucksformen und „Rahmen", durch die der Kniefall erst seine Bedeutung zugesprochen bekam und damit in das Zentrum des öffentlichen Gedächtnisses rücken konnte. Die Bedeutung des Kniefalls – so die These – resultierte demnach aus einem im Geertz'schen Sinne verstandenem komplexen Netz symbolischer Relationen, die seine exponierte Bedeutung erst generierten.[5] Der Kniefall wird damit als ein Ereignis betrachtet, in dem Formen politischer Bedeutungskonstruktion eine sinnlich wahrnehmbare Gestalt[6] einnehmen. Das Entscheidende dabei ist – und auf diesen Punkt wird sich das Forschungsinteresse besonders konzentrieren –, dass der Kniefall seine symbolische Integrationsleistung gerade aus dem *Bruch* bezog, den er innerhalb der rituellen Ordnung darstellte.[7] Symbolisch vermittelte Integration vollzieht sich hier nicht wie gewohnt über im Ritual zum Ausdruck gebrachte Kontinuität, sondern über das „Charisma des außerordentlichen Vorfalls". Es wird sich allerdings in diesem Punkt erweisen, dass ein „außerordentlicher Vorfall" dieser Art erst dadurch zum bedeutungsvollen Ereignis im eigentlichen Sinne werden kann, wenn es gelingt, einen solchen außerhalb der gewohnten Ordnung liegenden Vorfall mit Deutungsschemata zu bearbeiten, die ihrerseits wiederum im Rahmen der gegebenen Kultur zur Verfügung stehen.[8] Dieser Ansatz erlaubt es, ein Problem zu bewältigen, das sich

---

Christoph Schneider (Hg.), Tätertrauma, Konstanz 2004, S. 11-53, hier: S. 42-45.

5 Vgl. Clifford Geertz, Dichte Beschreibung. Beiträge zum Verstehen kultureller Systeme, Frankfurt a.M. 1987, S. 7-43, hier: S. 9; zu diesem Ansatz vgl. Lutz Ellrich, Verschriebene Fremdheit. Die Ethnographie kultureller Brüche bei Clifford Geertz und Stephen Greenblatt, Frankfurt 1999; vgl. Fred Inglis / Clifford Geertz, Culture, Custom and Ethics, Cambridge 2000; vgl. Sherry B. Ortner, The Fate of ‚Culture'. Geertz and Beyond, Berkeley 1999.

6 Vgl. Rudolf Schlögl, Symbole in der Kommunikation. Zur Einführung, in: ders. u.a. (Hg.), Die Wirklichkeit der Symbole. Grundlagen der Kommunikation in historischen und gegenwärtigen Gesellschaften, Konstanz 2004, S. 9-38, hier: S. 11.

7 Zur „Wende" der Ostpolitik Brandts im Allgemeinen vgl. Jeffrey Herf, Zweierlei Erinnerung. Die NS-Vergangenheit im geteilten Deutschland, Berlin 1998, S. 406-408.

8 Zur Vielschichtigkeit des Begriffs „Kultur" vgl. Hans Haferkamp, Sozialstruktur und Kultur, Frankfurt a.M. 1990; vgl. Hans-Georg Soeffner, Kulturmythos und kulturelle Realität(en), in: ders., Gesellschaft ohne Baldachin. Über die Labilität von Ordnungskonstruktionen, Weilerswist 2000, S. 153-179; vgl. Zygmunt Bauman, Culture as Praxis, London 1973; vgl. Ute Daniel, Kompendium Kulturgeschichte: Theorien, Praxis,

automatisch aus einer „kulturalistischen Sichtweise" ergibt: Kulturalistische Deutungen menschlichen Handelns geraten an der Stelle in Erklärungsnot, wenn Individuen Handlungen solcher Art vollziehen, die, gemessen an der „kulturellen Rahmung" des Handlungskontextes, eigentlich als „abwegig" oder „unverständlich" bezeichnet werden müssten, wenn nicht sogar in besonders dramatischen Fällen dem Handelnden dann das Prädikat des „psychisch Kranken" als letzter ordnungssichernder (und ebenfalls kulturell verfügbarer) Deutungsanker angeheftet wird. Wenn ein Individuum sich nicht an die kulturell festgelegten Regeln hält, sondern einen anderen Weg einschlägt, dann droht die These von der Kultur als handlungsleitendes symbolisches Netz zu versagen.[9] So ist der Kniefall zunächst eine Handlung, die vom Erwartungsstandpunkt eines modernen, „säkularen" Politikverständnisses außerhalb der kulturellen Ordnung liegt. Die These wird jedoch lauten, dass zur sinnhaften Bearbeitung des „Außerordentlichen" wiederum kulturelle Deutungsmuster vorhanden sind, die es erlauben, „Bruchstellen" dieser Art zu reintegrieren.

Im Falle des Kniefalls erfolgt diese Reintegration des Außerordentlichen über religiöse Figuren. In der qualitativ-hermeneutischen Analyse wird in diesem Sinne daher danach gefragt werden, wie es zu erklären ist, dass zentrale Motive der christlichen Religion von der Presse herangezogen wurden, um Brandts Geste im Sinne einer säkularen „Christomimesis" zu rahmen.[10]

Das Thema liegt damit im Zentrum der in den Sozial- und Geisteswissenschaften lang diskutierten, inzwischen als „klassisch" geltenden Frage nach dem Zusammenhang zwischen den Feldern „Religion" und „Politik". Der Kniefall und die ihm in der deutschen Öffentlichkeit zugemessene Bedeutung repräsentieren in akzentuierter Form eine

---

Schlüsselwörter, Frankfurt a.M. 2004; vgl. Gerhart Schröder / Helga Breuninger (Hg.), Kulturtheorien der Gegenwart. Ansätze und Positionen, Frankfurt a.M. 2001; vgl. Mark J. Smith, Culture. Reinventing the Social Sciences, Buckingham 2000; vgl. Thomas Jung, Geschichte der modernen Kulturtheorie, Darmstadt 1999; vgl. Warren Kidd, Culture and Identity, Houndmills 2002; vgl. Ross Abbinnett, Culture & Identity, London 2003; vgl. John R. Hall u.a., Sociology on Culture, New York 2003; vgl. Marvin Harris, Theories of Culture in Postmodern Times, London 1999; vgl. John Tulloch, Performing Culture. Stories of Expertise and the Everyday, London 1999; vgl. Philip Smith, Cultural Theory. An Introduction, Malden 2001.

9   Vgl. Bernhard Giesen, Die kulturelle Verfassung des Handelns. Zehn Gesichtspunkte, in: Schriftenreihe des Sonderforschungsbereichs 485, Nr. 4, Soziologische Perspektiven auf „Norm und Symbol", Konstanz 2000, S. 13-25, hier: S. 23.

10 Vgl. Giesen, Das Tätertrauma der Deutschen, S. 42-45.

„Wiederverlebendigung" dieser immer schon problembeladenen Relation. Auch wenn es zu weit führen würde, die Debatte um das Verhältnis zwischen Religion und Politik in aller Ausführlichkeit zu rekonstruieren, so müssen hierzu doch zumindest einige Stichworte fallen, um den theoretischen Rahmen besser herauszustreichen, in dem sich die Untersuchung bewegen wird. So hat sich zwischenzeitlich die Erkenntnis durchgesetzt, dass die zunehmende Ausdifferenzierung politischer und religiöser Herrschaft nicht erst mit geschichtsmächtigen Daten wie Reformation und Aufklärung einsetzte, sondern in einen weit längeren historischen Rahmen eingebettet werden muss. Ähnlich wie Hans-Ulrich Wehler der Rezeption Max Webers berühmter Protestantismus-These insofern eine gewisse historische „Kurzatmigkeit" unterstellt, da nach seiner Ansicht der vom asketischen Protestantismus ausgelöste Rationalisierungsschub bereits im Prophetismus des antiken Judentums angelegt war und sich im Protestantismus nicht erst entwickelte, sondern radikalisierte[11], so muss ebenso davon ausgegangen werden, dass das Auseinanderdriften von politischer und religiöser Herrschaft[12] in ersten Ansätzen bereits ab der sogenannten Achsenzeit einsetzte, wie sie von Alfred Weber und dann von Karl Jaspers und Shmuel Eisenstadt beschrieben wurde.[13] Dass eine in diesem Sinne bereits historisch sehr früh keimende „Säkularisierung" das wissenschaftliche Interesse erregt, verdankt sich dabei unter anderem der zwischenzeitlich wieder zunehmenden Rezeption Eric Voegelins[14], auf dessen Werk an einigen Stellen noch ausführlich eingegangen wird. Das Interessante ist nun, dass sich beinahe zeitgleich zu der These eines historisch weit vorverlagerten Beginns „moderner" Prozesse wie Rationalisierung, weltimmanenter Fortschrittsglaube (wie Voegelin es mit seinem Konzept der

---

11 Vgl. Hans-Ulrich Wehler, Die Herausforderung der Kulturgeschichte, München 1998, S. 96-115.
12 Vgl. Bernhard Giesen, Tales of Transcendence. Imagining the Sacred in Politics, in: ders. / Daniel Šuber (Hg.), Religion and Politics. Cultural Perspectives, Leiden 2005, S. 93-137; zur Begriffsbestimmung „politischer Theologie" vgl. Jan Assmann, Herrschaft und Heil. Politische Theologie in Altägypten, Israel und Europa, München 2000, S. 15-31.
13 Vgl. Alfred Weber, Kulturgeschichte als Kultursoziologie, Amsterdam 1935; vgl. Karl Jaspers, Vom Ursprung und Ziel der Geschichte, München 1983; vgl. Shmuel Eisenstadt, Kulturen der Achsenzeit. Ihre Ursprünge und ihre Vielfalt, 2 Bde., Frankfurt a.M. 1987; vgl. ders., Kulturen der Achsenzeit II. Ihre institutionelle und kulturelle Dynamik, 3 Bde., Frankfurt a.M. 1992.
14 Zur Rezeption Voegelins vgl. Gilbert Weiss, Die europäische Rezeption Eric Voegelins, in: Michael Ley u.a. (Hg.), Politische Religion? Politik, Religion und Anthropologie im Werk von Eric Voegelin, München 2003, S. 27-46.

„gnostischen Bewegungen" umschreibt) oder Trennung von Religion und Politik ebenso der Gedanke immer stärker in den Vordergrund der Diskussion drängte, dass es mit der Säkularisierung[15] in der Moderne vielleicht niemals so weit her war, wie man zu glauben meinte. Publikationen wie *Die unsichtbare Religion* von Thomas Luckmann[16] lenkten in zunehmendem Maße die Aufmerksamkeit auf das unter der säkularen Firnis verborgene Weiterleben „sakraler" Bedeutungskonstruktionen. Ohne irgendeine Form von „Transzendenz", der das Attribut des „Heiligen" zugesprochen wird – so ließe sich dieser Thesenstrang grob zusammenfassen –, lassen sich Ordnungskonstruktionen, die den Bereich eines profanen Funktionalismus überschreiten, nicht absichern und auf Dauer stellen. Dies gilt insbesondere für die Politik. Daraus ergibt sich folgendes Szenario: Politik und Religion beginnen so betrachtet viel früher als bisher angenommen gesonderte Wege zu beschreiten und *gleichzeitig* muss konstatiert werden, dass diese Wege lange nicht so weit voneinander getrennt waren wie vermutet wurde. So wie Bernhard Giesen davon ausgeht, dass ursprünglich religiöse Formen transzendenter Bedeutungsvermittlung in transformierter Form subkutan immer noch politische Ordnungskonstruktionen durchziehen,[17] so soll in dieser Arbeit danach gefragt werden, wie sich die Amalgamierung von Religion und Politik in ihrer zeitgenössischen Form im vorliegenden Einzelfall tatsächlich vollzog.

Besonderes Interesse wird dabei dem Ineinandergreifen von *Symbolisierung* und *Narrativierung* geschenkt. Diese beiden „kulturellen Kanäle" der Bedeutungsstiftung waren entscheidend, um den Kniefall als Ereignis zu kennzeichnen. Die Frage lautet daher, in welchem Wechselspiel symbolische und narrative Kommunikation zueinander stehen. Es wird demnach der Versuch unternommen, Narrativität und symbolisch-performative Formsprache in ein prozessuales Verhältnis einzubinden, an dessen Ende dann der Kniefall als ein charismatisch aufgeladenes und identitätsstiftendes Ereignis erscheint.

---

15 Zur Säkularisierung vgl. David Martin, A General Theory of Secularization, Oxford 1978; vgl. Hermann Lübbe, Säkularisierung. Geschichte eines ideenpolitischen Begriffs, Freiburg 2003.
16 Thomas Luckmann, Die unsichtbare Religion, Frankfurt a.M. 1991; Zur Religion in der Moderne vgl. Raymond L.M. Lee / Susan E. Ackermann, The Challenge of Religion after Modernity. Beyond Disenchantment, Burlington 2002; vgl. Robert Wuthnow, Rediscovering the Sacred. Perspectives on Religion in Contemporary Society, Grand Rapids 1992.
17 Giesen, Tales of Transcendence.

Die angeführten Ausgangsfragen werden innerhalb der folgenden Gliederung bearbeitet: In *Kapitel zwei* wird zunächst auf die methodisch-methodologische Ausrichtung der Arbeit eingegangen. Hier wird unter anderem die narrationsanalytische Methode in geraffter Form vorgestellt, wie sie in der später folgenden Analyse dann vertieft wird. In diesem Kapitel wird es vor allem darum gehen, die Position des Interpreten beziehungsweise die Tätigkeit des Interpretierens selbstreflexiv zu bestimmen. *Kapitel drei* beschäftigt sich anschließend mit der Theorie des Symbols. Hier wird die These vertreten, dass auch Symbole eine Entstehungsgeschichte haben. Das Augenmerk gilt allerdings nicht nur der Prozessualität und Dynamik von Symbolbildungen, sondern es wird vor allem danach gefragt werden, wie Individuen und Gruppen vermittels von Symbolen die *geschichtliche Dimension ihrer Identitätsbildung* stabilisieren. Nach dieser These ist die Bedeutung bestimmter Symbole nur über die Geschichte der jeweiligen Akteure verständlich. Symbol und Geschichte – und damit Symbol und Erzählung – können als zwei Modi der Identitätsbildung demnach nicht voneinander getrennt werden. Nach diesem theoretischen Vorlauf widmet sich *Kapitel vier* dann dem Verhältnis zwischen Ereignis und Ritual. Der Kniefall ereignete sich innerhalb eines konventionellen politischen Rituals, ohne jedoch einen dramaturgisch vorgesehenen Platz in ihm einzunehmen. Trotz der vermeintlichen Diskrepanz zwischen der Außerplanmäßigkeit des Kniefalls und der Kontrolliertheit ritueller Handlungen wird in diesem Kapitel nach einem Weg gesucht, den Kniefall an das Konzept des Rituals rückzubinden. Zwei Begriffe werden dafür herangezogen: *Ereignis* und *Augenblick*. Der Kniefall wurde von der Presse nicht nur als Ereignis beschrieben, sondern ebenso wurde seine „Augenblicklichkeit" und „Plötzlichkeit" hervorgehoben. Beide Kategorien – das Ereignishafte sowie die zeitliche Wahrnehmung von Augenblicklichkeit – lassen sich jedoch auch in Ritualen wiederfinden. In *Kapitel fünf*, das den Kern der vorliegenden Arbeit darstellt, wird die Presseberichterstattung zum Kniefall narrationsanalytisch interpretiert. Eingangs wird hier ausführlich auf die Theorie des Erzählens eingegangen. Daran schließt sich die Analyse mit der Leitthese an, dass die Presse weniger über die „Fakten" berichtete, sondern dass sie vielmehr die Ereignisse in einer erzählenden Weise darstellte. Die vorgefundenen Texte als „Erzählungen" zu betrachten, wird weitreichende Konsequenzen nach sich ziehen. *Kapitel sechs* dient zur Bestätigung der These, dass die Bedeutung des Kniefalls im Ausland früher als in Deutschland selbst erkannt wurde. In diesem Kapitel wird eine Bildinterpretation des Titelbildes der Januarausgabe des *Time-Magazines* des Jahres 1971 vorgestellt. Brandt war damals von *Time* zum „Man of the Year" gewählt worden. Das eindrucksvolle Titelbild dieser Ausgabe zeigt einen „gekreuzigten Kanzler" und komprimiert damit die christologische Interpretation des Kniefalls in anschaulicher Weise. In der *Schlussbetrachtung (Kapitel sieben)* werden die gewonnenen Ergebnisse knapp zusammengefasst und in einen geschichtlichen Rahmen eingefügt. Hier wird die These aufgestellt, dass das christologisch gerahmte „Wunder" des Kniefalls dem antichristlichen „Ausnahmezustand" der nationalsozialistischen Herrschaft symbolisch gegenübersteht.

Auf einige der bereits in der Gliederung angeführten Punkte wird im Folgenden noch näher eingegangen. Zunächst muss allerdings die vergleichende Perspektive dieser Arbeit vorgestellt werden. Der bereits eingangs angesprochene diachrone Vergleich zwischen der Berichterstattung der Jahre 1970 und 2000 wird für die Analyse außerordentlich wichtig sein. Im Jahre 2000, genau dreißig Jahre nach dem Kniefall, reiste Bundeskanzler Gerhard Schröder nach Warschau. Die symbolische Überhöhung des Kniefalls fand ihren Höhepunkt darin, als im Beisein Schröders und des polnischen Ministerpräsidenten Jerzy Buzek auf dem Areal des ehemaligen Ghettos ein „Willy-Brandt-Platz" und ein „Willy-Brandt-Denkmal" eingeweiht wurden.[18] Das Denkmal, das auf einer Relieftafel den knienden Brandt zeigt, befindet sich direkt gegenüber des Ghetto-Mahnmals, vor dem sich der Kniefall ereignete.[19] Der Kniefall vor dem Ghetto-Mahnmal wurde damit selbst monumentalisiert. So ist es nicht verwunderlich, dass annähernd alle großen und teils auch die kleineren deutschen Zeitungen und Journale nicht nur über Schröders Besuch in Polen berichteten, als vielmehr Schröders Reise als Aufhänger benutzten, um das Ereignis des Jahres 1970 in die Erinnerung zurückzurufen. Paradigmatisch für den Tenor der Berichterstattung des Jahres 2000 steht die Übertitelung eines Artikels in *Der Spiegel*: „Im Schatten einer Geste. Wie nähert man sich einem Mythos?

---

18 Vgl. Adam Kremiński, Der Kniefall, in: Françoise Etienne / Hagen Schulze (Hg.), Deutsche Erinnerungsorte, München 2001, S. 639-653.
19 Vgl. Frankfurter Rundschau, 07.12.2000, S. 3; vgl. Frankfurter Allgemeine Zeitung, Berliner Seiten, 16.05. 2000, S. 2; vgl. Frankfurter Allgemeine Zeitung, 18.11.2000, S. 1; vgl. Süddeutsche Zeitung, 18.11.2000, S. 6; vgl. taz, 07.12.2000, S.5; vgl. Die Welt, 07.12.2000.

Schröders Reise nach Warschau geriet zur Geschichtsstunde."[20] In der gesamten Presse des Jahres 2000 wird der Kniefall retrospektiv mit großem Pathos als eines der bedeutendsten Ereignisse der deutschen Nachkriegsgeschichte gefeiert. Es wird an vielen Stellen dezidiert darauf hingewiesen, der Kniefall sei zum „Symbol" geworden, wobei das Interessante ist, dass die Presse hier selber den Topos des „Symbols" verwendet. Der Kniefall wurde jedoch nicht von Anfang an als kollektiv bedeutsames Symbol gehandelt. Im Jahre 1970 wurde seine schockartige Wirkung zwar von der bundesdeutschen Presse durchaus registriert, jedoch war man sich über die Tragweite dieser Geste noch nicht im Klaren. Nicht der Kniefall, sondern die Unterzeichnung des deutsch-polnischen Vertrages wurde damals als das historisch entscheidende Ereignis betrachtet. In der Zwischenzeit hatte sich dies jedoch grundlegend geändert: Es war vor allem das Charisma, das von Brandt und seinem Kniefall ausging, das dann im Jahre 2000 im Vordergrund der medialen Auseinandersetzung mit den damaligen Ereignissen stand. Auch wenn es nicht mehr zum Rahmen der vorliegenden Untersuchung gehört, so muss an dieser Stelle zumindest am Rande darauf aufmerksam gemacht werden, dass dann im Jahre 2004, als Schröder zum Anlass des sechzigsten Jahrestags des Warschauer Aufstandes abermals in Warschau war, auch hier der Kniefall als überhöhter Referenzpunkt gelungener Versöhnung von der deutschen Presse zitiert wurde.[21]

Es ist daher das vorrangige Ziel der Untersuchung, den Prozess dieser Charismatisierung zu analysieren.[22] Max Weber beginnt seine Abhandlungen über charismatische Herrschaft bekanntermaßen mit dem Glauben der „Anhänger" an das genuine Charisma des einzelnen, mit außeralltäglichen Kräften ausgestatteten Herrschers. Im Anschluss fragt er, wie sich charismatische Herrschaft von der Figur des mit „übernatürlichen" Eigenschaften versehenen Individuums lösen und institutionell auf Dauer gestellt werden kann. Wenn Brandt von der Presse an vielen Stellen in einer Weise beschrieben wurde, die an die ursprüngliche Definition von Charisma im Sinne eines außeralltäglich begabten und

---

20 Der Spiegel, 11.12.2000, S. 200.

21 Wobei hier zwischen dem Ghetto-Aufstand und dem Warschauer-Aufstand unterschieden werden muss. Allerdings wurde in der Presse auf diesen Unterschied nicht hinreichend eingegangen.

22 Zum Phänomen des „Charismas" vgl. Max Weber, Wirtschaft und Gesellschaft, Tübingen 1980, S. 140-148; vgl. Winfried Gebhardt u.a. (Hg.), Charisma: Theorie, Religion, Politik, Berlin 1993.

begnadeten Einzelnen erinnert, so wird im Rahmen dieser Arbeit vor allem danach gefragt werden, wie dieses Charisma kommunikativ erzeugt wird – nicht nur das Charisma seiner Person, sondern vor allem das „Charisma des Ereignisses".

Es muss im Rahmen dieser Einleitung auf ein weiteres Problem aufmerksam gemacht werden, das sich während der Entstehung dieser Arbeit immer wieder in den Vordergrund drängte: Es mag durchaus der besonderen Rechtfertigung bedürfen, eine Untersuchung von doch beträchtlichem Umfang einer Geste zu widmen, die gerade einmal dreißig Sekunden dauerte. Eine knappe halbe Minute, so viel Zeit nahm Brandts Kniefall in Anspruch. So gesehen scheint die empirische Ausgangslage auf den ersten Blick ziemlich dürftig zu sein. Selbst wenn berücksichtigt wird, dass die vorliegende Analyse nicht ausschließlich an der performativen Ebene orientiert ist, sondern auf die Berichterstattung der Medien zurückgreift, so bleibt doch die Frage bestehen, ob diese gleichsam mikroskopischen dreißig Sekunden Zeitgeschichte genug Material für eine ausgedehnte Untersuchung liefern. Dass dennoch dieses Unterfangen in Angriff genommen wurde, hat folgenden Grund: Der Kniefall sprengte nicht nur das diplomatische Protokoll, er eröffnete auch eine weitreichende symbolische Dimension, wie sie einer Beschreibung des Politischen zunächst fremd zu sein scheint: Nicht nur allein die Geste des Niederkniens – die von Brandt imitierte „genuflexio duplex" – sondern ebenso die Presseberichte über den Kniefall bedienten sich religiöser Motive wie es besonders in der vielzitierten Formulierung „Er [Brandt, C.S.] kniete nieder und erhöhte sein Volk"[23] seinen Ausdruck fand. Der Kniefall löste in der Berichterstattung der Presse eine Welle implizit mitschwingender Bilder, Metaphern und Interpretationsschemata aus, die dem kulturellen Erbe der christlichen Religion entlehnt sind. Im Zentrum dieser insbesondere medial transportierten „Sakralisierung des Politischen" steht die „christomimetische" Figur Willy Brandts, desjenigen deutschen Kanzlers, der durch seine Geste, obgleich persönlich am Nationalsozialismus unbeteiligt, die Schuld des von ihm repräsentierten Kollektivs auf sich lud. Daraus ergibt sich die Frage, wie die Verwendung solcher kulturell abgelagerter symbolischer Formen zu interpretieren ist. Dabei ist vor allem zu beachten, dass der religiöse Hintergrund uns in vielerlei Hin-

---

23 Lev Kopelev, in: Die Zeit, 04.02.1977, S. 46. Kopelev zitiert hier einen unbenannt gebliebenen ehemaligen Ghettoinsassen.

sicht nicht mehr in seiner ursprünglichen Form begegnet. In seiner Untersuchung der Religion nordamerikanischer Pueblo-Indianer verweist Aby Warburg einleitend auf das schwerwiegende Problem, das ihm zur Verfügung stehende empirische Material sei durch mehrere Wellen der Christianisierung „kontaminiert" beziehungsweise „überschichtet", demnach nicht mehr in ursprünglicher und „reiner" Form erhalten.[24] Die vorliegende Arbeit hat mit dem gleichen Problem zu kämpfen, bloß in umgekehrter Reihenfolge: Im vorliegenden Fall ist die Bedeutungsebene christlicher Religion durch säkulare Transformationen überschichtet. Daraus ergibt sich die kaum lösbare Frage, wie das scheinbar plötzliche Auftauchen religiöser Elemente innerhalb eines modernen politischen Rituals zu erklären ist. Brandt selber, so kommentierte *Der Spiegel* im Jahre 1970, ist „nicht das Urbild eines religiösen Menschen. Er hat das Knien, von Haus aus, gar nicht im Repertoire."[25] Zunächst ist daher zu konstatieren, dass der Kniefall eine religiös anmutende und innerhalb des gegebenen politischen Kontextes anachronistisch wirkende Bedeutungsebene revitalisierte: Die dreißig Sekunden, in denen Brandt kniete, können gleichsam als die sichtbare Spitze eines „kulturellen Eisbergs" gedeutet werden. Das für jedermann ersichtliche Detail, das an der Oberfläche der empirisch verfügbaren Wirklichkeit erscheint, verweist auf einen darunter liegenden Bereich kulturell abgelagerter Schichten und Tiefenstrukturen. Nimmt man das Unterfangen in Angriff, die Oberflächenerscheinung zu interpretieren, so ist es daher unablässig, gewissermaßen im Untergeschoss anzufangen, um sich dann langsam nach oben zu arbeiten. Der Ansatz, der gewählt wurde, basiert auf der Annahme, dass selbst kleinste und ephemerste Randerscheinungen menschlichen Handelns beziehungsweise menschlicher Sinnproduktion in ein sie umschließendes kulturelles Gitterwerk beziehungsweise in ein „selbstgesponnenes Bedeutungsgewebe"[26] eingebunden sind, dass es demnach die Tiefenstruktur dieses Gitterwerkes ist, die dem oberflächlichen Detail letzthin seine konkrete Form gibt, und dass im Umkehrschluss die Form der Oberflächenerscheinung Hinweise auf die ihm zugrunde liegende Tiefenstruktur gibt. Eine solche, wenn auch vielleicht etwas „barock" anmutende Betrachtungsweise[27] ist

---

24 Aby M. Warburg, Schlangenritual. Ein Reisebericht, Berlin 1996, S. 10.
25 Der Spiegel, 14.12.1970, S. 29.
26 Geertz, Dichte Beschreibung, S. 9.
27 Zu dieser Betrachtungsweise vgl. Peter L. Berger, Erlösendes Lachen. Das Komische in der menschlichen Erfahrung, Berlin 1998, S. XI.

der Metapher Georg Simmels ähnlich, wenn er vom „Senkblei" redet, dass sich „von jedem Punkt an der Oberfläche des Daseins [...] in die Tiefe der Seele schicken lässt [...], und dass alle banalsten Äußerlichkeiten schließlich durch Richtungslinien mit den letzten Entscheidungen über den Sinn und Stil des Lebens verbunden sind."[28] In ähnlichem Sinne ließe sich sagen, dass die vorliegende Arbeit als eine Art „atomistischer Empirismus"[29] konzipiert ist. So betrachtet ist es ohne Relevanz, ob beispielsweise eine Geste nur dreißig Sekunden dauerte. Entscheidend ist allein die intersubjektiv zugemessene Bedeutung dieser dreißig Sekunden, das heißt, der kulturelle und symbolische Hintergrund, der sich in diesem kurzen Moment öffnete.

2. Zur Konstruktion öffentlich-politischer Identität

Die Stabilisierung von nationaler beziehungsweise öffentlich-politischer Identität ist dabei in hohem Maße auf die Mobilisierung kulturell verfügbarer Ressourcen angewiesen: Auf eine symbolische Formsprache, auf kollektive Performanzen wie Rituale, Feste und Feiern, oder auch auf die Vorstellung einer gemeinsamen Geschichte oder eines Gründungsmythos – abermals gleich, ob Derartiges „tatsächlich" existiert, oder ob es sich nur um kollektiv geteilte Illusionen handelt. Individuelle wie kollektive Identität bedarf dabei der Fähigkeit, sich zu erinnern und die Erinnerung in gemeinsam erzählten Geschichten zu konservieren.[30] So

---

28 Georg Simmel, Die Großstädte und das Geistesleben, in: ders., Das Individuum und die Freiheit. Essays, Berlin 1984, S. 192-204, hier: S. 195; der Hinweis auf dieses Zitat stammt aus Heinz Bude, Die Kunst der Interpretation, in: Uwe Flick u.a. (Hg.), Qualitative Forschung. Ein Handbuch, Reinbek bei Hamburg 2000, S. 569-578, hier: 573.

29 Marshall Sahlins, Die erneute Wiederkehr des Ereignisses: zu den Anfängen des Großen Fidschikrieges zwischen den Königreichen Bau und Rewa 1843-1855, in: Rebekka Habermas / Niels Minkmar (Hg.), Das Schwein des Häuptlings. Sechs Aufsätze zur Historischen Anthropologie, Berlin 1992, S. 84-129, hier: S. 87.

30 Vgl. Jan Assmann, Das kulturelle Gedächtnis. Schrift, Erinnerung und politische Identität in frühen Hochkulturen, München 1999; ders., Kollektives Gedächtnis und kulturelle Identität, in: ders. / Tonio Hölscher (Hg.), Kultur und Gedächtnis, Frankfurt a.M. 1988, S. 7-19; vgl. Giesen, Kollektive Identität; vgl. ders., National Identity as Trauma: The German Case, in: Bo Stråth (Hg.), Myth and Memory in the Costruction of Community. Historical Patterns in Europe and Beyond, Brüssel 2000, S. 227-247; vgl. Pierre Nora, Zwischen Geschichte und Gedächtnis, Frankfurt a.M. 1998; vgl. Alon Confino, Collective Memory and Cultural History: Problems of Method, in: American Historical Review 12, 102 (1997), S. 1386-1403; vgl. Steven Knapp, Collective Memory and the Actual Past, in: Representations 26 (1989), S. 123-148; vgl. Jeffrey K. Olick / Daniel Levy, Collective

verweisen der Kniefall wie auch die über ihn verfasste Berichterstattung der Medien auf die zentrale „Basiserzählung" nachkriegsdeutscher Identität: sie beziehen sich auf den Holocaust.[31] Hier wird deutlich, dass sich die nationale Selbstdefinition in der deutschen Öffentlichkeit nach dem Ende des Zweiten Weltkriegs dramatisch geändert hat. Im Zentrum des Prozesses nationaler Selbstthematisierung steht der von Giesen beobachtete Wechsel von triumphaler hin zu traumatischer Identität.[32] Wir sind demnach mit dem historischen Novum konfrontiert, dass nationale Identität sich plötzlich nicht mehr über heroische beziehungsweise triumphale Gründungsereignisse legitimiert, sondern dass die eigene, traumatisch besetzte Schuld in den symbolischen Mittelpunkt der identitären Selbstbeschreibung gestellt wird. Nicht mehr die Figur des Helden, sondern die des unschuldigen Opfers markiert den Fluchtpunkt des neuen Identitätskonzeptes.[33] Es ist sicherlich nicht unproblematisch, das ursprünglich psychologische Konzept des „Traumas" zu soziologisieren. Noch problematischer ist es in mancher, nicht nur in ethischer Hinsicht, das Trauma dann auch noch von der Figur des Opfers auf die Figur des Täters zu verschieben. Eie solche Transformation ist jedoch dann statthaft, wenn Folgendes eingerechnet wird: Beim vorliegenden Untersuchungsgegenstand handelt es sich nicht um im Individuum verankerte traumatische Zustände, sondern um öffentliche Traumadiskurse. Das „Trauma", dem wir begegnen, hat sich in einer Schlaufe kommunikativ generierter Prozesse weitgehend von individueller Erfahrung entkoppelt – im Falle des „Tätertraumas" ist es vielleicht sogar niemals dort gewesen. Das Trauma kommt in dieser Betrachtungsweise gut ohne traumatisierte Individuen aus, es lebt ge-

---

Memory and Cultural Constraint: Holocaust Myth and Rationality in German Politics, in: American Sociological Review 62 (1997), S. 921-936.

31 Zum Begriff der „Basiserzählung" vgl. Michael Schwab-Trapp, Ordnungen des Sprechens: Geschichten, Diskurse und Erzählungen über die NS-Zeit, in: Thomas Herz / Michael Schwab-Trapp, Umkämpfte Vergangenheit. Diskurse über den Nationalsozialismus seit 1945, Opladen 1997, S. 217-247.

32 Bernhard Giesen, Triumph and Trauma, Boulder 2004. Zu dieser identitären Neuorientierung vgl. Lutz Niethammer, Erinnerungsgebot und Erfahrungsgeschichte. Institutionalisierungen im kollektivem Gedächtnis, in: Hanno Loewy (Hg.), Holocaust: Die Grenzen des Verstehens. Eine Debatte über die Besetzung der Geschichte, Reinbek bei Hamburg 1992, S. 21-34; vgl. Michael Zimmermann, Negativer Fixpunkt und Suche nach positiver Identität. Der Nationalsozialismus im kollektiven Gedächtnis der alten Bundesrepublik, im selben Band, S. 128-143.

33 Vgl. Werner Gephart, Das Gedächtnis und das Heilige. Zur identitätsstiftenden Bedeutung der Erinnerung an den Holocaust für die Gesellschaft der Bundesrepublik, in: ders. / Saurwein (Hg.), Gebrochene Identitäten, S. 29-46.

wissermaßen nur innerhalb der kulturellen Deutungen und Objektivierungen, also innerhalb der Sprache, der Symbole und Rituale. Trauma – und hierin liegt eine erhebliche Dramatik – wird zur Frage nach der kulturellen Durchsetzungsmacht bestimmter Identifikationsmuster. Dramatisch im soziologischen Sinne ist dies insofern, da tatsächlich traumatisierte Individuen durch das Raster der kommunikativen Muster fallen können, die darüber entscheiden, wer denn nun traumatisiert ist und wer eben nicht. So muss man sich die Frage stellen, ob ein auf dem „Tätertrauma" basierendes nationales Identitätsarrangement unter der Hand nicht abermals zwangsläufig zu einer unbewusst vollzogenen, gewissermaßen „weichen" Exklusion derjenigen Bürger führt, die bereits vor 1945 aus dem Raum der Gesellschaft, ja aus dem Geltungsbereich menschlicher Wesen verbannt wurden. Ist heute das „Tätertrauma" als Fluchtpunkt nationaler Identitätskonstruktion beispielsweise für deutsche Juden anschlussfähig? Auf die Stellung der Opfer innerhalb dieser neuen Form öffentlich-politischer Identität wird in diesem Sinne insbesondere im Schlussteil eingegangen.

Es wird zunächst in theoretischer Hinsicht davon ausgegangen, dass die Selbstdefinition politischer Gemeinschaften wie sie insbesondere in Symbolen, Ritualen und Narrationen ihren Ausdruck findet, Prozessen rationaler Normierung vorgelagert ist. Identität ist so gesehen nicht an nutzenorientiertem Kalkül orientiert, sondern ist vielmehr die stets prekäre Suche nach Selbstbestimmung.[34] Es muss zuerst ein symbolisch verfasstes kollektives „Wir" existieren, auf Basis dessen dann im Anschluss Machtverhältnisse regelhaft umgesetzt und Institutionalisierungen eingeleitet werden können.[35] Die Frage, ob solche Formen von Kollektivität in einem essentialistischen Sinne „tatsächlich" existieren, ist obsolet. Die „imaginierten Gemeinschaften"[36] im genannten

---

34 Vgl. Bernhard Giesen, Kollektive Identität. Die Intellektuellen und die Nation 2, Frankfurt a.M. 1999, S. 11-23.

35 Vgl. Bernhard Giesen, Voraussetzung und Konstruktion. Überlegungen zum Begriff der kollektiven Identität, in: Cornelia Bohn / Herbert Willems (Hg.), Sinngeneratoren. Fremd- und Selbstthematisierung in soziologisch-historischer Perspektive, Konstanz 2001, S. 91-110; bezüglich des Arguments, die Konstitution kollektiver Identität müsse rationalen Nutzenpräferenzen vorgelagert sein, beziehungsweise das Bewusstsein von Kollektivität könne nicht aus solchen zweckrationalen Kalkülen abgeleitet werden vgl. Alessandro Pizzorno, Some other Kinds of Otherness: A Critique of „Rational Choice" Theories, in: Alejandro Foxley u.a. (Hg.), Development, Democracy and the Art of Trespassing. Essays in Honor of Albert O. Hirschman, Notre Dame 1986, S. 355-373.

36 Vgl. Benedict Anderson, Die Erfindung der Nation. Zur Karriere eines folgenreichen Konzepts, Berlin 1998.

Sinne existieren allein insofern, als „Vorstellungen vom Gelten und Geltensollen"[37], das heißt Vorstellungen ihres sozial verbindlichen Wirklichkeitsanspruchs als empirisch sichtbare Daten vorliegen. Insbesondere Formen kollektiver Identität sind dabei Phänomene, die theoretisch nur schwer in den Griff zu bekommen sind – nicht weil das vorhandene begriffliche Instrumentarium unzureichend ist, sondern weil das Phänomen der Identität sich selbst als schlüpfrig erweist: So kann die Konstruktion von Identität nach Giesen als „die bodenlose Suche nach Selbstbestimmung"[38] beschrieben werden und manchmal ist es schwierig, nicht der gleichen Bodenlosigkeit anheim zu fallen, wenn man Identitätsentwürfe wiederum wissenschaftlich rekonstruieren will. Im Rahmen der vorliegenden Arbeit wird davon ausgegangen, dass zwar *für den Beobachter* Identität das Ergebnis eines Konstruktionsprozesses ist, dass jedoch die Akteure es hingegen bewerkstelligen müssen, die Konstruiertheit ihrer Identität auszublenden: Identitätsentwürfe müssen so gesehen ihren Entwurfscharakter negieren beziehungsweise latent halten, um für die betroffenen Akteure ihren Status fragloser Geltung zu sichern.[39] Identität wird damit zwar immer noch als Konstruktion begriffen, allerdings als eine solche, deren geheimes Konstruktionsprinzip es ist, sich selbst in ihrer Konstruiertheit zu negieren. So scheint es gelegentlich, dass der Konstruktionsaufwand, der allein betrieben wird, um die Konstruiertheit der eigenen Identität zu invisibilisieren, größer ist, als die Konstruktionsleistung der eigentlichen Identitätsimagination an sich.[40] Der Mensch in seiner „natürlichen Künstlichkeit"[41] ver-

---

37 Vgl. Karl-Heinz Saurwein, Die Konstruktion kollektiver Identitäten und die Realität der Konstruktion, in: Werner Gephart / Karl-Heinz Saurwein (Hg.), Gebrochene Identitäten. Zur Kontroverse um kollektive Identitäten in Deutschland, Israel, Südafrika, Europa und im Identitätskampf der Kulturen, Opladen 1999, S. 9-27, hier: S. 9.

38 Giesen, Kollektive Identität, S. 11; zur Konstruktion von Identität vgl. Odo Marquard / Karlheinz Stierle (Hg.), Identität. Poetik und Hermeneutik, Bd. VIII, München 1979; vgl. Aleida Assmann / Heidrun Friese (Hg.), Identitäten. Erinnerung, Geschichte, Identität, Bd. 3, Frankfurt a.M. 1998.

39 Vgl. Bernhard Giesen, Latenz und Ordnung. Eine konstruktivistische Skizze, in: Schlögl u.a. (Hg.), Die Wirklichkeit der Symbole, S.73-100.

40 Vgl. hierzu Erving Goffman, Wir alle spielen Theater. Die Selbstdarstellung im Alltag, München 2000. So ist für Goffman das Repertoire der Selbstinszenierung, inklusive der Ritualisierungen des Alltags, in erster Linie ein Schutzmechanismus des eigentlichen „Selbst". Man „spielt Theater", um das Selbst – die „wahre Identität", als letzter Ort des Heiligen – durch das Aufsetzen einer Maske zu schützen.

41 Vgl. Helmuth Plessner, Die Stufen des Organischen und der Mensch, Berlin 1975, S. 309-321.

sucht sich hier nicht nur den Anschein „künstlicher Natürlichkeit" zu geben, sondern versucht darüber hinaus noch zu verschleiern, dass diese „Natürlichkeit" einen artifiziellen Charakter besitzt.

Es wird weiter vermutet, dass der angesprochene Wechsel von *triumphaler* hin zu *traumatischer* Identität innerhalb der Einflusssphäre christlich geprägter Kultur deshalb vollzogen werden konnte, da der scheinbar immer noch bedeutungsmächtige kulturelle Hintergrund des Christentums trotz aller säkularer Transformationsprozesse die Möglichkeit anbietet, gerade *durch die eigene Schuld hindurch* Identität zu erlangen.[42] Schuld zerstört so gesehen im christologischen Sinne nicht Identität, sondern ermöglicht die Erlangung von Identität über den Weg des Bekenntnisses zur eigenen Schuld- oder Sündhaftigkeit, über eigene Erniedrigung, Buße und wiedergewährte Gnade.[43] Das Christentum bietet einen reichhaltigen Fundus an Symbolen und Narrativen des Leides und der Schuld an.[44] Hier bestehen Anschlussmöglichkeiten für neue Formen öffentlich-politischer Identität. Daraus ergibt sich die Frage, inwiefern der Kniefall nicht nur die symbolische Verdichtung der neuen bundesrepublikanischen Identität darstellt, sondern inwiefern sich in dieser neuen Identität religiöse Muster widerspiegeln.

Die Ausgangsfrage ist daher, inwiefern der Kniefall Brandts und insbesondere der sich auf ihn beziehende öffentliche Diskurs in den Medien eine sich nach 1945 tiefgreifend gewandelte nationale Identität Deutschlands in symbolisch verdichteter Form zum Ausdruck brachte.[45]

---

42 Zur Theorie des *Traumas* vgl. Alexander Mitscherlich / Margarete Mitscherlich, Die Unfähigkeit zu trauern. Grundlagen kollektiven Verhaltens, München 1967; vgl. Jeffrey C. Alexander u.a., Cultural Trauma and Collective Identity, Berkley 2004; vgl. Elisabeth Bronfen u.a. (Hg.), Trauma zwischen Psychoanalyse und kulturellem Deutungsmuster, Stuttgart 1999; vgl. Cathy Caruth, Unclaimed Experience. Trauma Narrative and History, Baltimore 1996.

43 Zur „Kultur der Schuld" versus „Kultur der Scham" vgl. Aleida Assmann, in: dies. / Ute Frevert: Geschichtsvergessenheit, Geschichtsversessenheit. Vom Umgang mit deutschen Vergangenheiten nach 1945. Stuttgart 1999, S. 88-96.

44 Bezüglich des Zusammenhangs zwischen Monotheismus und Trauma vgl. Jan Assmann, Monotheismus, Gedächtnis und Trauma. Sigmund Freuds archäologische Lektüre der Bibel, in: Internationale Zeitschrift für Philosophie (1999), S. 227-244; vgl. Sigmund Freud, Der Mann Moses und die monotheistische Religion. Schriften über die Religion, Frankfurt a.M. 1997.

45 Zur Konstruktion kollektiver Identität vgl. Bernhard Giesen, Die Intellektuellen und die Nation. Eine deutsche Achsenzeit, Frankfurt a.M. 1993; vgl. ders. (Hg.), Nationale und kulturelle Identität. Studien zur Entwicklung des kollektiven Bewusstseins in der Neuzeit, Frankfurt a.M. 1996; vgl. ders., Europäische Identität und transnationale Öffentlichkeit. Eine historische Perspektive, in: Hartmut Kaelble u.a. (Hg.), Transnationale Öffentlichkeiten und Identitäten im 20. Jahrhundert, Frankfurt a.M. 2002, S. 67-84; vgl.

Was das Konzept der „öffentlich-politischen" beziehungsweise „nationalen Identität" angeht, so wird im Rahmen dieser Arbeit nicht davon ausgegangen, dass alle quantitativ erfassbaren Mitglieder einer jeweiligen Sozietät ein bestimmtes Identitätspostulat unbedingt untereinander teilen müssen, damit von nationaler Identität die Rede sein kann. Das Phänomen kollektiver Identität im nationalstaatlichen Rahmen wird vielmehr entgegen einer solchen, die Gefahr einer „Essentialisierung" von Identität beinhaltenden Sicht, ausschließlich an diejenigen Teile des öffentlichen und politischen Diskurs rückgebunden, in denen bestimmte Werte und Leitbilder einer Gesellschaft ihren Ausdruck finden. Die Vorstellung kollektiver oder nationaler Identität bezieht sich so gesehen auf diejenigen Werte, die von Agenten der Politik und der Medien öffentlich als verbindlich und unantastbar ausgegeben werden, das heißt deren Gültigkeit im öffentlichen Diskurs postuliert wird und zwar insbesondere an symbolisch besonders ausgeflaggten Orten und Zeiten, an denen die gemeinsame Erinnerung kommemorativ gefeiert wird. Das Erinnern an den Holocaust und – wie nachgewiesen werden soll – der Kniefall Brandts in Warschau gehören im bundesrepublikanischen Fall zum Kern einer so verstandenen politisch und öffentlich artikulierten nationalen Identität.

Wenn sich nationale Identitätskonstruktionen mitunter über gemeinsames Erinnern konstituieren[46], so muss noch die Form dieses Erinnerns spezifiziert werden. Aleida Assmann unterscheidet vier Formen des Gedächtnisses: Das *individuelle Gedächtnis*, das *Generationen-Gedächtnis*, das *kollektive Gedächtnis* und schließlich das *kulturelle Gedächtnis*.[47] Das öf-

Helmut Berding (Hg.), Nationales Bewusstsein und kollektive Identität. Studien zur Entwicklung des kollektiven Bewusstseins in der Neuzeit, Bd. 2, Frankfurt a.M. 1994; vgl. Ruth Wodak u.a., Zur diskursiven Konstruktion nationaler Identität, Frankfurt a.M. 1998.

46   Vgl. Stråth (Hg.), Myth and Memory in the Costruction of Community; vgl. John R. Gillis, Memory and Identity: The History of a Relationship, in: ders. (Hg.), Commemoration. The Politics of National Identity, Princeton 1994, S. 3-24; vgl. Alessandro Cavalli, Die Rolle des Gedächtnisses in der Moderne, in: Aleida Assmann / Dietrich Harth (Hg.), Kultur als Lebenswelt und Monument, Frankfurt a.M. 1991, S. 200-210; vgl. Tony Judt, The Past is Another Country: Myth and Memory in Postwar Europe, in: Daedalus 121 (1992), S. 83-118.

47   Vgl. Aleida Assmann, Vier Formen des Gedächtnisses, in: Erwägen Wissen Ethik 2, 13 (2002), S. 183-190; bezüglich der in diesem Schema enthaltenen grundsätzlichen Unterscheidung zwischen *kommunikativem* und *kulturellen* Gedächtnis vgl. ebd., S. 184 und J. Assmann, Das kulturelle Gedächtnis, S. 34-66. Was die nach Assmann *erfahrungs*beziehungsweise *erlebnisabhängige* Erinnerung des Individuums betrifft, so schlägt Michael Theunissen einen Gegenentwurf vor, der darauf aufbaut, auch solche Sachverhalte auf individueller Ebene als Erinnerung gelten zu lassen, die persönlich nicht erlebt wurden.

fentliche beziehungsweise „politische" Gedächtnis wie es uns im Falle der Konstruktion nationaler Identitäten begegnet, ist im deutschen Fall innerhalb dieses Schemas ein Übergangsphänomen und lässt sich nicht ohne weiteres einer der genannten Kategorien bruchlos zuordnen. Das *identitätskonstituierende* öffentliche Gedächtnis wie es insbesondere von den Agenten der Medien und der Politik sowie von Intellektuellen postuliert wird, ist einerseits dem kollektiven Gedächtnis zuzuordnen, da sich diese Gedächtnisform durch „radikale inhaltliche Engführung, hohe symbolische Intensität und starke psychische Affektivität"[48] auszeichnet. Das kollektive Gedächtnis ist wie das individuelle Gedächtnis nach Assmann „perspektivisch organisiert"[49], das heißt, es erfüllt in erster Linie die instrumentelle Funktion, eigene Selbstbilder zu stützen. Wenn so gesehen im Falle Deutschlands das öffentlich und politisch artikulierte Gedenken an den Holocaust dem *kollektiven, identitätsgenerierenden Gedächtnis* zuordenbar ist – was allein aus der Tatsache hervorgeht, dass Kritik an diesem Gedächtniskonzept in der Öffentlichkeit mit schärfster Kritik gestraft wird –, so muss gleichzeitig festgehalten werden, dass die spezifischen Gedächtnisinhalte, auf die sich dieses kollektive Gedächtnis bezieht, ihrerseits zu einem beträchtlichen Teil im Raum des *kulturellen Gedächtnisses* angesiedelt sind. Bereits das kollektive Gedächtnis verfügt über Formen kultureller Objektivierung (Symbole, Texte etc.), durch die die Erinnerung jenseits des tatsächlich Erlebten konserviert und an die darauf folgenden Generationen weitergegeben wird. Im Falle des kulturellen Gedächtnisses ist nun eine weitgehende, erfahrungsentkoppelte Archivierung der Wissensbestände festzustellen. Auch das kulturelle Gedächtnis ist identitätsrelevant, jedoch mit dem Unterschied, dass hier in einem wesentlich weitreichenderen historischen Horizont generationenübergreifend über identitätsrelevante Gedächtnisinhalte kommuniziert wird. Das kulturelle Gedächtnis verfügt nach Assmann hinsichtlich seiner Datenverwaltung über zwei Ebenen,

---

Er-innerung ist für ihn ein Akt des „in-sich-gehens", der eine selbstreflexive Wandlung des Individuums nach sich zieht. Eine so verstandene *Er-innerung* kann sich nach ihm auch auf Sachverhalte beziehen, die selbst nicht persönlich erlebt wurden. Theunissen übersieht jedoch, dass das von ihm beschriebene Phänomen durchaus mit den von Aleida und Jan Assmann verwendeten Konzeptionen des kulturellen Gedächtnisses ebenso beschreibbar wäre (vgl. Michael Theunissen, Reichweite und Grenzen der Erinnerung, Tübingen 2001, S. 6-83).

48 A. Assmann, Vier Formen des Gedächtnisses, S. 189.
49 Ebd., S. 186.

einerseits das *Speichergedächtnis*, andererseits das *Funktionsgedächtnis*.[50] Das hauptsächlich von Experten verwaltete Speichergedächtnis lässt sich als identitätsindifferente Bearbeitung und Archivierung von Wissen *über* Erinnerungsinhalte begreifen, während das Funktionsgedächtnis weniger in distanziert-nüchterner Art über, sondern *mit* Erinnerungen kommuniziert (der Unterschied, ob man *mit* etwas oder *über* etwas kommuniziert – beispielsweise *über* „Götter" sprechen oder *mit ihnen* sprechen – wird im *Symbol-Kapitel* noch von erheblicher Bedeutung sein). Im Funktionsgedächtnis werden kanonisierte Erinnerungs- und Wissensbestände revitalisiert, denen ein fortwährender und bedeutungsvoller Bezug zur Gegenwart zugemessen wird. So ist beispielsweise für Deutsche der Dreißigjährige Krieg trotz seiner Katastrophen nur Bestandteil des Speichergedächtnisses und interessiert in erster Linie Historiker, während die zeitlich noch länger zurückliegende Schlacht auf dem Amselfeld auf der Funktionsebene des kulturellen Gedächtnis der Serben alles andere als identitätsfern ist[51].

Zwar liegt der Schluss nahe, die öffentlich-politische Erinnerung an die Verbrechen des Nationalsozialismus auf der Ebene des kulturellen Gedächtnisses anzusiedeln, jedoch spricht ein gewichtiges Argument gegen eine solche Verortung. Assmann definiert das kulturelle Gedächtnis unter anderem wie folgt: „Aufgrund seiner medialen und materiellen Beschaffenheit widersetzt sich das kulturelle Gedächtnis den Engführungen, wie sie für das kollektive Gedächtnis typisch sind. Seine Bestände lassen sich niemals rigoros vereinheitlichen und politisch instrumentalisieren, denn diese stehen grundsätzlich einer Vielzahl von Deutungen offen und verbinden sich mit der Standpunkt- und Zeitgebundenheit des individuellen Gedächtnisses zu einer irreduziblen Vielstimmigkeit."[52] Im Falle der nationalsozialistischen Vergangenheit und des Holocaust ist es für die Memorialkultur der bundesrepublikanischen Öffentlichkeit im Gegensatz dazu charakteristisch, dass hier eine „Vielzahl von Deutungen" gerade eben nicht zulässig ist. Das kulturelle Ge-

---

50 Ebd., S. 189-190; vgl. dies., Funktionsgedächtnis und Speichergedächtnis – Zwei Modi der Erinnerung, in: Kristin Platt / Mihran Dabag (Hg.), Generation und Gedächtnis. Erinnerungen und kollektive Identitäten, Opladen 1995, S. 169-185; vgl. dies., Erinnerungsräume. Formen und Wandlungen des kulturellen Gedächtnisses, München 1999, S. 407-413; vgl. auch Elena Esposito, Soziales Vergessen. Formen und Medien des Gedächtnisses der Gesellschaft, Frankfurt a.M. 2002.

51 Vgl. Daniel Šuber, Kollektive Erinnerung und nationale Identität in Serbien, in: Giesen / Schneider (Hg.), Tätertrauma, S. 347-379.

52 A. Assmann, Vier Formen des Gedächtnisses, S. 189.

dächtnis in der von Assmann diagnostizierten Form beinhaltet durch die Fluktuation von Erinnerungsinhalten zwischen Speicher- und Funktionsgedächtnis immer auch die prinzipielle Möglichkeit der Deutungsoffenheit beziehungsweise eines gewissen „Erinnerungseklektizismus". Im Falle des Erinnerns an den Holocaust erscheint jedoch die Möglichkeit, unter Gedächtnisalternativen wählen zu können, als unstatthaft. Die öffentliche Erinnerung an den Holocaust ist gemäß Assmanns Schematisierung insofern noch dem kollektiven Gedächtnis zuzuordnen, da hier in hohem Maße eine in sich geschlossene und unaustauschbare Deutung der eigenen nationalen Identität postuliert wird. Diese Form des Erinnerns ist von hoher symbolischer und affektueller Dichte gekennzeichnet und ist darauf ausgerichtet, der eigenen identitätsrelevanten Selbstdarstellung den Status sakrosankter Validität zu verleihen. Gleichzeitig ist die Erinnerung an den Holocaust bereits insofern auch kulturelles Gedächtnis, da die Erinnerungsinhalte zwischenzeitlich professionell verwaltet werden. Das identitätsaffine kollektive Gedächtnis bezieht in diesem Fall interessanterweise seine Inhalte aus dem Speicher des kulturellen Gedächtnisses. Aus diesen Gründen soll diese Misch- beziehungsweise Übergangsform von kollektivem und kulturellem Gedächtnis im Folgenden hinsichtlich ihrer gesellschaftlichen Trägergruppen und ihrer Positionierung innerhalb des Gedächtnis-Diskurses als *öffentliches* beziehungsweise *politisches Gedächtnis* bezeichnet werden.[53]

3. Transformation von Identität – Transformation des Rituals

Eingangs wurde bereits festgehalten, der Kniefall habe nicht von Anfang an als nationales Symbol gegolten. Versucht man, die Geschichte seiner Symbolgenerierung nachzuzeichnen, so ist es allerdings geboten, nicht mit dem Ereignis des Kniefalls zu beginnen, sondern einen kleinen Schritt zurückzugehen. Die „Geschichte des Kniefalls" beginnt streng genommen nicht mit der außergewöhnlichen Geste Brandts, sondern mit dem konventionellen Ritual der Gedenkfeier am Ghetto-Denkmal, innerhalb der sich dann der Kniefall ereignete. Der Kniefall war in

---

53 Aleida Assmann schlug im Rahmen eines im Wintersemester 2003/04 an der Universität Konstanz stattfindenden Seminars einen solchen Begriff selber vor.

strikter formaler Hinsicht so gesehen zunächst ein „Störfall", da er in der protokollarisch festgelegten Dramaturgie des politischen Rituals nicht vorgesehen war. Das Erstaunliche ist jedoch, dass der Kniefall dennoch nicht als *Regelverstoß* wahrgenommen wurde. Erstaunlich ist dies insofern, da die kollektive Handlungsform des Rituals normalerweise individuell gestaltete Veränderungen dieser Art während des Ritualvollzugs nicht duldet.[54] Wenn in Ritualen diejenige Form von Transzendenz symbolisch vergegenwärtigt wird, die von den Mitgliedern der rituellen Akteure in irgendeiner Weise als „heilig" angesehen wird, dann drohen dem „Ritualbrecher" in der Regel empfindliche Sanktionen (meist in der Form von Exklusion). Dennoch zog der das Ritual sprengende Kniefall in keiner Weise Sanktionen nach sich, vielmehr wurde er – wenn auch nachträglich – regelrecht gefeiert. Es muss daher danach gefragt werden, wie es interpretiert werden kann, dass dieser außerordentliche Verstoß gegen die rituelle Ordnung offensichtlich doch nicht als Störfall registriert wurde. Hier wird die These vertreten, dass die „Reparatur" des Rituals beziehungsweise die *Harmonisierung des Kniefalls mit dem Ausgangsritual* ex post durch die Narrativierung der Ereignisse in der Berichterstattung der Presse hergestellt wurde. In den „Erzählungen vom Kniefall" transformiert der rituelle Störfall zum Höhepunkt einer Geschichte: Dasjenige, das auf der Ebene des Rituals noch einen Regelbruch darstellt, wird durch die Vertextung innerhalb eines geschlossen narrativen Plots aufgehoben. Es ist dabei eines der vorrangigen Ziele der vorliegenden Untersuchung, die narrativen Muster zu analysieren, vermittels derer diese Harmonisierung erreicht werden konnte.

Die Geschichte des Kniefalls beginnt damit mit der konventionellen Gedenkfeier, die dann von Brandts außerordentlicher Geste überschritten wurde. Die Bedeutungszuschreibung dieses Ereignisses wiederum erfolgte über den Umweg seiner Narrativierung. Die vorliegenden Narrationen wiederum – so die These – bildeten das Fundament für die dann einsetzende symbolische Überhöhung des Kniefalls. Am Ende des Prozesses steht dann abermals ein Ritual: Der zum Symbol gewordene Kniefall erhält sein eigenes Denkmal, dem Bundeskanzler Schröder – nun wiederum ganz in der Formsprache poli-

---

54 Vgl. Giesen, Latenz und Ordnung, S. 85-90.

tischer Gedenkfeiern – seine Ehrerbietung erweist. Man kann diesen Weg demnach folgendermaßen skizzieren: *vom Ritual zum Ereignis, vom Ereignis über den Text zum Symbol und dann wieder zum Ritual zurück.*

Mit der These, die Bedeutungszuschreibung des Kniefalls sei das Resultat seiner narrativen Nachbearbeitung, soll allerdings nicht behauptet werden, dass die symbolische Aufladung des Kniefalls ausschließlich über den Umweg seiner Vertextung zustande kam. Es wird vielmehr (wie bereits angemerkt) davon ausgegangen, dass ein Ereignis wie der Kniefall insofern allein auf performativer Ebene an das Ritual anschlussfähig ist, da Rituale bereits für sich genommen Raum für Erfahrungen des Ereignishaften bieten.[55] Zwischen dem Phänomen des Ereignisses und der mit ihm einhergehenden Zeitwahrnehmung des Augenblicklichen und Plötzlichen einerseits und Ritualen andererseits scheint auf den ersten Blick ein unüberwindbarer Widerspruch zu bestehen: Rituale sind repetitiv, dulden keine Abweichung und folgen einer strikten dramaturgischen Ordnung. Dementgegen wird die These vertreten werden, dass sich Rituale nicht völlig in ihrer strengen äußeren Form und ihrer Vorhersehbarkeit – sozusagen in ihrem „Konservativismus" – erschöpfen. Rituelles Handeln wird vielmehr unter dem Aspekt betrachtet, dass, korsettiert und flankiert durch die rituell vorgegebene Ordnung, den Akteuren aus diesem rituellen Schutzraum heraus Zugänge zu ereignishaften und außeralltäglichen Zuständen eröffnet werden, die nicht nur die Ordnung des Alltags, sondern sogar die Ordnung des Rituals selber für einen Moment zu überschreiten in der Lage sind. Wenn Rituale im Folgenden als symbolische Handlungen verstanden werden, wenn Symbole allerdings ihrerseits „Korridore" zu transzendenten Sinnbezirken sind[56], dann muss zumindest vermutet werden, dass der Moment, an dem im Ritual Transzendenz tatsächlich erfahren wird, nicht völlig kontrolliert und dramaturgisch geordnet sein kann: Eine solche Form protokollarisch festgelegter Außeralltäglichkeit wäre ein Widerspruch in sich. Die Erfahrung des Außeralltäglichen lässt sich zwar rituell gerahmt *einleiten*, die Erfahrung der Außeralltäglichkeit selbst ist jedoch ein Zustand jenseits der Ordnung. Anders formuliert:

---

55 Vgl. Bernhard Giesen, Performing the Sacred. A Durkheimian Perspective on the Performative Turn in the Social Sciences, in: Jeffrey C. Alexander / Bernhard Giesen (Hg.) (im Erscheinen), Social Performance: Symbolic Action, Cultural Pragmatics, and Ritual.

56 Vgl. Hans-Georg Soeffner, Zur Soziologie des Symbols und des Rituals, in: ders., Gesellschaft ohne Baldachin, S. 180-208, hier: S. 195-197.

Um das zu leisten, was nur Kommunikation vermittels von Symbolen zu Wege bringen kann – die Vermittlung von außeralltäglichen Erfahrungen, die Öffnung hin zu Transzendenz –, muss das Ritual zumindest für einen Moment unbestimmbarer Dauer die eigene Ordnung ausblenden. Damit soll nicht behauptet werden, dass dies grundsätzlich für alle Arten von Ritualen gilt. In Ritualen, die weniger einen festlichen bis hin zum orgiastischen Charakter besitzen, sondern die dem Modell der „Feier" näher stehen – wie zum Beispiel im Falle der meisten Erinnerungsrituale – äußert sich die genannte Erfahrung von Außeralltäglichkeit wesentlich verhaltener bis hin zur annähernden Unsichtbarkeit.[57]

Die Akzentuierung der *anti-formalistischen* beziehungsweise der nach Victor Turner *anti-strukturellen* Dimension des Rituals öffnet für die vorliegende Untersuchung folgenden Ansatz: Die Seite „kontrollierter Unkontrolliertheit" des Rituals wird zwar in der Einflusssphäre westlicher Kultur gerne übersehen, jedoch ist es interessant, dass es insbesondere (und schon relativ früh) Ethnographen waren, die nicht nur auf die unkontrollierte Seite des Rituals hinwiesen, sondern damit auch dessen ludische und in der Konsequenz transformatorische Kraft betonten.[58] Im Sinne des hier vertretenen Ritualbegriffs sind Rituale damit nicht nur soziale Techniken, die eine bestehende Ordnung bekräftigen, sondern sie bieten ebenso die Möglichkeit, neue Ordnungskonstruktionen in eine Kultur einzuspeisen.[59]

Rituale werden demnach im vorliegenden Text als symbolische Handlungen aufgefasst, die beides vorweisen: *Struktur* und *Ereignis*. Von diesem Begriffspaar ausgehend wird der Frage nachgegangen werden, ob der Kniefall, wenngleich als *Formelement* innerhalb des Ausgangsrituals strukturell deplaziert, dennoch über seinen *ereignishaften Charakter* an das Ritual rückgebunden werden kann. Daraus kann dann folgender Schluss gezogen werden: Karl-Heinz Saurwein beschreibt kollektive Identitäten als Prozesse der Entstehung und Veränderung und zwar „auf der Basis der Wahrnehmung aktueller Problemlagen, der Vergegenwärtigung einer Kollektivgeschichte und der zukunftsorientierten Pro-

---

57 Auf die Unterscheidung zwischen Fest und Feier wird noch näher eingegangen werden.
58 Vgl. Victor Turner, Das Ritual. Struktur und Anti-Struktur, Frankfurt a.M. 1989; vgl. Roy A. Rappaport, Ritual and Religion in the Making of Humanity, Cambridge 1999.
59 Bezüglich des „innovativen" Potentials rituellen Handelns vgl. Gerd Althoff, Die Veränderbarkeit von Ritualen im Mittelalter, in: ders. (Hg.), Formen und Funktionen öffentlicher Kommunikation im Mittelalter, Stuttgart 2001, S. 157-200.

jektionen kollektiver Ideale."[60] Begreift man daran anschließend Rituale im Sinne Emile Durkheims als Ausdruck und Bekräftigung eines Kollektivbewusstseins, so folgt, dass Veränderungen der Vorstellungen von Kollektivität zu neuen symbolischen Repräsentationen, demnach auch zu Transformationen des Rituals führen müssen. Wohlgemerkt: Aus einer Durkheim'schen Perspektive betrachtet, dient das Ritual der symbolischen Bekräftigung eines tatsächlich vorhandenen „Kollektivbewusstseins". In der vorliegenden Arbeit wird dagegen mehr davon ausgegangen, dass das Ritual durch seine suggestive Formsprache die Illusion des Vorhandenseins eines solchen „Kollektivbewusstseins" befördert, ohne dass Derartiges tatsächlich in geschlossener Form existieren muss.

Die „Ritualinnovation" Brandts wird im Folgenden als die performative Reaktion auf eine sich wandelnde kollektive Identität betrachtet. Der Kniefall verdichtete in seiner Symbolizität eine sich bereits abzeichnende Wandlung nachkriegsdeutscher Identität und speiste diese neue Bedeutungsebene in das öffentlich sichtbare Ritual ein. Die vollzogene Ritualtransformation wurde wiederum von der Presse aufgegriffen und vermittels des Rückbezugs auf eine der christlichen Religion entlehnten Mythologie zusätzlich narrativ komprimiert.

4. Symbol und Narration

Es wurde bis zu diesem Punkt bereits an einigen Stellen deutlich, dass der Kniefall insbesondere über zwei kulturelle Wege seine Wirkung entfaltete: Einerseits über *symbolische Formen*, andererseits über das Medium des *Erzählens*. Es wird dabei vermutet, dass sich Symbole und Narrationen komplementär zueinander verhalten. Bezüglich des vorliegenden Falles heißt dies, dass auch Symbole eine Geschichte haben und dass der Prozess der Symbolgenerierung mit der Geschichte der Akteure in Zusammenhang steht.[61] Zunächst sei hier einleitend knapp zusammengefasst, dass Symbole und Narrationen, wenn sie auch in einem

---

60 Saurwein, Die Konstruktion kollektiver Identitäten und die Realität der Konstruktion, S. 10.
61 Vgl. Peter L. Berger / Thomas Luckmann, Die gesellschaftliche Konstruktion der Wirklichkeit, Frankfurt a.M. 1999, S. 104.

komplementären und sich wechselseitig beeinflussenden Verhältnis zueinander stehen, dennoch auf zwei verschiedene Wege zur Konstruktion und Reproduktion von Identität dienen.

Die These, dass Vergemeinschaftungen nicht ohne Formen symbolischer Repräsentation bestehen können, dass demnach nicht nur das Individuum, sondern auch die Gruppe eine Art von „Spiegel ihrer selbst" bedarf, um sich überhaupt ihrer eigenen Identität (ihres „So-und-nicht-anders-Seins") reflexiv bewusst zu werden, ist zumindest innerhalb des soziologischen „kulturalistischen Lagers" ein Gemeinplatz. Ohne symbolische Repräsentation droht soziale Kohärenz zu zerfallen. So bemerkte schon Georg Simmel: „Manches Regiment verlor seinen Zusammenhalt, sobald seine Fahne geraubt war, vielerlei Vereinigungen lösten sich auf, als ihre Palladien, ihre Laden, ihre Grale zerstört wurden."[62] Obgleich beispielsweise die Fahne nichts anderes als ein bedrucktes Stück Stoff ohne jeden praktischen militärischen Nutzen zu sein scheint, so ist es dennoch dieses „Stück Stoff" (wie der restliche, reichhaltige Fundus militärischer Symboliken und Rituale), die dem Einzelnen erst das Bewusstsein vermittelt, einer geschlossenen Kombattantengruppe anzugehören. Symbole und Rituale sichern insofern Identität, indem an einen zeitlosen und transzendenten Adressaten referiert wird, der im Zentrum des jeweiligen Weltbildes der Akteure steht – wie zum Beispiel im Falle militärischer Vereinigungen an das „Vaterland". Auch wenn es trivial ist, so muss dennoch darauf hingewiesen werden, dass das „Vaterland" selbstredend etwas ganz anderes ist, als die territoriale Ausdehnung einer Nation: Das „Vaterland" ist nicht die Summe der Landschaften, Städte und Dörfer, sondern eine Idealvorstellung, die sich nirgendwo lokalisieren lässt. Ähnlich wie man den gelegentlich zitierten „Mann von der Straße" auch bei stundenlangem Flanieren nirgendwo in den Straßen entdecken kann, so ist auch das „Vaterland" nicht „diesseitig", sondern eine – wenn auch sicher oftmals fragwürdige – ideelle Konstruktion, die jenseits der Formen ihrer symbolischen Vergegenwärtig schlicht inexistent wäre, oder, um es in den Worten George Herbert Meads auszudrücken: „Symbolization constitutes objects not constituted before, objects which would not exist except for the context of social relationship wherein symbolization occurs."[63]

---

62 Georg Simmel, Die Selbsterhaltung der socialen Gruppe. Sociologische Studie, in: ders., Aufsätze und Abhandlungen 1894 bis 1900, Frankfurt a.M. 1992, S. 311-372, hier: S. 325.
63 George Herbert Mead, From Gesture to Symbol, in: Talcott Parsons u.a. (Hg.), Theories

Was die symbolische Konstruktion, Reproduktion und Legitimierung von Gruppenidentitäten anbelangt, so erfolgt diese daher zunächst über die im Symbol erfolgende Vergegenwärtigung von Instanzen, die im gegebenen kulturellen Kontext die Eigenschaft des „Jenseitigen" beziehungsweise Transzendenten erfüllen – die in irgendeiner Weise von den betroffenen Akteuren als „heilig" betrachtet werden, nicht nur in der ursprünglichen religiösen Bedeutung des Begriffs, sondern auch in seinen vielfältigen Manifestationen säkularisierter Transformation. Diese symbolisch vermittelte Absicherung von Ordnungs- und Identitätskonstruktionen bildet den Letztbezug der jeweiligen Weltbilder und ist weiter nicht mehr überschreitbar[64], das heißt, sie konstituiert und reproduziert Identität über die vermittelte Illusion fragloser, unantastbarer Geltung.[65] Vermittels Symbolen wird hier die Aura der als sakral ausgewiesenen Sinnbezirke gefühlhaft vermittelt, ohne die wie auch immer geartete Heiligkeit dieser außeralltäglichen Instanzen sprachlich zu verflüssigen, das heißt, ohne sie der Gefahr möglicher rationaler Argumentation auszusetzen: „Man deutet das Inkommunikable an, aber man spricht nicht darüber."[66] Auch wenn Symbole wie alle Formen kultureller Objektivationen immer auch ein Medium der Distanzierung sind – ohne diese distanzierende „Spiegel-Funktion" könnte die symbolische Selbst-Vergewisserung eigener Identität nicht zustande kommen – so ist Kommunikation vermittels von Symbolen doch vor allem durch eine hohe Gefühlsdichte, durch unmittelbares Erleben und nicht durch rationales Wissen charakterisiert. Die Eigenschaft von Symbolen und insbesondere von Ritualen, Vergemeinschaftung durch gemeinsam empfundene Ergriffenheit herzustellen, wird hinsichtlich des Kniefalls von besonderer Bedeutung sein. So wird der Kniefall in der Presse als außerordentlicher Moment beschrieben, an dem man höchst ergriffen ist, aber zu schweigen hat.

Eine solche Form symbolischer Identitätsgenerierung kann jedoch nur punktuell erfolgen und hat ihre Grenzen: Es ist weder möglich noch wünschenswert, andauernd ergriffen zu sein. So wichtig die zu ausgewiesenen Zeiten und an besonderen Orten erfolgende symbolische Ver-

---

of Society. Foundations of Modern Sociological Theory, New York 1965, S. 999-1004, hier: S. 1003.

64 Zur Legitimierung symbolischer Sinnwelten vgl. Berger / Luckmann, Die gesellschaftliche Konstruktion der Wirklichkeit, S. 98-112.

65 Vgl. Giesen, Latenz und Ordnung, S. 78-85.

66 Ebd., S. 84.

mittlung des Außeralltäglichen und Transzendenten für die Identität von Individuen und Gruppen auch ist, allein genommen ist dieser Modus der Identitätsgewinnung nicht ausreichend. Die Identität von Individuen und Gruppen bedarf zwar der symbolischen Repräsentation des Außeralltäglichen, des Heiligen und damit Zeitlosen, allerdings ist menschliche Existenz (damit auch die Existenz von Gruppen) gleichzeitig immer von zeitlicher Begrenztheit gekennzeichnet. Individuen wie Gruppen müssen diesem Umstand in ihrem jeweiligen Identitätsentwurf Rechnung tragen. Der limitierte Vorrat an Zeit kann und muss sinnvoll geordnet werden: Das Narrative – die Erzählung – sichert hier Identität, indem retrospektiv aus einer Reihe an sich getrennter Ereignisse ein zeitlich kohärentes Ganzes konstruiert wird: eine individuelle Biographie oder auch die Geschichte einer Nation, wobei bereits an dieser Stelle darauf hingewiesen werden muss, dass selbst die narrativ erfolgende Erinnerungskonfiguration des Individuums auf kulturelle, das heißt auf überindividuell vorhandene Muster zurückgreift.[67] Wenn daher im Folgenden vom „Erzählen" beziehungsweise von „Erzählungen" die Rede sein wird, dann bezieht sich der eingeschlagene narratologische Ansatz weniger auf die „Erzählung" als literarische Gattung, sondern wird vielmehr als existenzielle Weise alltäglicher Sinngenerierung verstanden.

Es wird in diesem Sinne zwischen der *Symbolik des Kniefalls* und den *Erzählungen über den Kniefall* ein doppelter Zusammenhang vermutet: Zum einem wird der bereits vorgestellten These nachgegangen, dass erst durch die narrative Nachbearbeitung der Kniefall zum Symbol wurde. Erst dadurch, indem der in der Geste symbolisch bereits angelegte, religiös anmutende Sinngehalt vermittels bestimmter Mythologeme narrativ verdichtet und überhöht wurde, entstand ex post das nationale Symbol des Kniefalls. Zum Zweiten wurde der Kniefall nicht nur durch diese mythologische Unterfütterung mit Bedeutung aufgeladen. Die Narrativierung des Ereignisses leistete auch dasjenige, was ausschließlich über das Medium des Erzählens zu erreichen ist: Der Kniefall wurde innerhalb der Erzählung in sinnhafter Weise zu anderen Ereignissen in Bezug gesetzt, das heißt, er wurde zu einem historischen Datum, dessen

---

67 Vgl. Maurice Halbwachs, Das Gedächtnis und seine sozialen Bedingungen, Berlin 1966; vgl. ders., Das kollektive Gedächtnis, Stuttgart 1967; vgl. Jean-Christophe Marcel / Laurent Mucchielli, Eine Grundlage des *lien social*: das kollektive Gedächtnis nach Maurice Halbwachs, in: Stephan Egger (Hg.), Maurice Halbwachs – Aspekte des Werkes, Konstanz 2003, S. 191-225.

Bedeutung sich aus seiner Relation zu anderen Daten ergibt. Brandts Geste war damit nicht nur ein einmaliges „plötzliches Ereignis" oder ein singulärer Vorfall „politischer Epiphanie", sondern er wurde – gerade in seiner Außeralltäglichkeit – zu einem Referenzpunkt nationaler Geschichte. Diesen Prozess gegenseitiger Beeinflussung von symbolischer Formsprache einerseits und Narrativierung andererseits will die vorliegende Arbeit rekonstruieren.

5. Normativität und Gedächtnis

Gruppenzugehörigkeit beziehungsweise die Vorstellung einer gemeinsam geteilten Identität greift demnach in der Regel zu ihrer Stabilisierung insbesondere auf zwei Ressourcen zurück: einerseits auf geteilte und erzählte Erinnerung, andererseits auf Symbolisierungen geteilter und als normativ bindend herausgestellter Werte, die wiederum in dem gründen, was im jeweiligen kulturellen Kontext als „heilig" ausgewiesen wird. So sehr dies zutrifft, so darf dabei nicht vergessen werden, dass einerseits das „Heilige" und die aus ihm abgeleiteten höchsten Werte und andererseits Erinnerung wiederum ihrerseits in einem Zusammenhang stehen. So erbringt Jan Assmann im Rekurs auf prominente Autoren und Schlüsseltexte der Gedächtnisforschung den Nachweis, dass die Entstehung der Werte einer Gemeinschaft aufs Engste mit der Entstehung ihrer Geschichte – und vice versa – verzahnt ist.[68] Nicht nur, dass allein derjenige normative Verpflichtungen einhalten kann (und muss), der in der Lage ist (oder dem Zwang unterliegt), sich zu erinnern. Vielmehr werden gleichermaßen Werteordnungen als Ganzes dadurch stabilisiert, indem an ihre geschichtliche Herkunft – und abermals vice versa – erinnert wird. Moral und Gedächtnis entstehen daher nach Assmann „koevolutiv".[69]

Wenn sich die Zugehörigkeitsstruktur einer Sozietät einerseits aus gemeinsamen, für „heilig" erachteten Werten und andererseits aus der Erinnerungsbewahrung speist, dann lässt sich über diese Konstellation erklären, warum innerhalb der vorliegenden Analyse insbesondere zum einen symbolische Formen und zum anderen Erzählungen untersucht

---

68 Vgl. Jan Assmann, Erinnern, um dazuzugehören. Kulturelles Gedächtnis, Zugehörigkeitsstruktur und normative Vergangenheit, in: Platt / Dabag (Hg.), Generation und Gedächtnis, S. 51-75.
69 Ebd., S. 51.

werden. Diejenigen kulturellen „Knotenpunkte" oder „Schlüsselinhalte", welche die Wertordnung einer Gemeinschaft in herausragender Weise repräsentieren, lassen sich am besten durch die spezifische Sprache des symbolischen Ausdrucks wiedergeben. Die letzten und höchsten Werte bedürfen eines transzendenzvermittelnden Kommunikationsmediums. Darin liegt die Stärke des Symbols und des Rituals (worauf an mehreren Stellen noch ausführlich eingegangen wird). Erinnerung wiederum lässt sich vor allem erzählend konservieren. Das Medium des Narrativen erfüllt in diesem Fall die Funktion – bei Individuen gleich wie bei Gruppen – die Vergangenheit mit der Gegenwart zu verbinden und in sich bedeutungsvoll zu harmonisieren. Wenn nun anschließend im Sinne Assmanns angenommen wird, dass sich Zugehörigkeit beziehungsweise Gruppenidentität nicht nur einerseits über Werte und andererseits über Erinnerung ergibt, sondern dass Werte und Gedächtnis wiederum ihrerseits in einem Zusammenhang zueinander stehen, dann folgt daraus – so zumindest die Vermutung –, dass ihre jeweiligen Speichermedien (Symbol und Narration) ebenso miteinander verflochten sind. Daraus ergibt sich die Frage, wie sich symbolische und narrative Bedeutungsvermittlung im Prozess ihrer Entstehung reziprok beeinflussen. Was nun die Verklammerung zwischen der Werteordnung der Bundesrepublik Deutschland und dem deutschen Nachkriegsgedächtnis mit seinem negativen Fluchtpunkt des Holocausts anbelangt, so wird sich auf diesem Hintergrunde bezüglich des Kniefalls folgende Frage stellen: Welche symbolischen und rituellen Formen einerseits und welche narrativen Muster andererseits lassen sich hier identifizieren und vor allem: in welchem Wechselspiel stehen sie zueinander? Der koevolutive Prozess, den Assmann für die ineinander verschränkte Entstehung von Werteordnung und Gedächtnis konstatiert, lässt sich so gesehen auch im Falle des Kniefalls und seines Echos in den Medien beobachten, allerdings mit einem Unterschied: In diesem Falle handelt es sich nicht nur um eine koevolutive Entwicklung neuer gemeinschaftsstiftender Werte und Gedächtnisinhalte, sondern auf der Ebene der Speichermedien auch um eine koevoluive Reinterpretation und Wiederaneignung kulturell abgelagerter symbolischer Formen und Narrationen, vermittels derer die normative und memorative Neuorientierung öffentlicher Identität stabilisiert wird.

6. Die Atmosphäre des Kniefalls

In *Kapitel 2.8.* wird die These vertreten, dass es – rückschauend betrachtet – im Jahre 1970 im Grunde nur ein paar wenige Zeitungsartikel waren, die entscheidend dazu beitrugen, den Kniefall dann im Jahre 2000 endgültig zum öffentlich anerkannten „Symbol" erheben zu können. In den damaligen Artikeln begegnet der Leser dicht aufgeladenen Erzählungen über die Geschehnisse am Warschauer Ghetto-Mahnmal. In diesen Artikeln wurde gewissermaßen die „Ausgangsnarration" festgelegt, auf die sich im Folgenden der Prozess der Symbolgenerierung rückbezog. Ohne die atmosphärische Intensität dieser ersten Artikel zu kennen, ist es kaum möglich, diesen Prozess zu verstehen. Daher sei im Rahmen der Einleitung ausführlich aus drei Artikeln zitiert – aus dem *Spiegel*, der *Zeit* und der *Stuttgarter Zeitung* –, die in besonders expressiver Form den Kniefall beschreiben und die bereits die wichtigsten narrativen Motive enthalten, wie sie dann von der Presse des Jahres 2000 erneut aufgegriffen wurden.

Der Spiegel, 14.12.1970, S. 29:
„So wird das alles nicht in den Geschichtsbüchern stehen, in die es aber doch gehört: dieses wilde, füßescharrende Geschubse der Photographen plötzlich; die Sekunde der Atemlosigkeit; das Erschrecken. Wo ist er? Was ist denn passiert? Ist er gestürzt? Ohnmächtig geworden?

Willy Brandt kniet. Er hat mit zeremoniellem Griff die beiden Enden der Kranzschleife zurechtgezogen, obwohl sie kerzengerade waren. Er hat einen Schritt zurück getan auf dem nassen Granit. Er hat einen Augenblick verharrt in der protokollarischen Pose des kranzniederlegenden Staatsmanns. Und ist auf die Knie gefallen, ungestützt, die Hände übereinander, den Kopf geneigt.

Da, wo er kniet, war Hölle. Hier war das Warschauer Getto. Hier hat die Geschichte einen Tobsuchtsanfall gehabt – unsere Geschichte. [...] Eine halbe Million ist hier umgekommen, getilgt worden, wie Wanzen.[70]

---

70 Am Rande sei erwähnt, dass hier fatalerweise die biologistische „Schädlings"-Rhetorik der NS-Ideologie kopiert wird.

Jetzt ist hier ein weiter, rechteckiger Platz, gesäumt von modernen Mietskasernen. In der Mitte das Mal zum Gedenken des Getto-Aufstandes 1943: Helden in Bronze, eingefasst in Steinquader, zwischen denen Ritzen klaffen, woraus in schmutzigen Bächen Regenwasser trieft. Es sind Krähen in der Luft. Der Dezember ist kahl und kalt. Aus zwei bronzenen Kandelabern fauchen Gasflammen, und der Wind macht Fetzen daraus.

Aber nun ist man beinah dankbar für diesen Wind, der so eisig ist, dass die Augen davon naß werden. Willy Brandt kniet wohl eine halbe Minute. Viele, die ihn in Warschau begleiten, sehen es gar nicht. Günter Graß und Siegfried Lenz zum Beispiel, die beiden Schriftsteller aus dem ehedem deutschen Osten, haben nach der vorangegangenen Kranzniederlegung am Grabmal des Unbekanten Soldaten den Anschluß an die Fahrt der deutschen Delegation zum Getto-Mahnmal verpasst. Als man ihnen später erzählt, was dort vorgefallen ist, glauben sie es im ersten Augenblick nicht.

Niemand ist darauf gefasst gewesen, niemand hat vorher davon gewusst. Selbst Brandts engste Vertraute trifft der Anblick des Knienden wie ein Schock. Egon Bahr, Freund und Staatssekretär des Kanzlers, der zusammen mit Krupps Polen-Vorkämpfer Berthold Beitz im Hintergrund geblieben ist, wendet sich mit einer unwillkürlichen Geste der Überwältigung ab und murmelt: ‚Mein Gott, was dieser Mann alles tun muss...' Carlo Schmid sagt später bloß: ‚Ich habe gebetet'.

Der Ruck, mit dem Willy Brandt aufsteht, wirft ihn fast wieder um. Auch jetzt nimmt er die Hände nicht als Stütze, kommt nicht in Etappen auf die Füße, ein Bein nach dem anderen, sondern eben mit einem Ruck, der so heftig ist, als wären da Fesseln zu zerreißen. Die Anstrengung lässt der Maske, in die Brandt sein Gesicht bei solchen Anlässen zwingt, keine Chance. Die Miene, die darunter sekundenlang sichtbar wird, wirkt nach dieser Maske wie eine bewusste Provokation. Es ist die Miene eines Bekenners. [...]

Wenn dieser nicht religiöse, für das Verbrechen nicht mitverantwortliche, damals nicht dabeigewesene Mann nun dennoch auf eigenes Betreiben seinen Weg durchs ehemalige Warschauer Getto nimmt und dort niederkniet – dann kniet er da also nicht um seinetwillen. Dann kniet er, der das nicht nötig hat, da für alle, die es nötig haben, aber nicht da knien – weil sie es nicht wagen oder nicht können oder nicht wagen können. Dann bekennt er sich zu einer Schuld, an der er selber nicht zu tragen hat, und bittet um eine Vergebung, derer er selber nicht bedarf. Dann kniet er da für Deutschland."

Die Zeit, 11.12.1970, S. 1:
„Wir alle müssen uns erst daran gewöhnen, dass nun ein neues Kapitel beginnt', sagte Wladyslaw Gomukla und blickte nachdenklich auf die barocke Pracht des polnischen Königsschlosses von Wilanow. Selbst seine engsten Mitarbeiter konnten sich nicht erinnern, den polnischen Parteichef je so gelöst in einem Kreis westlicher Besucher erlebt zu haben. Unbefangen unterhielt er sich mit deutschen Journalisten, während sich Willy Brandt und Ministerpräsident Cyrankiewiecz wie alte Bekannte miteinander unterhielten. Die Gespenster der Vergangenheit, die sich an diesem 7. Dezember noch einmal erhoben und drückend auf die Gemüter gelegt hatten, waren in der Intimität dieser Mitternachtsstunde wie verscheucht. Nicht, dass Hochstimmung geherrscht hätte oder gar Begeisterung. Was sich da ausbreitete, war die Erleichterung von Genesenden, die sich langer und schwerer Krankheit entronnen fühlen.

,Nur nach ernster Gewissensforschung' habe der Vertrag von Warschau unterschrieben werden können, hatte Brandt in seiner Fernsehansprache an die Deutschen gesagt. Am frühen Morgen war er aus dem Wohnflügel des Schlosses Wilanow in das einstige Vorzimmer des Königs Sobieski gegangen, um diese Rede von den Kameras aufzeichnen zu lasen. Hinter ihm hing ein Bild Alexanders des Großen, der dem besiegten Perserkönig mit Großmut begegnet. [...] Eine Stunde später hörte eine schweigende Menge am Grabmal des Unbekannten Soldaten jene Hymne der Deutschen, die für sie, da sie den anderen Text nicht kennen, wie das alte Lied klingt – weshalb ihnen das polnische Fernsehen am Vorabend bei der Ankunft Brandts diese Töne erspart hatte. Nun aber wurden sie von der Kapelle der Warschauer Garnison in den trüben Dezembermorgen geschmettert, indes der Kanzler vor dem Denkmal verharrte.

Kurz danach schritt der Kanzler wiederum durch ein Spalier stummer Zeugen: Vor dem Denkmal für die Opfer des Warschauer Ghetto, wo er vor den lodernden Pylonen auf die Knie sank, überwältigt von der Erinnerung an das Ungeheuerliche. Zyniker des politischen Alltags mochten hinterher Fragezeichen hinter die Spontanität dieser Geste setzen, aber sie war echt, eine Eingebung des Augenblicks. Brandt weiß nur zu gut, dass sich ein Staatsmann nur selten Emotionen leisten kann. Dass er es sich an diesem Tag nicht versagte, seiner Erschütterung Ausdruck zu geben, hat mehr als alle Reden dazu beigetragen, lange Verhärtetes in der polnischen Hauptstadt aufzubrechen. ‚Ob die Bundesrepublik einen solchen Kanzler schon verdient?' flüsterte mir ein sonst sehr kühler polnischer Beobachter bewegt zu...“

Stuttgarter Zeitung, 08.12.1970:
„Es gibt Momente in der Geschichte eines Volkes, in denen das undurchdringliche Knäuel von Schuld und Unschuld wie durch einen Feuerschein beleuchtet wird. Der 7. Dezember 1970 in Warschau wird dazu zu zählen sein. In den Geschichtsbüchern wird vielleicht nur vermerkt werden, dass an diesem Tag der Bundeskanzler der Bundesrepublik Deutschland fünfundzwanzig Jahre nach dem Ende des gegen Polen begonnenen Zweiten Weltkriegs im Palais Radziwill in Warschau den deutsch-polnischen Vertrag unterzeichnet hat, mit dem die polnische Westgrenze und damit der Verlust der ehemaligen deutschen Ostgebiete bestätigt worden ist. Die Zeugen dieses Tages werden indessen stärker ein anderes Ereignis als Wendepunkt im deutsch-polnischen Verhältnis im Gedächtnis behalten. Im Programm war es nüchtern als Kranzniederlegung an der ‚Gedenkstätte des Ghettos' vormerkt. Bundeskanzler Brandt gestaltete diesen Gang aber zu einer historischen Szene, in der sich persönliche und staatsmännische Würde, Erinnerungen an die blutige Niederschlagung des Aufstands im Warschauer Ghetto 1943 und die Bitte um Vergebung ineinander vereinigten. Langsam schritt er auf das jüdische Mahnmal zu und fiel auf die Knie...

Den wenigen Zeugen auf dem kahlen weiten Platz des ehemaligen Ghettos stockte der Atem. Brandt hatte vorher mit niemandem darüber gesprochen. Etwa eine Minute verharrte er in dieser Haltung eines Betenden. Es fällt schwer, die Eindrücke dieses Augenblicks zu beschreiben. Von einer einfachen menschlichen Geste, die jeden erschütterte, ging ein Zwang aus, über Schuld und Sühne nachzusinnen. Selten erschien dem Chronisten der Gedanke des ‚Vaterunsers' sinnvoller... ‚Und vergib uns unsere Schuld, wie auch wir vergeben unseren Schuldigern.'"

Nach der zitierten *Stuttgarter Zeitung* gibt es historische Momente, die einem „Feuerschein" gleichen. Der Kniefall – so die Botschaft des Artikels – sei ein solcher Moment. Von einem „Symbol" dagegen redete in diesem wie in den anderen Artikeln des Jahres 1970 noch niemand. Allerdings wurde eine atmosphärisch dichte und emotional ergreifende Szenerie beschrieben, die dasjenige wiedergibt, das im Zentrum einer symbolisch kondensierten Markierung steht: Das gefühlte Erleben besonderer Bedeutung (vgl. *Kapitel 3.7.*). Eine Assoziation zwischen dem im Zitat verwendeten, wenn vielleicht auch etwas zu pathetischen Bild des „Feuerscheins" und der kommunikativen Ressource des Symbols aufzubauen, ist insofern möglich, da Symbole Medien sind, die denjenigen nicht „kalt" lassen dürfen, der mit ihnen kommuniziert. Gleichzeitig aber sind Symbole kulturell objektivierte Bedeutungträger, die in ihrer verbindlichen Zeichenhaftigkeit zwar auf Emotionalität angewiesen sind, diese aber bereits kanalisieren. Die zitierten Stellen sind so gesehen als das emotional dichte, aber noch nicht semiotisch domestizierte „Rohmaterial" des künftigen Symbols zu verstehen, zu dem der Kniefall dann wurde.

Was die zitierten Passagen dem Leser in erster Linie vermitteln wollen, ist das „besondere Ereignis". War nun aber der Kniefall in diesem Sinne ein *medial transportiertes* oder ein *medial konstruiertes* Ereignis? Er war wohl beides. Zu behaupten, die Medien seien in der Lage, Ereignisse gleichsam „aus dem Hut zu zaubern", würde den performanztheoretischen Annahmen widersprechen, wie sie vor allem in *Kapitel vier* zur Anwendung kommen. Gerade im Falle öffentlicher Rituale, Zeremonien und anderer Performanzen lässt sich die Ebene des tatsächlichen Vollzugs durch leiblich anwesende Akteure nicht völlig durch „Textproduktion" ersetzen. Gleichwohl entfaltete die performative Dimension des Kniefalls ihre ganze Wirkung erst durch die narrative Nachbearbeitung durch die Presse.

Wenn beispielsweise der deutsche Bundeskanzler Gerhard Schröder regelmäßig von den Medien als „Medienkanzler" tituliert wird, dann wird von den Medien mit der gleichen Regelmäßigkeit unterschlagen, dass ein Medienkanzler zur einen Hälfte aus „Kanzler" und zur anderen Hälfte aus „Medien" besteht. Das nicht unbedingt wohlwollend verhängte Etikett „Medienkanzler" kann nur dann seine Wirkung enfalten, wenn es den Medienvertretern gleichzeitig gelingt, ihren eigenen Beitrag an dieser Konstruktion auszublenden. So gesehen war zwar auch der Kniefall insofern ein „Medienereignis", da sich seine soziale Durchsetzungsfähigkeit erst über die Medien ergab. Aber auch in diesem Fall mussten die beteiligten Medien es bewerkstelligen, ihre Deutungshoheit zu verschleiern, um damit den Eindruck der fraglosen Gültigkeit der Ereignisse selbst zu erwecken. Dass dabei generell die *Ausblendung der Konstruiertheit* von Identitätskonstruktionen eines eigenen, besonders hohen Konstruktionsaufwands bedarf, wurde im Rahmen dieser Einleitung bereits angedeutet.

2. Methodisch-methodologische Ausrichtung

1. Die theoriegeleitete Interpretation

In diesem Kapitel wird es weniger darum gehen, eine bestimmte methodische Vorgehensweise detailliert vorzustellen, sondern es wird der Versuch unternommen werden, die Position des Interpreten innerhalb des hermeneutischen Aktes näher zu bestimmen (siehe *Abschnitt zwei*). Auch wenn die interpretative Arbeitsweise der vorliegenden Arbeit in einiger Hinsicht als methodisch unterausgestattet bezeichnet werden kann – zumindest gemessen an den Kriterien eines strikten Methodismus –, so wurde der Versuch unternommen, ein vorrangig methodengeleitetes Interpretieren durch ein Vorgehen zu ersetzen, die als „dichte Reflexion"[*] beschrieben werden kann. Gemeint ist damit, dass ein bestimmtes, aus verschiedenen Richtungen stammendes Theorieangebot herangezogen wird, um das Objekt der Untersuchung – den Kniefall und die über ihn verfassten Presse-Texte – multiperspektivisch zu interpretieren. In der Sache gleicht diese interpretative Strategie der „Dichten Beschreibung" wie sie von Geertz in Anlehnung an Gilbert Ryle entwickelt wurde. Der Unterschied besteht darin, dass Geertz' Argwohn gegenüber theoriegeleiteten (beziehungsweise vor allem *theoriegenerierenden*) Interpretationen nicht geteilt wird.[1] Die Verbindung zu der Dichten Beschreibung nach Geertz besteht darin, dass auch im vorliegenden Text das Interpretieren kultureller Phänomene grundsätzlich als die „Deutung von Deutungen" aufgefasst wird: „Schon auf der Ebene der Fakten, dem unerschütterlichen Felsen des ganzen Unternehmens (wenn es den überhaupt gibt), erklären wir, schlimmer noch: erklären wir Erklärungen."[2] Wenn der (wissenschaftliche) Interpret die Bedeutungskonstruktionen anderer Akteure seinerseits der Deutung unterzieht, so schleichen sich nach Geertz jedoch automatisch „Hintergrundinformationen"[3] ein. Dies ist – so

---

[*]   Ich danke Bernhard Giesen für die Anregung zu diesem Begriff.
[1]   Vgl. Jeffrey C. Alexander, The Strong Program in Cultural Theory: Elements of a Structural Hermeneutics, Schriftenreihe des Sonderforschungsbereichs „Norm und Symbol", Nr. 8, Konstanz 2000, S. 15.
[2]   Geertz, Dichte Beschreibung, S. 14.
[3]   Ebd., S. 14.

räumt Geertz selber ein – unvermeidlich. Wer beispielsweise ein balinesisches Zeremoniell beobachtet, wird es kaum vermeiden können, den Vergleich mit der religiösen Praxis der eigenen Kultur anzustrengen. Es muss kaum näher erläutert werden, dass ein gewisses Maß an unterstellter *Gleichheit* zwischen dem Eigenen und dem Fremden es dabei überhaupt erst erlaubt, *Unterschiede* in den verschiedenen Kulturen zu identifizieren. Die Fremdheit des anderen kann so gesehen wiederum als Möglichkeit gesehen werden, die „Exotik des Alltags"[4] innerhalb der eigenen Kultur zu entdecken. Um eine solche „Exotik" der eigenen Kultur wird er bei der Analyse des Kniefalls letzten Endes gehen. „Hintergrundinformationen" werden dabei in folgender Weise eine zentrale Rolle spielen: Anstatt eine Dichte Beschreibung zu erstellen, wird versucht, ein „dichtes theoretisches Netz" im Sinne einer theoriegeleiteten „dichten Reflexion" um die vorliegenden Daten zu spannen. Zentrale Ansatzpunkte sind dabei die Theorie des Symbols (zum Beispiel Karl Jaspers, Ernst Cassirer, Alfred Schütz und Thomas Luckmann, Hans-Georg Soeffner), des Rituals (Victor Turner, Roy A. Rappaport, Jeffrey C. Alexander, Bernhard Giesen) und der Narration (u.a. Paul Ricœur, Hayden White, David Carr, Jerome Bruner). Weiterhin spielt die Theorie des Gedächtnisses eine ebenfalls ausschlaggebende Rolle (Aby Warburg, Maurice Halbwachs, Aleida Assmann, Jan Assmann). Zusätzlich wird ein Theorieangebot mobilisiert, mit dem sich Phänomene wie „der Augenblick" und „das Plötzliche" (zum Beispiel Sören Kierkegaard, Karl Heinz Bohrer) sowie „das Ereignis" (vor allem Marshall Sahlins) deuten lassen. Gerade Letzteres wird sich für die Interpretation als besonders richtungsweisend herausstellen. Der eingeschlagene Ansatz lässt sich damit als Forschungsvorhaben begreifen, durch das der Hintergrund einer bestimmten kulturellen Oberflächenerscheinung nicht im Rahmen einer kontrastiven, kulturvergleichenden Untersuchung begreifbar wird, sondern gewissermaßen innerhalb einer *kulturinternen* Analyse das empirisch sichtbare Detail mit seinen kulturellen Wurzeln in Verbindung gebracht werden soll.

---

4   Siegfried Kracauer, Die Angestellten, Frankfurt a.M. 1971, S. 11; zur „Fremdheit" der eigenen Kultur vgl. Stefan Hirschauer / Klaus Amann (Hg.), Die Befremdung der eigenen Kultur. Zur ethnographischen Herausforderung soziologischer Empirie, Frankfurt a.M. 1997.

2. Zur Position des Interpreten

Es ist weniger der Kniefall Brandts im Sinne eines performativen Aktes, sondern die mediale Berichterstattung *über* den Kniefall, die im Mittelpunkt der vorliegenden Arbeit steht. Erst der das Ereignis interpretierende Text – so die These – verlieh dem Kniefall seine außerordentliche symbolische Bedeutung. Die Analyse muss daher an dem Punkt beginnen, die vorliegenden medialen Interpretationen – betrachtet als Bestandteil der kulturell gegebenen Lebenswelt – ihrerseits einer sekundären Interpretation zu unterziehen und gleichzeitig muss dieser Interpretationsprozess methodisch kontrollierter Reflexion unterliegen.[5] Das heißt zunächst, dass wir es insbesondere (wenn auch nicht ausschließlich) mit sprachlichen Dokumenten zu tun haben,[6] in denen der Kniefall von bestimmten Akteuren – in diesem Fall: von Vertretern der Presse – sinnhaft interpretiert wurde. Das Ziel ist es, den lebensweltlichen Deutungsprozess und die diesem Prozess zugrunde liegenden kulturellen Deutungsmuster zu rekonstruieren. An diesem Punkt taucht wie bei jedem hermeneutischen Unterfangen zunächst ein Problem auf, wie es Odo Marquard mit folgenden Worten beschreibt: „Hermeneutik ist die Kunst, aus einem Text herauszukriegen, was nicht drinsteht: wozu – wenn man doch den Text hat – brauchte man sie sonst?"[7] Was sich hier im Kern bereits artikuliert, ist eine unversöhnliche Polarisation des Interpretationsverständnisses. Umberto Eco unterscheidet an dieser zentralen Stelle zwischen zwei Auffassungen von Interpretation: „Bei der einen nimmt man an, dass das Interpretieren eines Textes bedeutet, die vom Autor gemeinte Bedeutung herauszuarbeiten oder jedenfalls seine objektive Beschaffenheit, sein Wesen, das als solches von unserer Interpretation unabhängig ist. Bei der anderen wird angenommen, dass die Texte bis ins Unendliche interpretiert werden können."[8] Beide Posi-

---

5   Die bekannteste und wohl auch schlüssigste Beschreibung dieser Relation findet sich bei Alfred Schütz und seiner Unterscheidung zwischen Konstruktionen erster und zweiter Ordnung, vgl. ders., Gesammelte Aufsätze I. Das Problem der sozialen Wirklichkeit, Den Haag 1971.

6   Vgl. hierzu Hans-Georg Soeffner, Interaktion und Interpretation – Überlegungen zu Prämissen des Interpretierens in Sozial- und Literaturwissenschaft, in: ders. (Hg.), Interpretative Verfahren in den Sozial- und Textwissenschaften, Stuttgart 1979, S. 328-351.

7   Odo Marquard, Frage nach der Frage, auf die die Hermeneutik die Antwort ist, in: ders., Zukunft braucht Herkunft. Philosophische Essays, Stuttgart 2003, S. 72-101, hier: S. 72.

8   Umberto Eco, Die Grenzen der Interpretation, München 1992, S. 425; vgl. zu dieser

tionen bezeichnet Eco als „epistemologischen Fanatismus"[9]. Auch wenn es kein Ausweg, sondern bestenfalls eine vage Marschroute aus diesem Dilemma ist, so erscheint es sinnvoll, sich in diesem strittigen Punkt nicht ausschließlich auf die *Interpretation*, sondern vielmehr auf die Rolle des *Interpreten* innerhalb eines komplexen, um Verständnis bemühten Interaktionsgeflechts zu konzentrieren. Dass damit eine untrennbare Relation zwischen Interpretation und Interpreten unterstellt wird, kann als szientistisches Ärgernis aufgefasst werden, ist es doch schließlich das teils implizite, teils explizite Ideal sozialwissenschaftlich-hermeneutischer Methodik, zu Ergebnissen zu gelangen, die nicht von der subjektiven Position ihres jeweiligen Autors kontaminiert sind. Dementgegen wird hier von der These ausgegangen, dass ohne eine solche „subjektive Kontaminierung" durch die Person des Interpreten eine Interpretation gar nicht zustande kommen kann.[10] Um es noch schärfer zu fassen: In einer virtuellen Welt vollkommenen gegenseitigen Verstehens würde jeder Akt des Interpretierens überflüssig werden. Erst der Umstand des Vorhandenseins voneinander getrennter, in ihrem gegenseitigen Sichverstehen-Können eingeschränkter Subjekte nötigt dazu, sich überhaupt auf das Interpretieren einlassen zu müssen – wenngleich der implizite wissenschaftliche Mythos insgeheim davon spekuliert, diesen Riss im gegenseitigen Verstehen durch ausgefeilte Methodik bruchlos kitten zu können.[11] Die Position des interpretierenden Subjekts – des Interpreten – wird dann gewissermaßen durch die Methodik ersetzt, oder sagen wir besser: durch sie invisibilisiert. Die Methodik als Garant subjektun-

---

Debatte Philippe Forget (Hg.), Text und Interpretation. Deutsch-französische Debatte mit Beiträgen von J. Derrida, Ph. Forget, M. Frank, H.-G. Gadamer, J. Greisch und F. Laruelle, München 1984.

9   Eco, Die Grenzen der Interpretation, S. 425.

10 Zum Status des Interpreten als *Autor* vgl. Kerstin Nagler / Jo Reichertz, Kontaktanzeigen – auf der Suche nach dem anderen, den man nicht kennen will, in: Stefan Aufenanger / Margrit Lenssen (Hg.), Handlung und Sinnstruktur. Bedeutung und Anwendung der objektiven Hermeneutik, München 1986, S. 84-122, hier: S. 86; zur Rolle des wissenschaftlichen Interpreten als „Autor" in der Ethnographie vgl. Clifford Geertz, Work and Lives. The Anthropologist as Author, Stanford 1999; vgl. hierzu Eberhard Berg / Martin Fuchs, (Hg.) Kultur, soziale Praxis, Text. Die Krise der ethnographischen Repräsentation, Frankfurt a.M. 1993; vgl. James Clifford / George E. Marcus (Hg.), Writing Culture. The Poetics and Politics of Ethnography, Berkeley 1986.

11 Zur „Eigen-Mythologie" wissenschaftlichen Denkens vgl. Hans-Georg Soeffner, Verstehende Soziologie und sozialwissenschaftliche Hermeneutik. Die Rekonstruktion der gesellschaftlichen Konstruktion der Wirklichkeit, in: Ronald Hitzler u.a. (Hg.), Hermeneutische Wissenssoziologie. Standpunkte zur Theorie der Interpretation, Konstanz 1999, S. 39-49, hier: S. 43.

abhängiger Objektivität lässt sich so gesehen strukturanalog mit der Fotokamera vergleichen, die Bilder produziert, denen aufgrund der Mechanisierung eines scheinbar subjektunabhängigen Produktionsprozesses das Attribut unbezweifelbarer Repräsentativität anhaftet – obwohl auf den zweiten Blick betrachtet schnell zu Tage tritt, dass gerade der angebliche „Fotorealismus" der fotografischen Abbildung einen besonders gefährlichen Illusionismus befördert: Indem das die Wirklichkeit interpretierende Subjekt durch den Mythos vom objektivitätsgenerierenden Apparat ersetzt wird und die Abbildungsleistung sich mechanisiert, wird schnell vergessen, dass immer noch ein Subjekt hinter der Kamera steht[12] und diese bedient (respektive hinter der hermeneutischen Methode steht und diese „bedient"), ein Subjekt, das sich dafür entscheidet, dieses oder jenes Motiv auszuwählen, das dann aus einer Flut von Bildern dieses oder jenes in die Endauswahl aufnimmt, das diesen oder jenen Bildausschnitt favorisiert etc. So gesehen beinhaltet hermeneutische Methodik immer die Gefahr, gleich der quasi-objektiven und quasi-subjektneutralen Kamera, für eine Art von „Interpretations-Maschine" gehalten zu werden, die unter Ausschluss des interpretierenden Subjektes repräsentative Ergebnisse zu produzieren in der Lage ist. Was damit jedoch für die Interpretation verloren ginge, wäre derjenige Wirklichkeitsbereich, der nach Hans-Georg Gadamer „den Kontrollbereich wissenschaftlicher Methodik übersteigt"[13]. Sollte es demnach eine „Wahrheit" oder Formen von „Wirklichkeit" geben, die sich der methodischen Dekodierung wiedersetzten, so führte ein rigider Methodismus zwangsläufig zu einer Verarmung der Interpretation, das heißt zu einer verarmten Darstellung der Wirklichkeit, die dann rückwirkend – vermittels des unterstellten methodischen Objektivitätspostulats – tatsächlich für die Wirklichkeit in ihrer allerdings nun reduzierten Form gehalten würde. Zwar besitzen die *Resultate* sozialwissenschaftlicher Hermeneutik letztlich immer Modellcharakter – sie sind nach Hans-Georg Soeffner nur „Modelle von Handelnden"[14] –

---

12 Zur *Interpretationsleistung* der Fotografie vgl. Fred Ritchin, Was ist Magnum?, in: William Manchester, Zeitblende. Fünf Jahrzehnte MAGNUM Photographie, München 1989, S. 417-445, hier: S. 417.

13 Hans-Georg Gadamer, Wahrheit und Methode. Grundzüge einer philosophischen Hermeneutik, Tübingen 1990, S. XXVII; vgl. hierzu Jean Grondin, Hermeneutische Wahrheit? Zum Wahrheitsbegriff Hans-Georg Gadamers, Königstein/Ts. 1982, S. 122-194; vgl. Ben Vedder, Was ist Hermeneutik? Ein Weg von der Textdeutung zur Interpretation der Wirklichkeit, Stuttgart 2000, S. 115-134.

14 Soeffner, Verstehende Soziologie und sozialwissenschaftliche Hermeneutik, S. 42.

allerdings wäre es gleichwohl fatal, von *vornherein* nur diejeninigen Wirklichkeitsbereiche überhaupt als „Wirklichkeit" gelten zu lassen, die sich dem methodisch kontrollierten Zugriff passgenau fügen. Gegen diese Bedrohung der Wirklichkeit durch die Interpretation richtet sich auch die Polemik Susan Sontags. So konstatiert sie in ihrem vielzitierten Essay *Against Interpretation*: „In a culture whose already classical dilemma is the hypertrophy of the intellect at the expense of energy and sensual capability, interpretation is the revenge of the intellect upon art. Even more. It is the revenge of the intellect upon the world."[15] Zwar ist bei Sontag nicht von Methodik, sondern vom „Intellekt" die Rede, jedoch besitzen beide Begriffe und die mit ihnen verbundene Kritik einen gemeinsamen Nenner: Die Wirklichkeit ist mehr als das, was durch den rationalen Zugriff in objektiviertes Wissen überführt werden kann. So wichtig es ist, darauf hinzuweisen, dass – insbesondere im Bereich der Kunst – die Interpretation immer einen destruktiven Charakter hat, indem durch sie – wie es im *Symbol-Kapitel* auch noch eine Rolle spielen wird – Inhalte des Glaubens, des Ahnens und Fühlens in Wissen transformiert werden, so muss die Position Sontags doch auch relativiert werden. Erstens (und hier zeigt sich das menschliche Dilemma, gleichsam zum Interpretieren verurteilt zu sein) blendet Sontag aus, dass auch sie selber mit dem „Geschäft des Interpretierens" beschäftigt ist (und sich dabei zwangsläufig ihres Intellekts bedient) und zweitens – noch problematischer – entgeht ihrer Position insbesondere Folgendes: In ihrer auf das Ästhetische fixierten Sichtweise bleibt unberücksichtigt, dass gerade sozialwissenschaftliches Interpretieren eine wichtige Kontrollinstanz alltäglicher Konstruktionen von Wirklichkeit ist. Wenn nach Sontag die Interpretation die „Rache des Intellekts" an „der Welt" ist (wobei hier die „Welt" als metaphorische Umschreibung für „Lebendigkeit" und „Reichtum" zu lesen ist), dann muss dem entgegnet werden, dass nicht alles in dieser Welt automatisch gut und schützenswert ist: So ist es gerade die Pflicht sozialwissenschaftlichen Interpretierens, vermittels des Einsatzes des von Sontag beargwöhnten Intellekts, die Inkonsistenzen alltäglicher Sinnkonstruktionen zu durchleuchten. So wäre es beispielsweise geradewegs bizarr, zu behaupten, die entlarvende In-

---

15 Susan Sontag, Against Interpretation, in: dies., Against Interpretation and other Essays, New York 1967, S. 3-14, hier: S. 7; bezüglich des von Sontag geäußerten Argwohns gegen die Tätigkeit des Interpretierens vgl. Hans Magnus Enzensberger, Bescheidener Vorschlag zum Schutze der Jugend vor den Erzeugnissen der Poesie, in: ders., Mittelmaß und Wahn. Gesammelte Zerstreuungen, Frankfurt a.M. 1991, S. 23-41.

terpretation antisemitischer Texte sei ein Akt der „Rache" an der Welt, obwohl in aller Nüchternheit gleichwohl nicht zu bestreiten ist, dass Antisemitismus ein – wenn auch pervertiertes Phänomen – der „Vielfältigkeit" und „Lebendigkeit" unserer Welt ist.

Trotz aller bisherigen Kritik soll hier keine Position vertreten werden, die von jeglicher Methodik suspendiert. Auf die methodische, das heißt betreffs der vorliegenden Arbeit: auf die *narrationsanalytische* Ausrichtung wird weiter unten noch eingegangen werden. Die geäußerte Kritik an der Methodik im Allgemeinen muss eher als reflexiver und damit selbstkontrollierender Bezug zur eigenen Position als interpretierendes Subjekt verstanden werden. Die Interpretationsleistung der vorliegenden Arbeit baut in diesem Sinne zwar darauf auf, dass jedes auch noch so ausgefeilte methodische Programm nicht über den Umstand hinweg hilft, dass die Interpretation zunächst eine Leistung beziehungsweise eine *Entscheidung* des Interpreten ist, die nicht methodisch neutralisiert werden kann. Damit soll jedoch gerade nicht die Interpretation zu einem freien schöpferischen Akt stilisiert werden.[16] Die Einklammerung der Position des Interpreten ist vielmehr nötig, um ein reflexives Verhältnis zum eigenen Interpretationsakt zu entwickeln, wie es Heinz Bude folgendermaßen wiedergibt: „Jede Interpretation beruht auf dem Einsatz eines sich selbst verstehenden Einzelnen. [...] Schließlich kann einem die Verantwortung für eine Interpretation niemand abnehmen. Wer diesen Sprung nicht wagt, kann keinen Begriff erfassen."[17] Auch wenn es erscheinen könnte, dass ein solches Miteinbeziehen des interpretierenden Subjektes jenseits methodischer Kontrollinstanzen zu interpretatorischer Beliebigkeit führen muss, so ist das Gegenteil der Fall: Der von Bude geforderte „Einsatz eines sich selbst verstehenden Einzelnen" ist so gesehen, akzentuiert man insbesondere das Motiv des Sich-selbst-Verstehens, die Vorbedingung dafür, ein reflexives Verhältnis zum eigenen alltagshermeneutischen Vorwissen einzunehmen.[18]

---

16 Vgl. Manfred Frank, Das Sagbare und das Unsagbare. Studien zur neuesten französischen Hermeneutik und Texttheorie, Frankfurt a.M. 1980, S. 59-70.

17 Bude, Die Kunst der Interpretation, S. 575.

18 Vgl. Soeffner, Interaktion und Interpretation, S. 349; zum Verhältnis zwischen alltäglichen und wissenschaftlichen Konstruktionen vgl. ders., Verstehende Soziologie und sozialwissenschaftliche Hermeneutik, S. 42.

3. Grenzen der Interpretation

Gleichwohl die Wirklichkeiten, in denen *ego* und *alter* leben, nie deckungsgleich zueinander sind und immer eine Differenz im gegenseitigen Verstehen-Können übrigbleibt, die in der letzten Konsequenz nur durch den persönlichen Einsatz beziehungsweise das interpretative Wagnis des Interpreten überbrückt, aber nie lückenlos geschlossen werden kann, so wäre bei völligem Auseinanderklaffen der Wirklichkeiten, in denen wir leben, die Interpretation ebenso unmöglich wie sie im Falle völligen gegenseitigen Verstehens überflüssig wäre. Zwischen diesen beiden geradewegs „pathologischen" Extremen befinden wir uns jedoch in einer Welt kollektiv geteilter Sinnkonstruktionen.[19] Daraus folgt, dass die Interpretation zunächst darum bemüht sein muss, diejenigen kulturell verfügbaren Formen intersubjektiver Bedeutungsstiftung zu analysieren, mit denen der spezifische Inhalt eines Textes gerahmt wurde.[20] So betont Erwin Panofsky, die Quelle jeder Interpretation sei zwar vor allen Dingen „das Erkenntnisvermögen und der Erkenntnisbesitz des interpretierenden Subjektes"[21]. Panofsky zieht allerdings daraus nicht den Schluss beliebigen Interpretierens: So existiert für ihn ein „objektivierendes Korrektiv"[22] im Sinne einer „Überlieferungsgeschichte, einer „Gestaltungsgeschichte" und einer „Typengeschichte", die dem Interpreten gegenübertritt. Es gibt demnach historisch gewachsene, kulturell abgelagerte und intersubjektiv geteilte Bedeutungsschemata, über die sich der Interpret nicht ad libitum hinwegsetzen darf: „Diese Überlieferungsgeschichte zeigt uns in der Tat die Grenze, bis zu der unsere Gewaltanwendung gehen darf."[23]

---

19 Vgl. Berger / Luckmann, Die gesellschaftliche Konstruktion der Wirklichkeit; vgl. Andreas Reckwitz / Holger Sievert (Hg.), Interpretation. Konstruktion. Kultur. Ein Paradigmenwechsel in den Sozialwissenschaften, Opladen 1999.
20 Zum soziologischen Begriff des „Rahmens" vgl. Erving Goffman, Rahmen-Analyse. Ein Versuch über die Organisation von Alltagserfahrungen, Frankfurt a.M. 1977; vgl. Herbert Willems, Rahmen und Habitus. Zum theoretischen und methodischen Ansatz Erving Goffmans: Vergleiche, Anschlüsse und Anwendungen, Frankfurt a.M. 1997; vgl. ferner Andreas Hepp, Cultural Studies und Medienanalyse. Eine Einführung, Opladen 1999.
21 Erwin Panofsky, Zum Problem der Beschreibung und Inhaltsdeutung von Werken der bildenden Kunst, in: Ekkehard Kaemmerling (Hg.), Bildende Kunst als Zeichensystem, Bd. 1. Ikonographie und Ikonologie: Theorien, Entwicklung, Probleme, Köln 1979, S. 185-206, hier: S. 199.
22 Ebd., S. 199.
23 Ebd., S. 199.

4. Zur narrationsanalytischen Methode

Die vorliegende Analyse der medialen Berichterstattung über den Kniefall geht von der These aus, dass der Leser hier auf narrative Formen und Mythologeme stößt, die so betrachtet als überlieferte Erzählformen den Rahmen der Interpretation begrenzen. Es geht in diesen Presse-Texten weniger um die nüchterne Berichterstattung von „Fakten", sondern vielmehr geschieht hier etwas ganz anderes: Es wird *erzählt*. Nicht die „Rationalisierung" der Ereignisse und nüchtern-distanzierte Argumentation, sondern die Implementierung der Ereignisse in „lebensweltliche Geschichten" steht im Mittelpunkt der medialen Auseinandersetzung.[24] In *Kapitel fünf* wird daher zunächst einleitend auf die Theorie der Narration und auf Ausschlussmöglichkeiten hinsichtlich ihrer sozialwissenschaftlichen Verwendung eingegangen. Eine ursprünglich geplante *inhaltsanalytische Ausrichtung*[25] wurde verworfen, da sich schon bald zeigte, dass diese Methode – trotz ihrer Vorzüge, insbesondere was die Bearbeitung großer Datenmengen betrifft – in einem Punkt zu kurz greift: Mit dieser Methode ist es nicht möglich, den *sequenziellen* Aufbau von Texten zu rekonstruieren.[26] Dadurch ginge jedoch genau das für die Interpretation verloren, um das sich das vorliegende Textmaterial in erster Linie dreht: Die Berichte über den Kniefall sind zunächst Handlungsprotokolle, die darüber berichten, was in Warschau geschehen ist. Der Leser wird nicht ausschließlich „über den Kniefall" informiert, sondern vielmehr wird der Kniefall erzählend in eine Handlung- oder Ereigniskette eingewoben, deren Höhepunkt er dann darstellt. Das heißt, die Bedeutungszuschreibung des Kniefalls ergibt sich nicht aus ihm selbst heraus, sondern aus der ihn rahmenden Erzählung. Darüber hinaus stehen diese Kniefall-Erzählungen im Kontext einer sie wiederum einschließenden Meta-Erzählung: Der Kniefall wird narrativ mit der deutschen Geschichte, das heißt mit der narrativen Selbst-Identifikation der Nation in Verbindung gesetzt. Daraus folgt – gemessen an Paul Ricœurs Theorie

---

24 Zum Verhältins „Rationalisierung" versus „Erzählung" vgl. Odo Marquard, Narrare necesse est, in: ders., Philosophie des Stattdessen. Studien, Stuttgart 2000, S. 60-65.

25 Vgl. Klaus Merten, Inhaltsanalyse. Einführung in Theorie, Methode und Praxis, Opladen 1995; vgl. Reiner Keller u.a. (Hg.), Handbuch sozialwissenschaftliche Diskursanalyse, Bd. 1. Theorien und Methoden, Opladen 2001; vgl. Peter Atteslander u.a., Methoden der empirischen Sozialforschung, Berlin 1991, S. 262-254.

26 Vgl. Soeffner, Interaktion und Interpretation, S. 346-348

der Erzählung – dass auch im Mittelpunkt der Kniefall-Texte „der zeitliche Charakter der menschlichen Erfahrung auf dem Spiele steht"[27]. Das Erzählen von Geschichten dient der Bewusstwerdung von Zeitlichkeit beziehungsweise von Geschichtlichkeit. Erst durch den Modus narrativer Gestaltung gewinnen Individuen und Gruppen Einsicht in die Geschichtlichkeit ihres Daseins und statten diese erzählend mit Bedeutung aus. So gesehen besteht ein enger Zusammenhang zwischen *Narration* und *Hermeneutik*, das heißt für den vorliegenden Fall: zwischen *Forschungsobjekt* und *Methode*. Auch Hermeneutik besitzt ein spezifisches Verhältnis zur Geschichtlichkeit. Wenn Marquard festhält *„Die Hermeneutik ist Replik auf die menschliche Endlichkeit"*[28], dann bedeutet dies, dass beispielsweise nicht nur der erzählende Akteur in seinem Alltag, sondern dass sich auch der distanzierte Hermeneut mit einer grundsätzlichen, wenn nicht gar mit der grundsätzlichsten Problematik menschlicher Existenz überhaupt auseinander zu setzen hat. In reiner Gegenwärtigkeit – gelegentlich auch „Ewigkeit" genannt – gibt es nichts zu interpretieren. Der Zwang zur Interpretation ergibt sich erst daraus, die Bedeutung des Vergangenen an der Gegenwart – und vice versa – zu messen.[29]

5. Narrativität und Performanz

Die narratologisch ausgerichtete Analyse der Kniefall-Berichterstattung öffnet neben dieser grundlegenden zeitlichen beziehungsweise geschichtlichen Dimension noch einen weiteren interpretativen Zugang. Soeffner weist darauf hin, dass Texte zwar für sich genommen eine „eigenständige" Realität darstellen. Das bedeutet jedoch nicht, dass der Text ausschließlich eine Realität sui generis ist: „Texte als strukturierte Realitäten eigener Art beziehen sich nicht auf „crude facts", auf irgendeine undefinierbare, unstrukturierte Wirklichkeit „an sich", „außerhalb"

---

27 Paul Ricœur, Zeit und Erzählung, Bd. I. Zeit und historische Erzählung, München 1988, S. 13; zu Ricœurs Ansatz vgl. Ursula I. Meyer, Paul Ricœur. Grundzüge seiner Philosophie, Aachen 1991; zum zeitlichen Charakter des Erzählens vgl. ebenso Harald Weinrich, Tempus. Besprochene und erzählte Welt, Stuttgart 1977; vgl. Mark Currie Postmodern Narrative Theory, New York 1998.

28 Marquard, Frage nach der Frage, auf die die Hermeneutik die Antwort ist, S. 74 [kursiv im Original].

29 Vgl. Hans-Georg Soeffner, Auslegung des Alltags – Der Alltag der Auslegung, Konstanz 2004, S. 106-110 und S. 125-135.

der Texte, sondern auf durch die Wahrnehmung bereits zeichenhaft transformierte Realität."[30] Bezüglich des Verhältnisses zwischen dem Kniefall als stattgefundene Handlung beziehungsweise als Performanz und der dann erzählenden Texte *über* das, „was sich ereignete", ergibt sich aus diesem Ansatz Folgendes: Bereits das Ritual der Kranzlegung am Ghetto-Denkmal und der sich innerhalb dieses Rituals ereignende Kniefall transportierten symbolische Bedeutungen, noch bevor über sie „erzählt" wurde. Gerade in Hinsicht auf die symbolische Handlungsform des Rituals ergibt sich diesbezüglich ein interessanter Zusammenhang zwischen Handlungs- und Erzählebene: Auch Rituale besitzen eine dramaturgische Ordnung, die hinsichtlich ihrer Form und Funktion durchaus Parallelen zum sequenziellen Aufbau von Erzählungen aufweist. So war es insbesondere Victor Turner, der den „erzählenden Charakter" des Rituals und dessen implizite Dramaturgie herausstrich und damit das Ritual an sein Konzept des „Social Drama" anschloss.[31] Die Akzentuierung der rituellen Funktion, bei den Akteuren *geschichtliches Bewusstsein* zu erzeugen, geht dabei auf Emile Durkheim zurück, wenn er ausdrücklich festhält: „Alles, was in diesen Darstellungen geschieht, hat nur den Zweck, den Anwesenden die mythische Vergangenheit ihres Klans ins Gedächtnis zurufen. Aber die Mythologie einer Gruppe ist eben die Gesamtheit der gemeinsamen Glaubensüberzeugungen dieser Gruppe. Die Tradition, deren Erinnerung sie verewigt, besteht aus der Art und Weise, wie sich eine Gesellschaft den Menschen und die Welt vorstellt. Sie ist Moral und Kosmologie und zugleich Geschichte. Der Ritus dient also dazu, und kann nur dazu dienen, die Lebendigkeit dieser Überzeugungen zu erhalten; zu verhindern, dass sie aus dem Gedächtnis schwinden, d.h. im Ganzen genommen, die wesentlichsten Elemente des kollektiven Bewusstseins wiederzubeleben."[32] Insbesondere wenn

---

30 Soeffner, Interaktion und Interpretation, S. 333.
31 Vgl. Victor Turner, Social Dramas and Stories about Them, in: William J. Thomas Mitchell (Hg.), On Narrative, Chicago 1981, S.137-164.
32 Emile Durkheim, Die elementaren Formen des religiösen Lebens, Frankfurt a.M. 1981, S. 505. Des Weiteren betont Durkheim den fließenden Übergang zwischen Ritus und Theater. So hält er fest, dass sogar Riten durchaus eine ludisch-unterhaltende Gestalt einnehmen können: „Wir haben schon Gelegenheit gehabt zu zeigen, dass sie [die Riten, C.S.] nahe Verwandte der dramatischen Darstellung sind. [...] Sie verwenden in der Tat nicht nur die gleichen Verfahren wie das eigentliche Drama, sie verfolgen auch den gleichen Zweck: da ihnen jeder Nützlichkeitsgesichtspunkt fremd ist, lassen sie die Menschen die wirkliche Welt vergessen, um sie in eine andere Welt zu versetzen, wo ihre Phantasie zu Hause ist: sie zerstreuen. Es kommt sogar vor, dass sie das äußere Bild einer Unterhaltung bieten: Man sieht die Zuschauer lachen und sich offen unterhalten." (ebd., S.

man dieses Zitat um die These erweitert, dass sich Gedächtnisinhalte vor allem erzählend reproduzieren, dann ist der Schritt vom Ritual zur Narration in der Tat nicht weit.

Wenn – wie bereits knapp angerissen wurde – Erzählungen idealisierte und kulturell stereotypisierte Repräsentationen von intersubjektiven Handlungsverkettungen sind, dann besitzen im Umkehrschluss solche Handlungsverkettungen – insbesondere wenn sie symbolisch hoch aufgeladen sind – bereits *als Handlungen* einen gewissermaßen protonarrativen Charakter. Einfach ausgedrückt: Allein durch symbolische Handlungen und erst recht durch dramaturgisch festgelegte Rituale sind soziale Akteure in der Lage, sich „etwas zu erzählen". Aus dieser Grundannahme erklärt sich der Aufbau der Analyse: Auch wenn die Textinterpretation das Kernstück darstellt, so wird im Kapitel zuvor ausführlich auf die performative Ebene eingegangen, das heißt auf das Kranzlegungs-Ritual und den Kniefall als performativen Akt. Das Ziel ist es dann, den Nachweis zu erbringen, dass die in der Presse ex post erfolgende Narrativierung die idealisierte Mimesis dessen ist, was sich in Ansätzen auf der Handlungsebene bereits symbolisch artikulierte. Wohlgemerkt: Der Text – so die Annahme – begegnet dem Leser nicht als mimetischer Nachvollzug von Ereignissen im Sinne einer wirklichkeitsadäquaten Reproduktion, sondern gemäß der aristotelischen Konzeption von Mimesis in Form einer ästhetischen Perfektionierung und Überhöhung der vorgefundenen Wirklichkeit.[33] Mimesis wird damit zum interpretierenden Vorgang.[34]

510-511.) Interessant an diesem Zitat ist, dass Durkheim nicht explizit zwischen Ritual und Theater unterscheidet und im Gegensatz zu Turner, der später dann die Unterscheidung in *Liminalität* (Ritual) und *Liminoidität* (Theater) einführte, ein – in diesem Punkt überzeugenderes – *Kontinuum* zwischen diesen beiden Formen diagnostiziert.

33 Zum Begriff der *Mimesis* vgl. Gunter Gebauer / Christoph Wulf, Mimesis. Kultur – Kunst - Gesellschaft, Reinbek bei Hamburg 1998; vgl. Jürgen H. Petersen, Mimesis – Imitatio – Nachahmung. Eine Geschichte der europäischen Poetik, München 2000; vgl. Werner Jung, Von der Mimesis zur Simulation. Eine Einführung in die Geschichte der Ästhetik, Hamburg 1995; vgl. Bernhard F. Scholz (Hg.), Mimesis: Studien zur literarischen Repräsentation, Tübingen 1998.

34 Zur Mimesis als Interpretation vorgefundener Wirklichkeit vgl. Erich Auerbach, Mimesis. Dargestellte Wirklichkeit in der abendländischen Literatur, Tübingen 1994; zu Auerbach vgl. Gebauer / Wulf, Mimesis, S. 18-26; was die (moderne) Inversion des Mimesis-Konzeptes betrifft – hin zur „freien Subjektivität" des Künstlers – vgl. Dieter Mersch, Ereignis und Aura. Untersuchungen zu einer Ästhetik des Performativen, Frankfurt a.M. 2002, S. 174-180.

6. Interpretation und Mimesis

Die Mimesis, die so betrachtet nicht *kopierende Reproduktion*, sondern eine *Interpretation* und damit *Transformation von Wirklichkeit* darstellt, wirft erneut das hermeneutische Problem von der „wirklichkeitsadäquaten Interpretation" auf. Wenn bereits das Ausgangsmaterial sozialwissenschaftlicher Hermeneutik, das heißt die vorgefundenen Texte, ein Resultat alltagspraktischer mimetischer Transformation sind, so öffnet der Begriff der Mimesis ebenso Zugänge zum Prozess des nachträglichen wissenschaftlichen Interpretierens. So insistiert Wolfgang Iser darauf, es sei verkürzt, in der Mimesis ausschließlich eine schlichte Abbildungsleistung beziehungsweise Spiegelung der Realität zu sehen.[35] Das Problem, das Iser daraus ableitet, ist Folgendes: Wenn der Gegenstand mimetischen Nachvollzugs und „der zu seiner Erfassung aufgebotene Diskurs"[36] prinzipiell verschieden voneinander sind, wenn demnach das Objekt und seine Repräsentation (zum Beispiel seine Interpretation) sich nie eins-zu-eins zueinander verhalten, dann resultiert aus diesem Spannungsverhältnis eine gegenläufig verschränkte Transformation von Gegenstand und Diskurs: „Der Diskurs greift in die Gegenständlichkeit ein, und diese nötigt ihn zu seiner Ausformung."[37] Das eigentliche Problem ist nun, dass zwar der Diskurs einerseits seine Beziehung zum beschriebenen Gegenstand reflektieren muss, dass der Diskurs aber gleichzeitig die gewonnene Beschreibung des Gegenstandes auch zu legitimieren hat. Die Legitimation der Beschreibung wiederum ist nach Iser allerdings nicht aus dem Gegenstand selber zu gewinnen. Die Legitimation der Beschreibung (wie die Rechtfertigung einer bestimmten interpretativen Methode, so ließe sich ergänzen) wird vielmehr zwischen dem beschreibenden Diskurs und der „Diskursumwelt"[38] – beispielsweise das Feld akademischen Debattierens – ausgehandelt. Nach Iser folgt daraus, dass uns damit zwei „Leerstellen" begegnen, die überbrückt werden müssen: Nicht nur diejenige zwischen Gegenstand und Diskurs, sondern auch diejenige zwischen Diskurs und Diskursumwelt. Ohne ausführlich auf

---

35 Vgl. Wolfgang Iser, Mimesis – Emergenz, in: Andreas Kablitz / Gerhard Neumann (Hg.), Mimesis und Simulation, Freiburg 1998, S. 667-684.
36 Ebd., S. 669.
37 Ebd., S. 670.
38 Ebd., S. 672.

die komplexen Rückkopplungsschleifen zwischen Gegenstand, Diskurs und Diskursumwelt einzugehen, so lässt sich zusammenfassen, dass der auf dem Diskurs, das heißt auf der *Beschreibungsweise eines Gegenstandes lastende Legitimationsdruck* seinerseits Folgen hat: „Die Gegenstandsbeschreibung wird immer abhängiger von den Legitimationsnotwendigkeiten."[39] Was sich hier anbahnt, beschreibt Clifford Geertz in Hinsicht auf die ethnologische Forschung mit folgenden Worten: „Ethnologie, zumindest die deutende Ethnologie, ist eine Wissenschaft, deren Fortschritt sich weniger in einem größeren Konsens als in immer ausgefeilteren Debatten zeigt. Was sich entwickelt ist die Präzision, mit der wir einander ärgern."[40] Nicht mehr der Gegenstand beziehungsweise das zu interpretierende Objekt steht plötzlich im Vordergrund, sondern vielmehr wird die Eigenlogik des Diskurses zum Objekt seiner selbst. Dieser These von der zunehmenden Referenzlosigkeit des eigenlogisch organisierten Diskurses lässt sich hinzufügen, dass innerhalb dieses Prozesses in zunehmenden Maße nicht nur die Gefahr droht, das *zu interpretierende Objekt*, sondern auch das *interpretierende Subjekt* zu verlieren. Im Rahmen dieser methodologischen Einführung wurde allerdings zu zeigen versucht, dass ohne ein Subjekt, dass sich – wenn auch reflexiv kontrolliert – auf das hermeneutische Wagnis einlässt, keine Interpretation zustande kommen kann. Es bleibt zu hoffen, dass mit dem interpretierenden Subjekt im Rückschluss auch das zu interpretierende Objekt als eigenständiger und nicht als rein diskursiv generierter Bestandteil der Wirklichkeit wieder ernst genommen wird – nicht zuletzt, weil ein „Bekenntnis" zur eigenen Autorenschaft als Interpret es verbietet, gleichzeitig die Autorenschaft lebensweltlicher Akteure für die von ihnen geschaffene Wirklichkeit zu bestreiten.

7. Zur Symbolik der Sprache

Hinsichtlich der hermeneutischen Ausrichtung der vorliegenden Arbeit muss noch ein letzter Punkt angesprochen werden. Sollte es so etwas wie eine „unbewusste Bedeutungsebene" von Texten geben, auf der sich – wie Vertreter der tiefenhermeneutischen Methode postulieren – diejenigen Wünsche sprachlich artikulieren, die als „tabuisiert" und „verbo-

---

39 Ebd., S. 674.
40 Geertz, Dichte Beschreibung, S. 42.

ten" gelten[41], dann ergibt sich daraus folgendes Problem: Wenn das Unbewusste und Verbotene (oder wie Alfred Lorenzer es ausdrückte: „Das Unbewusste ist das Verbotene"[42]) einerseits *sprachlich* artikuliert wird – das heißt, als „Text" erscheint – und andererseits gemäß der psychoanalytischen Grundannahmen der Tiefenhermeneutik davon ausgegangen werden muss, dass sich das Unbewusste und Verbotene nur *symbolisch* ausdrücken lässt, dann folgt daraus, dass wir es in solchen Fällen zwangsläufig mit einer Art „symbolischen Sprechens" zu tun haben wie man es ansonsten vielleicht in der kulturellen Sphäre der Literatur, nicht aber im alltäglichen Sprachgebrauch „normaler" Akteure vorzufinden glaubt. Ein solches „symbolisches Sprechen" stellt insofern ein schwerwiegendes interpretatives Problem dar, da hier offensichtlich zwei Modi der Bedeutungsvermittlung durcheinander geraten, die oftmals als Antagonismen betrachtet werden: Die diskursive Logik der Sprache einerseits, und präsentativer Symbolismus andererseits.[43] So definiert Soeffner das Symbol unter anderem folgendermaßen: „Anders als die reflexive Syntax und Abfolge der Kausalität konstituieren Symbole Unmittelbarkeit. Sie ziehen das Widersprüchliche zur Einheit, das Ungleichzeitige zum Simultanen, das Nebeneinander zu *einer* Gestalt zusammen. Wo das Symbol seine eigene Wirklichkeit postuliert, zielt es darauf ab, Begriff und Argument das Recht zu entziehen."[44] In ähnlicher Weise verweist Giesen auf die Funktion von Symbolen, als heilig ausgewiesene Sinnbezirke der „kommunikativen Verflüssigung"[45] zu entziehen. Die sich kommunikativ im Symbol zeigende Transzendenz offenbart sich für die Mitglieder der Gemeinschaft, ohne jedoch Gefahr zu laufen, diskursiv durch geäußerten Zweifel oder Verneinung angegriffen werden zu können: „Man deutet das Inkommunikable an, aber man spricht nicht darüber."[46] So sinnvoll die Unterscheidung zwischen

---

41 Vgl. Alfred Lorenzer, Tiefenhermeneutische Kulturanalyse, in: Hans-Dieter König u.a., Kultur-Analysen, Frankfurt a.M. 1986, S. 11-98, hier: S. 26-29; vgl. Alfred Lorenzer, Sprachzerstörung und Rekonstruktion. Vorarbeiten zu einer Metatheorie der Psychoanalyse, Frankfurt a.M. 1976; vgl. ders., Die Wahrheit der psychoanalytischen Erkenntnis. Ein historisch-materialistischer Entwurf, Frankfurt a.M. 1974; zur tiefenhermeneutischen Methode vgl. Hans-Dieter König, Tiefenhermeneutik, in: Flick u.a. (Hg.), Qualitative Forschung, S. 556-569.
42 Lorenzer, Tiefenhermeneutische Kulturanalyse, S. 27.
43 Vgl. Susanne K. Langer, Philosophie auf neuem Wege. Das Symbol im Denken, im Ritus und in der Kunst, Frankfurt a.M. 1984.
44 Soeffner, Zur Soziologie des Symbols und des Rituals, S. 200 [kursiv im Original].
45 Giesen, Latenz und Ordnung, S. 78.
46 Ebd., S. 84.

Diskursivität und Symbolismus ist, so muss doch danach gefragt werden, was geschieht, wenn Sprache selbst einen symbolischen Charakter annimmt. So hält Ricœur hinsichtlich des Mythos fest, dass „er [der Mythos, C.S.] Wort ist und dass bei ihm das Symbol die Form der Erzählung annimmt."[47] Auch jenseits explizit mythischer Erzählungen treten Sprache beziehungsweise Texte oftmals in rational-argumentativer Gestalt auf und unterlaufen gleichzeitig ihre vorgegebene rationale Diskursivität durch ihre implizite symbolische Botschaft. So auch im Falle der Kniefall-Berichterstattung: Gleichsam als Reportage und nüchterner Kommentar getarnt, tritt auf den zweiten Blick schnell zu Tage, das nicht das Argument, sondern die symbolische – und damit verklammert – die narrative Botschaft das eigentlich Entscheidende ist. Um dieses Verhältnis besser verstehen zu können, wird im folgenden Kapitel zunächst auf die Theorie des Symbols eingegangen. Dabei wird insbesondere untersucht, inwiefern auch Symbole eine geschichtliche Dimension besitzen. Die These ist, dass die Bedeutung, die ein bestimmtes Symbol für Akteure besitzt, sich nicht aus der symbolischen Form selbst ergibt, sondern dass das Symbol erst über seine Verortung innerhalb der Geschichte der Akteure seine Bedeutung erhält.[48]

8. Materialbasis und Untersuchungsmethode

Die Analyse der vorliegenden Arbeit stützt sich (wie bereits gesagt) in erster Linie auf die Berichterstattung der deutschen Presse zum Kniefall aus den Datenblöcken „Presse 1970" und „Presse 2000". Der engere Kern des ausgewerteten Materials beläuft sich auf 74 Artikel.[49] Dabei wurde hauptsächlich auf überregionale Zeitungen und Journale wie die *Frankfurter Allgemeine Zeitung, Süddeutsche Zeitung, Die Welt, Die Zeit* und den *Spiegel* zurückgegriffen. Das Textmaterial der Artikel wurde zusätzlich durch eine Interpretation der Bilder vom Kniefall ergänzt (vgl. insbesondere *Kapitel sechs*) und stützt sich des weiteren auf biographische

---

47 Paul Ricœur, Symbolik des Bösen. Phänomenologie der Schuld II, Freiburg 2002, S. 191.

48 Was wiederum an die tiefenhermeneutische Methode anschlussfähig ist, vgl. Alfred Lorenzer, Psychoanalyse als kritisch-hermeneutisches Verfahren, in: ders., Sprachspiel und Interaktionsformen. Vorträge und Aufsätze zu Psychoanalyse, Sprache und Praxis, Frankfurt a.M. 1977, S. 105-129, hier: S. 113.

49 Von diesen Artikeln wiederum wurden 42 Artikel in den engeren Kreis der Untersuchung aufgenommen.

wie autobiographische Deutungen zum Kniefall im Kontext der Ostpolitik. Die relativ dünne Materialdecke ist hinsichtlich ihrer Validität zwar grundsätzlich als problematisch anzusehen, gleichwohl ist sie programmatisch: Der Kniefall dokumentiert, dass ein kurzer Moment, eine symbolische Geste, ein paar Dutzend Zeitungsartikel und eine Pressefotografie ausreichen können, um eine immense öffentliche Wirkung zu erzielen. Eine Analyse, die sich in ihrer theoretischen Fundierung wie in ihrem empirischen Gegenstand maßgeblich am Konzept des „Ereignisses" ausrichtet, hat annährend automatisch mit dem Problem „empirischer Dürftigkeit" zu kämpfen, ist doch gerade ihr zentrales Anliegen zu zeigen, dass „Weniges" durchaus viel bewirken kann.

Die eingeschlagene qualitativ-hermeneutische Interpretation orientiert sich dabei wie bereits angemerkt an narrationsanalytischen Methoden. Zunächst wurde daher versucht, ähnliche „Master-Frames" und oft verwendete Metaphern und Topoi aus den Artikeln herauszufiltern, um darüber das narrative Gerüst der Artikel nachzuzeichnen. Dabei zeigte sich vor allem im Vergleich der Daten von 1970 und 2000, dass sich die Presse an vielen Stellen selbst zitierte. Insbesondere Zitate dieser Art bilden die wesentlichsten Rahmungen des Kniefalls. Man kann in diesem Sinne die ohnehin schon begrenzte Datenlage noch zusätzlich verengen. Die Analyse des Datenblocks „Presse 2000" ergab, dass es im Grunde nur drei oder vier Artikel zum Kniefall in meinungsbildenden Zeitungen und Journalen wie *Der Spiegel*, *Frankfurter Allgemeine Zeitung* und *Die Zeit* waren, die im Dezember 1970 die maßgebliche Interpretation des Kniefalls in der deutschen Medienlandschaft definierten. Der *Spiegel* vom 14. Dezember 1970 hat diesbezüglich eine besonders herausragende Position inne (vgl. das lange Zitat in *Kapitel 1.6.*). Hier wurde der entscheidende christomimetische Rahmen entwickelt, Brandt hätte als Unschuldiger in einem Akt der Selbsterniedrigung die Schuld des Kollektivs auf sich geladen und damit zu dessen moralischer Rehabilitierung beigetragen. Zu behaupten, der *Spiegel* hätte mit diesem Artikel „Geschichte gemacht" ist vielleicht gar nicht einmal so abwegig. Hier zeigt sich – retrospektiv gesehen – die hohe Deutungsmacht der Medien.

Die Deutungsmacht, die dabei insbesondere dem zitierten *Spiegel* zukommt, lässt sich – dies sei bereits an dieser Stelle gesagt – an folgendem Sachverhalt dokumentieren: Im Rahmen der vorliegenden Arbeit wurde nur ein Artikel gefunden, in dem der Kniefall Brandts kritisiert wurde. Die *Welt* verglich einen Monat nach Brandts Besuch in Warschau den Kniefall mit „Canossa". So ist in der damaligen Ausgabe zu lesen: „Vor das Bild des knienden Kanzlers schob sich in unserer Erinnerung, wie eine Rückblende der Geschichte, das Bild eines anderen Kniefalls aus dem Schulbuch unserer Sekundanerzeit – Heinrichs IV. am Felsenhang von Canossa. Seit bald 900 Jahren hat sich kein deutscher Führer mehr draußen in der Winterkälte fremden Landes einem solchen Akt freiwilliger Selbsterniedrigung unterworfen."[50] Brandt wurde weiterhin vorgeworfen, dass der Kniefall „eine Geste zur falschen Zeit, am falschen Ort, vor den falschen Zeugen und unter einer falschen Voraussetzung war."[51] Ein ambivalenter „Kotau vor dem Kommunismus"[52] sei die Geste gewesen. Gleichzeitig wird aber auch festgehalten: „Niemand erweist der Würde der Nation und sich selbst einen Gefallen, der die Aufrichtigkeit der Geste und die Untadeligkeit ihrer Gesinnung hämischen Zweifeln aussetzt".[53] Die Gesinnung war richtig – das musste offensichtlich selbst die *Welt* zuerkennen –, gleichwohl stand Brandts Geste ihrer Meinung nach für eine verfehlte Ostpolitik, die in eklatater Weise die Westbindung gefährde. Es muss in diesem Zusammenhang darauf hingewiesen werden, dass sich im Jahre 1970 Metaphern der Scham ausschließlich in denjenigen Zeitungen finden lassen (nämlich in der *Welt* und etwas verhaltener in der *FAZ*), die dem konservativen Lager zuzurechnen sind, während eher linksliberale Zeitungen durchgängig auf den Begriff der Schuld zurückgriffen, um den Kniefall mit Bedeutung zu versehen.

Liest man nun die *Welt* des Jahres 2000, so ist von der ehemaligen scharfen Kritik nichts übrig geblieben. Folgende Passage sei aus der entsprechenden Ausgabe wiedergegeben: „Viele bekamen dieses Bild des Jahrhunderts zunächst gar nicht zu Gesicht. Am ‚Platz der Helden des Ghettos', inmitten der Warschauer Innenstadt, war Bundeskanzler Willy Brandt niedergekniet. Plötzlich, unvermittelt. Von den Menschen, die sich an jenem kalten Montagmorgen hier eingefunden hatten, glaubten

---

50 Die Welt, 09.01.1971, S. 1. Interessant ist dabei, dass die Bildzeitung den Kniefall im Jahre 1970 nicht kritisierte, sondern auf Seite 1 das Bild vom knienden Brandt mit der emotionalisierten Schlagzeile „Der Kanzler hatte Tränen in den Augen" versah (Bild, 08.08.1970, S. 1). Im Jahre 2000 feierte Bild dann den „historischen Kniefall" im Gleichklang mit den anderen deutschen Zeitungen (vgl. Bild, 07.12.2000, S. 1 und 2).

51 Die Welt, 09.01.1971, S.1.

52 Ebd., S. 1; vgl. hierzu den Beitrag von Axel Springer in der Welt vom 08.12.1970, S. 4 sowie den Beitrag von Alfred Wolfmann in der Welt vom 12.12.1970, S. 9.

53 Ebd., S. 1.

die in den hinteren Reihen zunächst, Brandt sei gestürzt. Siegfried Lenz und Günter Grass, zwei Schriftsteller und Vertriebene, die den Kanzler auf seiner Reise begleiteten, hatten am Hotel die Abfahrt verpasst. Sie staunten ungläubig, als ihnen Augenzeugen wenig später von Brandts Kniefall berichteten. Kaum eine deutsche Zeitung kommentierte am nächsten Tag die Geste des Kanzlers.“[54] Die *Frankfurter Allgemeine Zeitung* beispielsweise hat den Kniefall am nächsten Tag kommentiert. Die *Zeit* – ebenfalls überregional und meinungsbildend – setzte sich, weil eine Wochenzeitung, nicht am nächsten Tag, aber in der nächstfolgenden Ausgabe intensiv mit dem Kniefall auseinander. Das eigentlich Interessante ist aber, dass man im Jahre 2000 offensichtlich auch bei der *Welt* inzwischen den *Spiegel* des Jahres 1970 gelesen hatte. Dies lässt allein der Wortlaut der beiden Artikel erkennen. Folgende Passagen seien daher an dieser Stelle nochmals zitiert:

Der Spiegel im Jahre 1970: „Viele, die ihn in Warschau begleiten, sehen es gar nicht. Günter Grass und Siegfried Lenz zum Beispiel, die beiden Schriftsteller aus dem ehedem deutschen Osten, haben nach der vorangegangenen Kranzniederlegung am Grabmal des Unbekannten Soldaten den Anschluß an die Fahrt der deutschen Delegation zum Getto-Mahnmal verpasst. Als man ihnen später erzählt, was dort vorgefallen ist, glauben sie es im ersten Augenblick nicht.“

Die Welt im Jahre 2000: „Viele bekamen dieses Bild des Jahrhunderts zunächst gar nicht zu Gesicht. [...] Siegfried Lenz und Günter Grass, zwei Schriftsteller und Vertriebene, die den Kanzler auf seiner Reise begleiteten, hatten am Hotel die Abfahrt verpasst. Sie staunten ungläubig, als ihnen Augenzeugen wenig später von Brandts Kniefall berichteten.“

Um ein weiteres Beispiel für die Deutungsmacht zu geben, die dem zitierten Artikel des *Spiegels* zukommt, sei hier noch aus dem *Stern* des Jahres 1998 zitiert.[55] Zunächst nochmals die bereits bekannte Stelle aus dem *Spiegel*:

---

54 Die Welt, 07.12.2000, S. 3.
55 Stern, 05.03.1998, S. 16.

Der Spiegel im Jahre 1970: „So wird das alles nicht in den Geschichtsbüchern stehen, in die es aber doch gehört: dieses wilde, füßescharrende Geschubse der Photographen plötzlich; die Sekunde der Atemlosigkeit; das Erschrecken. Wo ist er? Was ist denn passiert? Ist er gestürzt? Ohnmächtig geworden?"

Der *Stern* im Jahre 1998: „Das Bild in den Geschichtsbüchern zeigt den historischen Moment nur unvollständig, zeigt nicht die Sekunde der Ungewissheit, das Erschrecken der ahnungslosen Begleiter. Wo ist er? Ist was passiert? Ist er gestürzt?"

Der Spiegel im Jahre 1970: „Willy Brandt kniet. Er hat mit zeremoniellem Griff die beiden Enden der Kranzschleife zurechtgezogen, obwohl sie kerzengerade waren. Er hat einen Schritt zurück getan auf dem nassen Granit. Er hat einen Augenblick verharrt in der protokollarischen Pose des kranzniederlegenden Staatsmanns. Und ist auf die Knie gefallen, ungestützt, die Hände übereinander, den Kopf geneigt."

Der *Stern* im Jahre 1998: „Willy Brandt kniet. Er hat die Kranzschleife zurechtgezogen, hat einen Augenblick verharrt in protokollarischer Pose – und ist auf die Knie gefallen, ungestützt, die Hände übereinander. Er kniet wohl eine halbe Minute auf dem nassen Granit."

Der Spiegel im Jahre 1970: „Der Ruck, mit dem Willy Brandt aufsteht, wirft ihn fast wieder um. Auch jetzt nimmt er die Hände nicht als Stütze, kommt nicht in Etappen auf die Füße, ein Bein nach dem anderen, sondern eben mit einem Ruck, der so heftig ist, als wären da Fesseln zu zerreißen. Die Anstrengung lässt der Maske, in die Brandt sein Gesicht bei solchen Anlässen zwingt, keine Chance. Die Miene, die darunter sekundenlang sichtbar wird, wirkt nach dieser Maske wie eine bewusste Provokation. Es ist die Miene eines Bekenners."

Der *Stern* im Jahre 1998: „Der Ruck, mit dem er aufsteht, ist so heftig, als gelte es Fesseln zu sprengen. Die Anstrengung lässt der Maske, in die Brandt sein Gesicht zwingt, keine Chance. Die Miene, die darunter sekundenlang sichtbar wird, ist die Miene eines Bekenners."

Wohlgemerkt: Weder in der *Welt* noch im *Stern* wurden Zitationen dieser Art als solche ausgewiesen. Der Artikel des *Spiegels* als Quellcode der narrativen Elemente wurde mit keiner Silbe erwähnt. Das liegt sicherlich auch daran, dass Journalisten kaum einem expliziten Zitationskodex unterworfen sind und darüber hinaus machen sich Fußnoten auch in modernen Mythen nun einmal nicht gut.

Um auf *Die Welt* zurückzukommen, so sind es jedoch nicht nur einzelne Formulierungen, die annähernd wortgenau übernommen wurden. Formulierungen dieser Art können vielmehr als pars pro toto gewertet werden. Denn auch die *Welt* schloss sich im Jahre 2000 in ihrer Rückschau der Ikonisierung des Kniefalls zum Nationalsymbol an, wie sie im Jahre 1970 insbesondere vom *Spiegel* initiiert wurde.

Um nun wieder auf die Konzeption der Analyse einzugehen, so besaß die Berichterstattung der Presse eine doppelte empirische Bedeutung. Sie war nicht nur Material der Narrationsanalyse (Zeitungsberichte als „Stories"), sondern lieferte gleichzeitig eine Beschreibung dessen, was in Warschau auf performativer Ebene geschah (Zeitungsberichte als „Protokolle"). Damit war das Pressematerial – wie bereits angemerkt – ebenso Ausgangspunkt der Ritualanalyse. Diese Verschränkung von Ritual- und Narrationsanalyse resultiert allerdings nicht nur aus der gleichen Materialbasis, sondern dient darüber hinaus einem theoretischen Interesse. Eines der Ziele dieser Arbeit ist nachzuweisen, dass zwischen performativ-ritueller Ebene einerseits und narrativer Ebene andererseits Strukturanalogien bestehen. *Kapitel vier*, in dem die Geschehnisse in Warschau unter rituellen Gesichtspunkten untersucht werden, muss daher auch als Vorstufe zur eigentlichen Narrationsanalyse gelesen werden.

3. Symbol und Geschichte

„Das Bild des knienden Willy Brandt ist zum Symbol geworden."
(Gerhard Schröder)[1]

„Ich gebe auch offen zu, dass ich [...], als ich das Bild von Willy
Brandts Kniefall in Polen sah, geheult habe."
(Inge Meysel)[2]

1. Zur Einleitung

Es wurde bereits mehrfach darauf hingewiesen, dass die Identitätsentwürfe von Individuen und Gruppen symbolischer Markierungen bedürfen, um stabil zu bleiben: „Identität erhält ihre definitive
Legitimation, sobald sie in den Zusammenhang einer symbolischen
Sinnwelt gestellt wird."[3] Versteht man Rituale als die „Handlungsform
von Symbolen"[4], so hat eine Ritualanalyse – wie die des „Warschauer
Kniefalls" – mit der Definition zu beginnen, was unter einem „Symbol"
verstanden wird.

Dass Symbolen an dieser Stelle große Aufmerksamkeit geschenkt
wird, ist die Reaktion auf eine empirische Notwendigkeit: In den
Presseberichten zu Willy Brandts Kniefall im Jahre 1970 (und insbesondere zum dreißigsten Jahrestag des Kniefalls im Jahre 2000) wurde
immer wieder die Symbolmächtigkeit dieser Geste betont. Es ist dabei
auffallend, dass dreißig Jahre nach dem Kniefall die Betonung seines
Symbolcharakters in der Presse noch in erheblichem Maße zugenom-
men hat. Seine Einmaligkeit als Symbol nationaler Identität erhielt der
Kniefall damit in erster Linie retrospektiv zugeschrieben, obwohl doch
die rituelle Handlung des „Auf-die-Knie-Fallens" für sich genommen

---

1 Zit. nach Frankfurter Allgemeine Zeitung, 07.12.2000, S. 10.
2 Zit. nach einem Artikel von Rolf Hochhuth in Welt am Sonntag, 21.05.2000.
3 Berger / Luckmann, Die gesellschaftliche Konstruktion der Wirklichkeit, S. 107.
4 Thomas Luckmann, Phänomenologische Überlegungen zu Ritual und Symbol, in: Florian
   Uhl / Artur R. Boelderl (Hg.), Rituale. Zugänge zu einem Phänomen, Düsseldorf 1999, S.
   11-28, hier: 12.

ein performatives Symbol ist, das innerhalb der christlich geprägten Kultur durchaus geläufig ist, das demnach abrufbar und deutbar ist. Wir haben es damit im Grunde mit *zwei* Symbolen zu tun: einmal mit dem „Kniefall" als ursprünglich religiösem Ritualelement und zum anderen mit dem „Warschauer Kniefall", der sich zwar an der überlieferten symbolischen Form orientierte, diese jedoch dekontextualisierte und in einem neuen sozialen Zusammenhang einsetzte.

Das folgende Kapitel beschäftigt sich daher mit der sozialen Funktion von Symbolen. Es wird davon ausgegangen, dass zwischen *Prozessen der Symbolbildung* und der *Entstehung von Geschichtsbewusstsein* ein sehr enger Zusammenhang existiert. Symbole dienen demnach der Strukturierung von „Erzählungen" im weitesten Sinne, gleich ob es sich um eine Nationalgeschichte oder um die private Geschichte von Individuen handelt. Symbole heben besonders identitätsrelevante Ereignisse aus dem Fluss der Zeit heraus, „verewigen" und sakralisieren sie.

Für den außenstehenden Beobachter mag die hier zur Diskussion stehende „Zeitlichkeit der Symbole" eine periphere Erscheinung sein. Es ist jedoch gerade ausschlaggebend, dass die auratische Wirkung von Symbolen nur den „Insidern" – den Mitgliedern einer Gemeinschaft – zugänglich ist. Die Symbole einer Gemeinschaft sind untrennbar mit der Geschichte der Gemeinschaft verbunden und nur über diese Geschichte sind die Symbole zu interpretieren.

Bezüglich der Identitätsrelevanz von Symbolen muss ebenso der Frage nach den spezifischen *Inhalten* symbolischer Kommunikation nachgegangen werden. Symbole, so die zweite These, zeichnen sich dadurch aus, dass sie die Kommunikation über einen Wirklichkeitsbereich ermöglichen, über den sich nicht umstandslos reden lässt: Über Gefühle. Das „Heilige" – was auch immer es sein mag[5] – muss gefühlt werden. Die „Aura der Symbole", die nur den Mitgliedern einer Gemeinschaft (den „Symbolgläubigen") zugänglich ist, ist mit Begriffen wie „wahr" oder „falsch" nicht beschreibbar. Damit werden abschließend drei Fragen aufgeworfen: Welche Bedeutung besitzen Gefühle für die Bildung und Stabilisierung von Gemeinschaften, wie lassen sich solche Ge-

---

5   Zur alltagsweltlichen Form des Heiligen vgl. Michel Leiris, Das Heilige im Alltagsleben, in ders., Die eigene und die fremde Kultur, Ethnologische Schriften, Bd. 1, Frankfurt a.M. 1985, S. 228-238.

fühle intersubjektiv durch Symbole vermitteln und vor allem: Wie lässt sich innerhalb einer Gemeinschaft die gefühlte Bedeutsamkeit vergangener Ereignisse konservieren und kommunikativ reproduzieren?

2. Das pathetische Bild: Die Geburtsstunde eines Kollektivsymbols

Der sich innerhalb des offiziellen politischen Rituals ereignende Kniefall ist rückschauend, von der Warte des beobachtenden Interpreten betrachtet, zu einem Kollektivsymbol geworden, dem eine hohe Integrationskraft zukommt. So gesehen erfüllt der Kniefall in diesem Sinne eine strukturerhaltende beziehungsweise vielmehr strukturgenerierende Funktion innerhalb der Konstruktion öffentlich-politischer Nachkriegsidentität. So schlüssig ein funktionales Symbolverständnis dieser Art auch ist, es entsteht daraus die Gefahr eines nicht unerheblichen Missverständnisses. Friedrich Wilhelm Graf mahnt in etwas anderem Zusammenhang an, dass „die analytischen Außenperspektiven auf religiöse Mentalitäten und der gelebte Glaube von Individuen niemals kongruent sind."[6] Der beobachtende Analytiker, der nach der sozialen Funktion sucht, die beispielsweise der religiöse Glaube für den Zusammenhalt einer bestimmten Vergemeinschaftungsform erfüllt, läuft Gefahr zu übersehen, dass der religiöse Glaube in der Praxis der Akteure eine andere Qualität besitzt, als einfach nur ein funktionales Element zu sein. Graf fasst diesen gewichtigen Unterschied folgendermaßen zusammen: „Kein frommer Jude glaubt daran, dass Jahwe sein auserwähltes Volk aus Ägyptenland geführt hat, weil er weiß, dass Erwählungsglaube den psychischen Nutzen stabiler Ich-Identität zur Folge hat oder zur Stiftung starker kollektiver Identität beiträgt. Kein frommer Christ bekennt sich zur Heilsmittlerschaft Jesu Christi, weil er um die Integrationsfunktion der Religion weiß."[7] Ein Gleiches gilt für den vorliegenden Fall. Der Kniefall versetzte die Anwesenden nicht in ein Gefühl „erhabenen Erschauerns", weil sie wussten, dass er für die Stabilisierung öffentlicher Identität von ausschlaggebender Bedeutung sein wird. Das Gegenteil ist der Fall: Der Kniefall konnte nur deshalb zur identitären

---

6   Friedrich Wilhelm Graf, Die Wiederkehr der Götter. Religion in der modernen Welt, München 2004, S. 109.
7   Ebd., S. 109.

Stabilisierung beitragen, weil die Anwesenden erschauerten und von seinem Pathos ergriffen wurden. Die folgenden Kapitel werden sich damit auseinandersetzen, wie dieses Pathos von den Medien weitertransportiert und bearbeitet wurde, um jenseits des Kreises der persönlich Anwesenden die breite Öffentlichkeit zu erreichen. Die Frage wird sein, wie gewissermaßen das „Symbol zum Symbol" werden konnte. Es ist daher an dieser Stelle zunächst nötig, einen ersten Zugang zu diesem Gefühl der Erhabenheit und Ergriffenheit zu suchen. Im Zentrum der Symbolgenerierung steht ein berühmt gewordenes Bild: Das Bild des knienden Kanzlers. Dieses Bild ist gleichsam der Kern der öffentlichen Erinnerungsfigur und damit unser erstes und wichtigstes empirisches Detail.

Bilder sind prinzipiell und zuerst einmal ästhetische Objekte und so gesehen ist der über das Bild wirkende Kniefall zunächst ein ästhetisches Phänomen. Die strukturgenerierende Funktion, die dem Kniefall zugeschrieben werden kann, gründet damit an erster Stelle im ästhetischen Erleben. Auch wenn es angesichts des ungeheuren zeitgeschichtlichen Hintergrunds vielleicht unangemessen klingt, so ist das, was wir sehen, erst einmal ein „schönes Bild". Vor allem in den *Kapiteln vier bis sechs* wird daher den *ästhetischen Formen* Aufmerksamkeit geschenkt werden, vermittels derer der Kniefall kulturell bearbeitet wurde. Nicht nur die *Bilder* werden hier dem Bereich der Ästhetik zugerechnet, sondern ebenso werden *Ritual* und in gewisser Hinsicht auch die *Narration* als Möglichkeiten ästhetischen Ausdrucks vorgestellt.

Um nun mit dem Bild zu beginnen, so sehen wir Brandt wie er vor dem Mahnmal kniet – „Eine Geste, die die Welt bewegte"[8], wie es die *Süddeutsche Zeitung* im Jahre 2000 rückschauend ausdrückte. Vom Mahnmal sehen wir kaum etwas, und so bleibt es dem Betrachter verschlossen, dass die vordere Relieftafel des Mahnmals die Aufständischen des Ghettos darstellt[9]. Es handelt sich um eine mit etlichen historischen Zitaten durchsetzte Darstellung des „bewaffneten Judentums", allerdings wird diese Dimension dann in der deutschen Berichterstattung weitgehend ausgeblendet. Um auf das *Narrations-Kapitel* vorzugreifen, so werden die ermordeten Juden in der deutschen Presse fast ausnahmslos als passive Opfer präsentiert, ohne dass auf den historischen Hintergrund des Aufstands näher eingegangen wird. Die weitgehende Unterschlagung der „aktiven Seite" der Opfer – auf die sich die Ikonographie des Mahnmal und damit die jüdische Selbstdeutung explizit bezieht – vollzieht sich bereits im Bild. Ein weiteres auffälliges Bildelement ist das Spalier von Fotoreportern und Kameraleuten, das sich im Hintergrund quer durch das Bild zieht. Das Pressefoto vom knienden Brandt dokumentiert damit nicht nur sein eigentliches Objekt, sondern gleichzeitig wird die Beobachtung des Ereignisses durch die Presse innerhalb des Bildes selbst festgehalten. Die „Bezeugung" und damit die Authentifizierung des außergewöhnlichen historischen Momentes vollzieht sich so gesehen bereits im Bild. Wie wichtig dieses Motiv des „Bezeugens" ist, wird ebenfalls im *Narrations-Kapitel* untersucht werden.

Dominiert wird das Bild jedoch von Brandt, wie er auf den Granitplatten vor dem Mahnmal kniet. Der Szene haftet insofern etwas „Sakrales" an, da der Bildaufbau an Gläubige erinnert, die vor einem Altar niederknien. Zwar hat Brandt die Hände dabei nicht gefaltet, seine Körpersprache zeugt jedoch gleichzeitig von Würde und Demut. Der „pathetische Moment" in seiner vereinnahmenden Ästhetik ist der Ausgangspunkt der Semiotisierung des Kniefalls zum Kollektivsymbol wie sie im Folgenden analysiert wird. Die analytisch nur schwer abstrahier-

---

8   Süddeutsche Zeitung, 07.12.2000, S. 2.
9   Vgl. Wolfgang Ludwig Schneider, Brandts Kniefall in Warschau. Politische und ikonographische Bedeutungsaspekte, in: Giesen / Schneider (Hg.), Tätertrauma, S. 157-194.

bare „Gefühlsdichte" des Bildes ist insofern von ausschlaggebender Bedeutung, da – wie in diesem Kapitel argumentiert wird – das Symbol ein kommunikatives Medium ist, dass „gefühlt werden muss".

Brandts Kniefall besitzt selbstverständlich insofern eine dezidiert moralisch-normative Dimension, da er eine symbolische Reaktion auf ein begangenes Verbrechen kaum fassbaren Ausmaßes war. Gleichwohl – so die Vermutung – resultierte seine Wirkung nicht allein aus Brandts „moralischer Leistung", sondern mindestens ebenso aus dem „ästhetischen Bann", der von dem Bild des knienden Kanzlers bis heute ausgeht. Warum also konnte gerade dieses *Bild* zum *Symbol* werden? Die Fragestellung impliziert, dass Bild und Symbol sich zuerst noch nicht deckungsgleich zueinander verhielten. Bevor die öffentliche Anerkennung als Symbol dem Kniefall ex post zugesprochen wurde, war er ein Bild, das, um wirken zu können, einen „Augenblick ästhetischer Epiphanie"[10] hervorzurufen in der Lage sein musste. Hinsichtlich einer Presse-Fotografie wirkt diese Formel vielleicht etwas überzogen. Es darf dabei allerdings nicht vergessen werden, dass etliche Ikonen der späten Moderne in der Tat fotografisch erzeugt wurden. Der Kniefall – um es zu wiederholen – wirkte damit jenseits des moralischen Diskurses zunächst (und immer noch) als Bild.

Der Prozess, innerhalb dem das Bild vom knienden Kanzler zum Symbol wurde, kann dabei folgendermaßen erklärt werden. Aby M. Warburgs Theorie des Bildes wurde stark von Friedrich Theodor Vischers im Jahre 1887 erschienenen Aufsatz „Das Symbol" geprägt. Demnach ist ein „Symbol" zunächst die Verbindung von einem „Bild", das heißt von einer objektivierten Gestalt, mit einer „Bedeutung", das heißt mit einem „Begriff" beziehungsweise einer „Vorstellung".[11] Diese Theorie der Symbole trägt dabei der prozessualen Dynamik von Symbolen Rechnung. So lassen sich nach ihr drei Stufen der Symbolgenerierung unterscheiden. Innerhalb der ersten Stufe (der „dunkel-

---

10 Günter Wohlfart, Das Schweigen des Bildes. Bemerkungen zum Verhältnis von philosophischer Ästhetik und bildender Kunst, in: Gottfried Boehm, Was ist ein Bild?, München 1994, S. 163-183, hier: S. 171.

11 Vgl. Edgar Wind, Warburgs Begriff der Kulturwissenschaft und seine Bedeutung der Ästhetik, in: Dieter Wuttke (Hg.), Aby M. Warburg. Ausgewählte Schriften und Würdigungen, Baden-Baden 1992, S. 401-417; vgl. Friedrich Theodor Vischer, Das Symbol, in: Eduard Zeller, Philosophische Aufsätze, Leipzig 1962, S. 153-193; vgl. Götz Pochat, Symboltheorien und Weisen der Welterzeugung, in: Gert Melville (Hg.), Institutionalität und Symbolisierung. Verstetigungen kultureller Ordnungsmuster in Vergangenheit und Gegenwart, Köln 2001, S. 77-94.

verwechselnden" laut Vischer beziehungsweise der „magisch-ver-
knüpfenden" laut Warburg[12]) verhalten sich Bild und Bedeutung noch
deckungsgleich zueinander. Das Bild verweist beispielsweise nicht auf
das „Heilige" im Sinne zeichenhaft vermittelter Repräsentation, sondern
ist noch das Heilige selbst. Das „Wunder" vollzieht sich noch tatsächlich in und an den Dingen und wird noch nicht als intellektuell zu
dechiffrierende, bereits zeichenhaft distanzierte Metapher des Heiligen
aufgefasst. Dem entgegengesetzt sind auf der dritten Stufe Bild und Bedeutung des Symbols weit auseinandergerückt. Die symbolische Bedeutung ist hier hochgradig intellektualisiert, sie wird zum „fast ganz
entrückten Begriff, der, um überhaupt fixiert zu werden, sich freiwillig
an ein lebloses und deswegen eindeutig bestimmbares Zeichen heftet"[13].
Hier liegt demnach ein Symbolverständnis vor, das sich bereits „in Begriffe verflüchtigt"[14], ohne dabei der Sinnlickeit des symbolischen Bildes
großen Raum zu lassen (die Spannung zwischen sprachlich vermittelter
Rationalität einerseits und emotionaler Sinnlichkeit symbolischer Kommunikation wird in diesem Kapitel noch zur Sprache kommen). Zwischen diesen beiden Extremen ist auf einer mittleren Stufe eine Praxis
symbolischer Kommunikation zu finden, in der die Akteure zwar nicht
mehr in magisch-naiver Weise an die „Belebtheit"[15] der symbolischen
Gestalt glauben, gleichzeitig aber noch von ihrer sinnlich wahrnehmba-
ren Form fasziniert und emotional ergriffen sind.

Die analytisch differenzierte Dreigliedrigkeit des vorgestellten Schemas muss wohl eher als prozessuales Kontinuum zwischen zwei Polen
gedacht werden. Die Generierung eines Symbols beginnt damit im Zustand affektueller Ergriffenheit, in dem die Akteure noch fest daran
glauben, hier und jetzt tatsächlich an Phänomenen des „Wunders", des
„Göttlichen", oder allgemeiner des „Transzendenten" teilhaftig zu
werden, und er endet in einem Stadium, in dem das Bild nur noch als vi-
suelle Markierung einer rational elaborierten und damit weitgehend
sprachlich vermittelten Bedeutung dient.

Aus diesem Blickwinkel betrachtet begann auch die symbolische Karriere des Kniefalls – folgen wir den Pressebeobachtungen – in einem
„magischen Moment" der „Ergriffenheit" und „Wundergläubigkeit"

---

12 Zit. nach Wind, Warburgs Begriff der Kulturwissenschaft, S. 408
13 Ebd., S. 172.
14 Ebd., S. 172.
15 Ebd., S. 171.

und endete dann gemäß dem vorgestellten Schema in etwa auf mittlerer Ebene, als zwar die Faszination des Bildes noch wirkte, die eigentliche symbolische Bedeutung des Kniefalls jedoch bereits erheblich von sprachlich vermittelten ex post Interpretationen abhängig war.

Ob und wann der Kniefall die dritte Ebene der Symbolgenerierung erreichen wird, kann hier nicht beurteilt werden. Eines dagegen ist noch anzumerken: Die Fotografie ist dasjenige Medium, das eine ereignissynchrone Medialisierung potentieller Erinnerungsinhalte ermöglicht. Die räumliche und zeitliche Synchronizität zwischen statfindendem Ereignis und dessen medialer Konservierung macht zwar die Fotografie zum Authentizitätsgenerator schlechthin, kann aber auch gleichzeitig zu einer beschleunigten Historisierung der stattgefundenen Ereignisse führen, die, kaum haben sie das Licht der Gesellschaft erblickt, auch schon in deren Archiv katalogisiert sind. Dass der Kniefall sich offensichtlich der Inflation der Bilder widersetzte, ist daher als Beleg seiner Symbolmächtigkeit zu werten. So schreibt die *Berliner Zeitung* im Jahre 2000: „Der am 7. Dezember 1970 in Warschau niederkniende Willy Brandt ist eines der bewegendsten politischen Bilder des 20. Jahrhunderts."[16] In der *Zeit* ist in ähnlicher Weise zu lesen: „Das Bild ging um die Welt und machte Geschichte."[17] Ein „Bild", das „Geschichte macht", das heißt, ein Bild, das etwas erzählt – vielleicht ist in dieser Formel bereits in gewisser Hinsicht eine Definition enthalten, was unter einem „Symbol" zu verstehen ist. Symbole – so die These in diesem Kapitel – verweisen nicht nur auf transzendente Sinnbezirke, sondern sie sind ebenso „erzählende Zeichen".

In den nächsten Abschnitten wird zunächst tiefer auf die Theorie symbolischer Kommunikation eingegangen. Es wird in einem ersten Schritt argumentiert, dass auch das Symbol – so gesehen dem ästhetischen Bild-Erleben nicht unähnlich – einer gewissen „distanzlosen Ergriffenheit" bedarf, um als Symbol wirken zu können.

---

16 Berliner Zeitung, 07.12.2000.
17 Die Zeit, 07.12.2000; vgl. taz, 07.12.2000.

3. Die Symbole der lebensweltlichen Akteure

„Religiöse Symbole bedürfen keiner Rechtfertigung, wenn ihr Sinn begriffen ist. [...] *Über* die Religion kann man auch in philosophischen oder theologischen Begriffen Aussagen machen [...]. Aber das Religiöse selbst kann sich nur in Symbolen ausdrücken".[18]

Man kann nach Paul Tillich *über* Symbole reden und man kann *mit* Symbolen „reden". Ersteres ist analytisch-reflexiv – hier begegnen wir der Position des Kulturwissenschaftlers –, im zweiten Fall dagegen drückt sich im Symbol eine als existenziell empfundene Bedeutung aus, die für Individuen oder Gruppen von hoher Identitätsrelevanz ist. Zwar ist bei Tillich explizit von „religiösen Symbolen" die Rede, dennoch erscheint es angemessen, die Definition dessen, was als „religiös" betrachtet wird, auf all diejenigen Sinnbezirke auszudehnen, die für die handelnden Akteure im weitesten Sinne als „sakral" gelten, die demnach einen gleichsam unantastbaren, sakrosankten Letztbezug ihres Weltsystems repräsentieren und damit zentral für die Identität der betroffenen Akteure sind.[19] Es wird hier davon ausgegangen, dass eine solche identitätsrelevante Bedeutung von Symbolen nicht allein über die Aussagekraft der jeweiligen symbolischen Form zu erklären ist, sondern dass Symbole, „*mit* denen man redet" immer in dichtem Bezug zur eigenen Geschichte stehen. Anders ausgedrückt: Symbole, die für die eigene Geschichte ohne Bedeutung sind, können aus Sicht der Akteure nicht im eigentlichen Sinne als Symbole bezeichnet werden; jenseits einer solchen zeitlichen Einbettung gibt es – so die Annahme – nur Symbole, „*über* die

---

18 Paul Tillich, Symbol und Wirklichkeit, Göttingen 1966, S. 3; vgl. Klaus-Peter Koepping, Authentizität als Selbsterfindung durch den anderen: Ethnologie zwischen Engagement und Reflexion, zwischen Leben und Wissenschaft, in: Hans Peter Duerr (Hg.), Authentizität und Betrug in der Ethnologie, Frankfurt a.M. 1987, S. 7-37, hier: S. 7. Zum Vergleich zu Tillich sei aus dem Text von Koepping folgende Passage zitiert: „Über die Authentizität der Ethnologie gibt es wahrscheinlich keine ausdrucksvollere Äußerung als die eines nordamerikanischen Indianers, der den Unterschied zwischen westlichem und eigenem Denken mit den Worten umschrieb: ‚Ihr sprecht *über* Gott, wir sprechen *zu* ihm.' Alle Ethnologen sprechen über etwas, sei es über die anderen, sei es über sich selbst oder ihre Sicht von den anderen." [kursiv im Original]. Koepping zieht daraus den Schluss, dass der angedeutete Unterschied (*zu* versus *über* Gott sprechen) zu einer letztlich unausgleichbaren Verfälschung und Inauthentizität ethnologischer Darstellung führt.

19 Zur soziologischen Definition des „Religiösen" vgl. Luckmann, Die unsichtbare Religion.

man redet". Wenn das Symbol jedoch nur dem zugänglich ist, „der seiner ansichtig ist",[20] dann gilt in der Tat Karl Jaspers Feststellung: „Daher ist keine Symbolforschung möglich, sondern nur ein Symbolerfassen und Symbolschaffen".[21] Bereits in seiner *Allgemeinen Psychopathologie* merkte Jaspers an: „Kann man Symbole verstehen? Die Symbole der anderen, die nicht die eigenen sind, kann man nur von außen in ihrer Erscheinung feststellen, aber nicht von innen verstehen, nicht dort, wo das Herz ihrer Wirklichkeit schlägt. Volles Symbolverstehen fordert in dem Symbol das eigene Leben".[22] Ein solcher Ansatz provoziert automatisch – und mit Recht – den Vorwurf der Wissenschaftsfeindlichkeit. Dennoch ist die Unterscheidung in Symbole, *mit denen* und *über die* man redet sinnvoll: Sie verdeutlicht, dass *aus der Logik der Akteure* heraus Symbole nur dann Symbole sind, wenn die betroffenen Individuen und Gruppen *mit ihnen* reden. Damit wird ein fataler Fehlschluss vermieden. Dieser Fehlschluss besteht in der Annahme, dass die Akteure selbst ihre eigenen Symbole nur im reflexiv-nüchternen Sinne von Symbolen, „*über die* man redet", verwenden. Geschieht dies, dann gilt, was Pierre Bourdieu bezüglich des Verhältnisses zwischen Forscher und zu erforschender sozialer Wirklichkeit festhält: „An die Stelle des gesellschaftlich konstituierten Praxis-Sinns des handelnden Subjekts wird hier der Kopf des die Praxis denkenden Wissenschaftlers gesetzt".[23]

Der Schwerpunkt der meisten Arbeiten, die sich mit Symbolen auseinandersetzen, liegt entweder darin, eine Genealogie bestimmter Symbole zu erarbeiten (zum Beispiel Aby Warburg, Erwin Panofsky), oder er ist im theoretischen Interesse verortet, die kommunikative und semiotische Besonderheit des Symbols zu analysieren, wie es insbesondere in phänomenologisch orientierten Ansätzen unternommen wird. Im ersten Fall liegt eine zeitliche Perspektive vor, unter der einzelne symbolische Bedeutungen rückverfolgt und historisch interpretiert werden. Im Zentrum steht das zu untersuchende Symbol und dessen kulturelle Herkunft, die in einer Art „Archäologie" zu Tage gefördert werden soll. Das Symbol ist hier nicht Objekt, sondern geradezu das *Subjekt* der Untersuchungen. Im zweiten Fall wird dagegen analysiert, wie Akteure aus ihrem Alltag heraus mit Symbolen bestimmte Bereiche ihrer Welt deu-

---

20 Karl Jaspers, Philosophie, Bd. 3. Metaphysik, Berlin 1956, S. 146.
21 Ebd., S. 146.
22 Karl Jaspers, Allgemeine Psychopathologie, Berlin 1965, S. 277.
23 Pierre Bourdieu, Habitus, *illusio* und Rationalität, in: ders. / Loïc J.D. Wacquant, Reflexive Anthropologie, Frankfurt a.M. 1996, S. 147-175, hier: S. 156.

ten und darüber kommunizieren. Das Symbol und seine Verwendung werden unter handlungs- und kommunikationstheoretischen Gesichtspunkten beschrieben, allerdings bleibt der Aspekt zeitlicher Dynamik zumindest der Tendenz nach opak. Im Zentrum steht hingegen die symbolische Kommunikation im Augenblick ihres Geschehens.

Seltener sind Konzepte zu finden, die beides – zeitliche Dynamik und Kommunikationslogik – zu verbinden suchen, das heißt, die danach fragen, wie Symbole einerseits von Akteuren aus deren Lebenswelt heraus zur Bearbeitung bestimmter Grenzsituationen punktuell verwendet werden und wie andererseits eine solche lebensweltlich konkrete und identitätsrelevante Symbolverwendung gleichzeitig in Zusammenhang mit der spezifischen Geschichte der Akteure steht (der *Geschichte der Akteure* und nicht der *Geschichte des Symbols*). Die Entstehung, Transformation und das Verschwinden einzelner Symbole und deren Einbettung in ein biographisches Gitterwerk symbolischer Relationen werden in der Psychoanalyse nach Sigmund Freud – insbesondere in seiner *Traumdeutung* – zu Gegenständen ausführlicher Untersuchungen.[24] Auch wenn der Freud'sche Ansatz zu unserem Zwecke im Folgenden noch etwas modifiziert werden muss, so demonstriert er doch, soviel sei hier bereits gesagt, dass sich Symbolisierungen aus dem Prozess der Lebensgeschichte heraus ergeben und dass Symbole somit keine feststehend objektivierten, von außen an das Individuum herangetragenen Bedeutungsträger darstellen, sondern nur in Relation zur jeweiligen Biographie ihre Aussagekraft gewinnen.

In diesem Sinne soll hier die These entwickelt werden, dass Symbole aus der Sicht tatsächlich handelnder Individuen oder Gruppen immer in Geschichten eingebettet sind und erst durch den zeitlichen Bezug zu einer individuellen oder kollektiven Geschichte ihre identitätsrelevante Bedeutung entfalten beziehungsweise erst dadurch zum „echten" Symbol werden. Um es pointierter zu formulieren: Die Zuschreibung symbolischer Bedeutung ist davon abhängig, inwieweit im Symbol zeitliche Erfahrung (oder vielmehr: Erfahrungen in der Zeit) in verdichteter Form zum Ausdruck gebracht wird. Symbole sollen unter diesem Gesichtspunkt als Medien betrachtet werden, mit Hilfe derer polythe-

---

24 Sigmund Freud, Die Traumdeutung, Frankfurt a.M. 1982; zum „Symbol" bei Freud vgl. Dirk Hülst, Symbol und soziologische Symboltheorie. Untersuchungen zum Symbolbegriff in Geschichte, Sprachphilosophie, Psychologie und Soziologie, Opladen 1999, S. 105-114.

tisch aufbauende Erfahrungsabläufe monothetisch gerafft in einem Punkt verdichtet werden.[25] Dieser Gedanke führt zu der Annahme, dass zeitliches Bewusstsein überhaupt erst entsteht, indem bestimmte (lebens-)geschichtliche Ereignisse symbolisch hervorgehoben und damit in Relation zueinander gesetzt werden können. Oder umgekehrt: dass erst zeitliche Verknüpfungen dafür ausschlaggebend sind, ob etwas letztlich zum identitätsrelevanten Symbol wird oder nicht. Der Sinn einer Biographie oder Geschichtsschreibung ergibt sich daraus, dass einzelne signifikante Erfahrungen retrospektiv in Relation zueinander gesetzt werden. Solche Erfahrungen werden von Alfred Schütz und Thomas Luckmann folgendermaßen bestimmt: „häufig spielen diese Erfahrungen eine solche Rolle weniger wegen einer ihnen etwa innewohnenden Qualität [die sich in der objektiven symbolischen Form ausdrückt, C.S.], als wegen des besonderen Zeitpunktes, zu dem sie sich ereignen".[26] Es wird davon ausgegangen, dass die Besonderheit solcher Zeitpunkte ebenso besonderer Zeichen bedarf, um sie aus dem geschichtlichen Fluss herauszuheben. Solche „besonderen Zeichen" sind – so die Vermutung – Symbole.

Die genannten „besonderen Ereignisse" – die identitätsrelevanten Grenzerfahrungen von Individuen oder Kollektiven – sind, so die Anschlussthese, in statu nascendi von einer hohen Gefühlsdichte gekennzeichnet. Das Problem der „Inkommunikabilität" von Gefühlen basiert auf dem Umstand, dass Gefühle per definitionem immer „authentisch" sind, diese Authentizität jedoch prinzipiell ab dem Moment gefährdet wird, an dem das Gefühlte als Mitteilung innerhalb eines Kommunikationsgeschehens zur Disposition gestellt wird.[27] Aus dem *Einmaligen* wird dann etwas *Deutbares* und damit *Kontingentes*. Insbesondere die Diskursivität der Sprache beinhaltet immer die Gefahr „der Verneinung und des Zweifels"[28]. Auf Symbole zurückgreifende Kommunikation jedoch überbrückt dieses Problem: Symbole sind in der Lage, die gefühlte Ein-

---

25 Zu den Begriffen „polythetisch/monothetisch" vgl. Edmund Husserl, Gesammelte Schriften, Bd. 5. Ideen zu einer reinen Phänomenologie, Hamburg 1992, S. 272-288; vgl. Alfred Schütz / Thomas Luckmann, Strukturen der Lebenswelt, Bd. 1, Frankfurt a.M. 1994, S. 80-84 sowie S. 154-158; vgl. ebenso Alfred Schütz, Der sinnhafte Aufbau der sozialen Welt. Eine Einleitung in die verstehende Soziologie, Frankfurt a.M. 1981, S. 88-93.
26 Schütz / Luckmann, Strukturen der Lebenswelt, Bd. 1, S. 87.
27 Zum Problem der Inkommunikabilität vgl. Niklas Luhmann, Liebe als Passion. Zur Codierung von Intimität, Frankfurt a.M. 1994.
28 Giesen, Latenz und Ordnung, S. 78.

maligkeit bestimmter Momente für die betroffenen Akteure (und nur für diese) wieder zu vergegenwärtigen – und zwar als präsentes Gefühl und nicht als Wissen davon.

4. Das Symbol zwischen Transzendenz und Geschichtlichkeit

Um die kommunikative Funktion von Symbolen näher zu bestimmen, soll hier eingangs insbesondere dreierlei hervorgehoben werden: die im Symbol sich vollziehende Vermittlung von Transzendenz, die Simultanität des symbolischen Ausdrucks und die auf Gegenwärtigkeit abgestellte Wirkung des Symbols. Symbole sind innerhalb der angedeuteten Perspektive Zeichen, die Grenzen überbrücken, die den „großen Transzendenzen"[29] zugerechnet werden. Für uns ist insbesondere von Belang, dass Symbole hier Zugang zu denjenigen Bezirken herstellen, die von den Akteuren als „sakral" eingestuft werden, damit in größtmöglichem Abstand zum Alltäglichen liegen und das „ganz andere" repräsentieren.[30] Im Gegensatz zur Diskursivität der Sprache ist Kommunikation, die sich auf Symbole stützt, weiterhin dadurch geprägt, dass die suggestive Kraft des Symbols mitunter darauf beruht, dass im Symbol Widersprüchliches in sich harmonisiert und damit als Einheit empfunden wird – was der These von der nur symbolisch vermittelbaren Annäherung an das „Heilige" nicht widerspricht, sondern vielmehr diese noch zusätzlich stützt.[31] Durch diesen Simultaneffekt wird die Unmittelbarkeit symbolischen Ausdrucks erreicht.[32] Symbole

---

29 Vgl. Alfred Schütz / Thomas Luckmann, Strukturen der Lebenswelt, Bd. 2, Frankfurt a.M. 1984, S. 161-176 und S. 195-200; vgl. Schütz, Gesammelte Aufsätze I, S. 380-400.

30 Zu einer theologisch ausgerichteten Symboltheorie vgl. Hans Looff, Der Symbolbegriff in der neueren Religionsphilosophie und Theologie, Köln 1955.

31 Obgleich in der religiösen Praxis mit der Konzeption des „Heiligen" oftmals Vorstellungen wie „das Eine" oder „das Ganzheitliche" assoziiert werden, so unterliegt das Heilige selbst einer ambivalenten Struktur. Wird das Heilige als „das Eine" etc. betrachtet, so ist dies in erster Linie das Resultat nachträglicher symbolischer Bearbeitung von Erlebnissen, die ursprünglich alles andere als „einheitlich" waren. Zur ambivalenten Struktur des Heiligen vgl. Roger Caillois, Der Mensch und das Heilige, München 1988; vgl. Rudolf Otto, Das Heilige. Über das Irrationale in der Idee des Göttlichen und sein Verhältnis zum Rationalen, München 1963.

32 Vgl. Hans-Georg Soeffner, Der fliegende Maulwurf (Der taubenzüchtende Bergmann im Ruhrgebiet) – Totemistische Verzauberung der Realität und technologische Entzauberung der Sehnsucht, in: ders., Die Ordnung der Rituale. Die Auslegung des Alltags 2, Frankfurt a.M. 1995, S. 131-156, hier S. 133.

wirken – wie es im Folgenden noch näher erläutert wird – gleichsam im „Jetzt“. Kommunikation vermittels Symbolen gleicht damit mehr einem sich im Gefühl erschließenden, von erlebter Unmittelbarkeit geprägten „Ahnen“, denn einem rational nachvollziehbaren „Wissen“. Vielmehr wird der symbolische Inhalt, sobald er in „Wissen“ überführt wird, durch dieses zersetzt und hört auf, im eigentlichen Sinne als transzendent gelten zu können.

Was das Symbol damit zunächst auszeichnet, ist seine Eigenschaft, als Zeichen etwas „mitzuvergegenwärtigen“ oder zu „appräsentieren“, was als solches selbst nicht anwesend ist:[33] „Was im echten Symbol angeschaut wird, ist *nur* im Symbol zugänglich, ohne dass der Gegenstand des Symbols jemals selber direkt der anschaulichen Erfahrung sich zeigt.“[34] Was Karl Jaspers hier anspricht, ist paradox: Wie Jaspers es insbesondere in seinem später entwickelten Begriff der „Chiffre“ herausarbeitet, so ist es für ihn ausschließlich das Medium des Symbols, in dem Transzendenz zur *unmittelbaren Erfahrung* werden kann. Gleichzeitig verweist er in der oben zitierten Stelle darauf, dass der „Gegenstand des Symbols“ – demnach der Symbolinhalt beziehungsweise das Symbolisierte – *nicht anschaulich* bleibt. An dieser Stelle öffnet sich eine unüberwindbar erscheinende Kluft zwischen der Unmittelbarkeit des doch eigentlich Transzendenten einerseits und der Materialität des symbolischen Trägers andererseits. Das Symbol in seiner bildhaften Symbolizität ist anschaulich. Das damit Symbolisierte selbst ist aber eben nicht Teil des greifbaren Symbolbildes. Es bleibt etwas davon Unterschiedenes. Das greifbare Symbolbild ist anschaulich und unmittelbar gegeben. Diese materiale, bildhafte Unmittelbarkeit, um nochmals darauf hinzuweisen, ist es gerade nicht, die mit der Unmittelbarkeit im Symbol gewonnener Erfahrung gemeint ist. Dieser Konflikt, dass die Plastizität des Symbolbildes in ihrer Unmittelbarkeit eine andere Unmittelbarkeit vermittelt, nämlich die der transzendenten Erfahrung, obwohl doch diese Transzendenz gerade nicht Bestandteil des greifbaren Symbolbildes ist, sondern „nur“ – wie auch immer – über sie vermittelt wird, hierin spiegelt sich ein fundamentales Problem der jüdischen (und auch christlichen) Religion. Im Verbot, sich ein Abbild Gottes zu schaffen, erkennt Ernst Cassirer den großen Bruch der alttes-

---

33 Zu diesen Begriffen vgl. Soeffner, Zur Soziologie des Symbols und des Rituals, S. 189-191.
34 Jaspers, Allgemeine Psychopathologie, S. 276 [kursiv im Original].

tamentarischen Propheten mit der Denkweise des Mythos.[35] In der mythischen Vorstellungswelt war das Göttliche noch unmittelbar in den Bildern enthalten (vgl. die bereits vorgestellte Symboltheorie von Vischer). Der Gegenstand selbst war „heilig". Im alttestamentarischen Prophetismus hingegen wurde das Verhältnis zwischen Gott und Mensch auf das „geistig-sittliche Verhältnis des ,Ich' zum ,Du'"[36] emporgehoben. Alles was wie die Bilder des Göttlichen der Sphäre des rein Dinglichen angehört, wurde an dieser neuen Verinnerlichung des Religiösen gemessen und damit entwertet. Cassirer sieht in dieser Entwicklung einen Reflexionsvorsprung des alttestamentarischen Denkens gegenüber dem Mythos, der dem Menschen hilft, sich von den Verstrickungen des mythischen Denkens zu emanzipieren.[37] Hier wird das Problem, wie die Begegnung des Individuums mit transzendenten Erfahrungsräumen vermittelt wird, nicht gelöst, sondern nur verschärft. Gershom Scholem hat die Funktion religiöser Bilder klar erkannt: „Jede Rede von Gott kann nur ihre kreatürlichen Bilder gebrauchen, weil sie andere nicht hat. Der Anthropomorphismus, die vermenschlichende Redeweise von Gott, gehört ebenso ins lebendige Herz der Religion wie das Gefühl von der solche Rede weit übersteigenden Realität des göttlichen Seins."[38] Scholem hat das Paradox klar erkannt, dass einerseits Gott – im weiteren Sinne kann ergänzt werden: das Sakrale, Außeralltägliche etc. – nur vermittels von Bildern vorstellbar wird, diese Vorstellung Gottes das Bild selbst aber überschreitet. Dem Symbol kommt damit die Aufgabe zu, auf Transzendenz hinzuweisen, ohne selbst Teil dieser Transzendenz zu sein. Selbstverständlich muss eingeräumt werden, dass in der Praxis der Akteure Symbolen dennoch oftmals sakrale Qualitäten zugeschrieben werden, die gleichsam „in ihnen wohnen". Dies geschieht in solchen Fällen, wenn Symbole beziehungsweise Gegenstände mit symbolischen Qualitäten verwendet werden, um Einfluss auf eine Gottheit auszuüben, in anderen Worten: wenn nach

---

35 Vgl. Ernst Cassirer, Philosophie der symbolischen Formen, Bd. 2. Das mythische Denken. Darmstadt 1997, S. 286-288.
36 Ebd., S. 288.
37 Vgl. Helmut Holzhey, Cassirers Kritik des mythischen Bewusstseins, in: Hans-Jürg Braun u.a. (Hg.), Über Ernst Cassirers Philosophie der symbolischen Formen, Frankfurt a.M. 1988, S. 191-205, hier: S. 193; vgl. Thomas Stark, Symbol, Bedeutung, Transzendenz. Der Religionsbegriff in der Kulturphilosophie Ernst Cassirers, Würzburg 1997, S. 554.
38 Gershom Scholem, Von der mystischen Gestalt der Gottheit. Studien zu Grundbegriffen der Kabbala, Frankfurt a.M. 1962, S. 1; vgl. Elisabeth Hamacher, Gershom Scholem und die Allgemeine Religionsgeschichte, Berlin 1999, S. 272.

der Definition Max Webers gezaubert wird.[39] Von solchen Formen des praktischen Symbolgebrauchs abgesehen, sieht Jaspers ähnlich wie Scholem die Gefahr, dass Immanenz und Transzendenz als zwei völlig voneinander getrennte Sphären gedacht werden, die über keinerlei Berührungspunkte mehr verfügen. Jaspers kommt hier zu folgendem Schluß: „Sind Immanenz und Transzendenz sich völlig heterogen geworden, so fällt für uns die Transzendenz."[40] Ohne die kommunikative Vermittlung durch ein bestimmtes „Bild" beziehungsweise durch das Symbol ist Transzendenz nicht mehr erfahrbar. Gleichzeitig mutmaßt Jaspers in gegenläufiger Richtung, dass Transzendenz, wenn sie „in gedeuteter Chiffre als gekanntes Sein Objekt wird"[41], selbst Teil der diesseitigen, empirisch zugreifbaren Welt wird. Dann jedoch hört sie nach seiner Meinung auf, Transzendenz zu sein. Im Symbol oder in der „Chiffre" hingegen vollzieht sich nach Jaspers das, was er als „immanente Transzendenz"[42] bezeichnet. Im Medium des Symbolischen deutet sich Transzendenz an, wird erfahrbar, bleibt aber dennoch transzendent, wird demnach nicht der diesseitigen Welt einverleibt.

Um ein literarisches Beispiel zur Veranschaulichung dieser spezifischen Eigenschaft des Symbols heranzuziehen: In seiner Rezension der Lyrik eines ihm befreundeten Dichters schrieb Georg Trakl im Jahre 1908: „Es ist seltsam, wie diese Verse das Problem durchdringen, wie oft der Klang des Wortes einen unaussprechlichen Gedanken ausdrückt und die flüchtige Stimmung festhält."[43] Weiter unten insistiert Trakl, es gehe darum, „dem Melos des Wortes zu lauschen und nicht zu achten des Wortes Inhalt und Gewicht."[44] Bezüglich Trakls Lyrik stellt Gunther

---

39 Vgl. Weber, Wirtschaft und Gesellschaft, S. 245 ff. Zur „Magie" vgl. Cassirer, Philosophie der symbolischen Formen, Bd. 2, S. 74-77.
40 Jaspers, Philosophie, Bd. 3, S. 137.
41 Ebd., S. 137.
42 Ebd., S. 137.
43 Georg Trakl zit. im Nachwort von Gunther Kleefeld, in: Georg Trakl, Achtzig Gedichte, Ebenhausen bei München 1997, S. 124.
44 Trakl, Achtzig Gedichte, S. 124; im Kontext einer solchen Suche nach argumentativ und rational nicht vermittelbaren Ausdrucksformen lässt sich auch Johann Wolfgang von Goethe zitieren: „Gespräch mit Eckermann. 6. Mai 1827: ‚Die Deutschen sind übrigens wunderliche Leute! Sie machen sich durch ihre tiefen Gedanken und Ideen, die sie überall suchen und überall hineinlegen, das Leben schwerer als billig. Ei, so habt doch einmal die Courage, euch den Eindrücken hinzugeben, euch ergötzen zu lassen, euch rühren zu lassen, euch erheben zu lassen ... Da kommen sie und fragen, welche Idee ich in meinem ‚Faust' zu verkörpern gesucht. Als ob ich das selber wüsste und aussprechen könnte!... Dass der Teufel die Wette verliert und dass ein aus schweren Verirrungen immerfort zum Bessern aufstrebender Mensch zu erlösen sei, das ist zwar ein wirksamer, manches

82

Kleefeld in gleicher Weise fest: „Der ‚Sinn' des Gedichts ist der irrationale Simultaneffekt der in ihm versammelten Bilder".[45] Der „irrationale Simultaneffekt", auf den Kleefeld hinweist, gehört jedoch zu den charakteristischsten Eigenschaften von Symbolen. Die suggestive Kraft des Symbols beruht mitunter darin, dass im Symbol Widersprüchliches in sich harmonisiert und damit als Einheit empfunden wird. Durch die Simultanität wird die Unmittelbarkeit symbolischen Ausdrucks erreicht.[46] Auch eine noch so anspruchsvolle Analyse der beispielsweise in einem Gedicht verwendeten Symbole läuft damit Gefahr, den Simultaneffekt der intendierten symbolischen Wirkung zu destruieren. Das bedeutet nicht, dass eine Symbol-Interpretation abzulehnen sei. Es bedeutet nur, dass eine solche Hermeneutik sich dessen bewusst sein sollte, was sie durch ihr analytisches Eindringen ausblendet und darüber hinaus zu zerstören in der Lage ist. Das Symbol beziehungsweise die sich in ihm andeutende Transzendenz ist dann zertrümmert, wenn „sie [die Symbole, C.S.] also zureichend deutbar sind als Endlichkeiten durch andere Endlichkeiten in der Welt."[47]

Weiter unten wird noch ausführlich zur Sprache kommen, was sich hier bereits andeutete: Symbole appellieren an das Gefühl, nicht an den Verstand, sie sind Medien, die Atmosphären und nicht Argumente heraufbeschwören. Die Wirkung des Symbols ist somit – wie die des Gefühls – von Unmittelbarkeit geprägt. Symbolisierungen sind die einzige Möglichkeit, Erfahrungen kommunikabel zu machen, die sich sprachlicher Logik entziehen[48], was nicht bedeutet, dass nicht Sprache selbst zum Symbol werden kann[49]. Gerade dieser Punkt, wenn sprachliche

---

erklärender guter Gedanke, aber es ist keine Idee, die dem Ganzen und jeder einzelnen Szene im besonderen zugrunde liege ... Es war im ganzen nicht meine Art, als Poet nach Verkörperung von etwas Abstraktem zu streben. Ich empfing in meinem Inneren Eindrücke, und zwar Eindrücke sinnlicher, lebensvoller, lieblicher, bunter, hundertfältiger Art, ... und ich hatte als Poet weiter nichts zu tun, als solche Anschauungen und Eindrücke in mir künstlerisch zu runden und auszubilden...". (Johann Wolfgang von Goethe, Hamburger Ausgabe in vierzehn Bänden, Bd. III, Hamburg 1972, S. 445-446 [kursiv und Auslassungen im Original].

45 Kleefeld im Nachwort zu Trakl, Achtzig Gedichte, S. 125.
46 Vgl. Soeffner, Der fliegende Maulwurf, S. 133.
47 Jaspers, Allgemeine Psychopathologie, S. 277.
48 Vgl. Franz Vonessen, Der Symbolbegriff im griechischen Denken. Zur philosophischen Grundlegung einer Symbolwissenschaft, in: Manfred Lurker (Hg.), Beiträge zu Symbol, Symbolbegriff und Symbolforschung. Baden-Baden 1982, S. 9-16.
49 Um hierzu Susanne K. Langer zu zitieren: „Unser Sprechen ist durch und durch symbolisch, nur gelegentlich dient es der Anzeichenfunktion. Jeder Versuch, es unter Vernachlässigung der formenden, abstraktiven Erfahrung, die an seinem Ursprung liegt,

Äußerungen symbolisch und nicht diskursiv wahrgenommen werden, ist besonders aufschlussreich. Zur Veranschaulichung sei eine Passage aus Joseph Roths Kurzgeschichte „Stationschef Fallmerayer" zitiert, in der Fallmerayer sich mit der von ihm angebeteten russischen Gräfin Walewska unterhält: „'Sie können Russisch?' fragte sie. ‚Ja', sagte er, ‚ich habe es gelernt, im Felde gelernt'. Und auf russisch fügte er hinzu: ‚Ihretwegen, für Sie, um einmal mit ihnen sprechen zu können, habe ich Russisch gelernt.' Sie bestätigte ihm, dass er vorzüglich spreche, so als hätte er seinen inhaltsschweren Satz nur gesprochen, um seine sprachlichen Fähigkeiten zu beweisen. Auf diese Weise verwandelte sie sein Geständnis in eine bedeutungslose Stilübung. Aber gerade diese ihre Antwort bewies ihm, dass sie ihn gut verstanden habe."[50] Offensichtlich wird hier vermittels Sprache kommuniziert. Allerdings liegt das Gelingen der Kommunikation nicht darin, dass der diskursive Inhalt sprachlicher Mitteilungen adäquat von a nach b transportiert und entsprechend verstanden wird. Die zitierte Dialogsequenz ergibt nur dadurch Sinn, indem die sprachliche Äußerungen in ihrer *Symbolizität* begriffen werden. Das „empirisch Wirkliche" – Fallmerayers Beherrschung der russischen Sprache – ist gleichzeitig eine „bedeutungslose Stilübung" und doch auch, da in ihr Transzendenz (hier: die Liebe der beiden) zum Vorschein kommt, von höchster Bedeutung. Entscheidend ist hier, dass Sprache nicht durch ihren Inhalt, sondern durch ihre Form wirkt und darin auf etwas verweist, was jenseits des eigentlichen sprachlichen Inhalts liegt.

Dieser Spannung zwischen dem empirisch Wirklichen und der Transzendenz nähert sich Karl Jaspers mit seinem bereits erwähnten Begriff der „Chiffre".[51] Die Chiffre, die Jaspers als begriffliches Korrelat zu solchen Symbolen verwendet, in denen sich metaphysische Erfahrungen andeuten, ist für ihn die Sprache der Transzendenz.[52] Die Chiffre ist nach Jaspers „das Sein, das Transzendenz zur Gegenwart bringt"[53]. Im

---

einzig aus dem Kommunikationsbedürfnis abzuleiten, muß in jenem rätselhaften Dunkel münden, darin die Frage nach den Ursprüngen der Sprache sich bis heute immer wieder verlor." (Langer, Philosophie auf neuem Wege, S. 130; zu Langer vgl. Barbara Kösters, Gefühl, Abstraktion, symbolische Transformation. Zu Susanne Langers Philosophie des Lebendigen, Frankfurt a.M. 1993.)

50   Joseph Roth, Stationschef Fallmerayer, in: ders., Meistererzählungen, Zürich 1995, S. 26.
51   Jaspers, Philosophie, Bd. 3, S. 129-236.
52   Ebd., S. 129; vgl. Looff, Der Symbolbegriff in der neueren Religionsphilosophie und Theologie, S. 116.
53   Jaspers, Philosophie, Bd. 3, S. 137.

Erkennen der Chiffre, die man so gesehen auch als „metaphysisches Symbol"[54] bezeichnen kann, dringt die Transzendenz in die Gegenwart ein, wenn auch diese Erfahrung auf wenige, ausgewählte Momente beschränkt bleibt. Jaspers lässt keinen Zweifel daran, dass prinzipiell alles zur Chiffre, also zum Symbol werden kann. Dinge, die der empirischen Wirklichkeit, dem alltäglichen Leben, dem Hier und Jetzt entstammen, verweisen dann auf jenes, von dem man annimmt, dass es die bekannte Welt überschreitet.

Das Spannungsverhältnis zwischen empirischer Welt und Transzendenz wie es im Symbol überbrückt wird, folgt einer strukturnotwendigen Logik: die Transzendenz, die im Symbol offenbar wird, ist nicht „das Allgemeine" oder „das Universelle", sondern vielmehr „das ganz andere". Darin liegt ein feiner, aber sehr bedeutsamer Unterschied. Weil es „das ganz andere" ist, kann es sich als dieses „andere" nur zeigen, indem der es überhaupt erst konstituierende Kontrast hergestellt wird: das „ganz andere" wird erst im „ganz Konkreten" sichtbar. Ohne die Gegenvorstellung des „ganz anderen" wäre das konkrete Hier und Jetzt nicht denkbar (und umgekehrt), ebenso wie es keinen Sinn hätte, von „Alltäglichkeit" zu sprechen, gäbe es nicht Phasen der Außeralltäglichkeit. Jaspers bemerkt hierzu Folgendes: „Erfahrung der Transzendenz ist, je allgemeiner sie wird, um so blasser, dagegen um so entschiedener, je mehr sie den Gipfel eines nur hier und jetzt sich Erfüllenden erklimmt. Naturerfahrung zum Beispiel wird zum Lesen der Chiffreschrift mit der Zunahme der Deutlichkeit des ganz Individuellen: wo ich die konkreteste Kenntnis der kleinsten Wirklichkeit in der Gegenwart des Ganzen einer Welt gewinne."[55] Das Symbol ist allein in der Lage, die angedeutete Spannung zu überbrücken und in sich zu harmonisieren. Das Besondere ist hierbei, dass das Symbol Wirklichkeitsbereiche in sich zusammenzieht, die in größtmöglichem Kontrast zueinander liegen. Liegt ein Symbol vor, das etwas repräsentiert, das als „heilig" ausgewiesen ist, dann ist die weiteste Spannweite dieses semiotischen Spagats vorhanden: Das „Symbolbild", selber dem Bereich empirischer Wirklichkeit angehörig, repräsentiert hier dasjenige, das im fernsten Abstand zu dieser gegebenen Wirklichkeit steht: das göttliche Prinzip, das Heilige etc.[56]

---

54 Looff, Der Symbolbegriff in der neueren Religionsphilosophie und Theologie, S. 116.
55 Jaspers, Philosophie, Bd. 3, S. 131.
56 Zum theologischen Symbolbegriff vgl. Looff, Der Symbolbegriff in der neueren

Es ist in diesem Zusammenhang nicht unwesentlich, darauf hinzuweisen, dass der Symbolbegriff wie er beispielsweise in der phänomenologischen Tradition verwendet wird, seine Wurzeln im Neuplatonismus
hat. In dieser für die europäische Geistesgeschichte äußerst einflussrei-
chen Strömung wurde nach dem Zusammenhang zwischen „Realem"
und „Idealem", zwischen „Endlichem" und „Absolutem" gefragt.[57]
Diesem Modell unterliegt die Vorstellung einer gestaffelten Seinsord-
nung, ausgehend von einem großen, unbestimmbaren „Einen", das jedoch, bis hinunter auf die tiefsten Ebenen der sichtbaren Wirklichkeit,
sich dort in den Dingen manifestiert. Damit ist selbst im kleinsten empirischen Detail das „göttliche Prinzip" in der Welt vorfindbar. Wenn
Jaspers zum Beispiel immer wieder die interpretative Vielschichtigkeit
der Symbole betont, so meint er nicht, das Symbole mal dieses, mal
jenes bedeuten, sondern vielmehr, dass auf jede Bedeutung eine weitere,
nicht eine *alternativ wählbare*, sondern eine *tiefere* Bedeutung folgt, ohne
dass dieser Prozess jemals abgeschlossen werden kann.

Symbole, so wie sie hier gesehen werden, haben eine doppelte
Funktion: Sie sind zum einen „Brückenköpfe zur Transzendenz"[58] und
vermitteln das Außeralltägliche und Sakrale. Von Außeralltäglichkeit zu
sprechen ist allerdings nur dann möglich, wenn das Gegenteil – die Alltäglichkeit – mitgedacht wird. Dahinfließende Alltäglichkeit ist nicht
deutbar, nicht beschreibbar, nicht vermittelbar, wenn sie nicht rhythmisch von Außeralltäglichkeit durchbrochen wird, wenn also nicht bestimmte Punkte hervorgehoben und erst dadurch in Beziehung
zueinander gesetzt werden können. Erst dann entsteht Bewusstsein von
Zeitlichkeit.[59] Das Symbol vermittelt damit einerseits die Anwesenheit
des Sakralen im paradoxen Zeitmodus der Außeralltäglichkeit, andererseits sind es erst die so vermittelten, bedeutungsvoll hervorgehobenen
Punkte, die es ermöglichen, eine Biographie oder Geschichte an ihnen
zu entwickeln. Wenn Symbole Außeralltäglichkeit vermitteln, Außeral-
täglichkeit aber immer auch Außerzeitlichkeit bedeutet (was allein durch

---

Religionsphilosophie und Theologie.

57 Vgl. Roland Kany, Mnemosyne als Programm. Geschichte, Erinnerung und die Andacht
   zum Unbedeutenden im Werk von Usener, Warburg und Benjamin, Tübingen 1987,
   S. 142.

58 Vgl. hierzu Schütz / Luckmann, Strukturen der Lebenswelt, Bd. 2, S. 195.

59 Besonders deutlich tritt dies in ausgewiesenen „heiligen Zeiten" wie Festen, Gedenktagen
   etc. zu Tage. Vgl. hierzu J. Assmann, Das kulturelle Gedächtnis, S. 56-59; vgl. Giesen,
   Kollektive Identität, S. 43-46; vgl. Winfried Gebhardt, Fest, Feier, Alltag. Über die
   gesellschaftliche Wirklichkeit des Menschen und ihre Deutung, Frankfurt a.M. 1987.

die zeitliche Konnotation des Begriffs Außer-*all-täglich*-keit impliziert wird), dann folgt daraus, dass Symbole immer in Relation zur gelebten Zeit stehen. Es ist jedoch gefährlich, ohne weiteren Kommentar von „Außerzeitlichkeit" zu reden. Es gibt in dieser Welt nichts, das nicht dem Prinzip der Zeitlichkeit unterliegt.[60] Es gibt allerdings transzendente Vorstellungen von Außerzeitlichkeit. Solche Vorstellungen sind mit der Idee des Heiligen und Ewigen verknüpft, wie sie sich im Symbol artikuliert.[61] Die Außeralltäglichkeit und Außerzeitlichkeit wie sie im Symbol erfahrbar wird, bedeutet nicht, dass die Zeit tatsächlich stehen bleibt (auch wenn man Derartiges in symbolmächtigen Fest-Zeiten oder im Zustand rituell gerahmter kollektiver Ekstase zu empfinden glaubt). Vielmehr verklammert das Symbol bestimmte Erfahrungen der dahinfließenden Lebenszeit mit der transzendenten Vorstellung von Außerzeitlichkeit. Symbole sind in diesem Sinne nicht nur Schnittstellen zwischen empirischem Dasein und transzendenten Szenarien, sondern damit auch Vermittler zwischen Lebenszeit und Außerzeitlichkeit. Über Symbole fließt die an der transzendenten Erfahrung gewonnene Vorstellung von Ewigkeit und Absolutheit als richtungsweisender Bedeutungsanker in die eigene Geschichte ein. Hier begegnen wir abermals der Eigenschaft von Symbolen, Ambivalenzen auszudrücken und gleichzeitig in sich zu harmonisieren: Einerseits sind Symbole in die Geschichtlichkeit eingebettet und andererseits vermitteln sie Zeitlosigkeit. Indem Symbole über die Anwesenheit des Sakralen punktuell vermittelte Zeitlosigkeit herstellen, ermöglichen sie es erst, Geschichtlichkeit denken zu können. Bereits in der *Idee des Symbolischen* ist somit die charakteristische Ambivalenz angelegt, auf die wir dann bei allen lebensweltlich manifesten Symbolen in deren jeweiliger Ausprägung stoßen: Bereits das Symbolische selbst – gewissermaßen als Blaupause aller konkreten Symbole – besitzt die Eigenschaft der Ambivalenz, da es beide Vorstellungen, die des (lebens-)geschichtlichen Prozesses und die des zeitlosen Punktes, gleichzeitig zulässt und in sich

---

60 Vgl. Schütz / Luckmann, Strukturen der Lebenswelt, Bd. 1, S. 81.

61 Geht man davon aus, dass die noch am ehesten im Symbol vermittelbare reine Gegenwart, verstanden als Zeitmodus des gefühlhaften Erlebens, für sich genommen bereits im Grunde „außerzeitlich" ist (da in ihr der Bezug zu Vergangenheit und Zukunft gekappt ist), dann ist diese Form von Gegenwart in der Tat mit dem „Ewigen" verwandt. Um dazu Ludwig Wittgenstein zu zitieren: „Wenn man unter Ewigkeit nicht unendliche Zeitdauer sondern Unzeitlichkeit versteht, dann lebt der ewig der in der Gegenwart lebt." (Ludwig Wittgenstein, Logisch-philosophische Abhandlung. Tractatus logico-philosophicus, Frankfurt a.M. 1998, S. 252.)

harmonisiert. Gleichzeitig aber entwickeln sich Symbole erst aus der Biographie oder der Geschichte heraus. *Das Paradox des Symbolischen*, so können wir sagen, *liegt darin, dass Zeitlichkeit nur erfahrbar wird, indem symbolisch markierte Eckpfeiler in Beziehung zueinander gesetzt werden, gleichzeitig aber die Symbole nur aus eben dieser Zeitlichkeit entstehen können, deren Ursprung sie doch selber sind.* Zwischen erlebter Zeitlichkeit wie sie im Geschichten-Erzählen ihren Niederschlag findet, und dem kommunikativen Mittel des Symbolischen wird demnach ein sehr enger Zusammenhang vermutet.

5. „Über das Symbol reden" – „mit dem Symbol reden"

Was die Verwendung von Symbolen angeht, so muss vorab ein mögliches Missverständnis nochmals ausgeschlossen werden. Ausgehend von der bereits eingeführten Differenzierung in „über das Symbol reden" und „mit dem Symbol reden" beziehen wir uns ausschließlich auf letzteres. Das heißt, das Interesse gilt nicht dem nüchternen Wissen, dass es sich bei einem bestimmten Objekt um ein Symbol handelt. Im Vordergrund steht vielmehr die Frage, ob ein Symbol tatsächlich auch von identitätsrelevanter Bedeutung ist, ob also die jeweils an das Symbol geknüpfte Vorstellung von Transzendenz nicht nur *gewusst*, sondern ob auch daran *geglaubt* beziehungsweise ob sie *empfunden* wird. Ohne diese Unterscheidung läuft die Argumentation in die Irre. Dieser Ausgangspunkt muss noch etwas enger gefasst werden, um ein zweites Missverständnis zu beseitigen. Die identitätsrelevante Symbolik eines Individuums oder einer Sozietät greift zweifelsohne immer wieder auf einen kulturell vorgestanzten Symbolfundus zurück. Das *Wissen* über die symbolische Bedeutung und die bedeutungsvolle *Empfindung* angesichts des Symbols müssen sich nicht ausschließen (wenn auch im Falle des „mit dem Symbol reden" eine gewisse Wissenslücke unumgänglich ist, um nicht Gefahr zu laufen, das Symbol im rationalen Zugriff zu entsakralisieren). Es gibt im Haushalt von Kulturen Symbole, von denen jedermann weiß, dass es sich hier um ein Symbol handelt – wie „das Kreuz", „das Herz", die Bedeutung der Farbe „schwarz", bestimmte Zahlen etc. Der Punkt ist, dass zwar durchaus gewusst werden kann, dass es sich hierbei um „Symbole" handelt, jedoch bedeutet das noch lange nicht, dass sie für das Individuum oder die Gruppe deshalb auch automatisch von symbolischer Bedeutung sind. Ein Angehöriger des christlich geprägten Kulturkreises weiß in etwa um die Symbolik des Kreuzes, auch wenn er nichts empfindet, wenn er ein solches sieht. Gleichzeitig kann ein solcher Mensch vielleicht erschauern, wenn er mit einem Gegenstand, einem bestimmten Ort, einer anderen Person konfrontiert wird, die, obgleich für alle anderen vollkommen bedeutungslos, in seinem eigenen Symbolsystem von höchster Relevanz ist. Wer beispielsweise selbst nicht liebt, sieht in der Liebe nur deren Denotation: „Lie-be (f.; -, -n) 1. (unz.) *starke Zuneigung, starkes Gefühl des Hingezogenseins, opferbereite Gefühlseinbindung;* Menschen~ , Mutter~, Nächsten~, Tier~, Vaterlands~; ~ für jmdn. empfinden, fühlen; göttliche ~; [...]".[62] Ein Liebesabstinenzler kann diese Definition auswendig lernen und weiß – vom Standpunkt des „Symbolinsiders" gemessen – dennoch nichts.

Die Unterscheidung in objektives Wissen über symbolische Inhalte einerseits und in den identitären Gebrauch des Symbols („mit dem Symbol reden") andererseits ist bei der Frage nach der zeitlichen Dynamik von Symbolen – ihrem Entstehen, Transformieren und Verschwinden – von zentraler Bedeutung. Die Ausgangsthese lautete, dass Geschichten (gleich ob individuell oder kollektiv) dadurch konstruiert werden, indem bestimmte „Eckpunkte" zueinander in Beziehung gesetzt werden, wobei diese Punkte symbolisch markiert sind. Wie aber erkennt man, ob einem bestimmten, sich in der Gegenwart abspielenden Ereignis eine symbolische Schlüsselstelle innerhalb der eigenen Biographie oder der nationalen Geschichtsschreibung zukommt, ob also dieses gegenwärtige Ereignis zum Symbol wird, „*mit* dem man redet"? Wie ist es möglich, die Gewichtung dessen zu ermessen, das sich gerade eben, im Jetzt abspielt? Das aktuelle Jetzt und was sich in ihm ereignet, kann nur in Relation zum Vorher gesehen werden, seine Auswirkungen auf die Zukunft sind noch spekulativ. Damit ist seine Bedeutung noch nicht absehbar. Das *vergangene Jetzt* ist erst ganz im relationalen Netzwerk des narrativen Prozesses eingespannt. In radikaler Form taucht dieser Gedanke bei Wilhelm Dilthey auf, wenn er schreibt: „Man müsste das Ende des Lebenslaufes abwarten und könnte in der Todesstunde erst das Ganze überschauen, von dem aus die Beziehung seiner Teile feststellbar wäre. Man müsste das Ende der Geschichte erst abwarten, um für die Bestimmung ihrer Bedeutung das vollständige Material zu

---

62 Gerhard Wahrig (Hg.), Wörterbuch der deutschen Sprache, München 1997, S. 597.

besitzen".[63] Die Logik des Narrativen zwingt zu der Annahme, dass Ereignisse erst dann in ihrer Bedeutung eingeschätzt werden können, wenn sie bereits in der Vergangenheit liegen (zum Beispiel Aussagen wie: „Entscheidend für meine Kindheit, Jugend etc. war *dieses Ereignis, diese Erfahrung* etc." – warum dieses und nicht jenes? Vielleicht weil eben dieses bestimmte Ereignis retrospektiv gesehen in seiner symbolischen Expressivität paradigmatisch für eine bestimmte Lebensspanne steht und diese gleichsam in einem Punkt verdichtet zum Ausdruck bringt). Das heißt allerdings, dass es sich erst ex post herausstellt, ob ein Ereignis, eine Erfahrung oder die Konfrontation mit einem kulturell vorgegebenen Symbol dann tatsächlich auch als identitätsrelevantes Symbol semiotisiert wird. Man kann zwar wissen, dass beispielsweise die Hochzeit ein bedeutungsvolles Symbol ist und dennoch ist es möglich, dass dieses Ereignis Jahre später nur noch eine biographische Randnotiz ohne jegliche symbolische Bedeutung darstellt. Ob die Konfrontation mit einem kulturell objektivierten Symbolgehalt wie er sich in einer bestimmten Art von Kunst oder Musik ausdrückt, das Leben und die Sicht auf die Welt beeinflussen wird, kann erst im Nachhinein beurteilt werden. Das bloße Wissen um die Symbolik entscheidet nicht darüber.

6. Symbol und nachgeholte Gegenwart

Die These lautet demnach, dass allein der Umstand, dass Akteure mit kulturell objektivierten Symbolen konfrontiert werden, noch nichts darüber aussagt, ob solche Symbolstereotype dann auch zu Symbolen werden, die für die Akteure das erfüllen, was nach der vorgestellten Definition ausschlaggebend für die Kommunikation vermittels Symbolen ist: unmittelbare Erfahrung des Indirekten, „Arbeit an der Transzendenz", Verständigung jenseits von Sprache, Harmonisierung des Ambivalenten. In anderen Worten, die Vermittlung der Präsenz des rational nicht Greifbaren, mit dem Akteure diejenigen Sinnbezirke kennzeichnen, die für sie einen sakralen Charakter innehaben, die das nicht weiter auflösbare, bedeutungsvermittelnde Zentrum ihrer Welt repräsentieren. Wir gingen davon aus, dass Symbolbildungen, die eine solche identitätsrelevante Position einnehmen, der sich ereignenden

---

63   Wilhelm Dilthey, Gesammelte Schriften, VII. Bd. Der Aufbau der geschichtlichen Welt in den Geisteswissenschaften, Stuttgart 1979, S. 233.

Wirklichkeit immer etwas hinterherhinken. Um diese Annahme zu erhärten, muss Folgendes angefügt werden: Zum einen, wie bereits ausgeführt, haben alle Symbole, die eine identitätsrelevante Funktion erfüllen, einen Bezug zur Zeitlichkeit der eigenen oder kollektiven Geschichte. Das Symbol jenseits des zeitlichen Prinzips ist nur dasjenige des „Symbolforschers", nicht das der handelnden Akteure. Wenn zum einen in Symbolen dasjenige verdichtet ausgedrückt wird, was tatsächlich von zentraler, nicht weiter hinterfragbarer Bedeutung ist, zum anderen aber – so die These Diltheys – sich Bedeutung immer erst aus der zeitlichen Relation heraus ergibt, so folgt daraus, dass zwischen Ereignis/Erfahrung und dessen symbolischer Expression eine zeitliche Differenz liegen muss. Dilthey hat richtig erkannt, dass durch distanzierte Beobachtung das Erleben zerstört wird. Im Moment der reflexiven Zuwendung zerfällt das Jetzt.[64] Die Bedeutung des Jetzt ist im selben Jetzt nicht abschätzbar. Darin mag ein Grund der Tragik menschlichen Daseins liegen.[65] Dennoch ist es möglich, Gegenwärtigkeit unmittelbar zu erleben, allerdings nur in der Erinnerung im Sinne einer Vergegenwärtigung ehemaliger und nun nachgeholter Gegenwart. Um das zu erklären, muss zunächst Diltheys Begriff des „Erlebens" eingeführt werden. Das Erleben selbst ist nach Dilthey nicht hinterfragbar, es ist quasi immer „wahr". Für das erlebende Subjekt besteht kein Zweifel an der Qualität der Erlebnishaftigkeit seines Zustandes.[66]

---

64 Ebd., S. 194.
65 Begegnet man dem Jetzt mit bewusster Reflexivität, so wird die Tragik allerdings alles andere als gemildert. Hierzu ein weiterer literarischer Verweis: Manche der Protagonisten Arthur Schnitzlers, beispielsweise in „Anatol", sind sich der Tatsache, dass ein jeder Augenblick einmal Vergangenheit sein wird, so sehr bewusst, dass unter diesem hohen Ausmaß an rationaler Reflexivität die Gegenwart des Augenblicks in sich zerfällt. Sie stehen abseits von sich selbst, die eigene Person, die eigenen Handlungen nur noch aus der Distanz beobachtend, unfähig den Gedanken zu verdrängen, dass einmal alles unwiederbringlich vorbei sein wird. Sie verlieren sich selbst nicht aufgrund von zuwenig, sondern wegen einem Übermaß an Reflexivität. Unter dem Zwang der Reflexivität wird ihr Dasein ein „ununterbrochenes Gewesensein ... ein Ding, das davon lebt, sich selbst zu verneinen und zu verzehren, sich selbst zu widersprechen", wie Friedrich Nietzsche es ähnlich ausdrückte (Friedrich Nietzsche, Unzeitgemässe Betrachtungen. Zweites Stück: Vom Nutzen und Nachteil der Historie für das Leben, Berlin 1972, S. 245). Zu Schnitzler vgl. Wolf Dietrich Rasch, Die literarische Décadence um 1900, München 1986.
66 Um ein Beispiel zu nennen: Wenn jemand angesichts des Bildnisses eines „röhrenden Hirsches im Sonnenuntergang" in ästhetische Verzückungen gerät und sich tief bewegt fühlt, dann ist dieses Erlebnis – auch wenn es von Beobachtern als inadäquat beurteilt wird – aus der Perspektive des erlebenden Subjektes wahrhaftig. Das Erlebnis ist, gleichwohl es objektiv trivial erscheint, „wahr in sich selbst" (Dilthey, Gesammelte Schriften, VII. Bd., S. 27) und damit für das Individuum bedeutungsvoll.

Allerdings ist „Erleben" für Dilthey mehr als ein nicht weiter beschreibbarer, aktuell gegebener Gefühlszustand.[67] Jenseits dieser affektiven Dimension (die jedoch als conditio sine qua non stets mitschwingen muss) meint „Erleben" ein „Inne-werden", das nicht immer, sondern nur in besonderen Momenten gegeben ist. Dieses „Inne-werden" bezieht sich jedoch nicht auf einen Rückzug in den singulären, empirisch gegebenen Zeitpunkt, sondern meint vielmehr, dass im Moment des Erlebens einzelne „Lebensteile" als einheitlicher Bedeutungszusammenhang erkannt werden. Auch voneinander unterbrochene Teile der Biographie oder Geschichte können damit im Erlebnis synthetisiert werden. Das Erleben kann als die gleichzeitige, sinnhaft zusammengefügte Präsenz des Vergangenen beschrieben werden. Das Erleben ist somit beides: Es ereignet sich zwar im Moment, vermittelt aber in diesem zeitlich nicht beschreibbaren Augenblick die Vorstellung von Geschichtlichkeit. Diese eigenartige Ambivalenz ist vermutlich in der Tat am besten als „Inne-werden" zu beschreiben. Diese bedeutungsvoll hervorgehobenen Momente des Erlebens, die Dilthey als „die Urzelle der geschichtlichen Welt"[68] bezeichnet, sind diejenigen Referenzpunkte, aus denen sich dann auf höherer Ebene die Bedeutung des Lebenszusammenhangs ergibt, indem die Momente des Erlebens und die in ihnen sich artikulierende Bedeutung zueinander in Beziehung gesetzt werden. Hierin liegt die Prozessualität von Diltheys Modell: Im Laufe des Lebens (oder der Geschichte) werden bestimmte zeitliche Perioden oder einzelne Ereignisse als bedeutungsvoll gesehen und erheben sich im Moment des Erlebens über die konturlos dahinfließende Zeit. Diese Punkte des Erlebens – die in sich schon eine geschichtliche Struktur haben – werden im größeren Zusammenhang des gesamten Lebens interpretiert und sinnhaft verortet. Dieser Prozess ist jedoch nie abgeschlossen. Neue Erlebnisse kommen hinzu und verändern die Metastruktur des Lebenszusammenhangs. Andere Erlebnisse werden dadurch möglicherweise entwertet oder in ihrem Sinngehalt umkodiert, was sich wiederum auf der Metaebene manifestiert usw. Die Kategorie der Bedeutung ist für Dilthey untrennbar mit der Zeitlichkeit des

---

67 Otto Friedrich Bollnow, Dilthey. Eine Einführung in seine Philosophie, Stuttgart 1967, S. 106.
68 Dilthey, Gesammelte Schriften, VII. Bd., S. 161.

Lebens verbunden. Ausschlaggebend ist, dass dadurch die Bedeutung bestimmter Ereignisse immer erst ex post aus dem Prozess des Gewichtens und Verortens heraus beurteilt werden kann.[69]

Der Ausgangspunkt war, dass Symbolbildungen immer erst retrospektiv erfolgen. Dass das Erlebnis im Sinne Diltheys der Moment ist, in dem Vergangenes gebündelt und in seinem sinnhaften Bezug im Nachhinein als bedeutungsvoll erkannt wird, ist gezeigt worden. Was fehlt, ist die Verknüpfung zwischen Erlebnis und Symbol. Auch wenn Dilthey hierzu keine expliziten Angaben macht, so spricht doch etliches dafür, dass es das Symbolische ist, in dem sich das Erleben eine objektive und damit vorstellbare Form gibt. Gleich wie es im Symbol geleistet wird, so ist auch das Erleben durch die Synthese des Ambivalenten gekennzeichnet: Zeitlosigkeit im Augenblick und darin sich ausdrückende und erst verstehbare Zeitlichkeit werden in einem Punkt zugelassen und gleichzeitig harmonisiert. Wie es auch für Symbole eigentümlich ist, ereignet sich im Erleben „die direkte Erfahrung des Indirekten".[70] Im Erleben wird das nicht mehr Gegenwärtige in geradezu „hautnaher" Erfahrung zur Gegenwart. Das leitet zur nächsten Gemeinsamkeit über: Erleben wie Symbol sind durch persönliche Ergriffenheit und nicht durch rationale Distanz begreiflich. Auch für das Individuum angesichts eines ihm bedeutungsvollen Symbols gilt, was Dilthey für das Erleben festsetzt: „ Im Erleben ist Innesein und der Inhalt, dessen ich inne bin, eins".[71] Einer solchen Distanzlosigkeit im affektiv aufgeladenen Moment begegnet man ebenso im Symbol. Gleichzeitig aber ist Kommunikation vermittels Symbolen nicht ausschließlich durch eine solche Form von „Distanzlosigkeit" geprägt. Der symbolisch vermittelte Inhalt wird zwar „unmittelbar erlebt" und gleichzeitig ist das Symbol dennoch eine kulturell verfasste und damit automatisch eine distanzierende Objektivierung, die dem Individuum (oder der Gruppe) als eine Form von „Spiegel" gegenübertritt. Diese im symbolischen Ausdruck erfolgende Koinzidenz von Unmittelbarkeit des Erlebens bei gleichzeitiger Distanzierung qua kultureller Objektivierung ist auch bei Dilthey zu finden. Es erstaunt daher nicht, dass Dilthey immer wieder auf die Kunst zurückgreift, wenn er Beispiele für einen geglückten Erlebnisausdruck anführt. Der Erlebnisausdruck, um auf eine letzte Parallele hinzu-

69 Ebd., S. 201; vgl. Bollnow, Dilthey. Eine Einführung in seine Philosophie, S. 121.
70 Soeffner, Zur Soziologie des Symbols und des Rituals, S. 190.
71 Dilthey, Gesammelte Schriften, VII. Bd., S. 27.

weisen, wird von Dilthey folgendermaßen beschrieben: „Er hebt es [das Leben, C.S.] aus Tiefen, die das Bewusstsein nicht erhellt. [...] Er fällt nicht unter das Urteil wahr oder falsch, aber unter das der Unwahrhaftigkeit und Wahrhaftigkeit".[72] Das Erlebnis ist damit nach objektiven Maßstäben – ebenso wie das Symbol – nicht überprüfbar. Die Kriterien „Unwahrhaftigkeit" und „Wahrhaftigkeit" dagegen drücken aus, dass es sich letztlich um eine Frage des Glaubens handelt, um die Vermittlung einer transzendenten Größe, die nicht verstandesgemäß, sondern nur über die „Wahrhaftigkeit" eigener Ergriffenheit zugänglich ist. Das Leben kann letztlich „durch keine Formeln logischer Leistungen repräsentiert werden".[73] Diltheys Ausgangspunkt ist, dass die Bedeutung des menschlichen Lebens sich nur in dessen zeitlicher Unterworfenheit erschließt. Es ist nicht verwunderlich, wenn der Begriff des „Erlebens" mit dem korrespondiert, was Karl Jaspers als „Geschichtlichkeit" menschlicher Existenz bezeichnet. Jaspers unterscheidet das *historische* und das *geschichtliche Bewusstsein*. Dieses Schema entspricht in seinem Sinngehalt dem von „*über* das Symbol reden" und „*mit* dem Symbol reden". Das *historische Bewusstsein* ist dasjenige des Geschichtswissenschaftlers. Hier wird von Geschichte in ihrer jeweiligen Ausprägung gewusst, sie ist (äußeres) Objekt. Ganz anders dagegen das *geschichtliche Bewusstsein* beziehungsweise die *Geschichtlichkeit*. Unter Geschichtlichkeit versteht Jaspers „die Möglichkeit der Existenz, die Einheit von Zeit und Ewigkeit im Augenblick als Wirklichkeit zu vollziehen und zu erfahren. [...] Erst in dieser Geschichtlichkeit kann das sonst bloß Historische einen existenziellen Sinn gewinnen".[74] An einer anderen Stelle redet Jaspers davon, dass im *geschichtlichen Bewusstsein* das Individuum seiner der Zeitlichkeit unterworfenen Existenz erst inne wird: „Dies geschichtliche Bewusstsein der Existenz muß ursprünglich persönlich sein."[75] Auch bei Jaspers begegnen wir dem paradoxen Zustand, mit dem Dilthey das „Erlebnis" beschreibt: Die Anwesenheit von Geschichte in einem selbst gleichsam ungeschichtlichen Augenblick, wobei – und hierin liegt das eigentliche Paradox – Geschichtlichkeit überhaupt erst möglich wird, indem solche zeitlosen Augenblicke vorhanden sind. Es ist in gewissem Sinne ein Modell, das sich am Zopf der eigenen Existenz aus dem zeitli-

---

72 Ebd., S. 206.
73 Ebd., S. 218.
74 Karl Jaspers, Erwiderung auf Rudolf Bultmanns Antwort, in: ders. / Rudolf Bultmann, Die Frage der Entmythologisierung, München 1981, S. 101-142, hier: S. 127.
75 Karl Jaspers, Philosophie, Bd. 2. Existenzerhellung, Berlin 1973, S. 119.

chen Sumpf zieht. Auch für Jaspers sind diese hervorgehobenen Momente erfahrbar und nicht rational explizierbar, ebenso wie bei Dilthey herrscht die Erfahrung vor, mit der eigenen Geschichte eine identitäre Einheit zu bilden, womit die Faktizität der zeitlichen Ereignisse nicht mehr den Status eines äußeren Objektes inne hat, sondern gleichsam in die Subjekte „hineinwandert".

Wenn das *Erlebnis* oder das *geschichtliche Bewusstsein* als Moment nachgeholter Gegenwart in aktueller Gegenwärtigkeit in seiner signifikanten Bedeutung erst ex post gesehen werden kann, und wenn die Qualität solcher Erlebnisse letztlich nur symbolisch vermittelbar ist, dann ergibt sich als Konsequenz, dass auch das Symbol erst aus der zeitlichen Distanz zu den „tatsächlichen Ereignissen" auftaucht. Auch die Freudsche Psychoanalyse gibt hierzu vielfältige Beispiele. In der Symbolisierung, so wie Freud sie sah, drückt sich dasjenige aus, das verdrängt wurde, da eine Auseinandersetzung mit der im Symbol vermittelten Problematik dem Individuum im hellen Wachzustand nicht möglich ist.[76] Aufgabe der Psychoanalyse ist es, den ambivalenten Sinngehalt des Symbols diskursiv zu zertrümmern und in „Wissen" zu überführen. Ist dieser Prozess abgeschlossen, so ist aus der symbolisierten Bedeutung ein letztlich profaner Sachverhalt geworden. Der Freud'sche Symbolbegriff ist zwar eindeutig negativ besetzt, jedoch sind die Parallelen zur hier verwendeten Bedeutung des Symbols offensichtlich: Auch bei Freud wird im Symbol das Ambivalente verarbeitet, wenngleich das im Symbol auftauchende Numinose von dem Anti-Illusionisten Freud recht einseitig im *tremendum* und weniger im *fascinans* verortet wird.[77] Freud möchte eine Entmythologisierung der individuellen Biographie betreiben, und erkennt darin, dass für die Symbolbildung zweierlei ausschlaggebend ist. Zum einen entwickelt sich das Symbol post hoc und zum anderen sind kollektiv vorgegebene Symbole nicht zwingend für den Symbolhaushalt des Individuums. Zwar sieht auch Freud die Existenz bestimmter, immer wieder auftauchender Symbolstereotype („Symbole, *über* die man redet"), allerdings ist für ihn ausschlaggebend, wie, wann und ob überhaupt das Individuum solche Symbolvorgaben innerhalb seiner eigenen lebensgeschichtlichen Situation als Symbol „*mit*, dem man redet", verwendet. Das Konzept Freuds scheint damit beide der hier vorgestellten Annahmen zu bestätigen: dass einerseits

---

76 Vgl. Freud, Die Traumdeutung, S. 280-487.
77 Vgl. Otto, Das Heilige.

Symbole erst retrospektiv gebildet werden und dass andererseits Symbole nur dann tatsächlich als solche bezeichnet werden dürfen, wenn sie für die Betroffenen eine identitätsrelevante Funktion innehaben, indem sie in Zusammenhang mit deren Geschichte stehen. Es ist in diesem Zusammenhang interessant, dass der Begriff des „Symbols" in der psychoanalytischen Tradition erstmals von James Strachey explizit als „Erinnerungssymbol" systematisch verwendet wurde. Dieser Symbolbegriff, der dann auch für Freud wesentlich wurde, sieht im Symbol in erster Linie eine zeitliche Markierung.[78] Die Integrationsleistung symbolischer Formen vollzieht sich dabei jedoch nicht rational-kognitiv, sondern über gefühltes Erleben.

An dieser Stelle soll anhand von Schlagzeilen zu Brandts Polenreise die Konversion der Kniefall-Geste hin zum anerkannten Symbol dokumentiert werden. War im Jahre 1970 der diplomatische Akt der Vertragsunterzeichnung für die Berichterstattung zentral, so dominierte der Kniefall selbst – nun explizit und mit großer Emphase als „Symbol" ausgewiesen – die Presse des Jahres 2000. So gesehen lässt sich der Kniefall in der Tat gemäß des entfalteten theoretischen Rahmens als identitätsrelevantes „Erinnerungssymbol" bezeichnen.

Artikelüberschriften im Jahre 1970

• Der Vertrag – von Warschau aus gesehen. Zwischen Nüchternheit und Bewusstsein eines historischen Augenblicks (Frankfurter Allgemeine Zeitung, 08.12.1970, S. 2)
• „Brandt zur Warschauer Unterschrift: Nicht Verzicht – Vernunft. Der Bundeskanzler an die Deutschen / Cyrankiewicz in die Bundesrepublik eingeladen / diplomatische Beziehungen nach dem Inkrafttreten des Vertrags (Frankfurter Allgemeine Zeitung, 08.12.1970, S. 1)
• „Vertrag mit Polen unterzeichnet" (Süddeutsche Zeitung, 08.12.1970, S. 1)
• „Der Kanzler unterschreibt mit schwerer Hand. Fünf Minuten im Radziwill-Palais, die Deutsche und Polen versöhnen sollen" (Süddeutsche Zeitung, 08.12.1970, S. 3)

---

78 Alfred Lorenzer, Kritik des psychoanalytischen Symbolbegriffs, Frankfurt a.M. 1972, S. 15 ff. Zu Freuds Symbolbegriff vgl. Annemarie Andina-Kernen, Über das Entstehen von Symbolen. Der Symbol- und Gestaltbildungsprozess aus künstlerischer, psychoanalytischer und kunstpsychologischer Sicht, Zürich 1994; vgl. John Phillips Hickman, Psychoanalyse und Symbol, Bern 1962.

- „Oder-Neiße-Vertrag in Warschau unterzeichnet. Brandt: Schlussstrich unter böse Vergangenheit – diplomatische Beziehungen mit Polen nach Inkrafttreten des Abkommens" (Südkurier, 08.12.1970)
- „Polen-Vertrag. Reue und Hoffnung" (Der Spiegel, 14.12.1970, S. 25)
- „Bonn und Warschau für Normalisierung der Beziehung. Bundeskanzler Brandt beendet Besuch in Polen. Diplomatische Beziehungen nach Inkrafttreten des Vertrages" (Stuttgarter Zeitung, 08.12.1970, S. 1)
- „Der Vertrag mit Polen" (Die Welt, 08.12.1970, S. 1)
- „Schlusspunkt unter die Vergangenheit. In Warschau wurde ein neues Kapitel aufgeschlagen" (Die Zeit, 11.12.1970, S. 1)
- „Der erste Schritt zum Ausgleich. Deutsch-polnischer Vertrag in Warschau unterzeichnet – Harte Kritik der Opposition" (Die Zeit, 11.12.1970, S. 12)
- „Haben die Deutschen in Warschau kapituliert? Ein Interview mit dem polnischen Regierungschef Josef Cyrankiewicz zum deutsch-polnischen Vertrag" (Stern, 20.12.1970, S. 20)

Artikelüberschriften im Jahre 2000

- „Die Geste" (Frankfurter Allgemeine Zeitung, 06.12.2000, S. 8)
- „Als Sprache versagte" (Frankfurter Allgemeine Zeitung, 08.12.2000, S. 41)
- „Der Kanzler als Anwalt des Nachbarn Polens. 30 Jahre nach dem Kniefall Willy Brandts verspricht Schröder Warschau den Beitritt in die Europäische Union" (Frankfurter Rundschau, 07.12.2000, S. 3)
- „Im Schatten einer Geste. Wie nähert man sich einem Mythos? Schröders Reise nach Warschau geriet zur Geschichtsstunde" (Der Spiegel, 11.12.2000, S. 200)
- „Ein Datum des Erinnerns und des Aufbruchs" (Süddeutsche Zeitung, 07.12.2000, S. 2)
- „Erst die große Geste – und dann der Fehler. Die Polen haben weder Willy Brandts Kniefall vergessen noch seine Weigerung 15 Jahre später, Lech Walesa zu treffen (Süddeutsche Zeitung [SZ am Wochenende], 09.12.2000, S. 3)
- „Als die Sprache versagte. Willy Brandts Kniefall im Warschauer Ghetto wurde zum Symbol der deutsch-polnische Aussöhnung" (Süddeutsche Zeitung, 07.12.2000, S. 2)

- „30 Jahre, zwischen denen Welten liegen. Wie aus Deutschland und Polen seit Brandts Kniefall befreundete Nachbarn wurden" (Südkurier, 25.11.2000, S. 3)
- „Schröders Verbeugung. 30 Jahre nach dem Kniefall Willy Brandts in Warschau übt der Kanzler Kritik an der distanzierten Haltung deutscher Sozialdemokraten gegenüber der polnischen Freiheitsbewegung" (Die Welt, 07.12.2000, S. 3)
- „Es begann in Polen. Brandts Kniefall ermöglichte die EU-Osterweiterung / Von Richard von Weizsäcker" (Die Zeit, 07.12.2000, S. 5)
- „Brandts Erbe. Schröder und Fischer – die Generation, die regiert, ist mit dem Kniefall groß geworden" (Die Zeit, 07.12.2000, S. 4)

Schlagzeilen dieser Art skizzieren sicherlich das grobe Raster, über das sich die öffentliche Resonanz eines bestimmten Ereignisses deuten lässt. So werden die Überschriften des Jahres 2000 hauptsächlich vom Kniefall Brandts dominiert. Interessant ist jedoch dabei, dass bereits die Presse des Jahres 1970 den Kniefall als „ergreifenden" und „außerordentlichen Moment" schilderte, ohne dass er jedoch damals die Diskurshoheit erlangen konnte. Das bereits damals vorherrschende Gefühl von Ergriffenheit wurde erst zeitversetzt als „Symbol" anerkannt. Entscheidend war allerdings, dass bereits 1970 von der Presse die „emotionale Dichte" narrativ konserviert wurde, auf die sich dreißig Jahre später dann der „Symbol-Diskurs" rückbeziehen konnte. Dann wird beispielsweise in der *Süddeutschen Zeitung* zu lesen sein: „Große Momente kommen oft ganz still daher. Fernsehen und Fotografen tragen das Bild des knienden Willy Brandt um die Welt. Das Foto, die Geste wird Symbol, brennt sich in das Gedächtnis von Millionen ein."[79] Nicht der rational kontrollierte Akt der Vertragsunterzeichnung, sondern der emotional bewegende Kniefall wird letzten Endes zum Symbol. Auf die emotionale Dimension symbolischer Kommunikation wird daher im Folgenden auf theoretischem Niveau näher eingegangen.

---

79 Süddeutsche Zeitung, 07.12.2000, S. 2.

7. Symbol und Gefühl

Gefühle gehören zu denjenigen Bereichen der Wirklichkeit, die am schwersten vermittelbar sind. Bereits beim Versuch, Gefühlen einen adäquaten sprachlichen Ausdruck zu geben, gerät das Sprechen ins Stocken.[80] Gelingt es anschließend vielleicht dennoch, Gefühle zu beschreiben, so wird die Sprache bildhaft und metaphernreich. Es fallen Sätze wie „Das ist wie, wenn..." und dann wird die Analogie meistens durch eine Szenerie, ein Bild, eine plastische Episode etc. ergänzt. Rational nachvollziehbare Argumente und stichhaltige Begründungen geben keinen Einblick in die Gefühlswelt. In ihrem Bilderreichtum bleibt das Sprechen über die Innenwelt der Gefühle letztlich tautologisch. Wenn jedoch Erfahrungen von Transzendenz letztlich nicht rational erfasst, sondern emphatisch „erlebt" beziehungsweise „gefühlt" werden müssen, dann stellt sich die Frage nach dem Zusammenhang zwischen Gefühlsinhalten und symbolischer Kommunikation. Mit welchen kommunikativen Mitteln lassen sich die angesprochenen Erfahrungen von Transzendenz zwischen ego und alter transportieren? In seiner Analyse der Liebessemantik des 18. Jahrhunderts verweist Niklas Luhmann auf einen Umstand, der hinsichtlich der kommunikativen Vermittlung außeralltäglicher Erfahrungen ausschlaggebend ist: die „Entdeckung der „Inkommunikabilität".[81] Die Ergebnisse, zu denen Luhmann hier

---

80 Zur Schwierigkeit der sprachlichen Vermittlung von Gefühlen vgl. Langer, Philosophie auf neuem Wege, S. 105-107.

81 Vgl. Luhmann, Liebe als Passion, S. 153-161. Luhmann beginnt hier, von der *Entdeckung* der Inkommunikabilität zu reden. Weiter unten ist dann jedoch zu lesen: „Inkommunikabilität wird, wie es scheint, zur Entbanalisierung der Mittelmäßigkeit erfunden. Ihr ist zu danken, dass auch Normalmenschen noch eine Geschichte zustandebringen, für die andere sich interessieren können." (S. 153) Wird also nun die Inkommunikabilität *erfunden* oder *entdeckt*? Der Unterschied ist enorm, bleibt jedoch bei Luhmann unklar. Wäre Luhmann seinem eingangs eingeschlagenen Kurs treu geblieben, von der *Entdeckung* der Inkommunikabilität zu reden, dann wäre der Sinn der zitierten Stelle ein ganz anderer. Dann wäre die Aussage diejenige, dass nicht das banale Mittelmaß „normaler Menschen" vermittels des Tricks der *Erfindung* der Inkommunikabilität nobilitiert wird, sondern vielmehr, dass mit der *Entdeckung* der Inkommunikabilität erkannt wird, dass das scheinbar Mittelmäßige und Normale längst nicht so banal ist, wie Luhmann es – zumindest implizit – unterstellt. Dann jedoch wäre die Ironie nicht mehr vorhanden, die Luhmanns Auseinandersetzung mit der Thematik immer wieder bestimmt. Aber vielleicht hat auch das seinen Grund. Um mit Sören Kierkegaard zu schließen: „Aber gerade weil im Humor immer ein verborgener Schmerz vorhanden ist, liegt auch eine Sympathie darin. In der Ironie liegt keine Sympathie." (Sören Kierkegaard, Gesammelte Werke, 16. Abteilung, Abschließende unwissenschaftliche Nachschrift zu den philosophischen Brocken, Düsseldorf 1958, S. 264; zum Begriff der Ironie vgl. ders.,

kommt, beziehen sich zwar auf eine bestimmte historische Epoche und auf einen eingeschränkten Gegenstand (die Intimbeziehungen), bieten jedoch darüber hinaus Möglichkeiten, sie auch in Hinsicht auf andere Bereiche von Kommunikation über Außeralltäglichkeit jenseits eines bestimmten historischen Kontextes anzuwenden. Luhmann erkennt das kommunikative Problem darin, ob es nicht „Sinn gibt, der dadurch zerstört wird, dass man ihn zum Gegenstand einer Mitteilung macht."[82] Der „Sinn", den Luhmann hier meint, lässt sich mit Begriffen wie „Authentizität", „Unverstelltheit" „Einmaligkeit" beschreiben. Derartige Phänomene sperren sich der sprachlichen Verflüssigung. Luhmanns auf der Trias „Information", „Mitteilung" und „Verstehen" aufbauendes Kommunikationsmodell soll hier nicht in aller Ausführlichkeit zur Debatte stehen.[83] Auf eines muss jedoch aufmerksam gemacht werden: Kommunikation beruht für Luhmann unter anderem darauf, dass zwischen der „Selektivität der Information" und der „Selektion der Mitteilung" unterschieden werden kann.[84] Es gibt verschiedene Kommunikationsinhalte (Informationen), die so oder auch anders vermittelt werden können (Mitteilungen). Diese für die Kommunikation notwendige Differenz ist der Grund, weshalb Phänomene wie „Authentizität" kaum kommunizierbar sind: Generell betrachtet, kann eine Mitteilung beispielsweise als „authentisch" eingestuft werden, auch wenn ihre Information als falsch erkannt wird. Umgekehrt können richtige Informationen so mitgeteilt werden, dass die Art und Weise der Mitteilung als unangemessen erscheint. Sachverhalte wie „Authentizität" oder „Einmaligkeit" jedoch werden durch diese Differenz zerstört. Information und Mitteilung müssten hier eigentlich deckungsgleich sein, jedoch wäre dies gleichzeitig das Ende der Kommunikation, oder, genauer gesagt, Kommunikation wäre nicht mehr nötig. Ebenso kann ein Sachverhalt nicht mehr als authentisch oder einmalig wahrgenommen werden, wenn er so oder auch anders mitgeteilt werden kann. Diese Selektivität ist nach Luhmann jedoch konstitutiv für Kommunikation. Authentizität und Einmaligkeit heißt allerdings: Es ist nur so und nicht

---

Gesammelte Werke, 31. Abteilung, Über den Begriff der Ironie. Mit ständiger Rücksicht auf Sokrates, Düsseldorf 1961.

82 Luhmann, Liebe als Passion, S. 155.

83 Vgl. Georg Kneer / Armin Nassehi, Niklas Luhmanns Theorie sozialer Systeme. Eine Einführung, München 1997, S. 81-95; vgl. Niklas Luhmann, Soziale Systeme. Grundriss einer allgemeinen Theorie, Frankfurt a.M. 1994, S. 212 ff.

84 Vgl. Luhmann, Liebe als Passion, S. 156.

anders und kann deshalb nur so und nicht anders vermittelt werden. Kommunikation über die angesprochenen Phänomene heißt, das Einmalige und Authentische – man kann ergänzen: das Heilige, Transzendente – zu zerschneiden, um es dann als ausgewählte Mitteilung zur Disposition zu stellen. Dadurch jedoch wird durch die Logik der Kommunikation dasjenige zerstört, was doch eigentlich kommuniziert werden soll. Luhmann drückt dieses Problem folgendermaßen aus: „Bildlich gesprochen, kann die Mitteilung nicht kühl bleiben, wenn die Information zu heiß ist."[85] Es bleibt die Frage, ob es nicht dennoch Medien der Mitteilung gibt, die genauso „heiß" sind wie die Informationen, die mit ihnen transportiert werden sollen. Symbole sollen dementsprechend hier als „heiße" Medien betrachtet werden.

Luhmann, der explizit von einem „funktionalen Gefühlsbegriff"[86] ausgeht, sieht in Gefühlen „interne Anpassungen an interne Problemlagen psychischer Systeme".[87] Gefühle seien mit „Immunsystemen"[88] vergleichbar, hätten demnach die Funktion, in bestimmten Krisen („wenn die Autopoiesis des Bewusstseins gefährdet ist"[89]) regulierend einzugreifen. Luhmann geht damit implizit davon aus, dass der Grundzustand beziehungsweise *Idealzustand* „psychischer Systeme" beziehungsweise von (alteuropäisch) *Individuen*, letzten Endes gefühllos ist. Gefühle werden bei ihm als selbstverabreichte Psychopharmaka aufgefasst, mit dem therapeutischen Zweck, Funktionalität wiederherzustellen. Hier wie auch an anderer Stelle hat Emotionalität für Luhmann den Stellenwert eines Werkzeuges, mit dem bestehende soziale Verknüpfungen nachträglich reguliert und stabilisiert werden.[90] Dieser

---

85 Ebd., S. 156.
86 Luhmann, Soziale Systeme, S. 364. Ausgehend von diesem „funktionalen Gefühlsbegriffs" ist nach Luhmann zu erwarten, „dass Gefühlsqualitäten erlöschen, wenn Ansprüche auf bloße Erwartungen reduziert werden; und ebenso, wenn sie routinemäßig erfüllt oder enttäuscht werden. Bestätigt sieht Luhmann diese Aussage durch einen „Blick in die Literatur über Liebe" (S. 364). Selbst wenn man Zweifel daran hegt, dass die „Literatur über Liebe" die beste und einzigste empirische Grundlage des Phänomens „Liebe" darstellt, so zeigt ein Blick in beispielsweise José Ortega y Gassets *Über die Liebe*, dass dasjenige, was Luhmann beschreibt, eher auf den Begriff der „Erotik", denn auf „Liebe" zutrifft (vgl. José Ortega y Gasset, Die Hauptwerke. Der Aufstand der Massen. Über die Liebe, Stuttgart 1983, S. 238 ff.).
87 Luhmann, Soziale Systeme, S. 371.
88 Ebd., S. 371.
89 Ebd., S. 370.
90 Ebd., S. 300-303.

Standpunkt steht derjenigen Theorie der Gefühle diametral entgegen, der im Folgenden vorgestellt und für den weiteren Verlauf der Argumentation ausschlaggebend sein wird.

Für Autoren wie Max Scheler und Georg Simmel, in deren Werk der sozialen Bedeutung von Gefühlen große Aufmerksamkeit geschenkt wird, sind Gefühle nicht individueller emotionaler Luxus (oder auch Ungemach), sondern bilden hingegen erst die Grundlage von Vergemeinschaftung (Simmel) und Werteerkenntnis (Scheler). In seinen Arbeiten zur Liebe, zur Dankbarkeit, zum Schamgefühl, zu Neid und Eifersucht zeigt beispielsweise Simmel immer wieder aufs Neue, dass die Motivation sozialen Handelns in erster Linie von bestimmten Gefühlen herrührt. Mehr noch: Selbst die Sozialität des Menschen als solche geht für ihn auf das Gefühl zurück. „Typischer Weise aber verwebt sich in alle realen Veranlassungen zur Gesellschaftsbildung ein Gefühl für den Wert der Gesellschaftsbildung als solcher, ein Trieb, der auf diese Form der Existenz drängt und manchmal erst seinerseits jene realen Inhalte herbeiruft, die die einzelne Vergesellschaftung tragen".[91] Gefühle, eine der „unsichersten Währungen im sozialen Haushalt",[92] sind damit von sozialer Relevanz. Im „Fühlen", wie beispielsweise im Gefühl der Zugehörigkeit, im Gefühl der Entehrung oder Exklusion, im Gefühl des eigenen Statuswertes, wird Sozialität in all ihren Facetten erst konstituiert. Ohne Einbezug dieser emotionalen Dimension bliebe eine Beschreibung des Sozialen unzureichend, oder, um William James zu zitieren: „Wollte man die Welt nur objektiv beschreiben unter Ausschaltung all der verschiedenen Gefühle des persönlichen Interesses [...], so hieße das einen Speisezettel statt einer wirklichen Mahlzeit bieten".[93] Selbst Formen von Vergesellschaftung, die außerhalb der Intimität von Ich und Du, von Familie und kleiner Gemeinschaft liegen, können ohne gefühlsmäßige Bindung kaum funktionieren. Ohne Gefühl keine „Vaterlandsliebe", kein „esprit de corps", kein „revolutionärer Geist" etc. Selbst Vergemeinschaftungen, die auf universalistischen Codes[94] basieren, bedürfen emotionaler Bindungen und deren Verfestigung durch Rituale und Symbole. Wie Simmel es zum Beispiel anhand der „Treue"

---

91 Georg Simmel, Soziologie der Geselligkeit, in: ders., Aufsätze und Abhandlungen 1909-1918, Bd. 1, Frankfurt a.M. 2001, S. 177-193, hier: S. 178.
92 Soeffner, Zur Soziologie des Symbols und des Rituals, S. 200.
93 William James, Die religiöse Erfahrung in ihrer Mannigfaltigkeit. Materialien und Studien zu einer Psychologie und Pathologie des religiösen Lebens, Leipzig 1914, S. 389.
94 Vgl. Giesen, Kollektive Identität, S. 54-69.

nachzeichnet, sind es die Gefühle, die unser Handeln mit Werten ausstatten – der „Wert" einer Handlung liegt in seiner emotionalen Erfassung, nicht in rational bestimmten Abwägungen.[95] „Fühlen", verstanden als *„emotionales Gerichtetsein* des Subjekts"[96] ist für Simmel die Form der Wirklichkeitserfassung, durch die die Welt erst mit Werten ausgestattet wird. Diesen Werten gemäß wird dann gehandelt. Ohne das „Fühlen" existiert kein „Begehren" – begehrt wird jedoch nur das, dem ein Wert zugeschrieben wird.[97]

Wenn es zutrifft, dass Gefühle in hohem Maße sozial wirksam sind, dass also Vergemeinschaftung in der gefühlsmäßigen Bindung ihren Kern hat, dann stellt sich damit das Problem ein, dass Gefühle oft einen vorübergehenden Charakter haben und sich dem Anschein nach nur schwer intersubjektiv vermitteln lassen. Ohne die Möglichkeit, Gefühlsinhalten eine kommunizierbare Form zu geben und die entstandenen Kommunikationsmittel – und damit die ursprünglich erlebten Gefühle – dauerhaft zu konservieren, blieben Vergemeinschaftungen genauso flüchtig wie die Gefühle, auf denen sie beruhen.

Daraus ergibt sich die Konsequenz, dass es bestimmter kultureller Objektivierungen bedarf, die in der Lage sind, Gefühle intersubjektiv zu vermitteln. Nach Emile Durkheim haben die „sozialen Gefühle ohne Symbole nur eine ungewisse Existenz".[98] Bezüglich des Übertrags von bestimmten Gefühlen auf bestimmte Symbole redet Durkheim von

---

95 Vgl. Georg Simmel, Treue. Ein sozialpsychologischer Versuch, in: ders., Aufsätze und Abhandlungen 1901-1908, Bd. 2, Frankfurt a.M. 1993, S. 398-403. Das Gefühl als Instanz der *Werteerkenntnis* wird insbesondere bei Max Scheler zum zentralen Thema, vgl. dazu einführend ders., Grammatik der Gefühle. Das Emotionale als Grundlage der Ethik, München 2000; zu Schelers Theorie der Gefühle vgl. Hans Joas, Die Entstehung der Werte, Frankfurt a.M. 1999, S. 133-161; zu Schelers Ansatz vgl. Alfred Schütz, Gesammelte Aufsätze III. Studien zur phänomenologischen Philosophie, Den Haag 1971, S. 171-183; vgl. Paul Good (Hg.), Max Scheler im Gegenwartsgeschehen der Philosophie, Bern 1975; zum „Gefühl als Instanz der Werteerkenntnis" vgl. Paul Ricœur, Die Fehlbarkeit des Menschen. Phänomenologie der Schuld, Freiburg 1971, S. 112-121.

96 Roswitha Schumann, Fühlen, Gefühle und die lebendige Erfahrung von Wirklichkeit bei Georg Simmel, in: dies. / Franz Stimmer (Hg.), Soziologie der Gefühle. Zur Rationalität und Emotionalität sozialen Handelns, München 1987, S. 27-63; zu einer Soziologie der Gefühle vgl. Micha Brumlik, Trauerrituale und politische Kultur nach der Shoah in der Bundesrepublik, in: Loewy (Hg.), Holocaust: Die Grenzen des Verstehens, S. 191-212, hier: S. 196-197; bezüglich der Rolle von Gefühlen innerhalb rational-ökonomischer Zusammenhänge vgl. Robert H. Frank, Passions within Reasons. The Strategic Role of the Emotions, New York 1988.

97 Vgl. Schumann, Fühlen, Gefühle und die lebendige Erfahrung von Wirklichkeit bei Georg Simmel, S. 54-56.

98 Durkheim, Die elementaren Formen des religiösen Lebens, S. 316.

„Ansteckung", das heißt, das Gefühl wie es ursprünglich empfunden wurde – Durkheim bezieht sich hier vor allem auf kollektiv geteilte Gefühle – wird im Folgenden vom jeweiligen Symbol hervorgerufen. Fasst man die Durkheim'sche Argumentation zusammen, so sind Symbole für ihn Erinnerungsträger von Gefühlen. Im Symbol werden Erinnerungen – und zwar insbesondere identitätskonstituierende Erinnerungen – in ihrer emotionalen Dimension konserviert: „Diese Dinge [die Symbole, C.S.] graben diese Gefühle unablässig ins Gedächtnis ein und halten sie ständig wach; es ist, als ob die ursprüngliche Ursache, die sie hervorgehoben hat, weiterwirkte".[99] Durkheim verweist damit auf eine wichtige Differenz: die zeitliche Differenz zwischen dem Moment, an dem ein Gefühl sich einstellt und dem erst später eintretenden Punkt zeichenhafter Objektivierung dieses ursprünglichen Gefühls. Im gleichen Sinne notiert Arnold Gehlen hinsichtlich der Funktion des Ritus: „im Ritus wird das Nochdasein der Vergangenheit festgehalten, und dies ist die primäre Form des Zeitbewusstseins, bevor es Schrift gibt. [...] und der Ritus hält die Urzeit in der Gegenwart fest, er garantiert das Nochdasein der Urzeit".[100] Daraus scheint sich ein Problem zu ergeben: Einerseits ist das Gefühl ganz in der Gegenwärtigkeit verhaftet. Fühlen heißt sozusagen „im Jetzt sein". Sollte es zutreffen, dass diejenigen Wirklichkeitsbezirke, die als sakral ausgewiesen werden, nur gefühlhaft erfahrbar sind, dann verweist allein die zeitliche Dimension des Gefühls – das Jetzt – auf die angenommene „Heiligkeit" des erfühlten Gegenstandes. Das reine Jetzt, die ausschließliche Gegenwart, in der das Gefühl überwiegt und damit den reflexiven Einbruch eines Vorher und Nachher unterdrückt, ist in der Tat mit der zeitlichen Verfasstheit des Sakralen, also auch mit der Ewigkeit verwandt. Der Erkenntnismodus des Gefühls und der Erkenntnisinhalt der Sakralität scheinen der gleichen Form von Zeitvorstellung zu unterliegen. Das Problem liegt nun darin, dass die gefühlte Anwesenheit eines außeralltäglichen, als sakral geltenden Ereignisses in eine kommunikable Form überführt werden muss, um intersubjektiv Identität konstituieren zu können. Kommunikativ muss das ursprüngliche Gefühl nicht beschrieben, sondern vergegenwärtigt werden. Sprache ist kaum in der Lage, dies zu leisten – und wenn doch,

---

99 Ebd., S. 302 und S. 316; vgl. hierzu Heinz-Günter Vester, Zwischen Sakrileg und Sakralem. Durkheims Beitrag zur Soziologie der Emotionen, in: Schumann / Stimmer (Hg.), Soziologie der Gefühle, S. 1-26.
100 Arnold Gehlen, Urmensch und Spätkultur. Philosophische Ergebnisse und Aussagen, Frankfurt a.M. 1964, S. 159.

dann nicht analytisch-diskursiv, sondern indem sie selbst zum Symbol wird.[101] Das heißt, es muss ein Medium verwendet werden, das in der Lage ist, die Gegenwärtigkeit des Sakralen in ihrer emotionalen Dimension retrospektiv erneut zu vergegenwärtigen; das kommunikative Medium muss demnach Gefühl und Gegenwart des Sakralen – des eigentlich „Unsagbaren" – wiederherstellen.

Das Symbol überbrückt damit nicht nur das Paradox, wie gefühlte Gegenwärtigkeit beziehungsweise die Gegenwart eines Gefühls kommunikativ transportiert werden kann, ohne dabei seine emotionale Qualität und damit seine unmittelbare, auf Gegenwärtigkeit abgestellte Wirkung zu verlieren, vielmehr ist das Symbol noch darüber hinaus in eine zeitliche Struktur eingebunden: Im retrospektiven Nachvollzug eines als bedeutsam eingestuften Ereignisses wird ein Jetzt in einen sinnhaften Bezug zu einem Vorher gestellt. Das einstmals ein Jetzt gewesene Vorher wird – symbolisch vermittelt – im aktuellen Jetzt reaktiviert. Es wurde bereits darauf hingewiesen, dass die im Symbol sich zeigende Transzendenz, also dasjenige, das im strengen Sinne „nicht präsent" ist, das eigentlich Präsente ist: „Das nicht Präsente verdrängt das wirklich Präsente".[102] Es scheint, als gelte dieses Prinzip nicht nur in *qualitativer*, sondern auch in *zeitlicher* Hinsicht: Das *einstmalige Jetzt* wird in der symbolischen Kommunikation zum *eigentlichen Jetzt*. Das im Symbol vermittelte Gefühl des vergangenen Jetzt überlagert die Gegenwart. Damit zeichnen sich erste Elemente einer narrativen Struktur ab, in der das Symbol eine zentrale Position innehat. Das Symbol, so lässt es sich zusammenfassen, konserviert ein bestimmtes Gefühl, das die Akteure

---

101 Die Fähigkeit von Symbolen, Gefühle in eine kommunizierbare Form zu überführen, wurde innerhalb der Symboltheorie insbesondere von Susanne K. Langer hervorgehoben. Langer vermerkt, dass „die Sprache ein sehr armes Medium ist, um unserer emotionalen Natur zum Ausdruck zu verhelfen." Langer, Philosophie auf neuem Wege, S. 106. Der „präsentative Symbolismus" Langers, den sie in seiner kommunikativen Form deutlich von der Diskursivität der Sprache absetzt, hat seinen Ursprung genau darin, Gefühlen einen Ausdruck geben zu wollen. Was diesen Symbolismus in erster Linie auszeichnet, wurde unter dem Begriff der „Simultanität" bereits angesprochen: Im Gegensatz zur Sprache, die es aufgrund ihrer syntaktischen Struktur erfordert, bestimmte „einheitlich" wirkende Phänomene – wie sie uns im Gefühl begegnen – in der Kommunikation der Reihe nach aufzuschlüsseln, ist das präsentative Symbol in seiner Zeichenhaftigkeit in der Lage, die Spontanität und Homogenität solcher Erlebnisse zu imitieren, zu vergegenwärtigen und gleichzeitig intersubjektiv zu vermitteln (vgl. Ebd., S. 88).
102 Soeffner, Zur Soziologie des Symbols und des Rituals, S. 194.

einstmals erlebten, und das für ihre Identität insofern bedeutungsvoll ist, als sich in diesem Gefühl die Anwesenheit von etwas Außeralltäglichem oder sogar Sakralem offenbarte.

8. Der Kniefall: Das Symbol in der Geschichte

Der Symbolbegriff wie er in diesem Kapitel einleitend vorgestellt wurde, dient dazu, um die Aufmerksamkeit auf folgende Punkte zu lenken: Zunächst muss festgestellt werden, dass die Geste des „Kniens" im Rahmen unserer Kultur als eine „Pathosformel" im Sinne Warburgs verstanden werden kann.[103] Knien symbolisiert eine allgemein verständliche existenzielle Situation der Demut und Schuld, verbunden mit der Hoffnung auf Gnade. Aus diesem allgemeinen Symbolgehalt kann jedoch nicht automatisch abgeleitet werden, dass *Brandts Kniefall* wie er ihn in Warschau vollzog, automatisch als „Symbol" („mit dem man redet") gehandelt werden muss. Auch wenn es spekulativ ist, so hätte es ebenso geschehen können, dass Brandts außergewöhnliche Handlung als „peinlicher Störfall" des diplomatischen Protokolls hätte gewertet werden können. Die Semiotisierung als bedeutendes „nationales Symbol" setzte in Deutschland erst ex post ein. Es wurde in diesem Kapitel auf theoretischem Niveau zu zeigen versucht, dass diese Ex-Post-Struktur charakteristisch für Prozesse der Symbolbildung ist. Weiterhin war der Kniefall eine symbolische Geste, die vor allem gefühlhaft, das heißt durch die von ihr ausgelöste Ergriffenheit wirkte. Gleichzeitig wurde dieser Moment der *gefühlten* Ergriffenheit durch die Semiotisierung des Kniefalls zum Symbol konserviert und damit in seiner emotionalen Dichte wieder abrufbar. Es wurden dabei erste Hinweise darauf gegeben, dass die Entwicklung des Kniefalls hin zum Symbol in einem geschichtlichen Kontext anzusiedeln ist. Der Kniefall wird zum Symbol, indem er einen Knotenpunkt der eigenen, identitätskonstituierenden Geschichte darstellt. Die symbolische Bedeutungszuschreibung der Geste erfolgt über deren Implementierung in eine kohärente narrative Struktur. Darauf wird im *Narrations-Kapitel* noch näher eingegangen werden.

---

103 Vgl. Dorothee Bauerle, Gespenstergeschichten für ganz Erwachsene. Ein Kommentar zu Aby Warburgs Bilderatlas Mnemosyne, Münster 1988, S. 39-44.

In den folgenden beiden Kapiteln wird die These von der symbolisch vermittelten Außeralltäglichkeit – und Außer*zeitlichkeit* – bestimmter Erfahrungen und Ereignisse von hoher Bedeutung sein. Im *Narrations-Kapitel* wird der Gedanke vertieft, dass Erzählungen überhaupt nur zustande kommen können, indem auf symbolisch ausgeflaggte und als „besonders" oder „einzigartig" gerahmte Ereignisse Bezug genommen wird, die dann innerhalb der Erzählung als „Inseln"[104] aus der profanen, dahinfließenden Zeit herausragen und damit deren bedeutungsstiftende Referenz- oder Knotenpunkte bilden. Auf Grundlage dieser und anderer narratologischer Annahmen wird dann die narrative Rahmung des Kniefalls durch die Berichterstattung der Medien analysiert. Zunächst wird allerdings im *Ritual-Kapitel* an zentraler Stelle danach gefragt werden, in welchem Verhältnis *Ereignis* und *Ritual* zueinander stehen. Der Kniefall ereignete sich innerhalb eines konventionellen politischen Rituals, war in dessen Dramaturgie jedoch ursprünglich nicht vorgesehen. Die Frage ist jedoch, ob trotz dieses Widerspruchs nicht dennoch im Verborgenen symbolische Verknüpfungen zwischen Ritual und Ereignis bestehen. Dabei muss geklärt werden, was ein „Ereignis" überhaupt ist. Die Bearbeitung dieser Frage ist nicht nur für die Ebene performativer und ritueller Bedeutungsvermittlung von Belang. Der Kniefall erhielt seine symbolische Bedeutung in erster Linie ex post zugeschrieben. Vor allem die narrative Bearbeitung durch die Presse verlieh dieser Geste ihren „sakralen" Stellenwert innerhalb des zeitgeschichtlichen Prozesses nationaler Selbstthematisierung. Erst durch die Narrativierung wurde das „Ereignis zum Ereignis" (wie es im Englischen differenzierter durch die Begriffe „occurrence" und „event" ausgedrückt werden kann; während der Begriff „occurrence" mehr den „unerwarteten Vorfall" hervorhebt, ist die Bedeutung von „event", dass einem solchen Vorfall dann auch eine besondere *Bedeutung* zugemessen wird.)

Im *Methodologie-Kapitel* wurde allerdings darauf verwiesen, dass bereits das „Material", aus dem sich Narrationen speisen, nie in „bedeutungsloser" Form vorliegt. Auch die noch nicht vertextete Wirklichkeit ist bereits mit Bedeutung aufgeladen. Das dies insbesondere für symbolisch hoch aufgeladene Handlungen gilt, muss kaum noch näher erläutert werden. Aufgrund dieser Annahme wird davon ausgegangen werden,

---

104 Vgl. Hans-Georg Soeffner, Protosoziologische Überlegungen zur Soziologie des Symbols und des Rituals, in: Schlögl u.a. (Hg.), Die Wirklichkeit der Symbole, S. 41-72, hier: S. 42.

dass bestimmte symbolisch vermittelte Bedeutungsangebote wie sie schon auf der *performativen Ebene* des Kniefalls zum Ausdruck kamen, von dort in die Narrationen importiert wurden. Die Narrativierung des Kniefalls lässt sich zwar im Sinne einer sakralisierenden, ex post erfolgenden Interpretation deuten. Die narrative Rahmung der Ereignisse bezieht sich dabei jedoch auf dasjenige, was in der symbolischen Formsprache im Ansatz bereits auf der performativen Ebene angelegt war. Um die Erzählung *über* die Ereignisse zu verstehen beziehungsweise um die These zu unterstützen, dass sich bereits auf der Handlungsebene protonarrative Strukturen abzeichnen, ist es daher zunächst geboten, sich dem Ritual und dem Ereignis zuzuwenden.

4. Der Kniefall: Ritual und Ereignis

Im letzten Kapitel wurden Symbole vor allem in zweierlei Weise charakterisiert: Zum einen wurde hervorgehoben, dass Symbole als retrospektiv erfolgende Objektivierungen besonderer Erlebnisse und Ereignisse
zu verstehen sind. Das Symbol ist dann für die Akteure in der Lage, das
ehemalig vorherrschende Gefühl solcher außeralltäglicher Zustände zu
konservieren und in bestimmten Situationen erneut abzurufen. Symbole
besitzen nach dieser These eine Entstehungsgeschichte: Das Auftreten
einer symbolischen Form muss demnach in Zusammenhang mit der
Geschichte der Akteure untersucht werden. Im Anschluss daran wurde
zum Zweiten die Eigenschaft symbolischer Repräsentation hervorgehoben, Grenzen zu transzendenten Sinnbezirken zu überschreiten. Für
die Analyse des Kniefalls ergeben sich daraus zwei Ansätze:

1.) Es muss danach gefragt werden, auf welchen Wegen und vermittels welcher kultureller Ressourcen der Kniefall sinnhaft bearbeitet
wurde, um letzten Endes tatsächlich den Status eines öffentlich akzep-
tierten Symbols einnehmen zu können. Die Stoßrichtung der Analyse
wurde bereits eingangs skizziert: Zu Beginn des Prozesses der Symbol-
entstehung stand nicht der Kniefall, sondern das feierliche Ritual der
Kranzlegung am Mahnmal. Im Kontrast zu diesem konventionellen politischen Ritual ereignete sich plötzlich ein „unerhörter Vorfall" – der
Kniefall Brandts. Dieser in der repetitiv ausgerichteten Dramaturgie des
Rituals nicht vorgesehene „Störfall" wurde allerdings von der Presse als
„Ereignis" beschrieben. In diesem Kapitel wird das Argument vertreten
werden, dass nicht nur Symbole, sondern auch Ereignisse Resultate retrospektiver Interpretationen sind. Das Ereignis „ereignet sich nicht
einfach": Ein Ereignis ist nicht nur einfach ein Vorfall, der unerwartet
eintrifft, sondern das Charakteristische des Ereignisses wird vielmehr
darin gesehen, dass ein solcher unerwarteter Vorfall von den Akteuren
als bedeutungsvoll interpretiert wird. Das Entscheidende der „Epiphanie" beispielsweise ist nicht nur (aber auch!) die unvorhergesehene
Plötzlichkeit, sondern genauso die Bedeutungsdichte, die einem solchem
Vorfall dann *zugeschrieben* wird. Eine solche Zuschreibung beruht wiederum auf der Mobilisierung vorhandener kultureller Deutungsmuster.
Auch der Kniefall wurde erst dadurch zum Ereignis, indem er von der
Presse in einer bestimmten Weise narrativ gerahmt wurde, wie es im

nächsten Kapitel ausführlich untersucht wird. Das heißt, der Störfall, welcher der Kniefall auf der Ebene der rituellen Performanz noch war, wurde erst durch die narrative Deutung harmonisiert: Die „Reparatur" des Rituals erfolgte im Text. Die Berichterstattung des Jahres 1970 über den Kniefall konzentrierte sich noch ganz auf die Schilderung des „Ereignishaften", ohne den Begriff des „Symbols" zu verwenden. Das Ereignis des Kniefalls wurde jedoch bereits damals auf eine Weise narrativ gerahmt, die sich stark an religiösen Motiven orientierte: Der Kniefall wurde als Moment *nicht symbolisch vermittelter*, sondern als Moment *erlebter Transzendenz* beziehungsweise als *epiphanischer Moment* geschildert. Die bereits damals sehr dicht geschilderte Erfahrung von Transzendenz war die Geburtsstunde des *Kniefalls als Symbol* (auch wenn Symbole dazu in der Lage sind, das Nichtgegenwärtige, das Transzendente und Außeralltägliche unmittelbar zu vergegenwärtigen, so besteht dennoch ein qualitativer Bruch zwischen der retrospektiv einsetzenden zeichenhaft-symbolischen Vermittlung solcher Erfahrungen und der tatsächlichen Konfrontation mit Erfahrungen im genannten Sinne). Wenn dann die Presse des Jahres 2000 den Kniefall in aller Deutlichkeit und mit großer Emphase als nationales Symbol feiert, dann wird die symbolische Bedeutung von Brandts Geste immer auf das ursprüngliche Ereignis zuruckgeführt, als sich „plötzlich" etwas „ganz Außergewöhnliches" ereignete.

Es darf nicht der Eindruck entstehen, als solle hier argumentiert werden, die Charismatisierung des Kniefalls sei ausschließlich ein Resultat seiner textuellen Nachbearbeitung. Die Relation *Ritual/Performanz – Text* ist weit komplexer als bis zu dieser Stelle vermutet werden könnte. Zum einen war der Kniefall Brandts zwar im Jahre 1970 noch kein *nationales* Symbol, die Geste des Niederkniens war allerdings als kulturell verfügbare symbolische Form den Akteuren aus anderen Bedeutungskontexten selbstverständlich bekannt. Die narrative Bearbeitung des Kniefalls war keine sprachliche creatio ex nihilo. Der durch die Kniefall-Geste performativ vorgegebene Bedeutungsrahmen wurde von der Presse interpretativ in eine bestimmte Richtung gelenkt: Der Kniefall Brandts wurde im Sinne einer religiösen Kniefall-Symbolik gedeutet. Daneben besteht eine weitere, noch etwas kompliziertere Relation zwischen der Ebene des Rituals und der des Textes: Es wurde die Behauptung aufgestellt, der Kniefall, der auf der Ebene des Rituals zunächst ein formaler Störfall gewesen ist, sei erst durch die mediale Deutung zum Ereignis und dann später daraus hervorgehend zum Symbol geworden. Indem nun allerdings der als Formelement innerhalb des Rituals deplazierte Kniefall über den Umweg massenmedialer Interpretation zum Ereignis stilisiert wurde, war er paradoxerweise wieder an das Ritual anschlussfähig: In diesem Kapitel wird die These vertreten, dass sich Rituale zwischen den Polen *Struktur und Ereignis* bewegen. Das Ritual – so repetitiv und vorhersehbar es in formaler Hinsicht auch ist –, lebt geradewegs von der Illusion, ereignishafte Zustände für die beteiligten Akteure zu provozieren. Erst das von den rituell agierenden Akteuren empfundene Gefühl des Ereignishaften erhebt das Ritual über den Alltag und gilt damit als Garant einer sich tatsächlich vollziehenden Grenzüberschreitung. *Das Ritual benötigt zwar das Ereignis, duldet aber nicht die Regelabweichung.* In diesem Sinne wurde der Kniefall von der Presse nicht als Regelabweichung, sondern als Ereignis interpretiert. *Als Ereignis* konnte ihm dann narrativ wieder ein in der Struktur von Ritualen vorgesehener Platz zugewiesen werden. Diese über den Umweg des Textes erfolgte Reintegration des Kniefalls in das Konzept des Rituals konnte deshalb funktionieren, weil – so die These – in einer massenmedial organisierten Gesellschaft das Ritual ohnehin hauptsächlich über den Text vermittelt wurde.

Derjenige Punkt, am dem durch die narrative Rahmung der unvorhergesehene Kniefall zu einem bedeutungsmächtigen Ereignis wurde, kann als die „Geburtsstunde des Symbols" bezeichnet werden. Hier zeigt sich erstmals, dass der Kniefall von den medialen Beobachtern als eine Art von Zeichen interpretiert wurde, durch das sich eine höhere, transzendente Ordnung offenbart. Der Kniefall wurde damit zu einem neuen Referenzpunkt politischer Repräsentation.

2.) Daraus ergibt sich ein weiterer Ansatz: Es wurde im vorausgehenden Kapitel die Funktion von Symbolen herausgestrichen, Grenzen zu transzendenten Sinnbezirken zu überschreiten. Ohne diese Grundannahme bliebe auch die Analyse politischer Symbole auf halbem Wege stecken: Es muss davon ausgegangen werden, dass das Feld der Politik nicht hinreichend mit rational-instrumentellen Begriffen beschrieben werden kann, sondern dass Politik mindestens ebenso symbolisch-ästhetischer Repräsentation bedarf. Damit soll nicht gesagt werden, es bestünde ein unvereinbarer Gegensatz zwischen einem instrumentell-rationalen und einem ästhetisch-symbolischen Politikverständnis: Soeffner und Tänzler weisen diesbezüglich darauf hin, dass gerade der politischen Ästhetik ein wichtiger Platz innerhalb der kalkulierten Logik politischen Handelns zukommt.[1] Was die symbolische Vermittlung von Transzendenz anbelangt, so ist für politische Symbolisierungen eine wichtige Unterscheidung zu treffen. In Anlehnung an Eric Voegelin kommt dem politischen Repräsentanten eine doppelte Funktion zu: Innerhalb der symbolischen Repräsentation von Gesellschaften differenziert Voegelin zwischen *Kosmos* und *Kosmion*.[2] Unter dem Begriff des Kosmion wird die weltimmanente Diesseitsordnung verstanden, er erklärt nicht nur im *deskriptiven Sinne* wie der soziale Raum, in dem wir leben, durch Hierarchien, Institutionen gegliedert ist, welche geographische Ausdehnung er hat etc., sondern darüber hinaus kommt ihm vor allem eine *existenzielle Bedeutung* zu: Das Kosmion ist so gesehen die Erkenntnis einer Gesellschaft ihrer selbst, das Resultat ihrer „Selbsterhellung"[3] wie Voegelin es ausdrückt, oder, um es in andere Worte zu fassen, es ist das Bewusstsein des Gemeinschaftlichen, in dem der Einzelne aufgehoben ist. Ein solches Bewusstsein einer Gesellschaft, sich

---

1 Vgl. Hans-Georg Soeffner / Dirk Tänzler, Figurative Politik. Prolegomena zu einer Kultursoziologie politischen Handelns, in: dies. (Hg.), Figurative Politik. Zur Performanz der Macht in der modernen Gesellschaft, Opladen 2002, S. 17-33. Zum kulturalistischen Politikverständnis vgl. Sabine R. Arnold u.a. (Hg.), Politische Inszenierung im 20. Jahrhundert: Zur Sinnlichkeit der Macht, Wien 1998; vgl. Yves Bizeul (Hg.), Politische Mythen und Rituale in Deutschland, Frankreich und Polen, Berlin 2000; vgl. Murray Edelman, Politik als Ritual. Die symbolische Funktion staatlicher Institutionen und politischen Handelns, Frankfurt a.M. 1990; vgl. Thomas Meyer, Die Inszenierung des Scheins. Voraussetzungen und Folgen symbolischer Politik. Essay-Montage, Frankfurt a.M. 1992; vgl. ders. / Rüdiger Ontrup, Das Theater des Politischen: Politik und Politikvermittlung im Fernsehzeitalter, in: Herbert Willems / Martin Jurga (Hg.), Inszenierungsgesellschaft. Ein einführendes Handbuch, Opladen 1998, S. 523-543; vgl. Thomas Meyer u.a. (Hg.), Die Inszenierung des Politischen. Zur Theatralität von Mediendiskursen, Wiesbaden 2000; vgl. Michael Müller u.a. (Hg.), Der Sinn der Politik. Kulturwissenschaftliche Politikanalysen, Konstanz 2002; vgl. Andreas Pribersky / Berthold Unfried (Hg.), Symbole und Rituale des Politischen. Ost- und Westeuropa im Vergleich, Frankfurt a. M. 1999; vgl. Peter Siller / Gerhard Pitz (Hg.), Politik als Inszenierung. Zur Ästhetik des Politischen im Medienzeitalter, Baden-Baden 2000.

2 Eric Voegelin, Die Neue Wissenschaft der Politik, München 1959; vgl. ders., Die Politischen Religionen, Wien 1938; vgl. ders., Der Gottesmord: Zur Genese und Gestalt der modernen politischen Gnosis, München 1999; zu Voegelins Ansatz vgl. Barry Cooper, The Political Theory of Eric Voegelin, New York 1986; vgl. Stephen A. McKnight (Hg.), Eric Voegelin's Search for Order in History, Lanham 1987; vgl. Ley u.a. (Hg.), Politische Religion?; vgl. Udo Kessler, Die Wiederentdeckung der Transzendenz: Ordnung von Mensch und Gesellschaft im Denken Eric Voegelins, Würzburg 1995; zur Unterscheidung zwischen Kosmion und Kosmos vgl. Soeffner, Zur Soziologie des Symbols und des Rituals, S. 194-195; vgl. Ronald Hitzler, Inszenierung und Repräsentation. Bemerkungen zur Politikdarstellung in der Gegenwart, in: Soeffner / Tänzler (Hg.), Figurative Politik, S. 35-49.

3 Voegelin, Die Neue Wissenschaft der Politik, S. 52.

selbst als Kosmion aufzufassen, bedarf zweierlei: Artikulierung und Repräsentation, wobei für Voegelin die Artikulierung die Vorbedingung der Repräsentation ist.[4] Eine Gesellschaft muss demzufolge in der Lage sein, sich selbst zu thematisieren, und dies gelingt ihr, indem sie einen Repräsentanten hervorbringt, der die Artikulierung des Kosmion symbolisch übernimmt. Der Kosmos hingegen ist die Vorstellung einer diese konkrete Ordnung transzendierenden Idee; Voegelin redet in diesem Zusammenhang von einer „transzendenten Ordnung"[5]. Ausschlaggebend ist, dass das jeweilige Kosmion seinerseits einen bestimmten Kosmos repräsentiert. Den Repräsentanten eines gesellschaftlichen Kosmions kommt daher eine doppelte Funktion zu: Einerseits repräsentieren sie die soziale Ordnung in ihrer diesseitigen Ausformung, sind damit quasi das symbolische Spiegelbild gesellschaftlicher Selbstdefinition, gleichzeitig aber appräsentieren sie die Verbindung des Kosmion mit einem Kosmos, der das jeweilige Kosmion überhaupt erst symbolisch legitimiert.[6] Der Repräsentant verbindet damit diesseitige Selbstbeschreibung und jenseitige Legitimation.

Für den Kniefall Brandts ergibt sich aus der begrifflichen Konstellation Kosmion-Kosmos folgender Ansatz: Brandt war zunächst als Bundeskanzler der Repräsentant eines bestimmten Kosmions. Als Repräsentant dieses Kosmion – der Bundesrepublik Deutschland – vollzog er mit seinem Kniefall am Ghetto-Denkmal eine Handlung die – und das ist das Entscheidende – von den Agenten der medial vermittelten Öffentlichkeit als symbolischer Verweis auf eine neue politische Kosmologie interpretiert wurde. Der Kniefall begann über den Umweg medialer Deutung einen „einheitsstiftenden Mythos"[7] zu versinnbildlichen, in dessen Zentrum die Opfer des Holocaust stehen. Das heißt, dass in diesem Fall nicht allein der politische Repräsentant durch den Einsatz einer bestimmten symbolischen Formsprache eine höhere sinnstiftende Ordnung appräsentierte, sondern dass die symbolisch vermittelte Evokation der transzendenten Instanz erst durch eine dritte Partei der Beobachter bestätigt werden musste: Erst durch die Presse wurde der Kniefall charismatisch aufgeladen und wurde dann zur unantastbaren Chiffre der offiziellen bundesrepublikanischen Identität. Der Kniefall wurde von

---

4   Ebd., S. 70.
5   Ebd., S. 86.
6   Vgl. Soeffner, Zur Soziologie des Symbols und des Rituals, S. 194.
7   Ebd., S. 194.

der Presse nicht als „Politik*inszenierung* (Schau)"[8], sondern als „Politik*repräsentation* (Stellvertretung)" gerahmt, oder, um die Begriffe Max Imdahls zu verwenden, der Kniefall wurde von den Medienvertretern nicht als manipulativ intendierte und „aufgesetzte" *Pose*, sondern als authentische *Gebärde*[9] dargestellt. Dieses Begriffspaar ist an einer Stelle sogar in der Presse selbst zu finden. So schreibt der Spiegel im Jahre 1970: „Er [Brandt, C. S.] hat einen Augenblick verharrt in der protokollarischen Pose des kranzniederlegenden Staatsmanns. Und ist auf die Knie gefallen [...] Ist dieser Kniefall nicht vielmehr eine spontane Gebärde der Übermannung, die allem Kalkül spottet?"[10]

1. Der Kniefall als rituelles Schwellenphänomen

Der Kniefall ist in zweierlei Hinsicht ein Grenz- oder Schwellenphänomen. Einerseits werden in den folgenden Kapiteln der Kniefall und die über ihn verfassten Narrationen als kulturelle Grenzbearbeitung beziehungsweise als Passagenbewältigung im Sinne Victor Turners analysiert. Doch daneben ist der Kniefall auch in seiner *Formalität* ein Grenzfall: Er sprengte und überstieg das konventionelle Ritual – er war in seiner „Plötzlichkeit" nicht mehr Bestandteil der festgelegten rituellen Dramaturgie – und dennoch fügte er sich auf eigenartige Weise in das Ritual ein. Der Kniefall Brandts war demnach zunächst kein vorhergesehenes Element des zugrunde liegenden politischen Rituals. Hinsichtlich der Formalität von Ritualen bietet Soeffner eine griffige Definition an: „*Rituelles Verhalten ist durchgeformtes, vorhersagbares, in gewisser Weise kalkulierbares, Orientierungssicherheit gewährleistendes Verhalten.*"[11] Der Kniefall hingegen war weder durchgeformt, noch vorhersehbar und auch nicht kalkulierbar. Es wird vielmehr in diesem und im nächsten Kapitel die These aufgestellt werden, dass der Kniefall gerade aufgrund seiner „Plötzlichkeit" wirken konnte. Der Kniefall war zunächst eine „spontane Geste", eingebettet in ein konventionelles politisches Ritual. Der Begriff des Rituals scheint auf den Kniefall als solchen nicht anwendbar zu sein. Dennoch wäre es voreilig, die Handlungskategorie des Rituals

---

8   Soeffner / Tänzler, Figurative Politik, S. 21.
9   Zum Unterschied zwischen Pose und Gebärde vgl. Max Imdahl, Reflexion, Theorie, Methode. Gesammelte Schriften, Bd. 3, Frankfurt a.M. 1996, S. 575-590.
10 Der Spiegel, 14.12.1970.
11 Soeffner, Zur Soziologie des Symbols und des Rituals, S. 207 [kursiv im Original].

betreffs des Kniefalls ad acta zu legen. In *Die Veränderbarkeit von Ritualen im Mittelalter*[12] und in *Spielregeln der Politik im Mittelalter*[13] zeigt Gerd Althoff, dass es in der mittelalterlichen Ritualpraxis durchaus möglich war, zu bestimmten außergewöhnlichen Anlässen, zu denen sich kein passendes Ritual finden ließ, bestehende Ritualformen miteinander zu vermischen. Man verwendete demnach relativ frei vorhandene „Ritualbausteine", um sich ein dem regelabweichenden Einzelfall entsprechendes, mehr oder weniger „neues" Ritual zu konstruieren. In diese Sichtweise ritueller Praxis ließe sich bis zu dieser Stelle auch der Kniefall Brandts einreihen: Auch in diesem Fall wurde anlässlich einer prekären politischen Situation ein konventionelles Gedenkritual mit einem anderen Ritualelement – dem religiös anmutenden Kniefall – amalgamiert. Nun weist Althoff allerdings darauf hin, dass die mittelalterliche Ritualinnovation nicht völlig ungeregelt war. Vor allem eines musste gewährleistet sein: *Im* Ritual durfte nichts improvisiert oder spontan geschehen, sondern vielmehr musste die innovative rituelle Inszenierung im Voraus abgesprochen und festgelegt worden sein.[14] Althoff fügt allerdings hinzu, dass wir über derartige Absprachen – die so gesehen ein klassisches „Hinterbühnenphänomen" sind – so gut wie nichts wissen. Rituale wurden von den mittelalterlichen Akteuren zwar in teils virtuoser Weise situationsabhängig miteinander vermischt, der Konstruktionsprozess entzieht sich allerdings unserer Kenntnis. Bezieht man diesen Punkt der genauen vorherigen Absprache ritueller Neuerungen in das Konzept des Rituals mit ein, dann ist der Kniefall wiederum nicht mit dem Ritual vereinbar: Nichts spricht dafür, dass der Kniefall in irgendeiner Weise auf Absprachen beruhte. Anhand des Unterwerfungs- und Vergebungsrituals der *deditio* zeigt Allthoff jedoch, dass es zwar den rituellen Akteuren im Ritual nicht gestattet war, während des Rituals spontan zu handeln, dass jedoch *nach außen* durchaus der Eindruck einer Spontanhandlung vermittelt werden konnte, oder sogar vermittelt werden *sollte*. So führt Althoff Fälle an, in denen in der retrospektiven *narratio* solcher deditio-Rituale durchaus die „Fiktion einer Spontanhandlung"[15] erzeugt wurde. Der Grund hierfür leuchtet ein: Gerade

---

12 Althoff, Die Veränderbarkeit von Ritualen im Mittelalter.
13 Vgl. insbesondere Gerd Althoff, Das Privileg der Deditio. Formen der Konfliktaustragung und -beilegung im 13. Jahrhundert, in: ders., Spielregeln der Politik im Mittelalter. Kommunikation in Frieden und Fehde, Darmstadt 1997, S. 99-125.
14 Ebd., S. 125.
15 Ebd., S. 123.

der Akt gnadenvoller Vergebung als außeralltägliche Form der Konflikt-beilegung basiert darauf, dass der Gnaden- oder Vergebungsakt nicht regelgeleitet, sondern aus freien Stücken – als „Ausnahme" – gewährt wurde. Ein Unterschied zwischen der mittelalterlichen Ritualpraxis und dem Kniefall Brandts muss hier besonders hervorgehoben werden: Die von Althoff untersuchten mittelalterlichen Rituale wurden nach genauer vorheriger Absprache aus verschiedenen Bausteinen dem jeweiligen Anlass nach adäquat zusammengesetzt. Bei Brandt und seinem Kniefall verhält es sich ähnlich, nur mit einem bedeutenden Unterschied: Wurden die mittelalterlichen Ritualinnovationen *vor der eigentlichen In-szenierung* von den herrschaftlichen Akteuren selbst authentifiziert, so er-folgte im Falle des Kniefalls die Authentifizierung ex post von den Vertretern der Medien.

Gnade – so wird im Folgenden eines der zentralen Argumente lauten – ist dem Prinzip nach ein nicht formalisierbarer Akt, auch wenn die ri-tuelle Inszenierung von Gnadenakten dieses Prinzip unterschwellig kon-terkarieren mag. Die Ritualisierung von Gnadengewährung ist insofern ein rituelles Grenzphänomen: Anders als bei der Anwendung von *Recht* muss die *Gnadengewährung* – obwohl rituell formalisiert – den Eindruck spontanen und regelunabhängigen Handelns suggerieren.[16] Die ri-tualisierte Gnadengewährung pendelt so gesehen zwischen zwei Polen: Durch die voraussehbare Formalität des Rituals wird für die Beteiligten Verhaltenssicherheit gestiftet und ein glücklicher Ausgang des Konflikts gesichert. Gleichzeitig greift die inszenierte Gnadengewährung auf be-stimmte Symboliken zurück, durch die die Freiwilligkeit des Gnadenge-schenkes herausgestrichen werden soll. Die Ritualisierung von konflikthaften Ausnahmephänomenen wie Vergebung und Gnade führt das Ritual so gesehen an die Grenzen seiner Ausdrucksfähigkeit: Um so-zial verbindlich zu sein, muss die formale Ordnung der rituellen In-szenierung aufrecht erhalten werden, und gleichzeitig muss der Eindruck suggeriert werden, es handele sich um einen gleichsam „ein-maligen" und regelentbundenen Ausnahmefall. Genau unter diesem Aspekt wird der Kniefall untersucht werden (wobei gezeigt wird, dass es sich in der Tat um einen Akt handelte, der auf die Gewährung von Gna-de hinauslief).

---

16 Vgl. Johannes Gründel, Schuld – Strafe – Versöhnung aus theologischer Sicht, in: Arnold Köpcke-Duttler (Hg.), Schuld – Strafe – Versöhnung. Ein interdisziplinäres Gespräch, Mainz 1990, S. 114-115.

Es wäre aus den genannten Gründen daher voreilig, das Konzept des Rituals für die Analyse des Kniefalls ganz auszuschließen. Um den Kniefall als rituelles Grenzphänomen auszuloten, wird im Folgenden zunächst von einer allgemeinen Theorie rituellen Handelns ausgegangen. Von hier aus werden dann insbesondere zwei Kategorien eingeführt, die den Kniefall über das konventionelle Ritual hinausführen: Das Plötzliche und das Ereignis.

2. Rituale als gemeinsames Erleben von Außeralltäglichkeit

Nach Thomas Luckmann sind Rituale die „Handlungsform von Symbolen".[17] Damit gilt *einerseits* für Rituale, was im allgemeinen Sinne für soziale, das heißt für intersubjektiv ausgerichtete Handlungen charakteristisch ist,[18] und *andererseits* basiert der Ritualbegriff auf einer soziologischen Konzeption des Symbols wie sie bereits vorgestellt wurde. Soziale Handlungen sind grundsätzlich in ihrem Entwurf an anderen Interaktionspartnern orientiert oder auch direkt an andere gerichtet und berücksichtigen damit mögliche Anschlusshandlungen anderer bereits auf der Ebene des eigenen Handlungsentwurfs. Dies gilt auch für Rituale. Allerdings existiert nach Luckmann ein bedeutender Unterschied, der rituelle Handlungsformen deutlich von anderen sozialen Handlungen abgrenzt. Der oder die „anderen", an denen das rituelle Handeln orientiert ist beziehungsweise auf die es gerichtet ist (und von denen mitunter „Antworten" erwartet werden), sind einem Wirklichkeitsbereich zugehörig, der jenseits des Alltäglichen liegt. Symbole wie auch Rituale sind zwar intersubjektive Handlungen und gesellschaftliche Konstruktionen – und als solche sind sie im Diesseits empirisch zugänglich –, jedoch sind sie für die rituellen Akteure, so Luckmann, „transzendent im *Adressat*."[19] So befindet sich beispielsweise der göttliche Adressat eines religiös motivierten Kniefalls offensichtlich nicht unter uns (im Gegensatz zum Kniefall vor einem weltlichen Herrscher; aber selbst hier ist mehr als fraglich, ob nicht auch ein solcher „weltlicher Kniefall" letzten Endes sich nicht doch zumindest implizit

---

17 Luckmann, Phänomenologische Überlegungen zu Ritual und Symbol, S. 11-28.
18 Zum Begriff des „sozialen Handelns" vgl. Weber, Wirtschaft und Gesellschaft, S. 11-13.
19 Luckmann, Phänomenologische Überlegungen zu Ritual und Symbol, S. 13.

ebenso auf dasjenige letztbegründende Prinzip richtet, auf dem die Macht des Herrschers wiederum symbolisch aufgebaut ist – wie „von Gottes Gnaden" etc.). Ebenso wie die Kommunikation vermittels Symbolen, so ist auch das Ritual auf die Bearbeitung von als außeralltäglich empfundenen Phänomenen bezogen. So wie Symbole auf etwas verweisen, das nicht einfach nur abwesend ist, sondern einem grundsätzlich anderen Wirklichkeitsbereich zugehörig ist, so zielen auch rituelle Handlungen darauf ab, den Kontakt mit einer Sphäre herzustellen, die als transzendent, wenn nicht gar als „heilig" gilt. Auch Rituale sind soziale Techniken, die insbesondere im Falle der Begegnung mit „großen Transzendenzen" eine eminente Rolle spielen. Es wundert daher nicht, dass Rituale immer wieder in Krisenzeiten eingesetzt werden, immer dann, wenn die gewohnte Ordnung der Welt Erschütterungen und Brüche erfährt. Rituale gehören in solchen prekären Situationen zum bewährten kulturellen Repertoire, den sinnhaften Letztbezug der jeweiligen Kultur dadurch abzusichern, indem sich die Akteure im rituellen Handeln an den „heiligen Kern" der bestehenden kulturellen Ordnung richten. Rituale verbinden dann „die Gemeinschaft mit- und gegeneinander handelnder Menschen in eine Beziehung (und zwar eine Beziehung des Handelns, des „Fragens" und des „Antwortens") zu einer Wirklichkeitsschicht, die mit außeralltäglichen Eigenschaften und Kräften ausgestattet ist.[20]

Rituale sind so gesehen außeralltägliche Handlungen, die dem Zweck dienen, in Kontakt mit denjenigen Wirklichkeitsbereichen zu treten, die für die betroffenen Akteure einen gleichsam sakralen Charakter besitzen. Allerdings kann das Ritual nicht ausschließlich auf diese transzendente Dimension reduziert werden. In ihrer auf Wiederholung abgestellten und rhythmisch durchkomponierten Form verleihen Rituale den beteiligten Akteuren das Gefühl einer „zyklisch organisierten Zeit".[21] Rituale – und damit kommt auch hier wiederum das Moment des „Sakralen" ins Spiel – sind Techniken der Flucht aus der Vergänglichkeit und rufen die Illusion einer „Verewigung" innerhalb des Zeitflusses hervor. Die so „auf Dauer gestellte Gegenwärtigkeit der Gemeinschaft"[22] überschreitet die Alltäglichkeit und stiftet punktuell das

---

20 Ebd., S. 27.
21 Hans-Georg Soeffner, Rituale des Antiritualismus – Materialien für Außeralltägliches, in: ders., Die Ordnung der Rituale, S. 102-130, hier: S. 117.
22 Ebd., S. 117.

Gefühl einer „höheren Gemeinschaft", die diesseitiger Vergänglichkeit entzogen ist. Dieses Merkmal von Ritualen eröffnet eine interessante Perspektive auf so genannte „Alltagsrituale": Ist von „alltäglichen Ritualen" die Rede, so sind damit meistens kleinere „Gewohnheiten", Konventionen und Routinen gemeint, die in regelmäßiger, schlimmstenfalls in neurotischer Form immer wieder gleichbleibend reproduziert werden. Solche alltäglichen Gewohnheiten oder Marotten werden teils abfällig, teils humorvoll im umgangssprachlichen Sinne oft als „Rituale" bezeichnet. Hervorgehoben wird damit vor allem der ihnen unterliegende Zwang zur Repetitivität. Die alltagssprachliche Verwendung des Ritualbegriffs reduziert das Ritual auf dessen exakte Wiederholbarkeit. Dadurch wird eines jedoch unterschlagen: Die Hypothese wäre zumindest zu prüfen, ob nicht selbst die scheinbar nebensächlichsten Alltagsrituale in der Tat eine Verbindung zu einem transzendenten Adressaten herstellen. Im alltäglichen, persönlichen Ritual – die Weise wie jemand den Feierabend einleitet, die Form wie ein Ehepaar den Sonntagvormittag stets gleichbleibend gestaltet etc. – wird die „Wiederkehr des Immer-Gleichen" heraufbeschworen. Auch so genannte alltägliche Rituale erfüllen den Zweck, an ausgewiesenen Punkten (selbst wenn diese noch so unscheinbar sein mögen) ein Gefühl von „Ewigkeit" im Sinne des „Immer-Gleichen" entstehen zu lassen.[23] Auch hier, in den vermeintlichen Niederungen normalen, unspektakulären Lebens, gilt dann das Diktum Wittgensteins: „Wenn man unter Ewigkeit nicht unendliche Zeitdauer sondern Unzeitlichkeit versteht, dann lebt der ewig der in der Gegenwart lebt."[24] Die Produktion einer solchen „ewigen Gegenwart" ist vermutlich eine der wichtigsten Funktionen von Ritualen. Bezüglich von Alltags-Ritualen ergeben sich jedoch dann daraus Konsequenzen für den „Alltags"-Begriff: Wenn gemeinhin Rituale dazu genutzt werden, den Alltag hin zum Außeralltäglichen zu überschreiten – demnach einen Kontrast zwischen Alltag und Außeralltäglichem aufzubauen –, dann wird hier paradoxerweise Außeralltäglichkeit dadurch hergestellt, indem das Alltägliche immer aufs Neue wiederholt wird. Das *Alltägliche* in seiner stetigen Wiederkehr wird selbst zur Erfahrung von Außeralltäglichkeit. Die *Idee des Gleichbleibenden* verkörpert den privaten

---

23 Allerdings muss hier in Abgrenzung zu den als solchen ausgeflaggten Ritualen zwischen impliziten und expliziten Ritualen unterschieden werden (vgl. Hans-Georg Soeffner, Der Mythos und die Macht des Wortes, in: ders., Gesellschaft ohne Baldachin, S. 25-45, hier: S. 29.
24 Wittgenstein, Logisch-philosophische Abhandlung, S. 252.

sakralen Kern dieser Mikrorituale. In diesem Sinne unterscheiden sich die genannten alltäglichen Rituale tatsächlich von bloßen „Routinen", da sie symbolisch auf eine transzendente Instanz verweisen.[25]

Bisher wurde insbesondere die Eigenschaft von Ritualen hervorgehoben, einer rituell agierenden Gemeinschaft das Gefühl von Außeralltäglichkeit zu vermitteln. Rituale sind mehr als bloße Routinen, da sie an einen transzendenten Adressaten referieren und über diese Referenz die Grenzen des kulturellen Letztbezugs absichern sowie aufkommende Brüche und Krisen zu überbrücken helfen.

Will man überprüfen, ob eine bestimmte Handlung – wie zum Beispiel Brandts Kniefall – unter den Ritualbegriff fällt, so ist es zumindest in einem ersten Schritt sinnvoll, über allgemeine Thesen hinaus einen klar definierten Fragenkatalog zu erstellen (so angreifbar ein solcher Katalog auch immer sein mag). Axel Michaels nennt fünf Komponenten von Ritualen, die nach ihm erfüllt sein müssen, um von einem Ritual im eigentlichen Sinne in Abgrenzung zu Routinen reden zu können. Einige der Kriterien wurden bereits genannt, sie sollen hier jedoch zur besseren Orientierung nochmals wiederholt werden.

1.) Das erste Kriterium bezeichnet Michaels als *Ursächliche Veränderung (causa transitionis)*. Rituale stehen demnach in dichtem Zusammenhang mit Wechsel, Wandlung und Veränderung. Sie bearbeiten Grenzsituationen wie sie exemplarisch bei Geburt und Tod[26], bei Initia-

---

25 Zum Unterschied Routine-Ritual vgl. Axel Michaels, ‚Le rituel pour le rituel' oder wie sinnlos sind Rituale?, in: Corina Caduff / Joanna Pfaff-Czarnecka (Hg.), Rituale heute: Theorien – Kontroversen - Entwürfe, Berlin 1999, S. 23-47, hier: S. 29.

26 Bezüglich der kulturellen Bearbeitung des Todes vgl. Philippe Ariès, Geschichte des Todes, München 2002; vgl. Alois Hahn, Heideggers Philosophie des Todes im Diskursfeld seiner Zeit (Weber, Simmel und Scheler), in: Johannes Weiß (Hg.), Die Jemeinigkeit des Mitseins: Die Daseinsanalytik Martin Heideggers und die Kritik der soziologischen Vernunft, Konstanz 2001, S. 105-128; vgl. Jan Assmann, Der Tod als Thema der Kulturtheorie. Todesbilder und Totenriten im Alten Ägypten, Frankfurt a.M. 2000, S. 9-88; vgl. ders., Tod und Jenseits im Alten Ägypten, München 2002, S. XII; vgl. Karl Jaspers, Psychologie der Weltanschauungen, München 1994, S. 259-270; vgl. Zygmunt Baumann, Tod, Unsterblichkeit und andere Lebensstrategien, Frankfurt a.M. 1994; vgl. ders., Wasted Lives. Modernity and its Outcasts, Cambridge 2004, S. 97-104; vgl. Max Weber, Wissenschaft als Beruf, in: ders., Gesammelte Aufsätze zur Wissenschaftslehre, Tübingen 1985, S. 582-613, hier: S. 594; vgl. Schütz / Luckmann, Strukturen der Lebenswelt, Bd. 2, S. 171-176; vgl. Klaus Feldmann, Tod und Gesellschaft. Eine soziologische Betrachtung von Sterben und Tod, Frankfurt a.M. 1990; zum Verhältnis zwischen Zeitlichkeit und Identität vgl. Dieter Sturma, Person und Zeit, in: Zeiterfahrung und Personalität, hg. vom Forum für Philosophie Bad Homburg, Frankfurt a.M. 1992, S. 123-157; vgl. Günter Figal, Zeit und Identität. Systematische Überlegungen zu Aristoteles und Platon, im selben Band, S. 34-56; vgl. Georg Simmel, Lebensanschauung, Vier

tionen und Prüfungen vorliegen. Arnold van Gennep und Victor Turner – auf die noch intensiv eingegangen wird – haben diesen Punkt ins Zentrum ihres Forschungsinteresses gestellt. Ritualisierte Passagen bearbeiten oft Dichotomien wie „alt-neu, rein-unrein, lebend-tot, jenseits-diesseits, heilig-profan, geordnet-chaotisch usw."[27] Ohne die Überschreitung einer Grenze, ohne eine wie auch immer gestaltete Form von Wandlung oder Veränderung, liegt kein Ritual vor.

2.) Ritualen liegt der *formale Beschluss (solemnis intentio)* zugrunde, dass die folgenden Handlungen auf etwas Außerordentliches abgestellt sind. Es ist nicht nötig, dass die Akteure „genau wissen, was sie da tun", jedoch müssen sie sich bewusst sein, eine bedeutende Schwelle zu überschreiten. Entscheidend dafür, ob ein Ritual vorliegt, ist nicht die Beobachtung Außenstehender, sondern das Bewusstsein der Akteure, sich in einer rituellen Handlung zu befinden – auch wenn sie möglicherweise den ausgewiesenen Begriff des „Rituals" für die Kennzeichnung der eigenen Handlungen gar nicht verwenden.

3.) Weiterhin müssen *formale Kriterien (actiones formaliter ritorum)* erfüllt sein: Rituelle Handlungen sind stereotyp und repetitiv, sie sind öffentlich und unwiderrufbar. Im Gegenzug bedeutet dies: Rituelle Handlungen dürfen nicht „spontan, privat, widerrufbar, singulär und beliebig für jedermann sein."[28] Dass Rituale einer repetitiven, streng formalisierten Handlungsstruktur unterliegen, wurde bereits erwähnt. Unter Unwiederrufbarkeit versteht Michaels, dass Rituale im Handlungsentwurf darauf angelegt sind, einen Zustand herbeizuführen, der dann als veränderungsresistent angesehen wird. Ein nach dem rituellen Durchlauf erreichter Status ist dann per se nicht mehr zurückzunehmen – man denke nur an die Konzeption der christlichen Ehe oder ähnliche einschneidende Passagen. Problematischer erscheint das von Michaels angewandte Kriterium der „Öffentlichkeit". Michaels meint damit, dass Rituale keine „Privatveranstaltungen" sein können, da – der Autor bezieht sich hier auf den späten Wittgenstein – es nicht möglich ist, allein einer Regel zu folgen. Es wäre glücklicher gewesen, Michaels hätte an dieser Stelle anstatt „Öffentlichkeit" den Begriff „Intersubjektivität" gewählt. Rituale sind so gewendet intersubjektive Handlungen und die korrekte Teilnahme am Ritual ist für die Akteure normativ bindend. De-

---

metaphysische Kapitel, München 1918.
27 Michaels, ‚Le rituel pour le rituel', S. 30.
28 Ebd., S. 34.

finiert man dagegen Öffentlichkeit als Kommunikationsgeschehen, an dem der Sender damit rechnen muss, dass prinzipiell jeder andere zum möglichen Empfänger werden kann, dann sind gerade Ritualgemeinschaften oft bestrebt, ihre „sakrale" rituelle Praxis vor den Blicken dieser „anderen" zu verbergen. Auch hier wiederum verändert sich einiges, wenn sich rituelle Handlungen in einer modernen, massenmedial vermittelten Gesellschaft abspielen. Die Bedeutung des Rituals entsteht dann plötzlich vor allem durch die Beobachtung von Dritten.

4.) Einige der Aspekte, die Michaels weiterhin anführt, wurden bereits in ähnlicher Weise genannt: Michaels nennt *societas, religio* und *impressio* als Merkmale von Ritualen. Unter Ersterem ist zu verstehen, dass Rituale die kollektive Repräsentation einer Gemeinschaft in Szene setzen. Rituale sind oft dort zu finden, wo soziale Hierarchien abgebildet und verfestigt werden. Mit *religio* ist gemeint, dass Rituale ohne eine wie auch immer beschaffene Form des „Glaubens" im Grunde keine Rituale sind. Rituale setzen einen solchen Glauben an eine übergeordnete Wirklichkeit voraus, auf die in der rituellen Handlung Bezug genommen wird. *Impressio* schließlich bedeutet, dass Rituale bei den Akteuren einen emotionalen Eindruck hinterlassen. Rituale sind keine soziale Techniken, die die Beteiligten in ihrem Gefühl unberührt lassen, sondern führen zu Ergriffenheit und intensiver Anteilnahme.[29]

5.) Der letzte Punkt, den Michels anführt, ist der ebenfalls bereits erwähnte Statuswechsel *(novae classificationes; transitio vitae)*, den Rituale nach sich ziehen. Rituale sind so gesehen Passagen, nach deren Durchlauf ein Neophyt (oder auch eine ganze Gemeinschaft) einen veränderten oder auch wiederhergestellten Status inne hat. Man kann dieser Eigenschaft von Ritualen eine weitere Wendung geben, wenn man die angesprochene Transitionalität in Zusammenhang zur davor genannten Eigenschaft der *religio* sieht. Zumindest hypothetisch könnten dann Rituale im Sinne Eric Voegelins denjenigen symbolischen Formen zugerechnet werden, mit denen der Mikrokosmos einer weltlichen Ord-

---

29 Ebd., S. 37. Hierzu muss kritisch bemerkt werden, dass Michaels an dieser Stelle etwas widersprüchlich argumentiert. Insgesamt betrachtet, vertritt er den Standpunkt, dass Rituale auch dann funktionieren, wenn sie bei den Akteuren keine emotionale Wirkung hinterlassen, wenn sie diese „kalt lassen". Auch liegt nach Meinung des Autors selbst dann ein Ritual vor, wenn die Beteiligten ihr eigenes rituelles Handeln zwar als unsinnig einstufen (und nur beispielsweise unter Zwang handeln), die rituelle Form aber dennoch wahren (vgl. S. 32). Gleichzeitig jedoch betont Michaels, dass ohne „Gläubigkeit" kein Ritual vorliegt. Dann jedoch stellt sich die Frage, inwiefern „Glauben" ohne „Ergriffenheit" auskommen kann.

nung in Gleichklang zu derjenigen kosmischen Ordnung gebracht werden, die sie im Diesseits abzubilden bestrebt ist.[30] Wenn Rituale gleichzeitig einen transzendenten Adressaten haben *und* zu Statusveränderungen im Diesseits führen, dann liegt der Gedanke nahe, dass die Veränderung (beziehungsweise Wiederherstellung) der Sozialstruktur unter den Segen der transzendenten Instanz gestellt wird, auf die sich die Gemeinschaft bezieht. Von einer solchen Verknüpfung geht auch Geertz aus. Auch für ihn ist die Veränderung von einem Zustand vor dem Ritual hin zu einem anderen Zustand nach dem Ritual charakteristisch für die rituelle Praxis. Im Ritual kommt es nach Geertz zu einer phasenweisen Verbindung mit einem Bezugssystem religiöser Vorstellungen. Der Kontakt mit einer solchen sakralen Sphäre ist jedoch nicht auf das Ritual selbst beschränkt, sondern hat Auswirkungen auf die „gewöhnliche Welt". So konstatiert Geertz: „Und so wie der Betreffende verändert ist, ist auch die Welt des *Common Sense* verändert, denn sie wird jetzt nur noch als Teil einer umfassenderen Wirklichkeit gesehen, die sie zurechtrückt und ergänzt."[31] In diesem Sinne erfolgt im Ritual die Überschneidung zweier Dimensionen: Das Ritual ist einerseits auf einen transzendenten Bezugspunkt hin ausgerichtet, und andererseits zieht diese transzendente Ausrichtung Konsequenzen für die Welt im Hier und Jetzt nach sich.

Bis zu dieser Stelle wurde ein Katalog von Kriterien genannt, die erfüllt sein müssen, um Handlungen als Ritual bezeichnen zu können. Nach den genannten Definitionsmerkmalen – wie gesagt: so kritisierbar ein solcher Kanon auch immer ist – fällt es schwer, den Kniefall als Ritual beziehungsweise als Element eines solchen zu bezeichnen. In seiner Unvorhergesehenheit sprengt Brandts Geste in formaler Hinsicht die dramaturgische Ordnung und öffnet einen Raum jenseits des ritualisierten Geschehens. Das bedeutet jedoch nicht, dass zwischen „Kniefall" und „Ritual" ein unüberbrückbarer Bruch herrschen muss. Im nächsten Abschnitt wird der Ritual-Begriff unter Bezugnahme auf Victor Turner weiter eingeengt. Insbesondere wird hier danach gefragt werden, inwiefern die Kniefall-Geste als Schwellenereignis interpretiert und vermittels Turners Konzept der Liminalität an das Ritual rückgebunden werden kann. Turners Ansatz basiert auf einem Verständnis des Rituals, das weniger dessen formale Strenge, sondern vielmehr das lu-

---

30 Vgl. Voegelin, Die Neue Wissenschaft der Politik, S. 52-99.
31 Geertz, Dichte Beschreibung, S. 90 [kursiv im Original].

dische Potential rituellen Handelns in den Vordergrund stellt. Daraus ergibt sich die Möglichkeit, Rituale nicht allein als symbolisch exakt verfasste Repetitionen herkömmlicher Ordnungskonstrukte zu interpretieren, sondern auch die gestalterische Kraft analytisch in den Griff zu bekommen, die durchaus ebenso dem Ritual zu eigen sein kann.

3. Liminalität und Communitas

Auch wenn der Kniefall Brandts eine „spontane" Geste und damit nicht Bestandteil des politischen Rituals war, so lohnt es sich dennoch, die symbolische Geste des „Kniens" für sich genommen unter ritualtheoretischen Gesichtspunkten näher zu betrachten. Die Geste des „Kniens" ist insofern dem Ritualbegriff subsummierbar, da das *Niederknien als Handlung* bereits einer sequenziellen beziehungsweise dramaturgischen Ordnung unterliegt. Die Symbolizität einer Kniefall-Geste ergibt sich nicht nur aus der sichtbaren symbolischen Form wie sie sich dem Betrachter zeigt – gewissermaßen das statische „symbolische Bild" des knienden Menschen – sondern vielmehr öffnet sich die symbolische Bedeutung des Kniens durch die darin verborgene *Dramaturgie*. Einen Kniefall im Kontext christlicher (man muss ergänzen: insbesondere katholischer) Kultur zu vollziehen, heißt nicht nur einfach „knien", sondern vielmehr: *niederknien – auf den Knien verharren – sich erheben*. Die Geste des Kniefalls ist demnach nicht nur das Vorzeigen eines vereinzelten Symbols, sondern besitzt eine rituelle Vollzugslogik. In der genannten, geradezu klassisch dreigeteilten Vollzugslogik des Kniefalls spiegelt sich ein in der Ritualtheorie berühmtes Schema wieder. Gemeint ist der Ablauf von Passageritualen wie sie erstmals von Arnold van Gennep und dann darauf aufbauend von Victor Turner analysiert wurden.[32]

Passageritale gliedern sich nach Turner in die Phasen *Trennung – Umwandlung – Angliederung*. Mit „Liminalität" (ähnlich dem „ursprünglichen Ritual") beschreibt Turner Schwellenphasen und Initationsrituale. In liminalen Phasen werden kulturelle Grenzsituationen bearbeitet.[33] Die in Ritualen hergestellte Schwellenphase der Liminalität, in der die vorherige Ordnung kurzfristig aufgehoben und dann regulierend in eine neue

---

32 Vgl. Arnold van Gennep, Übergangsriten, Frankfurt a.M. 1986; vgl. Turner, Das Ritual; vgl. ders., Vom Ritual zum Theater. Der Ernst des menschlichen Spiels, Frankfurt a.M. 1989.
33 Turner, Das Ritual, S. 95 ff.

Ordnung überführt wird, ist für Turner charakteristisch für tribale, früh-agrarische Kulturen.[34] In modernen Kulturen wandelte sich jedoch das Liminale zum Liminoiden. Der Unterschied ist, dass die rituelle Bearbeitung liminaler Phänomene innerhalb von Kulturen zu beobachten ist, die noch keine Trennung zwischen den Bereichen Arbeit und Muße kennen. Das Ritual ist nicht Schauspiel, sondern Sakralarbeit.[35] Die Teilnahme an liminalen Ritualen ist nicht freiwillig, sondern allgemein bindend. Es geht hier nicht um außeralltägliche Unterhaltung, sondern um echte „Arbeit an der Transzendenz", um kollektive Repräsentationen identitärer Schlüsselpositionen. Liminoide Phänomene hingegen treten erst auf, wenn ein eigenständiger Bereich der „Nicht-Arbeit" – der Muße und Freizeit – entsteht. Auch wenn Turner mit analytischer Strenge liminale von liminoiden Phänomenen trennt, so weist er doch darauf hin, dass insbesondere an den Nahtstellen liminaler Phasen durchaus spielerische Züge zu beobachten sind, die dann zu Neuerungen sozialer Strukturen führen können.[36]

Versucht man die von Turner zentral positionierten Theorieelemente wie *Struktur* und *Antistruktur*, *Liminalität* und *Communitas* in ihrer Tiefendimension zu verstehen, so zeigt sich, dass sich hinter diesen Schlüsselbegriffen zwei ineinander verflochtene soziale Phänomene verbergen, die auf das Engste mit der Handlungsform des Rituals verbunden sind. Dies ist einerseits das Religiöse und andererseits die Krise. Auch wenn er sich nicht explizit auf ihn bezieht, so geht Turner in Durkheim'scher Manier davon aus, dass religiöse Vorstellungen keinen separat abgekoppelten Bereich des Sozialen darstellen, sondern im Zentrum dessen stehen, wie Menschen ihre Welt klassifizieren, wie sie das Geordnete vom Chaotischen, das Sakrale vom Profanen scheiden und vor allem dass in der Religion ein Abbild sozialer Ordnung sich offenbart, welches entscheidend für das Verständnis dessen ist, wie soziales Miteinander funktioniert, auf welche Weise die Beteiligten diese Ordnung intellektuell zu fassen suchen und – worauf Turner einen deutlichen Akzent legt – was sie dabei empfinden.[37] Zum Zweiten weist Turner darauf hin, dass der Entschluss, ein Ritual einzusetzen, sehr oft mit auftretenden sozialen Krisen zusammenhängt. Ritualen und den in ih-

---

34 Vgl. Turner, Vom Ritual zum Theater, S. 28-94.
35 Ebd., S. 66.
36 Ebd., S. 69.
37 Turner, Das Ritual, S. 13.

nen eingelagerten Symbolen kommt nicht nur die Aufgabe zu, Sinnwelten in kognitiver Hinsicht zu klassifizieren, also eine Ordnungsleis-
tung innerhalb des sozialen Universums zu erbringen, sie sind ebenso
„sinnreiche Mittel zur Mobilisierung, Kanalisierung und Kontrolle
starker Emotionen wie Haß, Furcht, Zuneigung und Leid."[38]

Allein auf diesen grundlegenden Ebenen – das Religiöse, die Krise,
und das Affektive – eröffnen sich richtungsweisende Parallelen zur Geste des Kniefalls in Warschau: Offensichtlich werden auch hier in irgendeiner Weise religiöse Referenzen aufgebaut, das heißt, eine diesseitige
Ordnung wird durch eine bestimmte Symbolik mit etwas in Verbindung
gebracht, das, so lässt es die kulturell vorkodierte Form dieser Geste
vermuten, dem Bereich des „Heiligen" zugeordnet wird. In einem Ritualelement wie dem des Niederkniens – Turner redet auch von „Mole-
külen des Rituals" und nennt diese dann „Symbole" – wird „die
bekannte Welt sinnlich wahrnehmbarer Phänomene mit dem unbekannten und unsichtbaren Reich der Schatten"[39] verbunden. Zum Zweiten
lag offensichtlich eine außerordentliche Krisenlage vor, die es zu bewältigen galt. Und schließlich darf nicht vergessen werden, dass der Kniefall
(das heißt seine Wahrnehmung durch die beobachtende Presse) affektiv
hoch aufgeladen war, die Beteiligten emotional tief berührte und in
dieser Berührtheit offensichtlich auf etwas ganz und gar Außeralltägliches verwies.

---

38 Ebd., S. 47.
39 Ebd., S. 22. Diese Verbindung mit dem „Reich der Schatten" ist in unserem Kontext
    allein deshalb sehr interessant, da die Schattenmetapher, die sicherlich aus der
    ethnographischen Arbeit Turners mit der Symbolwelt einer „einfachen" Kultur wie
    derjenigen der Ndembu gewonnen wurde, auch innerhalb unseres Kontextes symbolisch
    aussagekräftig ist. Schließlich war das, was Brandt mit seinem Kniefall vollzog, auch eine
    Art Totenkult, eine Verneigung vor denjenigen, die nicht mehr unter uns weilen,
    sozusagen eben dem zitierten „Reich der Schatten" angehören.

4. Die Genuflexion als Symbol von Liminalität

Die symbolische Aussage des christlichen Kniefalls, das heißt seine sequenzielle Staffelung in *niederknien, kniend verharren* und *erheben*, besitzt deutlich erkennbare Parallelen zur Abfolge von Passage- beziehungsweise Wandlungsritualen. Die einen Kniefall vollziehende Person trennt sich zuerst von ihrem sozialen Status, indem sie sich durch das Niederknien symbolisch erniedrigt. Zugleich verkörpert diese erste Phase des Kniefalls eine Loslösung von der diesseitigen Welt, da der christliche Kniefall in seiner ursprünglichen Bedeutung ausschließlich göttlichen Personen vorbehalten ist.[40] Nach dieser Phase der *Trennung* repräsentiert das eigentliche Verharren auf den Knien insofern eine Form von *Umwandlung*, da die im Niederknien ausgedrückte christliche Demut den Gedanken einer „umgekehrten neuen Ordnung" widerspiegelt. Nicht der Mächtige und Hochmütige, sondern der Demütige gewinnt Anteil an der göttlichen Gnade.[41] Wir sind mit dem Szenario einer „verkehrten Welt" konfrontiert wie sie für die Umwandlungs- beziehungsweise liminale Phase von Passageritualen charakteristisch ist.[42] Passivität und Demut sind nach Turner typisch für die mittlere Phase der Umwandlung beziehungsweise Liminalität. Dieser Schwellenzustand hat mitunter

---

40 Vgl. Jean-Claude Schmitt, Die Logik der Gesten im europäischen Mittelalter, Stuttgart 1992, S. 280-291, vgl. Donat de Chapeaurouge, Einführung in die Geschichte der christlichen Symbole, Darmstadt 1984, S. 44-46; vgl. Romano Guardini, Vom Heiligen Zeichen, Mainz 1961, S. 14-15; vgl. Michael Kunzler, Die Liturgie der Kirche. AMATECA. Lehrbücher zur katholischen Theologie, Bd. X, Paderborn 1995, S. 168-169; vgl. Gerhard Müller (Hg.), Theologische Realenzyklopädie, Berlin 1984, S. 152-153. Nach Schmitt setzte sich die Geste des Kniens auf beiden Knien (genuflexio duplex) im Westchristentum im Laufe des 11. bis 12. Jahrhunderts endgültig durch. Seit dem 13. Jahrhundert war sie Bestandteil der Eucharistiefeier. Es lässt sich nach Schmitt feststellen, dass das Knien auf beiden Knien seit dem Mittelalter eine Geste ist, die nicht vor weltlichen, sondern ausschließlich vor „himmlischen" Herrschern zu vollziehen ist (so kniet nach Schmitt beispielsweise der Untertan in Gegenwart des Fürsten nur auf *einem* Knie). De Chapeaurouge weist darauf hin, dass in der abendländischen Kunst Darstellungen des doppelseitigen Kniefalls – von wenigen Ausnahmen abgesehen – nur vor göttlichen Personen zu finden sind. In der katholischen Liturgie schließlich ist der „Doppelgenuflexion" dem „ausgesetzten Allerheiligsten" vorbehalten, während hingegen vor einem Bischof oder selbst vor dem Papst nur eine einfache Genuflexion vorgeschrieben ist (vgl. Michael Buchberger (Hg.), Lexikon für Theologie und Kirche, 6. Bd., Freiburg 1934, S. 62).
41 Vgl. Josef Höfer / Karl Rahner (Hg.), Lexikon für Theologie und Kirche, 3. Bd., Freiburg 1959, S. 224; vgl. Kurt Galling, Die Religion in Geschichte und Gegenwart. Handwörterbuch für Theologie und Religionswissenschaft, Tübingen 1958, S. 76-82.
42 Vgl. Turner, Das Ritual, S. 95 ff.

die Funktion, „dass der, der oben ist, erfahren muss, was es bedeutet, unten zu sein."[43] Die im Zustand des Kniens ausgedrückte Demut besitzt jedoch noch weitere Gemeinsamkeiten mit der Phase der Liminalität. Die Idee christlicher Demut basiert auf dem Vorbild der Demut Jesu Christi. Von Stefan Rehrl wird dieser Demutsgedanke folgendermaßen definiert: „Die Demut Jesu besteht also darin, dass er auf ein Erscheinen in der Gestalt des Gottgleichen oder des Sohnes Gottes verzichtete. Er verzichtet auf ein Erscheinen in göttlicher Macht und Herrlichkeit, wie er es seinem inneren Sein nach zu Recht hätte verlangen können. [...] So erscheint denn Jesus auch nicht als Herr und Meister, sondern als der Diener aller Menschen. Getragen ist dieser Selbstverzicht Jesu von ehrfürchtiger, gehorsamer Liebe zu Gott, seinem Vater, und zu den Menschen, die auch den Geringsten zu seinem Bruder macht."[44] Im Vergleich dazu kann gleich anschließend Turner zitiert werden: „Das in den meisten Formen des Schwellenzustandes aufkommende Gefühl der Humanität erhält einen mystischen Charakter, und man bringt diese Übergangsphase mit dem Glauben an die Macht schützender und strafender Wesen oder Mächte göttlichen oder übermenschlichen Ursprungs in Beziehung."[45] In der Tat existieren erstaunliche Parallelen zwischen Turners Phase der Liminalität und der Idee christlicher Demut, wie sie in der symbolischen Form des Niederkniens ihren Ausdruck findet. In beiden Fällen kann das „Erkennen einer generalisierten sozialen Bindung"[46] beobachtet werden. Es entsteht eine Form „universeller Brüderlichkeit" jenseits gewohnter sozialer Barrieren. Diese Form von „Communitas" lässt sich, so Turner, „im Idealfall auf die ganze Menschheit ausdehnen"[47] – und genau dies fordert auch die christliche Lehre. Die Gemeinsamkeiten zwischen der liminalen beziehungsweise Übergangsphase und der symbolischen Bedeutung des Kniens (als mittleres Element des Kniefallrituals in dessen Sequenzialität) lassen sich folgendermaßen zusammenfassen: Im einen wie im anderen Fall überwiegt ein Gefühl der Demut. Die gewohnte welt-

---

43 Ebd., S. 96-97.
44 Stefan Rehrl, Demut (III). Neues Testament, in: Gerhard Krause / Gerhard Müller (Hg.), Theologische Realenzyklopädie, Bd. VIII, Berlin 1981, S. 463-465, hier: S. 464; vgl. Donata Schoeller Reisch, Enthöhter Gott – vertiefter Mensch. Zur Bedeutung der Demut, ausgehend von Meister Eckhart und Jakob Böhme, Freiburg 1999.
45 Turner, Das Ritual, S. 104.
46 Ebd, S. 96.
47 Ebd., S. 110.

liche Ordnung und insbesondere deren soziale Hierarchien werden kurzfristig ausgeblendet. Vielmehr kommt es zur Statusumkehr: Der Mächtige erscheint plötzlich in der Gestalt des Demütigen – etymologisch: Demut - Die-muot, d.h. „Gesinnung eines Dienenden"[48] – und dies wiederum hat eine soziale Funktion, denn, so Turner: „Etwas von der Heiligkeit dieser zeitweiligen Demut und Formlosigkeit überträgt sich auf die Inhaber einer höheren Position oder eines höheren Amtes und mindert ihren Stolz."[49] Hier geht es nicht nur darum, die hierarchische Struktur einer Gesellschaft dadurch zu verfestigen, indem in einem zeitlich eingeschränkten Zustand der „verkehrten Welt" (wie beispielsweise in Formen des Karnevals) die gewohnte Strukturiertheit gerade durch ihre Umkehrung sichtbar wird, sondern ebenso ist für Turner ausschlaggebend, dass es in der Phase der Liminalität zur bereits angesprochenen „essentiellen und generellen menschlichen Beziehung"[50] kommt. Die beispielsweise im Knien ausgedrückte Unterwerfung versinnbildlicht den Gedanken der Gleichheit aller Menschen – selbst der Mächtigen – im Angesicht einer überweltlichen Herrschaftsinstanz. Im Falle von Initiationsriten erfüllt die geforderte Demut und expressive Passivität die Funktion, dass der Neophyt einer „tabula rasa" gleicht, in die die Gemeinschaft ihr Wissen und ihre Normen einschreiben kann. Gleichzeitig sichert die eingeforderte demütige Haltung, dass der Initiierte nach Abschluss des Ritus seine neu gewonnenen Privilegien nicht missbraucht.

Die liminale Phase nach Turner und die mittlere Phase des Kniefallrituals haben gemein, dass es in beiden Fällen zur demütigen Unterwerfung unter eine transzendente Instanz kommt. Die Zeit wird punktuell sakralisiert und es entsteht tendenziell das Gefühl demutsvoll entgrenzter „Brüderlichkeit". In beiden Fällen vollzieht sich eine Wandlung (und nicht umsonst ist in der Eucharistiefeier das Knien vorgeschrieben[51]): Im Falle des Kniens von einer „Wandlung" zu sprechen ist insofern angebracht, da die in dieser Geste versinnbildlichte Demut im Kontext der christlichen Idee der „Gnade" steht. Die göttliche Gnade jedoch – im nächsten Kapitel wird darauf noch intensiver eingegangen werden – besteht in der Zuwendung Gottes zum Menschen im gekreuzigten und

---

48 Vgl. Galling, Die Religion in Geschichte und Gegenwart, S. 80.
49 Turner, Das Ritual, S. 96.
50 Ebd., S. 96.
51 Vgl. Schmitt, Die Logik der Gesten im europäischen Mittelalter, S. 284.

auferstandenen Jesus Christus. Der eigentliche Gnadenakt kann als die Erneuerung des Bundes zwischen Gott und Mensch – trotz dessen Sündhaftigkeit – definiert werden.[52] Handelndes Subjekt der Gnadenspendung ist allein Gott. Das Geschenk der Gnade basiert damit auf einem hierarchischen Gefälle wie es auch in der Geste Niederknien veranschaulicht wird.

Übergangs- beziehungsweise Wandlungsriten sind abgeschlossen, wenn die Partizipanten nach der Phase der Liminalität eine nun feste und normativ abgesicherte Stelle im Sozialverbund eingenommen haben. Im Falle des Kniefallrituals erhebt sich nun der Gläubige. Die demütige Haltung, die er vor Gott eingenommen hatte, führte letzthin nicht zu einer Statusminderung, vielmehr wurde er erst durch das reuehafte und demutsvolle Bekenntnis eigener Sündhaftigkeit vor Gott zum vollwertigen Subjekt.[53]

Auch wenn ein Kniefall im Bereich christlicher Religion als Passageritual gedeutet werden kann, so heißt dies noch lange nicht, dass der *Kniefall Willy Brandts* ebenfalls ein *Ritual* war. Die Kontextabhängigkeit von Symbolen wurde im letzten Kapitel deutlich herausgestellt. Was zu dieser oder jener Situation ein Symbol (oder Ritual) sein mag, kann an anderer Stelle nichts von dem bedeuten. War der Kniefall Brandts demnach doch kein Ritual, sondern „nur" eine plötzliche Geste? Die Frage ist im Grunde bereits falsch gestellt. Der eigentlich interessante Punkt ist, dass der Kniefall Brandts in der Presse in einer Weise narrativ gerahmt wurde, als sei er fest in den Ablauf eines sich entfaltenden Rituals eingebettet. Seine „Plötzlichkeit" wird mit erzählerischen Mitteln in den Lauf einer Geschichte integriert. Die „Geschichten", die uns die Presseartikel von Brandts Kniefall erzählen – so werden wir sehen – orientieren sich am Ablaufschema von Wandlungsritualen. Das heißt, die Logik eines solchen Rituals wird mit narrativen Mitteln rekonstruiert beziehungsweise vielmehr imitiert. Durch die Verwendung eines solchen narrativen Gerüsts wird selbst die Plötzlichkeit des Kniefalls innerhalb der Erzählungen harmonisiert. Aus dem Plötzlichen im Sinne von „unerwartet" wird ein narrativ zwingendes Moment, um das herum eine Geschichte konstruiert wird; dieser Effekt ist insbesondere aus

---

52 Otto Hermann Pesch / Albrecht Peters, Einführung in die Lehre von Gnade und Rechtfertigung, Darmstadt 1981, S. 2.
53 Zur Kultur der Schuld vgl. Aleida Assmann, in: dies. / Frevert, Geschichtsvergessenheit, Geschichtsversessenheit, S. 86-96.

zahllosen Filmen bekannt: man weiß im Grunde, was gleich geschehen wird und empfindet die dann tatsächlich sich einstellende Sensation – den Mord, den Kuss, die Aufdeckung etc. – doch als „plötzliches Ereignis". In der kulturell vermittelten Form wirkt das Plötzliche nicht deshalb als Schock, weil es *unerwartet* kommt, sondern der Schock stellt sich insbesondere dann ein, „wenn eine strukturelle Notwendigkeit sich einfach durch einen blinden Automatismus realisiert."[54] So transformiert im vorliegenden Fall auch der Umstand, dass Brandts Kniefall tatsächlich für alle Beobachter völlig unerwartet kam, in eine „strukturelle Notwendigkeit" der Narrationen *über* den Kniefall. Indem ein *in der Welt plötzlich auftauchendes Phänomen* durch den Begriff zum *sprachlichen Phänomen der Plötzlichkeit* wird, ist die Bedrohlichkeit bereits gebannt. Wir begegnen Geschichten, in denen „das Plötzliche" seinen strukturnotwendig festen Platz hat.

„Plötzlichkeit" ist wesentlich mehr, als der Umstand, dass etwas geschieht, mit dem niemand gerechnet hat. Obwohl allein schon die sprachliche Wendung „mit dem niemand *gerechnet* hat" in die richtige Richtung deutet: Das Plötzliche, dass die „Vernichtung der Kontinuität durch den ekstatischen Augenblick"[55] bewirkt, entzieht sich der *Berechnung*, das heißt dem Zugriff der Rationalität.

5. Ritual und Narrativität

Der Titel eines der bekanntesten Bücher von Victor Turner lautet „Vom Ritual zum Theater". Die Anbindung des Ritual-Begriffs an den des Theaters ist zentral für das Verständnis Turners. Eine von Turners Hauptthesen ist, dass nicht nur das Theater wie wir es als Kunstform kennen, sondern dass ebenso die rituelle Performanz von Ritualen an einer Art „Skript" orientiert ist.[56] Rituale sind im Blickwinkel dieser

---

54 Slavoi Žižek, Das Einzelne: Hitchcocks Universum, in: ders. u.a., Was Sie immer schon über Lacan wissen wollten und Hitchcock nie zu fragen wagten, Frankfurt a.M. 2002, S. 189-254, hier: S. 213.

55 Karl Heinz Bohrer, Plötzlichkeit. Zum Augenblick des ästhetischen Scheins, Frankfurt a.M.1981, S. 54.

56 Zum Konzept der Performanz vgl. Tulloch, Performing Culture; vgl. Christoph Wulf u.a., Das Soziale als Ritual. Zur performativen Bildung von Gemeinschaften, Opladen 2001; vgl. Erika Fischer-Lichte u.a. (Hg.) Performativität und Ereignis, Tübingen, 2003; zum Verhältnis zwischen Ritus und Mythos vgl. Dirk Tänzler, Ritual und Grenze, in: Erika Fischer-Lichte u.a. (Hg.), Ritualität und Grenze, Tübingen 2003, S. 315-327.

Theorie die Vorform des Theaters. Dramen, Rituale und Theaterstücke – sie alle dienen nach Turner letztlich einem ähnlichen Zweck.[57] *Leben* beziehungsweise *Erleben* entfaltet sich nach Turner, der sich hier stark auf Dilthey bezieht, im Versuch, das Erlebte darzustellen und auszudrücken: „Ein Erlebnis ist nie wirklich abgeschlossen, solange es nicht „ausgedrückt", d.h. anderen nicht auf verständliche Weise, sprachlich oder anders, mitgeteilt wird."[58] Es stellt sich die Frage, warum für Turner gerade Ritual und Theater – das heißt Formen von Performanz – eine zentrale Position in der Darstellung von Erlebtem einnehmen. Turner bezieht sich hier auf die verschiedenen etymologischen Wurzeln des Erlebnis-Begriffs und kommt zu dem Schluss, dass Erleben weniger etwas Punktuelles, sondern mehr ein Phänomen ist, das einer Passage gleicht.[59] Ohne hier extensiv auf die Etymologie des Erlebnis-Begriffs einzugehen, so kann nach Turner „Erlebnis" mit Begriffen wie „Reise" und „Prüfung" umschrieben werden, das heißt *Erleben* wird eher als *Durchleben* gesehen, wobei der zu bewältigende Durchgang durch die Ereignisse prinzipiell krisenhaft ist. Erlebnisse, so Turner, „rufen Furcht hervor, setzen uns Gefahren aus, zwingen uns zu experimentellen Schritten."[60] Erlebnisse jedoch bleiben unvollständig, solange sie nicht durch einen „Akt kreativer Rückbesinnung"[61] abgeschlossen werden. Die hier einsetzenden Überlegungen Turners erinnern an das, was bereits im *Symbol-Kapitel* beschrieben wurde: Bedeutungszuschreibung ist ein Akt, der sich vor allem retrospektiv vollzieht. Erst im Nachhinein wird den Ereignissen ihr Wert zugeschrieben. Auch wenn Turner den Begriff der *Mimesis* nicht verwendet[62], so liegt die Hauptfunktion des Rituals für ihn darin, Erlebtes in dramaturgisch *geordneter* Form nochmals zu durchleben, ihm einen Sinn zu geben und somit zu einem harmonisierten Abschluss zu gelangen, wobei die *Mimesis* des Rituals nicht im Sinne schlichter Reproduktion des Sich-Ereigneten zu verstehen ist, sondern auf einen ludischen Akzent des rituellen Handelns hinweist, aus dem heraus Neues entstehen kann. Eine so verstandene

---

57 Vgl. Turner, Vom Ritual zum Theater, S. 17 ff.
58 Ebd., S. 19.
59 Zur Etymologie des Erlebnis-Begriffs vgl. ebd., S. 23-25.
60 Ebd., S. 25.
61 Ebd., S. 25.
62 Vgl. Monika Wagner-Willi, Liminalität und soziales Drama. Die Ritualtheorie von Victor Turner, in: Christoph Wulf u.a. (Hg.), Grundlagen des Performativen. Eine Einführung in die Zusammenhänge von Sprache, Macht und Handeln, Weinheim 2001, S. 227-251, hier: S. 235.

Mimesis ermöglicht es, die Dinge zu einem glücklichen Ende kommen zu lassen, sie also auf einen *plot* hin zu rearrangieren und zu reinterpretieren, der den Schrecken dann bändigt, der ursprünglich erfahren wurde. Krisenhafte Ereignisse, insbesondere die „großen Krisen" wie sie der Mythos beschreibt, werden dadurch bewältigt, indem sie rituell inszeniert und dadurch für die Akteure veranschaulicht werden. Es erstaunt daher nicht, dass insbesondere Mythen oftmals das implizite Skript von Ritualen bilden.[63] Ähnlich wie die Theaterform der griechischen Tragödie als performative Umsetzung von Mythen gesehen werden kann[64], so basieren vielerorts Rituale auf Mythen, das heißt auf Geschichten, die „den Ursprung der ersten Namen aus der Nacht, aus der Erde, aus dem Chaos"[65] erzählen. Mythen gehören mit Sicherheit zu den wichtigsten Konstruktionsbestandteilen von Ritualen.[66] Wie insbesondere in vormodernen Kulturen Mythen im Ritual aufgeführt werden, beziehungsweise dass Mythen den Ritualen implizit unterliegen, ist insbesondere Gegenstand der Ethnographie.[67] Wendet man sich dagegen zeitgenössischen Ritualen in modernen Gesellschaften zu – wie es in Hinsicht auf Brandts Kniefall hier unternommen werden soll – so ist es zumindest auf den ersten Blick gesehen fraglich, ob eine Homologie zwischen ritueller Praxis und einer ihr unterliegenden Mythologie tatsächlich angenommen werden kann.[68] Nach Geertz sind im Ritual „gelebte und vorgestellte Welt ein und dasselbe, sie sind in einem einzigen System symbolischer Formen verschmolzen und bewirken daher bei den Menschen jene eigentümliche Veränderung in der Wahrnehmung der Wirklichkeit".[69] Auch Mythen und religiöse beziehungsweise

---

63 Vgl. Michael Oppitz, Montageplan von Ritualen, in: Caduff / Pfaff-Czarnecka (Hg.), Rituale heute, S. 73-94; vgl. Catherine Bell, Ritual Theory, Ritual Practice, New York 1992, S. 19; vgl. Rappaport, Ritual and Religion in the Making of Humanity, S. 134-137.
64 Vgl. Bernd Effe, Die Grenzen der Aufklärung. Zur Funktion des Mythos bei Euripides, in: Gerhard Binder / Bernd Effe (Hg.), Mythos. Erzählte Weltdeutung im Spannungsfeld von Ritual, Geschichte und Rationalität, Trier 1990, S. 56-74.
65 Hans Blumenberg, Arbeit am Mythos, Frankfurt a.M. 1979, S. 45.
66 Vgl. Oppitz, Montageplan von Ritualen, S. 84.
67 Vgl. Geertz, Dichte Beschreibung, S. 44-95, insbesondere S. 78-92.
68 Zum Unterschied zwischen oralen und literalen Kulturen und der daraus folgenden Bedeutung für Ritual und Mythos vgl. Catherine Bell, Ritual. Perspectives and Dimensions, New York 1997, S. 202-205.
69 Geertz, Dichte Beschreibung, S. 78; vgl. Rappaport, Ritual and Religion in the Making of Humanity. Rappaport hebt insbesondere die normativ bindende Seite dieses Phänomens hervor: „*To say that performers participate in or become parts of the orders they are realizing is to say that transmitter-receivers become fused with the messages they are transmitting and receiving. In conforming to the orders that their performances bring into being, and that come alive in their performance, performers*

metaphysische Vorstellungen gehören nach Geertz zu den „symbolischen Formen", die im Ritual aufgehen. *Im* Ritual werden Mythen dargestellt und *im* Ritual kommt es zur Verschmelzung zwischen der Welt im Hier und Jetzt und der Welt der mythischen Erzählungen. In unserem vorliegenden Fall kann genau davon jedoch nicht die Rede sein: Auf der Ebene der Performanz ereignete sich in Warschau etwas, das im eigentlichen Ritual der Kranzlegung nicht vorhergesehen war. Der Kniefall, so lässt sich anhand der vorgestellten Definition von Ritualen hier festhalten, lässt sich insofern nicht als Ritual auffassen, da er vor allem dessen formalen Bedingungen zuwiderlief. Er erfolgte spontan, plötzlich und ohne Orientierung an einem zuvor festgelegten Handlungsprotokoll. Die entscheidende Wendung in der Interpretation dieses Ereignisses wird jedoch im Folgenden darin liegen, dass auch in diesem Fall Mythologien beziehungsweise religiöse Vorstellungen und die Erzählformen, in denen sie transportiert werden, von hoher Bedeutung sind. Bloß mit einem fundamentalen Unterschied: Im Falle des Kniefalls setzt die mythologische Narrativierung erst *ex post* ein.

Es wurde bereits darauf hingewiesen, dass in der Presse immer wieder die „Plötzlichkeit" des Kniefalls hervorgehoben wurde. Diese Plötzlichkeit ist in den Artikeln mehr als ein schmückendes, die Dramatik steigerndes Detail, sondern gehört zum Fundament der Erzählungen. Wie jedoch lässt sich das „Plötzliche" mit dem Begriff des Rituals verbinden? Nach der Definition des Rituals wie sie bisher erarbeitet wurde, scheint dieser Widerspruch unüberbrückbar. Es soll im Folgenden im Gegensatz dazu jedoch der Versuch unternommen werden, genau diese vermeintliche Widersprüchlichkeit aufzubrechen.

---

become indistinguishable from those orders, parts of them, for the time being. Since this is the case, for performers to reject liturgical orders being realized by their own participation in them as they are participating in them is self-contradictory, and thus impossible. Therefore, by performing a liturgical order the participants accept, and indicate to themselves and to others that they accept whatever is encoded in the canon of that order." (S. 119 [kursiv im Original]). Rituale sind so gesehen ein äußerst wirkungsvolles und damit mitunter auch höchst gefährliches Instrument zur Inkorporierung von Normen – gleich um welche Form von Normen es sich handeln mag.

6. „times out of time" – Zeit im Ritual

Es besteht insbesondere in der westlichen Kultur (und damit auch in der Forschung) die Tendenz, die formale Strenge von Ritualen als unantastbares Charakteristikum rituellen Handelns hervorzuheben. Alles was in irgendeiner Form chaotisch, ungeordnet und spontan anmutet, so ließe sich knapp zusammenfassen, kann in keinem Fall mit dem Konzept des Rituals in Verbindung gesetzt werden. Dass an Ritualen in erster Linie deren strenge, keinerlei Individualität gestattende Form hervorgehoben wird, mag ein Grund sein, warum in Ritualen ein „Ausdruck für leeren Konformismus"[70] gesehen wird wie Mary Douglas anmerkt, ohne allerdings dieses normative Urteil selbst zu teilen. Soeffner hat ausführlich nachgewiesen, dass die Gegenreaktion auf einen solchermaßen negativ klassifizierten Ritualismus oft abermals in hochgradig ritualisiertem Gewand auftritt, bloß dass wir es nun nicht mit einem „engagierten Antiritualismus", sondern vielmehr – entgegen der Absichten der Akteure – mit einem *„undurchschauten Ritualismus"*[71] zu tun haben. Die Frage, die hier jedoch zur Diskussion steht, ist eine andere. Sie bewegt sich noch einen Schritt zurück. Es geht um den Punkt, ob tatsächlich die formale Strenge von Ritualen – ihre rhythmische Durchgeformtheit, ihre Invarianz und „Vorhersehbarkeit" – ein ehernes Definitionskriterium ist, das keinerlei Abweichung erlaubt, ohne dass es anderenfalls nicht mehr möglich erschiene, überhaupt von „Ritualen" zu reden. Dagegen seien zwei Argumente angeführt, die die Invarianz und Vorhersehbarkeit von Ritualen zwar nicht unterhöhlen, jedoch zumindest teilweise relativieren. Zum einen wurde insbesondere von Ethnographen eine Eigenschaft von Ritualen beschrieben, die sich gegen die Vorstellung eines vollkommen kontrollierten Ritualablaufs sperrt: Auch für Turner sind Rituale

---

70 Mary Douglas, Ritual, Tabu und Körpersymbolik. Sozialanthropologische Studien in Industriegesellschaft und Stammeskultur, Frankfurt a.M. 1986, S. 11.

71 Soeffner, Rituale des Antiritualismus, S. 103 [kursiv im Original]. Möglicherweise ist es sogar konstitutiv für jegliche Form von Ritualen, dass sie zu einem gewissen Maße von den Akteuren selbst „undurchschaut" bleiben. So beginnt Rappaport seine Analyse mit der Definition, Rituale seien *„the performance of more or less invariant sequences of formal acts and utterances not entirely encoded by the performers."* (Rappaport, Ritual and Religion in the Making of Humanity, S. 24.) Wären rituelle Akteure in der Lage, ihre Rituale in hohem Maße zu dekodieren, so bedeutete dies mit Sicherheit eine „Entzauberung" des sakralen Kerns, auf den sich die rituellen Handlungen beziehen. Im *Symbol-Kapitel* wurde auf diese Problematik bereits intensiv eingegangen: Symbolische Formen können ihre Bedeutungsmächtigkeit verlieren, sobald sie in die Diskursivität und Rationalität von Sprache und Wissen überführt werden.

zwar letztlich darauf hin ausgerichtet, eine bestehende soziale Struktur zu rekonstruieren beziehungsweise zu repräsentieren, wenn auch über den Umweg phasenweiser, rituell kontrollierter Dekonstruktion eben dieser Struktur. Insofern sind auch bei ihm Rituale letzthin „konservativ" ausgerichtet. Allerdings richtet Turner sein Augenmerk auf einen Punkt im rituellen Ablauf, der diese strukturkonservative Eigenschaft kurzfristig untergräbt. Wenn insbesondere an besonderen Bruchstellen, in Krisen und Übergängen die bestehende Ordnung zu sichern ist, entsteht in der rituellen Bearbeitung solcher sozial prekärer Passagen eine Nahtstelle zwischen dem Zustand *vor* und *nach* dem Ritual. Turner beschreibt dieses Phänomen folgendermaßen: „Wenn Personen, Gruppen, ein System von Vorstellungen usw. von einer Ebene oder Form der Organisation beziehungsweise Regulation ihrer interdependenten Teile beziehungsweise Elemente zu einer anderen übergehen, muss es eine Nahtstelle oder, um die Metapher zu wechseln, ein – wenn auch noch so kurzes – Intervall geben, eine *Schwelle* (*limen*), an der die Vergangenheit für kurze Zeit negiert, aufgehoben oder beseitigt ist, die Zukunft aber noch nicht begonnen hat – eine Augenblick reiner Potentialität, in dem gleichsam alles im Gleichgewicht zittert."[72] Turner hält weiter fest, dass der zitierte „Augenblick reiner Potentialität" – dieser besondere Moment der „Antistruktur" oder der „verkehrten Welt" – nicht mehr sein kann als ein „kurzes subversives Aufflackern", das dann auch gleich „in den Dienst der Normativität" gestellt wird.[73] Allerdings sieht Turner in diesem ausgewiesenen Moment den Keim künftigen sozialen Wandels enthalten. Wenn Turner von „Wandel" redet, um es erneut zu betonen, meint er vor allem den Wandel eines gefahrvollen, kritischen Zustandes hin zu einer reorganisierten Ordnung. Insofern ist dieses Konzept von Wandel in erster Linie strukturrestituierend. Allerdings *muss* zwar nicht, *kann* aber aus dem besonderen Zustand der Liminalität Neues hervorgehen. Diese kurzfristige Phase „zwischen den Welten" – wenn der Kontakt mit dem sakralen Kern der Gemeinschaft die Akteure emotional vereinnahmt, wenn die gewohnte Ordnung nicht mehr gilt und das Gefühl überwiegt, sich an einem Zeitpunkt „außerhalb der Zeit" zu befinden – hier ist prinzipiell die Möglichkeit gegeben, dass zumindest im Ansatz ein anderer Weg aus diesem Zustand heraus eingeschlagen wird, als derjenige zurück zur al-

---

72 Turner, Vom Ritual zum Theater, S. 69.
73 Ebd., S. 69.

ten Ordnung. Eine solche kurzfristig gegebene subversive Offenheit im Zentrum des Rituals wurde auch von anderen Ethnographen beobachtet. Gleich wie Turner – wenn nicht sogar noch radikaler – betont Andrew Apter, dass Ritualen nicht nur die Funktion der Kontrolle und Kanalisation zukommt, sondern im Gegenzug betont er die Macht einer „power from below"[74], die im Ritual entstehen kann. In diesem Sinne konstatiert Hans Gerald Hödl, der sich hier auf Apter bezieht, dass eine funktionalistische oder rein symbolische Ritualinterpretation einen Aspekt übersieht, den er metaphorisch als die sich im Ritual öffnende „lebendige Kraft"[75] umschreibt. Auch für diesen Autor liegt eine, wenn nicht sogar die Hauptfunktion von Ritualen darin, soziale Strukturen dadurch zu sichern, indem die gewohnte mundane Ordnung passagenweise in Gegenwart des Sakralen ausgeblendet beziehungsweise dekonstruiert und dann wieder rekonstruiert wird. Das kurzfristige Übergewicht des im Ritual erscheinenden „besonderen Moments" – des im wahrsten Sinne des Wortes „außer-*ordentlichen* Moments" – beinhaltet aber genauso die Möglichkeit der Veränderung. Ausgehend von Turners Konzept der Antistruktur führt Hödl das Argument an, „dass das Ritual der Punkt ist, an dem „Geschichte" gemacht wird, und zwar nicht in dem Sinne, dass die Vergangenheit von den gegenwärtigen Machtverhältnissen aus festgeschrieben wird, sondern dass die Vergangenheit so neu geschrieben wird, dass die Gegenwart destabilisiert und transformiert wird."[76]

Das erste Argument, das sich gegen die These richtet, Rituale seien in jedem Falle völlig durchgeformt und intransingent gegenüber jeglicher Abweichung vom rituellen Protokoll, lässt sich jetzt folgendermaßen zusammenfassen: Im Ritual wird die gewohnte Ordnung der Welt wiederhergestellt. Rituale besitzen die Funktion des Repräsentierens und Ordnens von Sinnstrukturen wie „heilig-profan", „rein-unrein" „gut-böse", „sozial niedriger stehend-sozial höher stehend", „feminin-maskulin", „kindliche Welt-Welt der Erwachsenen" etc. Im Ritual wird dazu die Welt im Hier und Jetzt mit einem transzendenten Kern in Verbindung gesetzt, der die mundane Ordnung erst legitimiert. Eines dabei darf jedoch nicht vergessen werden: Das rituelle Wiederherstellen von

---

74 Andrew Apter, Black Critics & Kings. The Hermeneutics of Power in Yoruba Society, Chicago 1992, S. 216.
75 Hans Gerald Hödl, Schwarze Rituale. Überlegungen zur religionsphilosophischen Interpretation indiginer Kulte, in: Uhl / Boederl (Hg.), Rituale, S. 81-99, hier: S. 99.
76 Ebd., S. 95.

Ordnung ist eine Handlung, die außerhalb derjenigen Ordnung liegen muss, die sie zu rekonstruieren beabsichtigt. Das rituelle und symbolische „Ordnen der Welt" ist für sich genommen ein *außer-ordentlicher* Akt. Daher sind solche Zeiten und Handlungen besonders kritisch und bedürfen bestimmter Absicherungen – beispielsweise eines normativ bindenden rituellen Formenkanons. Das ändert jedoch nichts an der Tatsache, dass das Ritual – das doch eine ordnende Funktion innehat – sich selbst außerhalb der Ordnung befindet, die durch die rituelle Praxis hergestellt werden soll. Man muss gewissermaßen zu bestimmten Zeiten den Schritt aus der Normalität hinauswagen und das Geordnete hinter sich lassen, um eben diese Ordnung und Normalität von einem als besonders ausgewiesenen, gleichsam erhobenen Punkt aus nicht nur zu bekräftigen, sondern durch die entstandene Distanz auch schärfer wahrnehmen zu können. Einen solchen außerordentlichen Zustand im Ritual einzunehmen, beinhaltet jedoch die – je nach Standpunkt – Gefahr oder auch Chance von Veränderung.

Die so verstandene *Außerordentlichkeit* von Ritualen öffnet eine Anschlussmöglichkeit an eine zweite These, die sich gegen ein Ritualverständnis richtet, das die rituelle Starrheit als unverrückbares Kennzeichen in den Vordergrund der Betrachtung stellt. Rituale, so wurde hier festgehalten, erfüllen eine ordnende, sinnstiftende wie sinnreproduzierende Funktion. Immer wieder ist zu beobachten, dass Konstruktionen von Ordnung im hohen Maße durch eine temporale Dimension gekennzeichnet sind.[77] Das heißt, die Welt, in der wir leben, ist durch Zeitabschnitte gekennzeichnet: Erst Kind – dann Erwachsener, erst Aspirant – dann Insider, erst ledig – dann verheiratet. Es gibt – zumindest in modernen Gesellschaften – Zeiten der Arbeit und Zeiten der Muße. Kalender und Uhr gehören zu den wichtigsten menschlichen Ordnungswerkzeugen. Dagegen ist die besondere Form von Zeitwahrnehmung zu betonen wie sie gerade für Rituale charakteristisch ist: Rappaport beschreibt ein solches Zeitempfinden als „times out of time"[78], Turner redet hinsichtlich des rituellen Schwellenphänomens von einem „'Augenblick in und außerhalb der Zeit'"[79], Soeffner

---

77 Vgl. Norbert Elias, Über die Zeit, Frankfurt a.M. 1988; vgl. Lucia Stanko / Jürgen Ritsert, Zeit als Kategorie in den Sozialwissenschaften, Münster 1994; vgl. Kurt Weis (Hg.), Was ist Zeit? Zeit und Verantwortung in Wissenschaft, Technik und Religion, München 1995; vgl. Rainer Zoll (Hg.), Zerstörung und Wiederaneignung von Zeit, Frankfurt a.M. 1988.
78 Rappaport, Ritual and Religion in the Making of Humanity, S. 216.
79 Turner, Das Ritual, S. 96.

hebt hervor, die Zeitwahrnehmung in Ritualen lasse sich als „eine auf Dauer gestellte Gegenwärtigkeit der Gemeinschaft" beschreiben beziehungsweise gehe es in der gemeinschaftlichen rituellen Handlung um „die Illusion des auf Dauer gestellten Augenblicks"[80] und Giesen beschreibt schließlich den Höhepunkt rituellen Handelns als eine Form von „Epiphanie"[81]. Die zyklisch organisierte Struktur führt nach Soeffner zu dem Effekt, den er „die permanent mögliche Gegenwärtigkeit des Außergewöhnlichen"[82] nennt. Lässt sich der „Augenblick" perpetuieren, also „auf Dauer stellen"? Sind Rituale, indem sie diesen Spagat möglicherweise zu leisten in der Lage sind, sozusagen die Handlungsform eines „Verweile doch..."? Der Versuch, den Augenblick zu bannen, vielleicht eines der stärksten, immer wiederkehrenden Motive unserer Kultur, beschrieben und besungen in der Lyrik, in der Literatur, in Pop-Songs usw. – diese unmögliche Möglichkeit, den besonderen Augenblick zeitlich zu konservieren und in die Länge zu ziehen, scheint eine ungeheure Faszination, man kann durchaus sagen: eine regelrechte Sehnsucht menschlicher Wesen zu sein. Was aber ist eigentlich unter der merkwürdigen Zeitform des „Augenblicks" zu verstehen? Und was könnte dafür sprechen, dass ein solcher „besonderer Augenblick" – die im Ritual in die Länge gezogene Gegenwärtigkeit des Außergewöhnlichen – das durchgeformte und strenge Kontinuum ritueller Praxis zu sprengen oder besser: *zu übersteigen* in der Lage ist? Die Zeitwahrnehmung eines „auf Dauer gestellten Augenblicks" ist offenbar typisch für rituelle Akteure. Um die Zeitstruktur dieses „Augenblicks" zu erklären, sei zunächst ein Vergleich von Rappaport vorangestellt. Die menschliche Konstruktion von Zeit ist in erster Linie – so scheint es zumindest – rational geleitet. Zeitkonstruktionen zielen darauf ab, Handlungen zu organisieren und im intersubjektiven Kontakt zu vernetzen. Je komplexer die jeweilige Gesellschaft ist, umso differenzierter müssen die Zeitkonstruktionen sein, um diese Organisationsfunktion gewährleisten zu können.[83] Um nun auf eine Besonderheit der außergewöhnlichen Zeit des Rituals aufmerksam zu machen, zieht Rappaport folgende Analogie heran: Er vergleicht die auf Handlungslogik abzielende „normale" beziehungsweise rational organisierte Zeit mit der digitalen Logik eines

---

80 Soeffner, Rituale des Antiritualismus, S. 117-118.
81 Giesen, Performing the Sacred.
82 Soeffner, Rituale des Antiritualismus, S. 117.
83 Vgl. dazu insbesondere Günter Dux, Die Zeit in der Geschichte. Ihre Entwicklungslogik vom Mythos zur Weltzeit, Frankfurt a.M. 1992.

Computers – „the logic of the machine"[84] – wie Rappaport es nennt. Die digitale Logik des Computers kennt nur die Zustände null und eins. Was jedoch den *Übergang* von null zu eins angeht, so begegnet man hier allerdings einem folgeschweren Problem: „Computations take the values of components to be either 0 or 1. The transition from 0 to 1 taking place *in the ignored interval* is not a digital but an *analogic* process. The process occurring in the intervals are *literally* governed by a logic *other* than that in terms of which computations proceeds."[85] Rappaport zieht sogleich den Vergleich zur Zeitstruktur des Rituals: „The resemblance to ritual seems patent. Like the intervals produced by the operation of digital computers, the intervals produced by the distinctions of liturgical orders are outside of „ordinary" or „periodic" time – the time of mundane activity, discursive logic, digital computation".[86] Das Phänomen, auf das Rappaport hinweist, wurde bereits in etwas anderer Form thematisiert: Rituale stiften beziehungsweise repräsentieren und reaktualisieren zwar sinnhafte Ordnungskonstruktionen, befinden sich im Vollzug jedoch selber außerhalb der gewöhnlichen und geordneten Welt. Um kulturelle und soziale Kontinuität zu konstituieren, muss das Ritual eben diese Kontinuität an bestimmten Passagen durchbrechen, um den Blick auf eine „andere, höhere Welt" freizugeben. In ähnlicher Weise scheint das Ritual auch einen zeitlichen Hiatus zu produzieren. Wenn Rituale zu einer besonderen, von der „gewöhnlichen" Zeit abgehobenen Form von Zeitwahrnehmung führen, dann kann dies nur mit einem tiefen qualitativen Bruch geschehen. Die für das Ritual charakteristische Zeitwahrnehmung des „besonderen Augenblicks" steht in der Tat der profanen Zeit diametral gegenüber. Wenn es zwei qualitativ entgegengesetzte Formen von Zeitwahrnehmung gibt – hier die profane, rational organisierte Handlungszeit, die sich an Vergangenheit, Gegenwart und Zukunft orientiert, dort die „Augenblicklichkeit", die „absolute Gegenwärtigkeit" im Ritual – dann kann der Wechsel vom einen zum anderen Zustand nur abrupt erfolgen, das heißt, irgendwo in diesem Prozess muss eine „leere Stelle" entstehen, ein Bruch, mag er noch so unscheinbar sein, von dem man *im Nachhinein* vielleicht feststellen kann, dass er sich ereignete, der jedoch *in actu* nur „plötzlich" geschehen kann. Zum Beispiel kann ich mir einerseits vornehmen, jetzt

---

84 Rappaport, Ritual and Religion in the Making of Humanity, S. 217.
85 Ebd., S. 217 [kursiv im Original].
86 Ebd., S. 217 [Hervorhebungen im Original].

vom Schreibtisch aufzustehen, in einen anderen Raum zu gehen, dort ein liegengelassenes Buch zu holen, um dann zurückzukommen. Dieser Handlungsentwurf kann zeitlich lückenlos antizipiert und ausgeführt werden. Andererseits kann ich in ähnlicher Weise während ich auf dem Operationstisch liege und der Anästhesist mir die Narkose verabreicht ebenso antizipieren, was nun alles geschehen wird – bloß mit einem Unterschied: Dass Hineinfallen in die Bewusstlosigkeit kann ich nur *retrospektiv* als etwas Sich-Ereignetes feststellen, *in actu* jedoch ist dieser Punkt nur – wenn überhaupt – als in Sekundenbruchteilen sich ereignende *Plötzlichkeit* registrierbar, und zwar interessanterweise *obwohl ich doch weiß, was gleich geschehen wird.*

An dieser Stelle kann folgende Hypothese aufgestellt werden: Die *formale Strenge*, die *Repetitivität* und damit die *Vorhersehbarkeit* von Ritualen sind Charakteristika, die die *Form* des Rituals charakterisieren. Die symbolische Vitalisierung einer solchen stereotypisierten Formensprache verfolgt jedoch dagegen den Zweck, die rituellen Akteure in einen Wahrnehmungszustand zu führen, der in *Diskontinuität* zur gewohnten Welt steht und eine (gewollte) Fraktur im alltäglichen „Immer-so-weiter" evoziert. In diesem Sinne interpretiert, ist die formale Strenge des Rituals gewissermaßen Vorbereitung, Einstimmung und vielleicht sogar Beschwörungstechnik hinsichtlich der Ankunft des Außergewöhnlichen – wobei eine solche „Ankunft des Außergewöhnlichen" allein in der Selbstcharismatisierung der Gruppe liegen mag, die sich durch die rhythmisch getaktete rituelle Form zu einem organisch anmutenden „Ganzen" überhöht.[87] Mit anderen Worten, Rituale instrumentalisieren eine ins Exzessive übersteigerte Formalität und Kontinuität, um aus dieser radikalisierten Formstrenge heraus das Gegenteil zu provozieren: Das Außergewöhnliche, den Bruch und Diskontinuität.[88] Dass gerade die Rhythmik des Rituals zu einem Bruch mit der gewohnten zeitlichen Ordnung führt, beruht nach Rappaport

---

87 Vgl. Soeffner, Rituale des Antiritualismus, S. 116-119.
88 Es wäre zumindest der Überlegung wert, ob die Durchgeformtheit und Repetitivität des Rituals mitunter nicht auch die Funktion hat, einen Kontrast aufzubauen. So gesehen wäre die strenge Form des Rituals der symbolische Ausdruck überspitzt inszenierter profaner Handlungslogik – auf Wiederholbarkeit ausgerichtet, im Verlauf antizipierbar, klar strukturiert etc. Damit würde im rituellen Handeln quasi das Gegenstück zu dem in Szene gesetzt werden, an das sich das Ritual letzthin wendet, nämlich an eine transzendente Größe. Oder, anders gewendet, das Transzendente oder Sakrale (das immer durch „Willkürlichkeit" und nicht durch Vorhersehbarkeit charakterisiert wird) entsteht erst dadurch, indem die Opposition zu ihm inszeniert wird.

auf der im Ritual sich vollziehenden Fusion zweier Zeitkonzepte[89]: Neben derjenigen Zeit, die Rappaport die „soziale Zeit"[90] nennt, das heißt die rational nach Handlungsgesichtspunkten organisierte und intersubjektiv synchronisierte Zeit, existieren für ihn noch zwei weitere Zeitformen. Rappaport nennt sie die „organische Zeit" („the quick") und die „kosmische Zeit" („the changeless"). Mit „organischer Zeit" ist diejenige Zeitwahrnehmung gemeint, wie sie für somatische Prozesse typisch ist. Rappaport beschreibt diese Zeitwahrnehmung folgendermaßen: „It is, this is to say, the temporal region characteristic of such physiological processes as breathing, the circulation of blood, the secretion of hormons, the reaction of nerves, and of some related psychic processes, such as fluctuations of emotion, mood and attitude."[91] Hier herrscht demnach eine Form von Zeitwahrnehmung vor, die an den Körper und an Affektivität gebunden ist. Wie die körperlichen Reflexe und Sinneseindrücke unterliegt diese Zeitwahrnehmung einem sehr schnellen Tempo („the quick"). Die „kosmische Zeit" dagegen ist diejenige Zeitvorstellung, welche die ganze Geschichte der jeweiligen Gemeinschaft umfasst, von ihrer Gegenwart bis hin zum mythisch vermittelten Ursprung der Zeit an sich. Diese Zeit wird von Rappaport mit Begriffen wie „the changeless" und „eternal" umschrieben. Es ist eine Zeitvorstellung, die ihren eigenen, unveränderlichen Ursprung mit einschließt. Im Ritual ereignet sich nun Folgendes: Durch die Repetitivität und Rhythmik des Rituals – insbesondere wenn das Ritual durch gemeinsamen Gesang, durch Tanz, durch Trommeln etc. unterstützt wird – schreiten die Akteure aus der „sozialen Zeit" heraus und gleiten in die „organische Zeit". Die einzelnen Akteure empfinden sich nicht mehr als eigenständig handelnde Subjekte, die ihre Handlungen bewusst zu steuern in der Lage sind, sondern werden zu einem vereinigten „organischen" Ganzen. Unter diesem Gesichtspunkt ist die Zeitwahrnehmung innerhalb des Rituals die Zeit des Affektiven, des Emotionalen, der sinnlichen Eindrücke jenseits kontrolliert-rationaler Steuerung. Gleichzeitig jedoch symbolisiert die repetitive und starre rituelle Form das gleichsam „Ewige" und per se „Unveränderbare" wie es für die

---

89 Vgl. Rappaport, Ritual and Religion in the Making of Humanity, S. 222-226.
90 Zur Konstruktion von Zeit vgl. Hannes-Georg Brose u.a., Soziale Zeit und Biographie. Über die Gestaltung von Alltagszeit und Lebenszeit, Opladen 1993; vgl. Julius T. Fraser, Die Zeit. Auf den Spuren eines vertrauten und doch fremden Phänomens, München 1991; vgl. John Hassard (Hg.), The Sociology of Time, Houndmills 1990.
91 Rappaport, Ritual and Religion in the Making of Humanity, S. 223.

„kosmische Zeit" charakteristisch ist. Die Besonderheit der rituellen „Zeit außerhalb der Zeit" liegt nach Rappaport in der Koinzidenz dieser beiden Formen von Zeitwahrnehmung. Im Ritual verschmilzt der affektive „Augenblick" mit der Vorstellung von „Unveränderlichkeit". Diese Form von purer, reflexiv ungebrochener Gegenwart ist, wenn diese Gegenwart gleichzeitig Ausdruck von Unveränderlichkeit ist, im Grunde nichts anderes als die Vorstellung von Ewigkeit: „In sum, the tempos of everyday social life are replaced in liturgical intervals by an extraordinary union of the quick and the changeless, and that union implies eternity and, perhaps, immortality as well."[92]

Es wurde bisher argumentiert, im Ritual sei ein Bruch zu beobachten, der auf Diskontinuität hinweist, obwohl doch gerade Vorhersehbarkeit und formale Kontinuität scheinbar kennzeichnend für rituelle Handlungen sind. Dabei tauchten Begriffe auf wie einerseits „Augenblick" und „das Plötzliche", andererseits aber auch der Begriff der „Ewigkeit". Rappaport stellt nun geradezu eine Verschmelzung dieser scheinbar gegensätzlichen Zustände „Augenblicklichkeit" einerseits und „Ewigkeit" andererseits fest. Die Dimensionen des flüchtigen und nur gefühlhaft registrierbaren Augenblicks (was Rappaport mit „the quick" beschreibt) und die für unveränderbar gehaltene Konzeption von „Ewigkeit" fallen im Vollzug des Rituals zu einer Einheit zusammen. Die „reine Gegenwart" wird – ganz im Sinne des an anderer Stelle bereits zitierten Wittgensteins – zur „Ewigkeit". Um die These zu erhärten, dass im Ritual tatsächlich ein Riss zur gewohnten Welt erscheint, das heißt Kontinuität passagenweise vernichtet wird, muss auf die Bedeutung von Begriffen wie „das Plötzliche", „der Augenblick" und „das Ewige" näher eingegangen werden.

6.1. Der Augenblick: Zeitwahrnehmung außerhalb der Zeit

Im Folgenden soll versucht werden, die Bedeutung von Phänomenen beziehungsweise Begriffen wie „das Plötzliche", „der Augenblick" und „das Ewige" zu präzisieren. Dem liegt jedoch nicht die Intention zugrunde, eine gewissermaßen ontologische Definition der genannten Phänomene zu erarbeiten. Es geht vielmehr um etwas anderes: Ob es derartige Phänomene und Wirklichkeitsbereiche wie „Augenblicke",

---

92 Ebd., S. 225.

„Plötzlichkeiten" oder sogar „Ewiges" tatsächlich gibt, steht überhaupt nicht zur Debatte. „Augenblicke", „Das Plötzliche" und insbesondere „Das Ewige" sind empirisch kaum beziehungsweise gar nicht überprüfbar. Überprüfbar ist dagegen, ob eine Korrelation zwischen bestimmten kulturellen Konzepten von Augenblicklichkeit, Plötzlichkeit und Ewigkeit einerseits und der narrativen Rahmung der Plötzlichkeit Brandts Kniefalls andererseits besteht. Damit ist bereits angedeutet, dass eine solche Korrelation angenommen wird.

Dem eigenartigen Zeitmodus des Augenblicks und der damit verwandten Plötzlichkeit soll deshalb hier erhöhte Aufmerksamkeit zuteil werden, da diese Begriffe innerhalb der Kniefall-Narrationen eine zentrale Position einnehmen. Die Plötzlichkeit des Kniefalls und die Konzentration auf den außeralltäglichen Augenblick wurden durchgängig von der Presse hervorgehoben. Andererseits wird das „Nicht-Plötzliche", das heißt das Vorhersehbare immer wieder als generelles Charakteristikum von Ritualen angeführt. Unausweichlich stellt sich damit die Frage, ob nicht das Plötzliche des Kniefalls etwas sei, das mit Ritualen definitionsgemäß nichts gemein hat.

Es wurde bereits auf Wittgenstein Bezug genommen, der die reine, von Zukunft und Vergangenheit abgeschnittene Gegenwart („Unzeitlichkeit" laut Wittgenstein) mit Ewigkeit gleichsetzt.[93] In ähnlichem Sinne sieht Jaspers den Augenblick als „Identität von Zeitlichkeit und Zeitlosigkeit"[94]. Diese paradoxe Identität ist für Jaspers dann „die Vertiefung des faktischen Augenblicks zur ewigen Gegenwart"[95]. Augenblick und Ewigkeit scheinen auf eigenartige Weise zusammenzuhängen. Bezüglich des Begriffs der „Ewigkeit" bietet Jan Assmann folgende Definition an: „Wenn eine Kultur überhaupt zu einem Ewigkeitsbegriff vorgedrungen ist, dann ist dieser zu beschreiben als die Negation der dominierenden Merkmale ihres Zeitbegriffs. Wo Zeit als

---

93 Wittgenstein, Logisch-philosophische Abhandlung, S. 252.
94 Jaspers, Philosophie, Bd. 2, S. 126; vgl. zu dieser Definition von Augenblicklichkeit Ludwig Binswanger, Ausgewählte Werke, Bd. 2. Grundformen und Erkenntnis menschlichen Daseins, Heidelberg 1993, S. 36-40; zum „Augenblick" vgl. Christian W. Thomsen / Hans Holländer (Hg.), Augenblick und Zeitpunkt: Studien zur Zeitstruktur und Zeitmetaphorik in Kunst und Wissenschaft, Darmstadt 1984, vgl. Thomas Wägenbaur, The Moment: a History, Typology and Theory of the Moment in Philosophy and Literature, Frankfurt a.M. 1993.
95 Jaspers, Philosophie, Bd. 2, S. 126; zur Paradoxie einer „reinen Gegenwart" vgl. Ernst Cassirer, Philosophie der symbolischen Formen, Bd. 3. Phänomenologie der Erkenntnis, Darmstadt 1997, S. 192-195;

gerichteter Fluss verstanden wird, ist Ewigkeit als Stillstand denkbar, wo Zeit Entfaltung heißt, erscheint Ewigkeit als punktartige Kopräsenz, wo Zeit – wie in Indien – Bindung an einen Zyklus der Wiederkehr bedeutet, ist Ewigkeit Erlösung, wo Zeit die Sphäre des Werdens und Vergehens kennzeichnet, ist Ewigkeit die Sphäre des Seins usw."[96] Eine solche Definition von Ewigkeit weist bereits darauf hin, dass Ewigkeit einerseits und „der Augenblick" beziehungsweise „das Plötzliche" andererseits gar nicht einmal unvereinbare Begriffe sind, wie es auf den ersten Blick scheinen mag. Vielmehr scheint Ewigkeit von Konzentration auf das Gegenwärtige geprägt zu sein. Insbesondere wird uns die „punktartige Kopräsenz", von der Assmann spricht, noch weiter beschäftigen: Was ist damit gemeint – auf welche Kopräsenz wird hier angespielt? Zunächst muss geklärt werden, was denn nun unter dem „Augenblick" zu verstehen ist. Eine berühmte Definition ist bei Platon zu finden, die hier in ganzer Länge zitiert sei: „Der Augenblick. Denn das Augenblickliche scheint etwas Derartiges zu bezeichnen, dass von ihm aus etwas in den einen oder anderen von zwei entgegengesetzten Zuständen übergeht. Denn nicht aus der Ruhe geht etwas, während es noch ruht, in die Bewegung über, noch aus der Bewegung, während es sich noch bewegt, in die Ruhe über, sondern der Augenblick, dieses wunderbare Etwas, liegt zwischen der Bewegung und der Ruhe, keiner Zeit angehörig, und in ihm und aus ihm geht das Bewegte zur Ruhe und das Ruhende zur Bewegung über."[97] Das Problem, auf das hier in abstrahierter Form Bezug genommen wird, ist uns bereits bekannt: Der Übergang zwischen zwei prinzipiell unterschiedlichen Zuständen (wie „Ruhe" und „Bewegung") kann nur gedacht werden, wenn ein Drittes hinzukommt – der Bruch, der kurze Moment, der weder unter die alte noch unter die neue Ordnung subsummierbar ist. Der Übergang kann nicht „nahtlos" sein – wie man gerne zu sagen pflegt –, denn dann wäre es im strikten Sinne kein *Über*-gang. Die Übergang von A *nach* B (demnach *zwischen* A und B) gehört weder A noch B an, denn ansonst wäre es unsinnig, von einem

---

96 Jan Assmann, Stein und Zeit. Mensch und Gesellschaft im alten Ägypten, München 1991, S. 45.

97 Platon, Parmenides, in: Sämtliche Werke, Bd. 5, hg. von Wolfgang Stahl, Stuttgart 1999, S. 83-130, hier: S. 119. Vgl. zu diesem Zitat die Anmerkungen Sören Kierkegaards, in: ders., Der Begriff Angst, Hamburg 1984, S. 87-91; in einer anderen Übersetzung des platonischen Textes wird übrigens nicht der Begriff „Der Augenblick", sondern stattdessen „Das Plötzliche" verwendet (vgl. Platon, Parmenides, in: Spätdialoge II, Zürich 1974, S. 105-189, hier: S. 167).

Übergang zu reden. Von einem „nahtlosen Übergang" zu reden, ist so gesehen ein Oxymoron. *Übergänge* sind nach dieser Interpretation immer *Brüche*. Demnach ist es nur folgerichtig, wenn Michael Theunissen feststellt, der Augenblick sei durch „die Abgerissenheit des Plötzlichen"[98] charakterisiert. Der Augenblick kann nur plötzlich eintreten, da er ansonsten der Logik eines bereits vorhandenen Zustandes verhaftet bliebe, und damit wäre ein Hinüberschreiten in einen qualitativ anderen, in einen *neuen* Zustand nicht denkbar. Man darf nach Kierkegaard in diesem Zusammenhang nicht unterschlagen, „dass das Neue durch den Sprung eintritt."[99] Mit dem Begriff des Plötzlichen wird der *sprunghafte* Ereignischarakter des Augenblicks beschrieben. Ähnlich definiert Karl Heinz Bohrer Plötzlichkeit als „Ausdruck und Zeichen von Diskontinuität und Nichtidentischem".[100] Es wurde bereits darauf hingewiesen, dass die passagenweise Produktion von Diskontinuität charakteristisch für Rituale ist. Um eine Ordnung symbolisch zu konstituieren beziehungsweise zu rekonstruieren wird phasenweise ein überhöhter, sich außerhalb der gewohnten Ordnung angesiedelter Standpunkt eingenommen. In zeitlicher Hinsicht liegt das „Nichtidentische" des Plötzlichen im Herausfallen aus der Kontinuität der gewohnten, profanen Zeit. Allein schon die festgestellte *Plötzlichkeit des Augenblicks* hat Konsequenzen für die Betrachtungsweise von Ritualen: In den zitierten Ritualtheorien wurde immer wieder die Bedeutung des Gefühls eines „besonderen Augenblicks" betont – es sei an Turners „Augenblick in und außerhalb der Zeit" erinnert. Wenn das Erleben von Augenblicklichkeit charakteristisch für Rituale ist, wenn aber eben dieser besondere Augenblick durch seine Plötzlichkeit bestimmt ist, dann ergibt sich daraus, dass nun das Phänomen des Plötzlichen wider Erwarten im Zentrum des Rituals auftaucht. Das plötzliche Erscheinen des besonderen Augenblicks wird dann geradezu konstitutiv für gelungene Rituale. Mit der Eigenschaft des Plötzlichen ist die Definition des Augenblicks jedoch noch nicht erschöpft. Neben der platonischen Definition des Augenblicks, die in erster Linie die strukturlogische Abgerissenheit dieses außerzeitlichen Zeitmodus betont, ist bei Kierkegaard eine ebenfalls vielzitierte Bestimmung des Augenblicks zu finden, die hier von großer Bedeutung sein

---

98 Michael Theunissen, Negative Theologie der Zeit, Frankfurt a.M. 1992, S. 292.
99 Kierkegaard, Der Begriff Angst, S. 91.
100 Bohrer, Plötzlichkeit, S. 7; vgl. ders., Ekstasen der Zeit. Augenblick, Gegenwart, Erinnerung, München 2003.

wird.[101] Kierkegaards Ansatz führt zu einem Verständnis von Augenblicklichkeit, das eine Qualität des Augenblicks zum Vorschein bringt, die im alltagssprachlichen Gebrauch von Begriffen wie „Augenblick" oder „plötzlich" oft – wenn nicht meistens – unterschlagen wird. Wenn im Alltag von „plötzlich (ereignet sich dieses oder jenes)" oder „in diesem Augenblick (sah ich... usw.)" die Rede ist, wird damit in erster Linie die schlichte Unvorhersehbarkeit eines eingetroffenen Ereignisses bezeichnet. Doch bei genauerer Analyse – bevor anschließend auf Kierkegaard eingegangen wird – verweist bereits der Alltagsgebrauch auf die tiefere Bedeutungsebene, der wir uns nähern wollen. Jeder Mensch ist Tag für Tag von einer unzählbaren Fülle potentieller „Augenblicke" und „Plötzlichkeiten" umgeben. So ist beispielsweise gerade eben, als ich aus dem Fenster sah, ein weinroter Opel um die Ecke gebogen, gewissermaßen „unvorhergesehen" und „plötzlich" – bloß habe ich dieses Ereignis genauso wie viele andere Ereignisse nicht als „plötzlich" gerahmt, obwohl ich doch niemals damit hätte rechnen können. Das heißt, reine Unvorhersehbarkeit ist ein unzureichendes Kriterium für das Plötzliche. Ein anderes Beispiel, diesmal am „Augenblick" durchexerziert, definiert das Problem noch etwas näher: „Ich sehe hinaus in den Garten, und in diesem Augenblick löst sich ein Blatt von einem Baum und fällt zu Boden." Allein der Umstand, dass das Fallen des Blattes nicht im Voraus berechenbar war, reicht nicht zur Begründung aus, warum dieses Ereignis aus der Flut vieler ähnlicher Ereignisse herausgehoben und mit dem Begriff des Augenblicks umschrieben wird. Was also muss neben der Unvorhersehbarkeit hinzukommen, um von Augenblick und Plötzlichkeit reden zu können? Zuerst muss auf eine Paradoxie des Plötzlichen aufmerksam gemacht werden: Wie gesagt, eine Fülle von Ereignissen wird nicht als „plötzlich eingetreten" registriert, obwohl sie gleichwohl nicht vorhersehbar waren. Wird etwas als „plötzlich" bezeichnet, so hat dies gemeinhin insbesondere zwei Gründe: Hoffnung oder Angst.[102] Die Unvorhersehbarkeit des Plötzlichen ist nicht einfach Resultat des Umstandes, dass wir uns inmitten vieler Ereignisse befinden, die sich nicht gedanklich voraussehen lassen, vielmehr setzt das Plötzliche dort ein, wo ein nicht berechenbares aber erhofftes oder gefürchtetes Ereignis eintritt, oder, anders gewendet, wo „plötzlich" ein

---

101 Kierkegaard, Der Begriff Angst, S. 87-101.
102 Zum Plötzlichen als Erscheinungsmodus des Dämonischen bei Kierkegaard vgl. Bohrer, Plötzlichkeit, S. 47-49.

als schicksalhaft zu bezeichnendes Prinzip die Hoheit über unser Handeln und unsere Deutung der Welt zu übernehmen scheint. Als „plötzlich" wird das Eintreten von Ereignissen vor allem dann bezeichnet, wenn etwas geschieht, mit dem man nach vernünftigen Maßstäben nicht hätte rechnen können, dass aber *gleichzeitig* in irgendeiner Form mit eigenen Wünschen und Ängsten in Verbindung steht. Ein gewisses *Vorausahnen aber vernünftigerweise Nicht-für-möglich-Halten*, verstanden als *Erhoffen* oder *Geängstigt-sein* – wenn es auch noch so unterschwellig vorhanden sein mag – ist paradoxerweise die Vorbedingung des Eintretens von etwas Plötzlichem. So gesehen soll hier Plötzlichkeit als eine Eigenschaft von Ereignissen gesehen werden, die sich nicht einfach deshalb der gedanklichen Vorwegnahme entziehen, weil sie „zufällig" und nicht berechenbar sind, sondern weil sie als Resultat des Wirkens eines höheren, transzendenten Prinzips gedeutet werden. Selbst auf der Alltagsebene kann Derartiges beobachtet werden. Um das oben verwendete Beispiel wieder aufzugreifen: „Ich sitze an meinem Schreibtisch und denke an meinen Vater wie er jeden Samstag seinen weinroten Opel vor der Garage wusch; *plötzlich* biegt draußen der gleiche weinrote Opel um die Ecke. Ich denke mir: ‚Das gibt's doch nicht! Was für ein Zufall!' – und relativiere damit insgeheim bereits die reine „Zufälligkeit" dieser Koinzidenz zwischen Geschehnis und Gedanke. Die Plötzlichkeit – von der nun hier in der Tat die Rede sein kann – ist nicht Resultat der schlichten Unberechenbarkeit eines Ereignisses, sondern liegt in dem Zusammenfallen zwischen der Zufälligkeit der empirischen Wirklichkeit einerseits und etwas Nicht-Anwesenden andererseits. Für einen Moment scheint eine Einheit aufzublitzen, die die Fragmentiertheit und Kontingenz der empirischen Welt an einem Punkt harmonisiert. Die Plötzlichkeit ist das abrupte Auftauchen einer sinnhaften Koinzidenz, von der nie hätte vermutet werden können, dass sie sich in der Welt des Hier-und-Jetzt tatsächlich einstellen wird. Insofern ist das Plötzliche als transzendentes Phänomen zu bezeichnen. Und ebenso ist das Auftauchen des Plötzlichen als Diskontinuität im alltäglichen Immer-so-weiter zu verstehen, da in ihm ein Prinzip zum Vorschein zu kommen scheint, das, wie gesagt, einem anderen, nicht alltäglichen Wirklichkeitsbereich zugehörig ist.

In gleicher Weise wäre es falsch, den Augenblick einfach als einen „sehr kleinen Zeitraum" zu definieren. Nach Kierkegaard gehört der Augenblick nicht der Zeit an, sondern ist einer höheren, außerzeitlichen

Instanz zugehörig. Um sich dem Augenblick zu nähern, geht Kierkegaard zunächst auf den Begriff des Ewigen ein. Gleich wie für Wittgenstein, so ist auch für ihn das Ewige das reine Gegenwärtige: „Das Ewige dagegen ist das Gegenwärtige. Gedacht, ist das Ewige das Gegenwärtige als die aufgehobene Sukzession (Die Zeit war die Sukzession, die vorübergeht). [...] Im Ewigen findet sich die Unterscheidung des Vergangenen und des Zukünftigen also wieder nicht, weil das Gegenwärtige als die aufgehobene Sukzession gesetzt wird."[103] Metaphorischer Ausdruck für das rein Gegenwärtige ist der Augenblick. Den Augenblick versteht Kierkegaard als das „Atom der Ewigkeit".[104] Die entscheidende, vielzitierte Definition des Augenblicks ist dann folgende: „Der Augenblick ist jenes Zweideutige, worin die Zeit und die Ewigkeit einander berühren; hiermit ist der Begriff *Zeitlichkeit* gesetzt, in der die Zeit die Ewigkeit ständig hemmt und die Ewigkeit die Zeit ständig durchdringt. Erst jetzt erhält die vorhin erwähnte Einteilung ihre Bedeutung: die gegenwärtige Zeit, die vergangene Zeit, die zukünftige Zeit."[105] Wenn wir uns Rappaports Beschreibung des zeitlichen Charakters von Ritualen ins Gedächtnis zurückrufen, so sind die Parallelen zu Kierkegaards Definition des Augenblicks offensichtlich: Bei Kierkegaard ist die Rede von einer Berührung von Zeit und Ewigkeit. Der Augenblick ist nicht innerhalb der Zeit, sondern konstituiert überhaupt erst Zeitlichkeit. Der Augenblick ist für Kierkegaard, so die Interpretation von Hans Holländer, die „Synthesis aller Zeiterfahrung und Zeitsetzung."[106] Damit erhält bei Kierkegaard der Augenblick eine geschichtsphilosophische Bedeutung, die für den weiteren Gang der Argumentation noch entscheidend sein wird. Dagegen ist auch die Zeit des Rituals wie Rappaport sie sieht, die zitierte „times out of time", dadurch geprägt, dass es hier zu einer Berührung mit der Erfahrung von Ewigkeit kommt. Die Zeitwahrnehmung des Rituals ist einerseits ganz auf das Hier-und-Jetzt der „organischen Zeit" konzentriert, und andererseits verschmilzt diese Ebene im Rhythmus des Rituals mit der Zeit-

---

103 Kierkegaard, Der Begriff Angst, S. 93.
104 Ebd., S. 96.
105 Ebd., S. 96; zum Augenblick und der Konstitution von Vergangenheit, Gegenwart und Zukunft im abendländisch-christlichen Denken vgl. Georg Scherer, Der Augenblick im Denken Europas, in: Helmut Girndt (Hg.), Zeit und Mystik. Der Augenblick im Denken Europas und Asiens, Sankt Augustin 1992, S. 113-128.
106 Vgl. Hans Holländer, Augenblick und Zeitpunkt, in: Thomsen / Holländer (Hg.), Augenblick und Zeitpunkt, S. 7-21, hier: S. 13.

wahrnehmung einer gleichsam ewigen „kosmischen Zeit". Bezüglich der Zeitwahrnehmung im Ritual ging Soeffner von der Illusion eines „auf Dauer gestellten Augenblicks" aus. Auf dem Hintergrund dessen, was bis zu dieser Stelle über den Augenblick gesagt wurde, muss in dieser Formulierung mehr gesehen werden, als der Versuch, ein letzthin unbeschreibliches Phänomen metaphorisch zu versinnbildlichen. Die Illusion eines auf Dauer gestellten Augenblicks ist deshalb möglich, weil der Augenblick an sich gar keine Dauer hat. Er unterliegt einem anderen Prinzip als dem des Dauerns. Der Augenblick ist keine – wenn auch noch so kurze – Einheit in der Zeit, sondern ein Riss innerhalb des zeitlichen Kontinuums, gewissermaßen ein Aussetzen von Zeit.[107] Deshalb ist es sinnvoll, den Augenblick nicht als Zeitmetapher, sondern als Bewusstseinsmetapher zu begreifen. Der Augenblick ist so gewendet in erster Linie eine Beschreibung für einen nicht alltäglichen Zustand der Wahrnehmung und Erkenntnis.[108] Die spezifische Form der Wahrnehmung und Erkenntnis innerhalb des Augenblicks soll nun zunächst näher beschrieben werden. Darauf aufbauend soll dann die bereits angerissene These näher erläutert werden, warum dem Augenblick eine geschichtsphilosophische Bedeutung zugemessen wird, das heißt, warum der außerzeitliche Augenblick *Zeit an sich* überhaupt erst konstituiert. Was Ersteres betrifft, so fällt es schwer, die Erlebnis- und Erkenntnisqualität des Augenblicklichen zu beschreiben, ohne sich in Tautologien und luftige Metaphern zu flüchten, die letzlich nur in einem „Wenn Du's nicht fühlst, dann wirst Du's nicht erjagen" münden. An dieser Stelle soll einführend einmal mehr mit einem literarischen Beispiel gearbeitet werden, mit dem Essay *Der Augenblick: Sommernacht* von Virginia Woolf.[109] Die Art und Weise wie Woolf sich dem Phänomen des Augenblicks nähert, erinnert an eine der Hauptthesen wie sie in *Kapitel drei* über Symbole entwickelt wurde. Gemeint ist die Koinzidenz und Harmonisierung unterschiedlicher und auch ambivalenter Bewusstseinsinhalte in ein und demselben Zeichen. Das Symbol, davon wurde ausgegangen, ist in der Kommunikation einerseits in der Lage, eine Bedeutungsvielfalt in einem Punkt zum Ausdruck zu bringen, gewissermaßen einen Bedeutungskosmos in zusammengezogener Form

---

107 Vgl. ebd., S. 18.
108 Ebd., S. 19.
109 Virginia Woolf, Der Augenblick. Essays, Frankfurt a.M. 1996, S. 7-12; vgl. Claudia Wenner, Moments of Being. Zur Psychologie des Augenblicks bei Virginia Woolf, Frankfurt a.M. 1998.

zu versinnbildlichen. Der Zugang zu einer solchen symbolisch vermittelten Bedeutung ist dabei primär gefühlhaft und nicht rational zugänglich. Andererseits erfüllen Symbole die Funktion, insbesondere Zugänge zu denjenigen Wirklichkeitsbereichen herzustellen, die den „großen Transzendenzen" zugerechnet werden. Eine solche Definition des Symbolischen korreliert mit Woolfs Beschreibung des Augenblicks, den sie an einer Schlüsselstelle des Textes als „Knoten von Bewusstsein"[110] beschreibt, gleich wie Bruno Hillebrand am Beispiel Goethes im Augenblick die „Verdichtung eines Erfahrungskosmos"[111] sieht. Einen solchen Bewusstseinsknoten beschreibt Woolf als gleichzeitige Präsenz verschiedenster Sinneseindrücke, die plötzlich, an einem Punkt das Bewusstsein erfüllen. Auch für Woolf ist der Augenblick nicht ein Punkt in der zeitlichen Abfolge, sondern die plötzliche Offenbarung eines höheren Zusammenhangs aller Dinge. Woolfs Essay kann – ähnlich wie Prousts berühmte *Recherche* – als wohlintendiertes literarisches Scheitern interpretiert werden. Ähnlich wie Proust versucht sie den Augenblick zu bannen und zerstört ihn damit immer wieder aufs Neue. Woolfs „Augenblick" versucht das Transzendenzerlebnis wieder aufleben zu lassen wie es für die neuplatonische und frühchristliche Konzeption von Augenblicklichkeit charakteristisch war:[112] Die Aufhebung der Subjekt-Objekt-Spaltung, Erkenntnis von einer Warte aus, die einen ganzheitlich-simultanen Blick auf eine Welt erlaubt, die dem Betrachter ansonsten nur bruchstückhaft und zersplittert zugänglich ist. Die Augenblicklichkeit dieser gleichsam „gottesähnlichen" oder „ewigen" Erkenntnisweise lässt keine zeitliche Auffächerung in ein „Vorher" oder „Nachher" zu. Im Augenblick eröffnet sich mehr als ein bloßes „Jetzt", sondern vielmehr scheint ein aller Zeitlichkeit entgegengesetztes Prinzip aufzuleuchten. Nicht die Erfahrung eines reinen Jetzt ist konstitutiv für den Augenblick, sondern die Gleichzeitigkeit einer sonst in Vergangenheit, Gegenwart und Zukunft aufgeteilten Zeit. Es stellt sich damit die Frage, ob nicht auch auf kommunikativer Ebene ein Zusammenhang zwischen Augenblick und Symbol existiert. Symbole, die nach Soeffner in der Lage sind, „das Ungleichzeitige zum Si-

---

110 Woolf, Der Augenblick, S. 8.
111 Bruno Hillebrand, Ästhetik des Augenblicks. Der Dichter als Überwinder der Zeit – von Goethe bis heute, Göttingen 1999, S. 22.
112 Vgl. Eveline Kilian, Momente innerweltlicher Transzendenz. Die Augenblicklichkeitserfahrung in Dorothy Richardsons Romanzyklus *Pilgrimage* und ihr ideengeschichtlicher Kontext, Tübingen 1997, S. 20-38.

multanen"[113] zusammenzuziehen, wären so gesehen die adäquate Darstellungsform empfundener Augenblicklichkeit. Im Augenblick wie im Symbol scheint ein rational aufschlüsselbares „Nacheinander" nicht mehr zu existieren.

Damit ist die Basis dafür geschaffen, dem Augenblick über seine phänomenologische Bestimmung hinaus eine geschichtsphilosophische Bedeutung zukommen zu lassen. Es war vor allem Kierkegaard, der die Geschichtsmächtigkeit des Augenblicks betonte. Dabei beruht Kierkegaards Konzeptiondes Augenblicks – was für uns ebenso von Interesse ist – auf ausgeprägt christologischen Grundannahmen. Für Kierkegaard lag die christliche Leistung darin, den Augenblick als die Berührung von Ewigem und Zeitlichem zu sehen. Der Augenblick ist der Moment, in dem Zeitlichkeit insofern erst konstituiert wird, da hier – christologisch gesehen in der Menschwerdung Gottes – das Ewige sich hinab in die Sphäre zeitlicher Vergänglichkeit begibt.[114] Im Augenblick bleibt die Zeit nicht etwa einfach nur stehen, sondern Derjenige oder Dasjenige offenbart sich plötzlich, das als „unbewegter Beweger" hinter der Zeit steht und diese überhaupt erst einsetzt. Eine solche Vorstellung des Sichtbar-Werdens eines Ursprungs der Zeit ist selbstverständlich nicht ausschließlich dem Christentum vorbehalten. Nach Günter Dux ist eine solche Konstruktion vielmehr generell grundlegend für mythisches Zeitbewusstsein. Der Mythos erzählt die Geschichte eines absoluten Ursprungs, von dem alle Gegenwart abstammt: „Das Gegenwärtige wird in dieser Logik auf seinen Ursprung zurückgeführt, um als von ihm in Bewegung gesetzt verstanden zu werden. Strukturnotwendig stellt sich so eine Identität zwischen ihm und der Gegenwart her."[115] Resümierend hält Dux anschließend fest: „Auf der Folie dieses Denkens ist die Gegenwart ebenso die gegenwärtige Vergangenheit wie die vergangene Gegenwart; die Vergangenheit ist nie wirklich vergangen."[116] Der Ursprung der Zeit wird nach der Logik eines solchen Weltbildes einem „absoluten Subjekt" zugeschrieben, „auf das hin die Welt konvergiert".[117] Auch wenn Dux in diesem Kontext Begriffe wie „Augenblick" beziehungsweise „Plötzlichkeit" nicht explizit verwendet, so ist seine Argumentation dennoch mit der vorgeschlagenen Definition

---

113 Soeffner, Zur Soziologie des Symbols und des Rituals, S. 200.
114 vgl. hierzu ferner Theunissen, Negative Theologie der Zeit, S. 314-317.
115 Dux, Die Zeit in der Geschichte, S. 190.
116 Ebd., S. 190.
117 Ebd., S. 189.

des Augenblicks kompatibel: Im Augenblick berühren sich Zeitlichkeit und das ewige Prinzip, durch das Zeitlichkeit konstituiert wird. Es sei in diesem Zusammenhang erwähnt, dass der Begriff „Moment" (verstanden als Synonym für „Augenblick") ursprünglich gar keine zeitliche Bestimmung hatte, sondern, vom lateinischen *momentum* kommend, vielmehr „bewegende Kraft" oder „Ausschlag" bedeutete.[118] Der Moment ist so gewendet nicht die „sehr kurze Zeitspanne", sondern, eher verstanden in seiner platonischen Bedeutung, das Wirken einer außerzeitlichen Kraft, die eine Veränderung von einem zum anderen Zustand einleitet. Insofern besteht eine Parallele zwischen dem Augenblick und dem mythischen, die Zeit einsetzenden „absolute Subjekt" von dem bei Dux die Rede ist: Der Augenblick ist gewissermaßen das zeitlich-außerzeitliche Korrelat für das Auftreten eines solchen absoluten Subjektes, in welcher spezifischen kulturellen Ausformung es auch jeweils immer vorliegen mag.

Der Augenblick, so lässt sich resümieren, ist nicht *in* der Geschichte („*in* der Zeit"), sondern er konstituiert Geschichte. Der Augenblick, der einen Riss in der gewohnten (zeitlichen) Ordnung produziert, wird in der abendländischen Geistesgeschichte immer wieder als der Punkt definiert, von dem Neues ausgeht – nicht Weiterbearbeitung und Fortführung von Althergebrachtem, sondern „Schöpfung" im genuinen Sinne, die nicht auf bereits Vorhandenes zurückgreift, sondern einen Sprung produziert, der sich nicht in einen logisch nachvollziehbaren Kausalnexus einreihen lässt.[119] Der entstehende Riss wird dabei darauf zurückgeführt, dass ein überweltliches, gleichsam ewiges Prinzip sich im Augenblick in der Welt zeigt.

Bezieht man die vorgestellten Überlegungen zum Phänomen des Augenblicks mit ein, dann erweitert sich der Sinn dessen, wenn rituelles Handeln mit einer besonderen, auf Augenblicklichkeit abgestellten Form von Zeitwahrnehmung in Verbindung gesetzt wird. Rappaports rituelle „times out of time", Soeffners „auf Dauer gestellt Gegenwart", Turners „Augenblick in und außerhalb der Zeit" und Giesens rituelle „Epiphanie" erhalten damit – als Metaphern für Augenblickserfahrung gelesen – eine Bedeutung, die über das während des Rituals sich ein-

---

118 Vgl. Duden, Bd. 7. Etymologie. Herkunftswörterbuch der deutschen Sprache, Mannheim 1997, S. 467.
119 Zum kulturübergreifenden Vergleich zwischen europäischen und fernöstlichen Konzeptionen des Augenblicks vgl. Girndt (Hg.), Zeit und Mystik.

stellende reine Erlebnis von „Außeralltäglichkeit" hinausgeht: Das Ritual gewinnt dann eine geschichtsmächtige Dimension. Wenn man den Augenblick im Sinne Jaspers (wie zitiert) als „Identität von Zeitlichkeit und Zeitlosigkeit" versteht, dann sind Rituale so gesehen kulturelle Techniken, vermittels derer ein im wahrsten Sinne des Wortes „erhabener" Blick auf die eigene Geschichte möglich wird.[120] Was Brandts Kniefall charakterisierte, war – folgt man der Presse – genau diese Synthese aus dem erhabenen, ganz auf seine Gegenwärtigkeit konzentrierten Augenblick, in dem sich aber gleichzeitig in komprimierter Form geschichtliche Bedeutung symbolisch offenbarte (so gesehen vergleichbar mit Diltheys Konzeption des Erlebnisses und dessen symbolischen Objektivationen, vgl. *Kapitel drei*).

Wird der definitionsgemäß von Diskontinuität geprägte Zeitmodus von Augenblicklichkeit zu einem Bestandteil des Rituals, dann ist jedoch die strikte These von der formal durchorganisierten Struktur rituellen Handelns nicht ohne weitere Ergänzungen haltbar. Vielmehr muss diese These dann um das Argument erweitert werden, dass Rituale durch ihre Formalität hindurch die rituellen Akteure in Zustände versetzen, die – obwohl durch das Ritual herbeigeführt – sich jenseits der formalisierten und formalisierbaren Ordnung befinden. So war insbesondere für Turner der entstrukturierende und *strukturentbundene* – Zustand der Communitas und Liminalität für die Analyse rituellen Handelns entscheidend. Gleiches gilt für die Zeitwahrnehmung von Augenblicklichkeit: Der sich plötzlich einstellende Augenblick kann in diesem Sinne als *liminale Zeitwahrnehmung* beschrieben werden. Dieser Eigenschaft von Ritualen wird im Folgenden vermittels eines weiteren, ebenso wichtigen Begriffs weiter nachgegangen werden. Die eigentümliche Zeitwahrnehmung von Augenblicklichkeit steht in Zusammenhang mit einem Phänomen, das für die Analyse von Ritualen und – den vorliegenden Fall betreffend – für die Analyse des Kniefalls eine ebenfalls zentrale Rolle spielt: das Phänomen des *Ereignisses*. In der Presse wurde nicht nur die Augenblicklichkeit des „besonderen Momentes" emphatisch betont, sondern ebenso wurde der Kniefall als Handlung beschrieben, die vor allem durch ihre Ereignishaftigkeit bestimmt war. Es wird daher nun

---

120 Zum Zusammenhang zwischen dem „Erhabenen" und dem „Augenblick" vgl. Bohrer, Plötzlichkeit, S. 126 ff.

darauf eingegangen werden, in welchem Verhältnis *Augenblicklichkeit* und *Ereignis* sowie *Struktur* und *Ereignis* zueinander stehen, und welche Bedeutung dem Ereignis innerhalb des Rituals zukommt.

7. Das Ritual zwischen Struktur und Ereignis

Wenn auch die formale Strenge und vorhersehbare Repetitivität rituellen Handelns dazu verleiten kann, die Strukturiertheit des Rituals in dessen symbolisch-dramaturgischer Erscheinungsform wie auch die sozialstrukturerhaltende Funktion des Rituals einseitig zu betonen, so hat die bisherige Auseinandersetzung gezeigt, dass das Ritual sich nicht ausschließlich in seiner formalisierten Hülle, das heißt in seiner „rituellen Konventionalität" erschöpft: Rituale – wenngleich sie meist dazu dienen, an bestimmten Punkten des sozialen Miteinanders herrschende Strukturen zu reproduzieren – führen die rituellen Akteure in einen Zustand, der für einen gewissen Moment gleichsam jenseits der bestehenden und erneut zu bekräftigenden Ordnung liegt: Aus dem Ritual heraus öffnet sich ein Bereich, der mit Begriffen wie „außerordentlich" und „dicht im Erleben" beschrieben werden kann und der mit der Zeitwahrnehmung entkoppelter „Augenblicklichkeit" beziehungsweise „reiner Gegenwärtigkeit" korrespondiert. Das soll nicht heißen, dass rituelle Praxis den Sinn besäße, einen Zustand unkontrollierter und formloser Emotionalität hervorzurufen. So argumentiert Stanley J. Tambiah in Anlehnung an Susanne K. Langer, Rituale hätten vielmehr die Funktion, Gefühle in disziplinierter Weise zu kanalisieren, das heißt, das gefühlhafte Engagement und die Ergriffenheit der Beteiligten in eine bestimmte Richtung zu lenken.[121] Diese Richtung ist durch diejenige Form von Transzendenz bestimmt, auf die sich der symbolische Ausdruck des Rituals richtet, oder, anders formuliert, die Gefühle der Akteure werden durch das rituelle Geschehen auf diejenige transzendente beziehungsweise sakral gehaltene Instanz fokussiert, die für die Selbstdefinition der rituell zu bekräftigenden Identität der Gruppe von ausschlaggebender Bedeutung ist. Der im Ritual erreichte Schwellenzustand, welcher der alten Ordnung *nicht mehr* und der neuen

---

121 Vgl. Stanley J. Tambiah, Eine performative Theorie des Rituals, in: Uwe Wirth (Hg.), Performanz. Zwischen Sprachphilosophie und Kulturwissenschaft, Frankfurt a.M. 2002, S. 210-242.

beziehungsweise erneut zu reproduzierenden Ordnung *noch nicht* angehört, ähnelt in erheblichem Maße einem Phänomen wie es gemeinhin
mit dem Begriff des „Ereignisses" beschrieben wird. In der Literatur
wird der Ereignis-Begriff an vielen Stellen gemeinsam mit dem Begriff
der Struktur genannt: Ereignis und Struktur scheinen einen besonderen
Zusammenhang aufzuweisen.[122] Dass Rituale etwas mit Strukturen gemein haben, bedarf inzwischen keines weiteren Kommentars. Ebenso
haben sich jedoch im Laufe der bisherigen Argumentation verschiedene
Verdachtsmomente herausgebildet, die es nahe liegen lassen, auch den
Ereignis-Begriff für eine Bestimmung rituellen Handelns anzuwenden.
Es wird daher im Folgenden der Frage nachgegangen werden, ob das
Begriffspaar Struktur-Ereignis auch für eine Definition des Rituals nutz-
bar gemacht werden kann. Die These ist dabei, dass der Höhepunkt des
Rituals – als Ereignis betrachtet – derjenige Punkt ist, der das rituelle
Geschehen und damit die Selbstdefinition der Gruppe erst charisma-
tisiert. Rituale – so wurde in diesem Kapitel argumentiert – dienen dazu,
qua ihrer Symbolsprache an eine transzendente, für die Akteure sakrale
und identitätsstiftende Instanz zu adressieren. Aus der durchkomponierten Ordnung des Rituals heraus eröffnet sich ein Zustand der
Außerordentlichkeit im Sinne einer strukturellen Dekonstruiertheit, und
erst von dieser Warte der Außerordentlichkeit – gewissermaßen aus dem
„Ausnahmezustand" heraus – kann die Ordnung rekonstruiert (d.h.
„wieder-*erschaffen*"), symbolisch bekräftigt und charismatisch aufgeladen
werden. Das Argument ist nun, dass dieser aus der Strukturiertheit des
Rituals für einen bestimmten Moment aufflackernde „rituelle Ausnahmezustand" einem Ereignis insofern gleicht, da hier Folgendes zu-
sammenstößt: Einerseits kann sich erst auf Grundlage einer
bestehenden Struktur ein Ereignis einstellen. Das Ereignis bedarf des
Kontrastes zum Gewohnten und Geregelten. Das Gewohnte und Ge-
regelte – das heißt die bestehende Ordnung – wird im Ritual durch
dessen repetitive und durchkomponierte Dramaturgie und symbolische
Formensprache repräsentiert. Gleichzeitig ist es erst das Ereignis beziehungsweise – etwas verhaltener formuliert – das „Ereignishafte" im Ritual, aus dem das rituelle Geschehen sein Charisma bezieht. Denn wenn
die genuine Funktion von Ritualen aus der Perspektive der Akteure dar-

---

122 Vgl. Rainer Greshoff / Georg Kneer (Hg.), Struktur und Ereignis in theorievergleichender
Perspektive, Opladen 1999; zur Konstruktion von Ereignissen vgl. Thomas Rathmann
(Hg.), Ereignis. Konzeption eines Begriffs in Geschichte, Kunst und Literatur, Köln 2003.

in besteht, in Kontakt mit solchen Instanzen zu treten, die in kulturell verschiedenster Weise das „Sakrale" repräsentieren, dann gilt für solche Instanzen dasjenige, was für Götter – oder abermals etwas schwächer formuliert: für das Erlebnis des Außerordentlichen und Außeralltäglichen – im Allgemeinen gilt: Die Götter – selbst in ihrer verweltlichten Form – lassen sich nicht einfach herbeizitieren, vielmehr stellt sich der Kontakt mit ihnen *von ihnen aus* ein. Das Ereignis im Ritual bedeutet in diesem Sinne dann, dass etwas geschieht, was sich nicht erzwingen lässt – auch wenn es sich in der Tat bei dieser „Unerzwingbarkeit" um eine durch die Suggestivität der symbolischen Bilder camouflierte Illusion handelt, wobei Illusionen dann am besten wirken, wenn man sie – wie es im Ritual der Fall ist – mit anderen teilt. Man könnte auch sagen, dass nicht die rituellen Akteure sich selbst als dasjenige Subjekt ansehen beziehungsweise *ansehen dürfen*, welches das Ereignis herbeiführt, sondern dass vielmehr das für das Sich-Ereignen des Ereignisses verantwortliche Subjekt jenseits des Kontrollbereichs menschlichen Handelns angesiedelt ist (auch wenn es sich hier – wie angemerkt – um eine gemeinsam geteilte Illusion handelt). Aus dieser Jenseitigkeit des ereignissetzenden „transzendenten Subjektes" heraus gewinnt das Ereignis und damit das Ritual seine sakrale beziehungsweise charismatische Bedeutung. In den meisten Fällen fließt dann dieses ereignishaft herbeigeführte Charisma in die vom Ritual symbolisierte soziale Struktur zurück. Auch wenn Ritual und Ereignis sich auf den ersten Blick gegenseitig auszuschließen scheinen, so soll hier im weiteren Verlauf die These bestärkt werden, dass Rituale Formen symbolischen Handelns sind, die in kulturell vorgegebener und dramaturgisch kanalisierter Form die Akteure in einen Zustand zu versetzen in der Lage sind, der aus der Binnenperspektive der Beteiligten als „ereignishaft" betrachtet wird.

Nach dieser These besitzen Rituale zwei Pole, die in einem relationalen Verhältnis zueinander stehen: Sie sind einerseits strukturiert und symbolisieren in ihrer formalen Strukturiertheit bestehende soziale Strukturen und andererseits besitzen Rituale einen ereignishaften, charismatischen beziehungsweise einen Charisma-generierenden Höhepunkt, aus dessen Außerordentlichkeit heraus die rituell repräsentierte Struktur erst (re-)sakralisiert wird. Die Auseinandersetzung mit Autoren wie Rappaport und Turner hat diesbezüglich gezeigt, dass Rituale in der Tat eine Bruchstelle aufweisen, in der für die Ritualteilnehmer die Illusion eines Sprunges und nicht eines schrittweise nachvollziehbaren Übergangs in das Außerordentliche entsteht. Erst dieser „Sprung" – angesiedelt jenseits des Kausalitätsprinzips, jenseits profaner Temporalität und jenseits der Absehbarkeit – vermittelt das Erlebnis des Kontaktes mit etwas Außergewöhnlichem bis hin zum Göttlichen.

Es besteht hier ein Verdacht, der im Rahmen dieser Arbeit nicht weiter verfolgt werden kann: Sollte es sich tatsächlich für die Analyse von Ritualen als nützlich erweisen, die genannte Relation von Struktur-Ereignis zu beachten, so könnte sich möglicherweise zeigen, dass es Rituale gibt, die gewissermaßen mehr der Struktur verhaftet sind und solche, in denen das Ereignishafte stärker akzentuiert ist. Welchem dieser beiden Pole sich ein Ritual mehr nähert, hängt vielleicht – so die in aller Vorsicht hier aufgestellte Hypothese – mit dem „Alter" beziehungsweise dem „generativen Status" des jeweiligen Rituals zusammen. Wenn Rituale und vor allem die durch sie symbolisch repräsentierten Gesellschafts- und Gemeinschaftsformen einem Prozess des Entstehens und Vergehens unterliegen, so könnte sich erweisen, dass „junge" Rituale sich noch einer erhöhten ereignishaften Vitalität erfreuen, während „alte", eingeschliffene und stark konventionalisierte Rituale (und damit die durch sie repräsentierten hochgradig etablierten soziale Ordnungen) stärker den Aspekt der Struktur betonen. Auch wenn diesem Verdacht hier nicht weiter nachgegangen werden kann, so eröffnet er doch eine interessante Perspektive auf den Kniefall Brandts: Im Folgenden wird zunächst näher bestimmt, was unter einem Ereignis zu begreifen ist. Im Anschluss daran wird der Vermutung nachgegangen, dass der Kniefall als ein Versuch verstanden werden kann, ein konventionalisiertes politisches Ritual vermittels der Erzeugung von Ereignishaftigkeit zu recharismatisieren.

7.1. Der Kniefall als Ereignis

Der Kniefall Brandts war innerhalb der ritualisierten Inszenierung des Denkmalbesuchs und der dort stattfindenden Kranzlegung ein nicht vorgesehenes Element. So gesehen war der Kniefall eine Handlung, die mit dem gängigen Konzept des Rituals nicht vereinbar ist. Der Kniefall war zunächst etwas, dass noch am ehesten als „ekstatisches Ereignis" beschrieben werden kann: Er ereignete sich – so die Augenzeugen – „plötzlich" beziehungsweise „in einem Augenblick", er löste einen

„Schock" aus, er wurde als außerordentlicher, unvorhergesehener und tief bewegender Moment beschrieben. Das Problematische bei der Definition des Kniefalls als Ereignis ist, dass der Begriff des Ereignisses zwangsläufig die Gefahr der Tautologie nach sich zieht. So charakterisiert Jean Baudrillard – wenn Baudrillard auch sicherlich kein Autor ist, der für konzise Definitionen bekannt ist – das Ereignis folgendermaßen: „Das reine Ereignis, das keine Ursache kennt, kann sich nur unvermeidlich ereignen. Andererseits kann es nie wiederholt werden, was für einen kausalen Prozess immer gilt. Dann ist es auch kein Ereignis mehr."[123] Das Ereignis – ereignet sich. Jeder Versuch der Klassifikation oder der weiterführenden begrifflichen Präzisierung stößt an eine Schwelle, hinter der das Ereignis gerade durch den rationalen, kausale Verknüpfungen herstellenden und klassifizierenden Zugriff seiner Ereignishaftigkeit beraubt würde. Wenn nach Baudrillard das reine Ereignis jenseits des Kausalitätsprinzips angesiedelt ist, dann lässt sich über das Ereignis auch nicht mehr vernünftig sprechen. Es lässt sich nicht mehr deuten, nicht mehr einordnen, nicht mehr mit Sinn versehen. Dann ist nur noch festzustellen, dass sich „etwas ereignete". Das reine Ereignis wäre – gleich dem Augenblick – ganz in seiner Ereignishaftigkeit eingekapselt. Es wurde in diesem Kapitel allerdings gezeigt, dass dies jedoch auch für den in temporaler Hinsicht mit dem Ereignis korrespondierenden Augenblick nicht ganz richtig ist: Der Augenblick bedarf, um überhaupt zum besonderen Augenblick jenseits der ansonsten dahinfließenden Zeit zu werden, eben genau dieser profanen Zeit. Erst im Kontrast zum gewöhnlichen So-wie-immer kann die Wahrnehmung des Augenblicks entstehen. Ein Gleiches kann für das Ereignis angenommen werden: Erst auf dem Hintergrund des Normalen und Routinisierten – auf dem Hintergrund verbindlicher Strukturen und nachvollziehbarer Handlungszusammenhänge – kann kontrastiv festgestellt werden, dass sich ein Ereignis einstellt. Das heißt, das Ereignis, dessen entscheidendes Charakteristikum ja gerade darin liegt, die gewohnte Ordnung zu überschreiten, bedarf – um überhaupt Ereignis zu werden – des Gewöhnlichen, Absehbaren und Geregelten. Wenn das Ereignis – demnach das Nicht-Klassifizierbare und Außerordentliche – erst im Kontrast zur nachvollziehbaren und gewohnten Ordnung entstehen kann, dann ergibt sich daraus für den vorliegenden Sachverhalt die Frage, wie dieser für das Ereignis konstitutive Kontrast im Falle des

---

123 Jean Baudrillard, Die fatalen Strategien, München 1991, S. 18.

Kniefalls geschaffen wurde. Man muss diese Frage noch zusätzlich im folgenden Sinne vertiefen: Der Kniefall wurde zwar als außergewöhnliches Ereignis wahrgenommen, hätte man sich aber damit beschieden, im Kniefall nur das reine Ereignis zu sehen, so hätte dies folgendes Problem aufgeworfen: Wenn das Ereignis nach der vorgestellten These dadurch bestimmt ist, dass es das Kausalitätsprinzip der gewohnten, nachvollziehbaren wie auch erwartbaren Ordnung sprengt, so folgt daraus, dass das Ereignis als solches nur wahrgenommen werden kann, wenn die durch es außer Kraft gesetzte gewohnte Ordnung ebenso zumindest im Hintergrund der Wahrnehmung präsent ist. Die ereignishafte Stelle des Bruches entsteht nur, wenn nicht nur der Bruch – sozusagen die „Lücke" – als solcher, sondern auch dasjenige, das gebrochen wurde, gleichzeitig immer noch latent anwesend ist. Das Ereignis ist insofern ein paradoxer Zustand: Die Außergewöhnlichkeit des Ereignisses erfordert im Hintergrund die simultane Präsenz des Gewohnten (vergleichbar mit dem Verhältnis Struktur – Anti-Struktur nach Turner). Es existiert dazu noch ein weiteres Problem: Bliebe das Ereignis ganz in seiner einmaligen und außergewöhnlichen Ereignishaftigkeit verkapselt, so ließe es sich nicht weiter deuten und anderen mitteilen. Die Teilhabe am Ereignis bliebe das Privileg der unmittelbar Anwesenden, und selbst diese könnten nach dem Ereignis nicht beurteilen, was denn eigentlich geschehen ist. Auch das Ereignis muss, um mit Sinn versehen zu werden, ausgelegt und in einen Bedeutungszusammenhang gestellt werden. Im *Symbol-Kapitel* wurde die These vertreten, dass Symbolisierungen aus einem retrospektiven Prozess heraus entstehen, das heißt, dass sie rückwärts gewandte Deutungsversuche hinsichtlich bestimmter Erfahrungen repräsentieren, die sich auf dem Weg der Sprache nur schlecht verständlich machen lassen. Ebenso bedarf auch das Ereignis, um mit Bedeutung aufgeladen zu werden, nicht nur des ekstatischen Erlebens, sondern ebenso der distanzierten, das heißt ex post erfolgenden Auslegung. Zusammengefasst heißt dies zweierlei: Das Ereignis, obzwar per definitionem ein außergewöhnlicher Zustand, bedarf zum einem als Kontrast des Gewohnten und Normalen. Zum Zweiten muss auch das Ereignis – obwohl es von den unmittelbar Beteiligten oft als „unbeschreiblich" beschrieben wird – ausgelegt und gedeutet werden, um einen intersubjektiv geteilten Sinn zu erhalten (und dies gilt insbesondere dann, wenn wir nicht direkt einem Ereignis teilhaftig sind, sondern wenn uns Dritte über ein Ereignis in Kenntnis setzen). Das Ereignis gewinnt damit erst durch das Nicht-Ereignis und durch die Deutung eine Form. Das Ereignis wird zum Ereignis, indem es als ein anderer Zustand beschrieben wird: Nicht nur als der Punkt, an dem die sinnhafte Kausalität der sozialen Prozesse und Strukturen nicht mehr gegeben scheint, sondern vielmehr gleichzeitig auch als der Punkt, an dcm entweder gegebene Strukturen sich im Ereignis in außergewöhnlich verdichteter Form „zeigen" beziehungsweise eine sinnlich wahrnehmbare „Gestalt" einnehmen (im Ereignis „hindurchscheinen" wie Reinhart Koselleck es ausdrückt[124]) oder auch als der besondere Punkt, an dem Strukturen in einem einmaligen Akt gestiftet werden. Insofern ist die Idealkonstruktion des Ereignisses als Moment des völlig Außergewöhnlichen und Unbeschreibbaren eine – wenn auch notwendige – Illusion: Gerade das Ereignis lebt geradezu in negativer Weise vom Normalen, Geregelten und Absehbaren.

7.2. Das Ereignis: Das Sich-Zeigen des Außer-Ordentlichen

Zum Verständnis des Ereignisses, oder, etwas bescheidener formuliert, zum Versuch einer verstehenden Annäherung an diejenigen Phänomene, die vermittels des Begriffs des „Ereignisses" beschrieben werden, ist es einmal mehr aufschlussreich, die Herkunft des Wortes heranzuziehen. Folgt man der Etymologie des Begriffs, so bedeutet Ereignis zunächst „das Sich-Zeigende". „Sich-Ereignen" heißt demnach zunächst so viel wie „eine sichtbare Form gewinnen", sich „tatsächlich abspielen", oder „präsent sein". So richtungsweisend diese Bedeutung für die folgende definitorische Eingrenzung des Ereignisses ist, so verweist Hans Robert Jauss noch auf eine zweite etymologische Bedeutungsschicht:[125] Jauss zieht das entsprechende französische Wort événement heran und zeigt, dass dieser Begriff wiederum eine zusätzliche, für das Ereignis ebenso wichtige Dimension öffnet. Événement – Jauss bezieht sich hier insbesondere auf die Verwendung dieses Begriffs bei Montaigne – besitzt demnach die Bedeutung von „Ereignis" in dem Sinne, dass innerhalb eines geschichtlichen Verlaufs nicht nur einfach

---

124 Reinhart Koselleck, Ereignis und Struktur, in: ders. / Wolf-Dieter Stempel (Hg.), Geschichte – Ereignis und Erzählung. Poetik und Hermeneutik, Bd. 5, München 1973, S. 560-571, hier: S. 565.

125 Hans Robert Jauss, Versuch einer Ehrenrettung des Ereignisbegriffs, in: Koselleck / Stempel (Hg.), Geschichte – Ereignis und Erzählung, S. 554-560.

etwas Unerwartetes geschah, sondern dass dem unerwarteten Ereignis eine Größenordnung und geschichtliche Bedeutung zugemessen wird, die es in deutliche Distanz zum gewohnten Gang der Dinge setzt. Wenn man die genannten begriffsgeschichtlichen Verweise zusammenfasst, so erhält man eine bereits recht griffige Definition des Ereignisses: Zuerst muss darauf hingewiesen werden, dass Ereignisse zumindest aus der Perspektive der von ihnen betroffenen Akteure *tatsächlich* passieren. Das Ereignis basiert auf dem Glauben (um es ein weiteres Mal zu betonen: auch wenn es eine geteilte Illusion sein mag), dass das Ereignis nicht im fiktiven Raum des Ideellen angesiedelt ist, sondern dass in der Tat etwas in der Welt geschieht. Ereignisse, um als solche betrachtet zu werden, müssen eine Gestalt angenommen haben. Zwar wird weiter unten noch darauf eingegangen werden, dass gerade Ereignisse der deutenden und damit automatisch der ex post erfolgenden Interpretation bedürfen, um als Ereignis zu gelten, allerdings bedeutet dies nicht, dass sich Ereignisse quasi aus dem Nichts herbeizaubern lassen. Oder präziser: Es muss im Hintergrund der retrospektiven Deutung des Ereignisses immer noch der Glaube bestehen, dass sich tatsächlich etwas ereignet hat. Dass demnach „Ereignisse sich ereignen müssen" mutet als Definitionskriterium zunächst nicht nur tautologisch, sondern auch außerordentlich banal an. Warum hier auf die Eigenschaft der Tatsächlichkeit des Sich-Ereignens beziehungsweise des Sich-Zeigens besonderen Wert gelegt wird, hat seinen Grund darin, da damit der Grundstein für das vielleicht wichtigste Kriterium des Ereignisses gelegt ist: Das Ereignis stellt sich in der Welt tatsächlich zu einem bestimmten Zeitpunkt und an einem bestimmten Ort ein und wird daher immer als „einmalig" angesehen. Ereignisse entziehen sich damit der Reproduzierbarkeit und Nachahmung. Die Tatsächlichkeit des Ereignisses bedeutet in diesem Sinne, dass Ereignisse immer den Status eines Originals besitzen und nicht kopiert werden können. Das Ereignis basiert daher zunächst auf dem Glauben, dass etwas Einmaliges, etwas so noch nicht Dagewesenes wirklich geschah. Dieses *Geschehen* steht im Zentrum des Phänomens des Ereignisses: Das Ereignis ist für die betroffenen Akteure nicht Illusion und gehört nicht zum Bereich der Fiktionalität, es lässt sich nicht *wieder-holen*, sondern ist in seiner Präsenz gleichsam selbstevident.[126]

---

126 Vgl. Dieter Mersch, Was sich zeigt. Materialität, Präsenz, Ereignis, München 2002, S. 21 ff.

Kommen wir nach diesem Umweg auf das Ereignis im engeren Sinne zurück. Das Ereignis ist neben seiner fundamentalen Eigenschaft des „Sich-Zeigens" und „Präsent-Werdens" dadurch gekennzeichnet, dass es sich von gemeinsam geteilten Erwartungshaltungen abhebt. Insofern ist das Ereignis immer ein intersubjektives Phänomen: Erst durch die Verletzung eines kulturell vorgegebenen und gemeinsam geteilten Erwartungshorizonts kann sich ein Ereignis konturieren.[127] Ereignisse bedürfen der Regelhaftigkeit beziehungsweise der Struktur, um als Ereignis ausgewiesen zu werden. So einleuchtend es ist, dass das Ereignis als solches erst auf dem Hintergrund einer gegebenen Struktur wahrgenommen werden kann, so ist es weitaus interessanter, inwiefern auch das Gegenteil zutrifft. Sind demnach vice versa Strukturen auf Ereignisse angewiesen? Um diese Frage zu klären, muss ein weiteres Definitionskriterium des Ereignisses eingeführt werden: Ereignisse werden nicht nur deshalb als Ereignisse ausgewiesen, weil sie im Kontrast zu den gegebenen Strukturen stehen, vielmehr kommt Folgendes hinzu: Ereignisse verändern gegebene Strukturen, das heißt, im Ereignis entsteht etwas Neues, dass die Beschaffenheit der Struktur nachhaltig prägt.[128] Mehr noch: In bestimmten außerordentlichen Fällen ist es möglich, dass Ereignisse Strukturen produzieren, oder, um mit Johannes Paulmann zu reden: *„Manche Ereignisse gewinnen strukturellen Rang."*[129] Wenn es darum geht, das *oppositionelle* Verhältnis zwischen Struktur und Ereignis in ein *relationales* Verhältnis zu überführen, so ist hier insbesondere auf Marshall Sahlins zu verweisen.[130] Von ihm stammt der beim ersten Lesen verwirrende Satz, „dass die Transformation einer Kultur ein Modus ihrer Reproduktion ist."[131] Sahlins geht zunächst davon aus,

---

127 Vgl. Andreas Suter / Manfred Hettling, Struktur und Ereignis – Wege zu einer Sozialgeschichte des Ereignisses, in: dies. (Hg), Geschichte und Gesellschaft. Zeitschrift für Historische Sozialwissenschaft, Sonderheft 19: Struktur und Ereignis, Göttingen 2001, S. 7-32.

128 Ebd., S. 25.

129 Johannes Paulmann, Pomp und Politik. Monarchenbewegungen in Europa zwischen Ancien Régime umd Erstem Weltkrieg, Paderborn 2000, S. 26 [kursiv im Original].

130 Vgl. William H. Sewell jr., Die Theorie des Ereignisses. Überlegungen zur „möglichen Theorie der Geschichte" von Marshall Sahlins, in: Suter / Hettling (Hg.), Geschichte und Gesellschaft, S. 46-74; vgl. Karsten Kumoll / Hermann Schwengel, Marshall D. Sahlins. Kultur, Geschichte und die Indigenisierung der Moderne, in: Martin Ludwig Hofmann u.a. (Hg.), Culture Club. Klassiker der Kulturtheorie, Frankfurt a.M. 2004, S. 220-239.

131 Marshall Sahlins, Inseln der Geschichte, Hamburg 1992, S. 135; zu Sahlins Kritik an einem historischen Strukturalismus vgl. ders., Der Tod des Kapitän Cook. Geschichte als Metapher und Mythos als Wirklichkeit in der Frühgeschichte des Königreiches Hawaii, Berlin 1986.

dass ein bestimmter, in dieser Form noch nicht da gewesener Vorfall erst durch die kulturelle Deutung zum Ereignis im eigentlichen Sinne wird. An dieser Schnittstelle entsteht nun „das Neue" beziehungsweise verändert sich die gegebene Struktur: Die Deutung des *außerordentlichen* Vorfalls kann nicht anders, als sich am verfügbaren Repertoire der kulturellen Ordnung zu orientieren. Das heißt, derjenige Vorfall, der die traditionell überlieferte kulturelle Ordnung sprengt, wird vermittels der gleichen zur Verfügung stehenden kulturellen Deutungsmuster sinnhaft bearbeitet. Die Mobilisierung der kulturellen Ressourcen führt damit nicht nur zur Einordnung des besonderen Vorfalls in den Kontext der bestehenden kulturellen Ordnung, sondern wirkt sich auch rückwirkend auf die bestehende Kultur beziehungsweise auf die „kulturellen Strukturen" aus: Der außerordentliche Vorfall wird gedeutet und wird dadurch erst bedeutend – er wird zum Ereignis – und gleichzeitig entsteht ein Rückkopplungseffekt bezüglich der gegebenen kulturellen Strukturen. Auch die kulturell zur Verfügung stehenden Deutungsmuster erfahren eine Transformation, indem sie zur Interpretation eines Vorfalls herangezogen werden, der in dieser Form quasi „nicht vorgesehen war". Das Interessante an diesem Modell ist, wie hier Struktur und Ereignis zueinander in Relation gesetzt werden: Das Ereignis bleibt zwar der außerordentliche Punkt, der den gewohnten Gang der Dinge überschreitet, gleichzeitig aber kann das Ereignis nur vermittels bestehender Deutungsmuster überhaupt den Status des Außergewöhnlichen einnehmen.

Hinsichtlich Sahlins' Theorie des Ereignisses muss ein Punkt noch erwähnt werden: Für Sahlins sind Ereignisse nicht nur einfach diejenigen außergewöhnlichen Vorfälle, die völlig abseits des Gewohnten liegen, sondern vielmehr definiert er als Ereignis auch diejenigen Fälle, in denen bereits vorhandene Strukturen plötzlich eine Gestalt einnehmen und in bestimmten Situationen, das heißt *in bestimmten Vorfällen* in sichtbarer Weise verkörpert werden.[132] Das „Ereignishafte am Ereignis" wäre demnach, dass dasjenige, das ansonst gleichsam unsichtbar oder latent ist, plötzlich in komprimierter und anschaulicher Form Gestalt annimmt. An diesem Punkt wird deutlich, was die ursprüngliche Bedeutung von „ereignen" im Sinne von „sich-zeigen" bedeutet: Das Ereignis ist quasi – die Formulierung sei verziehen – die „Parusie der Struktur". Um hierzu ein einfaches, alltagsweltliches Beispiel zu konstru-

---

132 Vgl. Sahlins, Die erneute Wiederkehr des Ereignisses.

ieren: Wenn es innerhalb einer Familie nach langen Jahren verdeckter Animositäten oder sogar verborgenen Hasses plötzlich zum offenen Streit kommt – möglicherweise kombiniert mit dramatischen Gesten wie „Porzellan an die Wand schmeißen" etc. – dann geschieht genau betrachtet „nichts Neues". Was geschieht, ist nichts anderes als der symbolisch verdichtete Ausdruck dessen, was innerhalb des sozialen Mikrokosmos der Familie strukturell andauernd vorhanden war. Dennoch wird ein solcher Vorfall im Familiengedächtnis sicherlich als Ereignis eingestuft werden, und zwar nicht, weil sich etwas ereignete, das völlig abseits der familiären Strukturen, gewissermaßen abseits des kulturellen Mikrosystems der Familie liegt, sondern vielmehr weil etwas geschah, dass expressiv in einem Punkt verdichtet latent vorhandene Strukturen offenbarte. Und gleichzeitig ist die Vermutung sehr nahe liegend, dass ein familiäres Ereignis in diesem Sinne nicht nur die vorhandenen Strukturen zum sichtbaren Ausdruck bringt, sondern als Ereignis die Strukturen der Familie im Folgenden nachhaltig verändern wird. Sahlins fasst diesen Ansatz folgendermaßen zusammen: „Dass das Ereignis eine einzigartige Realisierung einer allgemeinen Struktur sei, ist daher nur die halbe Wahrheit. Die andere Hälfte der Wahrheit ist, dass dieses einzigartige Ereignis eine neue allgemeine Ordnung realisiert."[133]

Das genannte Charakteristikum der Unwiederholbarkeit und Einmaligkeit des Ereignisses scheint derjenige Punkt zu sein, der sich am stärksten gegen eine Einbeziehung des Ereignisses in das Konzept des Rituals sperrt. Um dem Ereignishaften als Kriterium des Rituals zu seiner Geltung zu verhelfen, soll jedoch folgende These gewagt werden: Dass Rituale in ihrer symbolischen Formsprache auf Reproduktion und Repetitivität angelegt sind, muss nicht automatisch ausschließen – auch wenn es zunächst paradox anmutet –, dass Rituale für die Beteiligten nicht dennoch das Gefühl von Einmaligkeit hervorrufen können – und zwar ein jedes Mal aufs Neue. Insbesondere in Anlehnung an Turner und seine theoretische Konzeption der mittleren Phase des Rituals, wie er sie mit seinen Schlüsselbegriffen Communitas und Liminalität beschreibt, erscheint es nicht abwegig, dass im Ritual trotz dessen Repetitivität die Akteure stets erneut der gemeinsam geteilten (und erst gemeinschaftlich hervorgerufenen und damit gegenseitig bestärkten) Illusion unterliegen, dass in der Tat etwas geschieht, was als „einmalig" angesehen wird: Hierzu ist folgende, etwas längere Anmerkung vonnö-

---

133 Ebd., S. 116.

ten: Dass Reproduktion/Repetitivität einerseits und Einmaligkeit/Einzigartigkeit andererseits nicht wie oft behauptet in einem zwingend gegenseitig ausschließenden Verhältnis zueinander stehen, lässt sich zunächst mit folgendem Beispiel zwar nicht beweisen, aber zumindest in anschaulicher Weise illustrieren: Wenn beispielsweise eine bestimmte Person ein bestimmtes Musikstück über alles schätzt, dann ist das ästhetische Erleben im Augenblick des Hörens immer vom Gefühl der „Einmaligkeit" begleitet, ohne dass die prinzipielle Reproduzierbarkeit des Erlebens dem einen Abbruch leisten würde. Um es etwas abstrakter zu formulieren, so lassen sich im Erleben der Subjekte bestimmte Schwellenzustände identifizieren, in denen in verschiedener Weise Verbindung zu Transzendenz hergestellt wird: Im Rausch, im ästhetischen Empfinden, in gegenseitiger Liebe und sicherlich auch im Ritual. Gerade hoch ritualisierte „Feste" vermögen es – trotz ihrer zyklischen Wiederholung und strukturellen Repetitivität – immer wieder ein Gefühl von „Einmaligkeit" zu erzeugen. Die These ist nun, dass Erlebniszustände dieser Art – wie sie in der Tat oft mit der beschriebenen Zeitwahrnehmung von außerzeitlicher Augenblicklichkeit verbunden sind – der Tendenz nach nicht mehr der Opposition von Reproduktion versus Einmaligkeit unterliegen. Der besondere Augenblick, der gleichsam aus dem strukturierenden Prinzip der Zeit herausgeschnitten scheint, ist immer wieder auf ein Neues einmalig und einzigartig.[134] So betrachtet erscheint es zumindest nicht völlig absurd, dass vermittels des dramaturgisch festgelegten und damit reproduzierbaren Rituals Zustände erzeugt werden können, die, begleitet vom Erlebnis punktueller Augenblicklichkeit, den Beteiligten das Gefühl vermitteln, etwas Einmaliges und Einzigartiges sei im Begriff sich zu ereignen. Der Augenblick des Kontaktes mit einer transzendenten Instanz – mit den Göttern, oder auch mit der reinen Präsenz der ästhetischen Idee[135] – entzieht sich in seiner Außerweltlichkeit der Profanisierung durch Reproduktion.

Ereignisse bewegen sich demnach zwischen zwei Polen: Einerseits werden sie als das Einmalige und Außerordentliche angesehen, gleichzeitig aber können sie diesen Status nur einnehmen, indem ihre

---

134 Zum Verhältnis zwischen Außerzeitlichkeit und ästhetischem Empfinden vgl. Ulrich Pothast, Die eigentlich metaphysische Tätigkeit. Über Schopenhauers Ästhetik und ihre Anwendung durch Samuel Beckett, Frankfurt a.M. 1989, S. 33-76.

135 Vgl. ebd., S. 50.

Außergewöhnlichkeit sich an der gewohnten Ordnung kontrastiv bricht. Das Ereignis ist zwar der „Ausnahmefall", kann aber überhaupt erst vermittels der Deutung durch vorhandene kulturelle Ressourcen als „einmaliger Vorfall" eingestuft werden. Entscheidend ist dabei, dass das Ereignis nicht einfach nur im Kontrast zur gewohnten kulturellen Ordnung und den gegebenen Strukturen steht, sondern dass vielmehr das Ereignis nach seiner Deutung, das heißt ex post, eine bedeutungsaufgeladene Position innerhalb der Struktur einnimmt und die Struktur damit im Nachhinein signifikant verändert.

Aus dieser vorgestellten Relation zwischen Struktur und Ereignis ergeben sich für die Interpretation des Kniefalls folgende Ansätze :

Dieser Gedanke, dass demnach auch die symbolische Verdichtung ansonsten latenter Strukturen als Ereignis gewertet werden kann, gewinnt vielleicht am ehesten an Transparenz, wenn man sich das genaue Gegenteil vor Augen führt: Das Gegenteil wäre derjenige Fall, in dem tatsächlich ein Vorfall vorliegt, der in keiner Weise an vorhandene kulturelle Deutungsmuster anschlussfähig ist. Ein solcher Fall wäre damit schlicht nicht mehr deutbar und könnte deshalb auch nicht als Ereignis eingestuft werden. Er würde vermutlich schlicht aus dem kulturellen Raster fallen, weiterhin, weil nicht interpretierbar, unbeachtet bleiben und als Konsequenz daraus vergessen werden.

1.) Zunächst muss festgestellt werden, dass in diesem Sinne der Kniefall das Ereignis darstellte, das Ritual der Kranzlegung hingegen symbolisierte die gegebene Struktur. Das Ritual des Denkmalbesuchs und der Kranzlegung wirkte als stabilisierendes Korsett beziehungsweise als die ausschlaggebende Struktur, auf Basis dessen der Kniefall *in seiner Ereignishaftigkeit* sich überhaupt erst einstellen konnte. Erst im Kontrast zur durchkomponierten und vorhersehbaren Form des Rituals konnte der Kniefall seine schockartige Wirkung erzielen. Der Kniefall war zwar nicht Bestandteil des Rituals, gleichwohl war er aber ein Effekt, der erst im Gegensatz zur symbolisch durchorganisierten Struktur des Rituals seine Außerordentlichkeit entfalten konnte. So gesehen ist es interessant, dass in den „Kniefall-Erzählungen" der Presse immer wieder ein Detail hervorgehoben wurde: Kurz bevor Brandt „plötzlich" auf die Knie sank (das „Ereignis"), wird geschildert, wie er akkurat die Schleifen des niedergelegten Kranzes zurechtzog.[136] Ein solches „Zurechtziehen der Kranzschleifen" wie es zum protokollarischen Standard politischer

---

136 Vgl. Der Spiegel, 14.12.1970, S. 29.

Gedenkfeiern an Mahn- und Denkmalen gehört, ist gerade in seiner Detailhaftigkeit ein sehr anschauliches Beispiel für Ritualismus: alles ist bis in den kleinsten Handgriff vorgeschrieben. *Dann* ereignet sich der Kniefall und kann erst über den so hergestellten Kontrast zum Ritual seine volle Wirkung entfalten.

Ausgehend von einem weniger oppositionellen, als vielmehr relationalen Verhältnis zwischen Struktur und Ereignis muss festgestellt werden, dass sich der Zusammenhang zwischen der Struktur des Kranzlegungsrituals und des Ereignisses des Kniefalls nicht völlig in einem ausschließlich kontrastiven Verhältnis zwischen protokollarisch vorgesehener ritueller Ordnung und dem Kniefall als ordnungssprengendem Ereignis erschöpft. Oder um es zu präzisieren: Der Kontrast zwischen rituell inszenierter Ordnung und dem Hereinbrechen des außergewöhnlichen Ereignisses ist gemäß der hier zugrunde liegenden Definition des Rituals eine Eigenschaft von Ritualen, die nicht nur in exzeptionellen und „exotischen" Fällen wie dem des Kniefalls zu beobachten ist, sondern vielmehr ist dieser Kontrast zwischen ritueller Ordnung und Ereignishaftigkeit ein Charakteristikum von Ritualen als solchen. Das relationale Verhältnis zwischen Struktur und Ereignis findet sich demnach auf zwei ineinander verkapselten Ebenen: *Zum einen* kann die vorgegebene rituelle Ordnung des Denkmalbesuchs als die performative Struktur (beziehungsweise – damit korrespondierend – als die Symbolisierung einer gegebenen gesellschaftlichen Struktur) betrachtet werden. Der Kniefall ist dann innerhalb dieser Struktur das Ereignis. *Zum Zweiten* jedoch ist das Ritual als solches selber in die Relation Struktur-Ereignis aufgespalten. Über diese Dopplung der Struktur-Ereignis-Relation ergibt sich gemäß der hier vorliegenden Interpretation die entscheidende Anschlussmöglichkeit des Kniefalls an das Ritual: In diesem Kapitel wurde eine Definition des Rituals vorgestellt, die nicht nur die formalisierte Repetitivität rituellen Handelns akzentuiert, sondern genauso das ludische Potential des Rituals wie auch das rituell provozierte Erlebnis des Außeralltäglichen berücksichtigt. Rituale produzieren so gesehen ereignishafte Zustände, die das ritualisierte Geschehen punktuell für einen ausgedehnten Moment – im Zeitmodus der „Augenblicklichkeit" – zu überschreiten in der Lage sind. Wenn Rituale prinzipiell Qualitäten aufweisen, die nicht völlig der vorausschauenden Kontrolle unterliegen, das heißt, wenn im Zentrum des Rituals ein Zustand erreicht werden kann, der dem Außergewöhnlichen Raum bietet, dann erlaubt eine solche Sichtweise Anschluss- und Deutungsmöglichkeiten hinsichtlich des rituellen Arrangements, in das der Kniefall eingebettet war: Der Kniefall war so gesehen zwar *als Form* beziehungsweise in seiner spezifischen Symbolik eine Geste, die innerhalb des zugrunde liegenden Rituals nicht vorgesehen war, jedoch erwirkte er einen Effekt beziehungsweise provozierte er einen Zustand wie er in Ritualen – zumindest in „lebendigen Ritualen", die noch nicht völlig in Konventionalität erstarrt sind – durchaus seinen angestammten Platz hat: Der Kniefall war zwar unter dem Gesichtspunkt der symbolischen Formsprache deplaziert, jedoch war der von ihm ausgelöste, als ereignishaft empfundene Effekt an den sequenziellen Aufbau von Ritualen in *struktureller* Hinsicht anschlussfähig. Erst der Kniefall verlieh dem konventionalisierten politischen Ritual des Denkmalbesuchs einen neuen charismatisch aufgeladenen und außerordentlichen Höhepunkt wie er für aktiv gelebte Ritualpraxis noch typisch ist. In dieser Hinsicht könnte man so weit gehen und mutmaßen, dass durch den Kniefall – trotz seiner formalen Deplaziertheit – das Ritual erst wieder zum Ritual im eigentlichen Sinne wurde: Der Kniefall verdichtete und recharismatisierte so betrachtet ein tendenziell von Profanisierung bedrohtes politisches Ritual, indem er dessen konventionell eingefahrene Struktur sprengte und für einen Augenblick einen ereignishaften und außerordentlichen Zustand herbeiführte wie er an die rituelle Hochphase der Communitas nach Turner erinnert.

Um diese vom Kniefall ausgelöste Konversion des politischen Rituals zu analysieren, ist es aufschlussreich – wenn auch ausschließlich zu heuristischen Zwecken – die von Winfried Gebhardt eingeführte Differenzierung zwischen *Fest* und *Feier* heranzuziehen.[137] Das Fest ist nach Gebhard die *Institutionalisierung des emotionalen/affektuellen Handelns*, die Feier dagegen ist die *Institutionalisierung des wertrationalen Handelns*. Die Feier dient demnach dazu, eine bewusst ausgearbeitete Idee oder ein Weltbild in das Gedächtnis der Akteure zurückzurufen. In der Feier wird das Außeralltägliche nicht affektuell ausgelebt, vielmehr wird die Bedeutung des Außeralltäglichen bewusst und in besinnlicher Distanz reflexiv vergegenwärtigt. Die Feier ist in diesem Sinne die performative Zurschaustellung zentraler kultureller Werte, die für die Selbstdefinition einer bestimmten sozialen Gruppierung von außerordentlicher Bedeu-

---

137 Vgl. Gebhardt, Fest, Feier und Alltag; zum „Event" vgl. ders. u.a. (Hg.), Events. Soziologie des Außergewöhnlichen, Opladen 2000.

tung sind. Während das Fest auf den ekstatischen Moment abgestellt ist, hat die Feier oft einen ausgeprägten Vergangenheitsbezug: In der Feier werden Gründungsmythen kommemorativ heraufbeschworen, es wird auf Traditionen Bezug genommen und gemeinsam geteilte Werte werden performativ versinnbildlicht. Es verwundert daher nicht, dass Feiern in ihrer symbolischen beziehungsweise rituellen Formsprache von hoher Strukturiertheit geprägt sind (der *soziale Strukturerhalt* spiegelt sich in diesem Sinne in der *Struktur der rituellen Form*).

Das Fest ist dagegen durch seine Ereignishaftigkeit und seine Entgrenzung bestimmt. Im Fest erfolgt ein ekstatisches Verschmelzen mit dem Außeralltäglichen, das heißt ein Entrücktsein vom Alltäglichen. Das Fest ist ganz auf die augenblickliche Wahrnehmung des Gegenwärtigen und auf das Ereignis abgestellt. Transzendenz wird hier gewissermaßen „gelebt". In Anlehnung an Arnold Gehlen spricht Gebhard davon, das Fest sei – so gesehen nicht unähnlich der Turner'-schen Liminalität und Communitas – auf einheitliches Erleben angelegt. Das Fest – so ließe es sich auch formulieren – ist diejenige Form von Performanz, vermittels der weniger die wertrationalen Fundamente einer bestehenden Ordnungskonzeptionen erinnernd vergegenwärtigt werden, sondern vielmehr dient das Fest dazu, Gründungsereignisse affektuell wiederaufleben zu lassen. Das Fest in seiner emotionalen Dichte lässt für die Akteure die Illusion entstehen, selbst „leibhaftig" am außerordentlichen Gründungsereignis der Gemeinschaft teilzunehmen. Im Unterschied zur Feier vergessen die Akteure im Fest die historische Distanz zwischen dem bedeutungsmächtigen Gestern und dem Heute. So gesehen ist das Fest nicht Erinnerung an ein Gründungsereignis, sondern die affektuelle Reevokation desselben.

Feste und Feiern weisen ausgeprägte Affinitäten zur Handlungsform des Rituals auf. Leider ist diese Differenzierung in der bisherigen Forschung wenig berücksichtigt worden. Begreift man Rituale jedoch unter anderem als *Synthese von Struktur und Ereignis*, so kann daran die Hypothese angeschlossen werden, dass einerseits – jeweils abhängig vom sozialen Kontext – bestimmte Ritualformen existieren, die als Ritual stärker den Akzent der Struktur in den Vordergrund rücken und damit die Funktion feierlicher Bestätigung einer bestehenden Ordnung erfüllen, und andererseits existieren dann daneben solche Ritualformen, die mehr dem ekstatischen Fest gleichen. Aus diesem Blickwinkel lässt sich folgende These aufstellen: Gebhardt merkt selber an, dass institutionalisierte demokratische Feiern von schleichender Entcharismatisierung bedroht sind und Gefahr laufen, zu bloßer Konvention zu werden.[138] Genau hier setzt die Bedeutung des Kniefalls ein: Der Kniefall überhöhte die konventionalisierte Feier, indem plötzlich ein Moment des Ereignishaften ins Spiel kommt. Es wäre unpräzise, zu behaupten, der Kniefall hätte damit die politische Gedenkfeier in ein „Fest" transformiert: Auch Feste unterliegen einem rituell abgesteckten Rahmen und ergeben sich nicht „völlig spontan". Dennoch besteht ein Zusammenhang zwischen Kniefall und Fest: Der Kniefall verwandelte das in der politischen Feier rituell vorgegebene *Gedenken an etwas* in ein *ekstatisches Ereignis*.

Dieser Befund lässt sich präzisieren, wenn man ein weiteres Definitionskriterium des Rituals hinzuzieht: Giesen beschreibt Rituale unter anderem als *Iterationen* vergangener Ereignisse. In Ritualen werden demnach vergangene Ereignisse performativ zu neuem Leben erweckt. In der rituellen Repetition wird damit erreicht, dass der „Schock" des ursprünglichen Ereignisses – zum Beispiel einschneidender Gründungsdaten, die in der Vergangenheit eine neue Ordnung etablierten – in eine kontrollierbare Form überführt wird.[139] Das Ursprungsereignis wird dadurch abgeschwächt, bleibt aber in seiner Ereignishaftigkeit erhalten. In diesem Modell besitzt das Ritual in zweifacher Weise einen ereignishaften Charakter: Einerseits ist die rituelle Performanz als solche ein ereignishafter und außeralltäglicher Zustand und gleichzeitig wird innerhalb des Rituals auf vergangene Ereignisse Bezug genommen.[140] Auch hier besitzt damit das Ereignis einen festen Platz in der Struktur des Rituals. Aus diesem theoretischen Blickwinkel betrachtet, geschah am Warschauer Denkmal Folgendes: Indem Brandt plötzlich auf die Knie sank, ersetzte er die rituelle *Iteration eines (vergangenen) Ereignisses* durch ein *neues Ereignis*. Der Vergangenheitsbezug des Kranzlegungsrituals wurde durch augenblickliche Gegenwärtigkeit ersetzt. Der Kniefall war zwar wie bereits erläutert *als symbolische Form* deplaziert, er war jedoch gleichzeitig *als Ereignis* in struktureller Hinsicht an das Ritual an-

---

138 Vgl. Gebhardt, Fest, Feier und Alltag, S. 177-191.
139 Vgl. Giesen, Performing the Sacred.
140 Es ließe sich noch ergänzen, dass solche einschneidenden Ereignisse, auf die im Ritual Bezug genommen wird, nicht nur im Bereich der „realen Vergangenheit" liegen müssen (wie es bei den meisten politischen Ritualen der Fall ist, in denen die „Geburt der Nation" – beispielsweise aus der Revolution heraus – gefeiert wird. Ebenso möglich ist, dass Rituale solche Ereignisse neu erwecken, die mythisch überliefert sind).

schlussfähig. Dass es allerdings gelang, im Ritual die Iteration eines Ereignisses durch ein neues Ereignis auszutauschen, erklärt sich allein daraus nicht von selbst. Um die Frage zu klären, warum diese Transformation gelang, muss noch eine weitere Dimension des Ereignis-Begriffs eingeführt werden: Die Wirkung des Kniefalls beruhte auf der Akzeptanz der Öffentlichkeit, das heißt in diesem Fall, auf der Akzeptanz der anwesenden Medien. Erst die Deutung der Medien „machte" den Kniefall zum Ereignis. In den folgenden Abschnitten wird in Anschluss an Sahlins die These vertreten, dass sich Ereignisse erst über retrospektive, auf bereits vorhandenes kulturelles Wissen zurückgreifende Deutungen konstituieren. Die Konversion vom *iterativen* zum *neuen* Ereignis fand nicht im Ritual statt, sondern im Text.

2.) Sahlins beschreibt das Ereignis in zweierlei Weise, wobei seine beiden Definitionsansätze auf den ersten Blick nicht problemlos miteinander vereinbar scheinen: Einerseits ist es nach seiner Meinung für Ereignisse charakteristisch, dass außergewöhnliche Vorfälle vermittels zur Verfügung stehenden kulturellen Ressourcen bearbeitet und erst damit mit außergewöhnlicher Bedeutung aufgeladen werden. Die Deutung des außergewöhnlichen Falls wiederum verändert im Umkehrschluss die bestehende kulturelle Ordnung. Andererseits liegt nach Sahlins auch dann insofern ein Ereignis vor, wenn vorhandene, allerdings während des gewohnten Laufs der Dinge latent bleibende Strukturen in einem Punkt – in einem bestimmten Vorfall, in einer bestimmten Geste, in einer bestimmten Performanz – sich symbolisch verdichtet offenbaren. Diese beiden Ansätze haben trotz ihrer Unterschiede eines gemeinsam: In beiden Fälle tritt etwas ein, was in dieser Form nicht zu erwarten war und was aufgrund seiner retrospektiv zugemessenen Bedeutungsdichte im weiteren Verlauf eine strukturtransformierende Wirkung ausüben wird. Wie es wohl bei den meisten empirischen Fällen zutrifft, so befindet sich auch der Kniefall Brandts zwischen diesen beiden Polen: Im Rahmen der vorliegenden Arbeit wird davon ausgegangen, dass die symbolische Aussage des Kniefalls im gesellschaftlichen Kontext einer sich wandelnden nachkriegsdeutschen Identität zu verstehen ist. Demnach ist der Kniefall vor dem Ghetto-Denkmal zum einen insofern ein Ereignis, indem er sich latent bereits abzeichnende beziehungsweise sich in der Entwicklung befindliche Strukturen – die Umorientierung der öffentlichen Identität hin zum Trauma eigener Schuld – symbolisch in einer außerordentlichen Geste bündelte und damit in komprimierter

Form in aller Öffentlichkeit präsentierte. Der „urplötzliche" Kniefall vor dem Ghetto-Mahnmal war so gesehen dasjenige Ereignis, in dem die bereits seit einiger Zeit eingesetzte Umstellung der offiziellen bundesdeutschen Identität hin zu einem traumatischen Referenzpunkt ihren adäquaten symbolischen Ausdruck erfuhr. Zum anderen besitzt der Kniefall ebenso die andere Dimension des Ereignisses: Ein unerwarteter und geradezu unerhörter Vorfall wird zum bedeutenden Ereignis, indem der außerordentliche, das heißt der die gewohnte Ordnung sprengende Vorfall vermittels kultureller Deutungsmuster bearbeitet und sinnhaft interpretiert wird und so erst eine exponierte symbolische Bedeutung innerhalb des Kontextes der zugrunde liegenden Kultur erhält. Gemessen an der protokollarisch festgelegten Dramaturgie des Kranzlegungsrituals war der Kniefall ein außerordentlicher Vorfall, er war ein völlig unerwarteter Bruch der bestehenden Ordnung. Dieser außerordentliche Vorfall wurde zum bedeutungsvollen Ereignis im eigentlichen Sinne, indem er in der deutschen Presse in einer ganz bestimmten Weise narrativ gerahmt wurde. Ganz im Sinne Sahlins wurden kulturell zur Verfügung stehende Ressourcen mobilisiert, um den außerordentlichen Vorfall in sinnhafter Weise zu rahmen. Im nächsten Kapitel wird gezeigt, dass im Falle des Kniefalls insbesondere der christlichen Religion entlehnte Motive hierzu herangezogen wurden.

Hinsichtlich dieser ex post erfolgenden Rahmung des Kniefalls muss hier vor allem eine Frage beantwortet werden: Sahlins wirft innerhalb der Auseinandersetzung mit dem Phänomen des historisch relevanten Ereignisses folgende Frage auf, die auch bezüglich des hier zugrunde liegenden Sachverhalts eine zentrale Position einnimmt: „Wie kann zum Beispiel ein flüchtiger Vorfall die ganze historische Entwicklungslinie der Beziehungen zwischen Nationen verdichten und vorantreiben? Wie können solche sozialen Totalitäten derart auf Individualitäten reduziert werden, dass das Schicksal einzelner Personen die kollektiven Geschicke zu formen vermag? Dies sind die grundlegenden Rätsel des Ereignisses."[141] Wie kann es demnach erklärt werden, dass ein Ereignis, in dessen Zentrum ein einzelnes Individuum steht – der „plötzlich" kniende Brandt – eine kollektive Bedeutungsdimension einnimmt.[142] Im *Narrations-Kapitel* wird die These ausgebaut werden, dass diese kollektive Rückrechnung nicht hinreichend über den Status Brandts als gesell-

---

141 Sahlins, Die erneute Wiederkehr des Ereignisses, S. 94.
142 Vgl. ebd., S. 116-119.

schaftlicher Repräsentant erklärt werden kann. Nicht alles, was Repräsentanten tun, ist dadurch automatisch auch repräsentativ. Gerade im Falle solcher außerordentlichen Gesten wie dem Kniefall ist die Gefahr sicherlich nicht auszuschließen, dass eine solche Handlung eben nicht von der beobachtenden Öffentlichkeit als Repräsentationsleistung akzeptiert wird.[143] Es existiert jedoch noch ein anderer Weg, sich diesen Rückbezug des eng mit dem Individuum verbundenen Ereignisses auf die kollektiv akzeptierte Bedeutungsebene zu erklären: Der Schlüssel hierzu ist die Art und Weise der ex post erfolgenden narrativen Rahmung des Kniefalls in der Presse. Hier begegnet man „Stories", deren Plot darin liegt, dass nicht etwa Brandt als intentional handelnde Person die treibende Kraft hinter dem Kniefall war, sondern vielmehr wird Brandt als passiver Erfüllungsgehilfe eines höheren Prinzips beschrieben. Der Kniefall wird in einer Weise narrativ nachbereitet, als sei er nicht das Resultat Brandts eigenen Willens, sondern als sei Brandt vielmehr von einer höheren Instanz regelrecht auf die Knie gedrückt worden. Was damit näher gemeint ist, wird im Folgenden unter Punkt drei erklärt:

3.) Eine Frage bezüglich der Phänomenologie des Ereignisses blieb nämlich bis zu dieser Stelle noch ausgeklammert: Wer ist eigentlich dasjenige Subjekt, von dem das Ereignis ausgeht, das heißt, wer initiiert das Ereignis? Im Falle des Kniefalls könnte man meinen: Das „Subjekt Willy Brandt". Dieser Ansatz führt jedoch in die Irre. Nach Sahlins sind diejenigen Akteure, die – wie im vorliegenden Falle Brandt – im Mittelpunkt des Ereignisses stehen, weniger die eigentlichen Initiatoren des Ereignisses, sondern müssen vielmehr als Personen betrachtet werden, in deren Handlungen sich kulturell übergeordnete Kategorien offenbaren.[144] Außerordentliche Ereignisse entfalten sich so gesehen zwar *an* Personen, werden aber nicht als *deren Werk und Wille* angesehen. Das eigentliche Ereignis, das in seiner Einmaligkeit und Außerordentlichkeit geltende Kausalitätsprinzipien hinter sich lässt, ist nicht auf das intentionale Handeln einzelner Individuen, sondern auf diejenigen kulturell übergelagerten transzendenten Instanzen zurückzuführen, die sich im Ereignis „zeigen", das heißt, die in außerordentlichen Momenten und

---

143 Eine in ihrer Symbolik nicht akzeptierte Ritualhandlung liegt beispielsweise bei Helmut Kohls und Ronald Reagans gemeinsamen Besuch des Soldatenfriedhofs in Bitburg vor (vgl. Soeffner, Die Ordnung der Rituale, S. 177-202).

144 Vgl. Sahlins, Die erneute Wiederkehr des Ereignisses, S. 116-117.

Vorfällen eine Gestalt annehmen. Genau an dieser Stelle wird deutlich, warum die retrospektive kulturelle Bearbeitung den besonderen Vorfall erst zum bedeutungsvollen Ereignis macht: Die genannten „sich zeigenden höheren Instanzen", an deren Wirken das Ereignis festgemacht wird, existieren nicht wirklich in der Welt, sondern sind nur in Form kulturell abgelagerter symbolischer Formen verfügbar: vor allem in Form von mythischen Geschichten. Das heißt, erst durch die Deutung des außerordentlichen Vorfalls unter Hinzuziehung bestimmter mythischer Motive – wie es Sahlins am Beispiel des Kapitän Cook durchexerziert – wird der außerordentliche Vorfall insofern zum Ereignis, als erst vermittels des mythischen Bezugs die Präsenz einer höheren Instanz suggeriert werden kann.

Damit eröffnet sich eine weitere Anschlussmöglichkeit des Kniefalls an das Phänomen des Ereignisses: Das Ereignis wird nicht von Akteuren der diesseitigen Welt absichtsvoll herbeigeführt, sondern ist vielmehr das Resultat des Sich-Zeigens höherer Prinzipien beziehungsweise höherer, teils den Status des „Göttlichen" einnehmender Instanzen. In diesem Sinne ist es konsequent, wenn Dieter Mersch hinsichtlich der Phänomenologie des Ereignisses anmerkt: *„Dagegen ereignet das Ereignis sich selbst. Es ist Ankunft schlechthin. Entsprechend wird nicht die ‚Gabe' gegeben: Sie gibt (sich)."*[145] Es ist in Hinsicht auf den vorliegenden Fall höchst interessant, wie Mersch hier „die Gabe" mit dem Ereignis verknüpft. Im anschließenden Kapitel wird das Argument vertreten werden, dass der Kniefall in der Konsequenz von den Medien als Akt gnadenvoller Vergebung von Schuld interpretiert wurde. Gnade jedoch – darauf wird noch vertieft eingegangen werden – ist insofern das Ereignis par excellence, da Gnade (insbesondere die Gnade im Sinne der biblischen Religionen) dadurch bestimmt ist, dass sie dem Menschen von Gott gewährt wird, ohne dass der Mensch hier Einflussmöglichkeiten (in Form irgendeines magischen „Götterzwanges") besitzt. Die Menschen können zwar Reue zeigen, sich Bußpraktiken unterwerfen und sich in Kontemplation auf den ekstatischen Moment vorbereiten, ein direkter manipulativer Zugriff ist jedoch versagt. Die

---

145 Mersch, Was sich zeigt, S. 376 [kursiv im Original]. Im Hintergrund der zitierten Stelle verbirgt sich ein Verständnis des Ereignisses wie es stark von Heidegger beeinflusst ist. Eine Auseinandersetzung mit dieser äußerst komplexen Theorie würde allerdings an dieser Stelle zu weit führen, vgl. Martin Heidegger, Beiträge zur Philosophie: (Vom Ereignis), Frankfurt a.M. 1989; vgl. hierzu Friedrich-Wilhelm von Herrmann, Wege ins Ereignis. Zu Heideggers ‚Beiträgen zur Philosophie', Frankfurt a.M. 1994.

vorgestellte Relation zwischen Struktur und Ereignis ist insofern auch der Theologie nicht unbekannt. Die Struktur steht hier für die geschaffene Ordnung der Natur, das Ereignis hingegen für den Moment der Gnade (beziehungsweise insbesondere im Christentum für die in Christus kulminierende Heilsgeschichte).[146]

Wenn es sich im Laufe des nächsten Kapitels tatsächlich bewahrheiten sollte, dass der Kniefall als die symbolische Inszenierung eines Gnadenaktes beschrieben werden kann, dann trägt dies zur Erklärung bei, warum der Kniefall als ein derartig erschütterndes und pathetisch aufgeladenes Ereignis wahrgenommen wurde: Schlicht auch deshalb, weil die in ihm symbolisch chiffrierte Botschaft – ein sich vollziehender Gnadenakt – genau denjenigen Moment repräsentiert, der im Verständnis unserer Kultur als das Ereignis schlechthin gilt.

7.3. Vom Ereignis zur Erzählung – von der Erzählung zum Ereignis

Die bisherige Argumentation baute darauf auf, dass Ereignisse im genannten Sinne zwar von Diskontinuität gekennzeichnet sind, dass sie von den lebensweltlichen Akteuren als außerordentlich bis hin zur Unbeschreibbarkeit angesehen werden, dass paradoxerweise aber gleichzeitig das Ereignis erst dadurch mit intersubjektiver Bedeutung versehen werden kann, indem es ex post vermittels kulturell verfügbarer Rahmen in einen deutbaren Kontext gestellt wird. Was die kulturelle Deutung von Ereignissen angeht, so wird an vielen Stellen besonders die Erzählung genannt, mit Hilfe derer das Ereignis – gleichsam dasjenige, das „aus dem Nichts" eintraf – in ein nachvollziehbares und erklärendes Gitterwerk kultureller Bedeutungszusammenhänge eingegliedert wird.[147] Warum es insbesondere das Medium des Erzählens ist, vermittels dessen das Ereignis eingefangen wird, hat – so die These – folgenden Grund: Ereignisse sprengen die zeitliche Kontinuität und die Nachvollziehbarkeit aufeinander aufbauender und sinnhaft miteinander ver-

---

146 Vgl. Leo Scheffczyk, Struktur und Ereignis als theologische Kategorien, in: Norbert A. Luyten (Hg.), Wege zum Wirklichkeitsverständnis. Struktur und Ereignis I, Freiburg 1982, S. 187-212.

147 Vgl. Arno Borst, Das historische ‚Ereignis', in: Koselleck / Stempel (Hg.), Geschichte – Ereignis und Erzählung, S. 536-540; vgl. Jauss, Versuch einer Ehrenrettung des Ereignisbegriffs.

knüpfter Handlungsverläufe und Strukturen. Erzählungen dagegen sind dadurch gekennzeichnet, dass sie in ästhetisch idealisierter Weise das Handeln der in ihnen auftretenden Personen in einen sinnhaften Zusammenhang stellen.[148] Jede Kultur verfügt in diesem Sinne über einen Fundus stereotypisierter Erzählformen. Erzählungen vermitteln sinnhaft geordnete Handlungsstrukturen und vor allem sind Erzählungen dadurch charakterisiert, dass vermittels ihrer wir uns unserer Zeitlichkeit beziehungsweise unserer Geschichtlichkeit bewusst werden. Erzählungen sind als Medium kultureller Selbstdeutung – und als kulturell objektiviertes Medium der Selbstdistanzierung, die eine Selbstdeutung erst ermöglicht – quasi prädestiniert, um über Ereignisse zu berichten und diese dadurch verständlich zu machen. Die Erzählung stünde insofern im Gegensatz zum Ereignis für zeitliche Kontinuität und geordnete, sinnhaft aufeinander aufbauende Handlungsverläufe. Was passiert demnach, wenn über Ereignisse erzählt wird? Sicherlich ist die Erzählung in ihrer Funktion als kulturelles Medium der Deutung und Strukturierung von Geschichtlichkeit das probateste Mittel, den durch das Ereignis hervorgerufenen Bruch retrospektiv deutend zu kitten. Die zeitliche Kontinuität stiftende Erzählung hebt die Diskontinuität des Ereignisses allerdings nicht einfach auf: Auf einen Punkt muss hier besonders aufmerksam gemacht werden. Es wurde die These aufgestellt, dass die Relation Struktur-Ereignis nicht nur für das Verhältnis (Kranzlegungs-)Ritual versus Kniefall-Ereignis zutrifft, sondern dass Rituale als solche bereits in sich in diese Relation zergliedert sind. Ein Gleiches wird im Folgenden auch für die Erzählung angenommen: Auch Erzählungen unterliegen beziehungsweise vermitteln Strukturen, gleichwohl besitzt jede Erzählung – moderne Erzählformen hier einmal beiseite gelassen – so etwas wie einen ereignishaften Höhepunkt. Die ereignislose Geschichte würde nicht befriedigen, weil sie genau das nicht leisten würde, was die Erzählung als Form kultureller Bedeutungsvermittlung vermitteln soll: Die Erzählung ist um eine Krise, das heißt um einen außerordentlichen Bruch herum konfiguriert. Die Außerordentlichkeit des krisenhaften Vorfalls wird dann in der Erzählung harmonisiert und in einem zwar nicht immer glücklichen, doch zumindest sinnvollen Ende aufgehoben. Auf die Theorie der Narration und auf narrative Schlüsselbegriffe wie die genannte „Krise" wird zu Beginn des nächsten Kapitels ausführlich eingegangen werden. An dieser Stelle kann ab-

---

148 Zur Funktion von Erzählstrukturen vgl. Soeffner, Der Mythos von der Macht des Wortes.

schließend Folgendes zu diesem Punkt angemerkt werden: Gleich wie der Kniefall in seiner Ereignishaftigkeit an das Konzept des Rituals anschlussfähig ist, so ist das Ereignis des Kniefalls – sozusagen der Kniefall als Krisenerscheinung – ein ebenso in hohem Maße geeigneter Fall, um narrativ bearbeitet zu werden. So weist auch Reinhart Koselleck darauf hin, dass Strukturen und Ereignisse gemeinhin zwei verschiedene historische Darstellungsweisen fordern: „Üblicherweise nähert sich die Darstellung von Strukturen mehr der Beschreibung, die der Ereignisse mehr der Erzählung."[149] Da es insbesondere die Erzählung ist, die außergewöhnliche Ereignisse in einen bedeutungsvollen Zusammenhang stellen kann, verwundert es wenig, dass in der Presse weniger über den Kniefall Brandts im nüchternen Sinne *berichtet*, als vielmehr von diesem außerordentlichen Ereignis *erzählt* wurde. Die Erzählung muss hier einen Spagat leisten: Würde die Erzählung das Ereignis allzu tief und ausführlich deuten, so liefe sie Gefahr, dasjenige aufzulösen, über das sie doch erzählen will. Die tiefe Deutung würde das Ereignis als solches vernichten, indem das Charakteristikum des Ereignisses als *außer-ordentlicher Akt* explanativ untergraben würde. Gleichzeitig wird das Ereignis nur durch seine narrative Einbettung mit Bedeutung aufgeladen. Würde in der Erzählung dies wiederum zu kurz kommen, so bliebe das Ereignis in sich verschlossen und allerhöchstens den persönlich Anwesenden zugänglich. Im folgenden Kapitel wird daher rekonstruiert, in welcher Weise und vor allem mit welchen kulturell verfügbaren Mustern der Kniefall Brandts narrativ bearbeitet und erst dadurch zum kollektiv bedeutungsvollen Ereignis wurde. Zuvor jedoch soll hier in einem letzten Abschnitt der Frage nachgegangen werden, worauf möglicherweise der „performative Erfolg" des Kniefalls als im Grunde genommen doch sehr eigenartige „Ritualinnovation" insbesondere beruhte.

---

149 Reinhart Koselleck, Zeitschichten. Studien zur Historik, Frankfurt a.M. 2000, S. 329.

7.4. Authentizität und performative Musikalität

In diesem Kapitel wurde unter Bezug auf Giesens Konzept des im Ritual wiederverlebendigten „iterativen Ereignisses" die These aufgestellt, der „dramaturgische Störfall", den der Kniefall streng genommen darstellte, habe sich deshalb dennoch in das Ritual eingefügt, weil es in diesem Fall gelang, die rituell inszenierte Iteration eines vergangenen Ereignisse durch ein tatsächlich stattfindendes neues Ereignis zu ersetzen. Warum dies unter anderem gelingen konnte, lässt sich vermittels der „doppelten Ereignisstruktur" erklären, wie sie nach Giesen für Rituale eigentümlich ist. Rituale sind so gesehen einerseits „ereignishaft", indem *vergangene* Ereignisse im Ritual performativ in Szene gesetzt werden. Neben diesem iterativen Moment sind Rituale gleichzeitig insofern aber auch „Ereignisse zweiter Ordnung" (*second order events*[150]), da sie *als Ritual, das heißt als im Augenblick tatsächlich stattfindende Performanz körperlich anwesender und emotional ergriffener Akteure* erst durch die Ereignishaftigkeit für die Ritualteilnehmer den Rahmen profaner Handlungen und alltäglicher Performanzen überschreiten. Bis zu dieser Stelle ist so gesehen erklärbar, warum der Kniefall in struktureller Hinsicht an das Ritual anschlussfähig war. Brandts Geste pfropfte sich gewissermaßen auf die ereignishafte Struktur des Rituals auf. Diese strukturelle Seite ist jedoch nur als Vorbedingung des „performativen Erfolgs" von Brandts außergewöhnlicher Handlung zu verstehen. Auch wenn der Vergleich etwas hinkt, so muss zum Beispiel ein Musikstück wie es – sozusagen in struktureller Hinsicht – auf dem Notenblatt vorgegeben ist, erst durch das Können des Musikers zu „eigentlicher Musik" erweckt werden. Eine reine Reproduktion der ausschließlich in der Notation niedergelegten musikalischen Anweisungen würde mit Sicherheit als „holprig" oder „seelenlos" empfunden werden, so, als würde eine mechanische Spieluhr das Stück wiedergeben. In diesem Sinne bedürfen auch Rituale, versteht man unter ihnen mehr als die reine Repetition einer vorgegebenen Dramaturgie, einer gewissen „performativen Musikalität". Um dies näher zu erklären, wird im Folgenden auf Jeffrey C. Alexanders Konzept performativer „fusion" und des „flows" eingegangen.[151] Unter *fusion* versteht Alexander einen Idealzustand ritueller Performanzen wie er in so-

---

150 Giesen, Performing the Sacred.
151 Vgl. Jeffrey C. Alexander, The Cultural Pragmatics of Social Performance: Between Ritual and Rationality, in: ders. / Giesen (Hg.), Social Performance.

genannten „einfachen Gesellschaften" noch vorhanden ist. Soziale Performanzen wie Rituale sie darstellen, können zunächst nach Alexander analytisch in mehrere einfache Grundbestandteile zerlegt werden: So basieren Rituale einerseits auf einem bestimmten Kosmos kollektiver Repräsentationen. Einerseits finden sich hier „background symbols", das heißt der für eine bestimmte Kultur relevante Vorrat symbolisch besonders markierter Bedeutungen (die „großen Kollektivsymbole", auf die das Ritual zurückgreift, ähnlich Warburgs Pathosformeln) und andererseits lassen sich „foreground scripts" identifizieren, wobei mit Letzterem die Rahmung der aktuellen sozialen Situation gemeint ist, innerhalb der ein Ritual oder eine bestimmte Performanz ihren Platz findet. Im Falle des Kniefalls wäre die christlich geprägte Demutshaltung des Kniens beispielsweise den kulturell abgelagerten *background symbols* zugehörig. Das *foreground script* hingegen ist die politische Situation Deutschlands nach 1945 und weiterhin damit zusammenhängend der diplomatische Besuch Brandts in Polen. Ebenso muss nach Alexander die Analyse rituellen Handelns Ebenen wie „Akteure" und „Zuschauer" getrennt voneinander behandeln oder auch der Frage nachgehen, welche Personen oder Gruppen jeweils im Besitz der entsprechenden gesellschaftlichen Macht und Privilegien sind, ein Ritual zu initiieren beziehungsweise daran teilzunehmen.

Alexanders These ist nun, dass in „einfachen Gesellschaften" sämtliche Ritualbausteine untereinander harmonisch ausbalanciert sind, ohne dass es hier zu Brüchen und Widersprüchen kommt. Der Symbolhaushalt einer solchen Kultur wird noch fraglos von allen Akteuren als selbstverständlich und unhinterfragt hingenommen. Wann und unter welchen Umständen ein Ritual durchgeführt wird, erklärt sich noch „von selbst" und – noch entscheidender – der Verdacht, die rituellen Akteure könnten möglicherweise eine Art „Theateraufführung" in manipulativer Absicht inszenieren, keimt hier noch nicht. Diesen Zustand einer in sich geschlossenen und symbolisch harmonisierten Ritualpraxis bezeichnet Alexander mit dem Begriff *fusion*. Giesen fügt diesem Begriff diesbezüglich noch die Bedeutung hinzu, *fusion* sei vor allem dann in der Performanz oder im Ritual erreicht, wenn es zu einer widerspruchsfreien Verschmelzung der Erwartungen des Publikums (dessen Sehnsüchte, Hoffnungen, Ängste und Obsessionen) mit der „Aufführung" kommt.[152]

---

152 Giesen, Performing the Sacred.

Die rituelle Praxis „moderner Gesellschaften" dagegen ist nach Alexander von *de-fusion* gekennzeichnet. Insbesondere ist damit gemeint, dass in solchen Gesellschaften zunehmend mehrschichtige Arenen und Zuschauerschichten entstehen, so dass beispielsweise ein öffentliches politisches Ritual nicht mehr in ein und derselben unhinterfragten Weise wahrgenommen wird, sondern von verschiedenen Zuschauergruppen jeweils verschieden rezipiert wird. Der vormals noch einheitlich geteilte symbolische Kosmos ist in komplexen Gesellschaften einer Reihe unterschiedlicher Sub-Kosmen gewichen, so dass das Ideal einer fraglos gültigen „rituellen Harmonie" zumindest im Falle an die Öffentlichkeit addressierter Rituale nicht mehr erreicht werden kann. Allerdings räumt Alexander ein, auch moderne Gesellschaften bedürften einer integrierenden Symbolik, die zu bestimmten Anlässen performativ in Szene gesetzt werden muss. Um moderne öffentliche Performanzen zu beschreiben, führt er daher in einem dritten Schritt den Begriff der *re-fusion* ein. Gemeint ist damit, dass öffentliche Performanzen in komplexen modernen Gesellschften es zu bewerkstelligen suchen, den ursprünglichen Zustand ritueller *fusion* zu imitieren. Überzeugende Aufführungen dieser Art sind nach Alexander dann „ritual-like" (wäre der Begriff nicht so sperrig, so könnte man diese neue Form als *„ritualoide* Performanzen" bezeichnen).

Um dies zu erreichen, müssen die „Ritual"-Akteure den Eindruck von „Authentizität" hinterlassen, wie Alexander es mit folgenden Worten beschreibt: „An authentic person seems to act without artifice, without self-conciousness, without reference to some laboriously thought out plan or text, without concern for manipulating the context of her actions, and without worries about that action's audience or its effects."[153] In anderen Worten: Wenn Rituale als Inszenierungen einer Kollektiv-Symbolik aufgefasst werden, dann wird ihre kollektive Bedeutungsstiftung ab dem Punkt zerstört, wenn der Eindruck entsteht, die rituellen Akteure missbrauchten die symbolische Kollektiv-Bedeutung zur Verwirklichung eigener Interessen.

Dass rituelle Authentizität davon abhängt, dass sich nicht der Verdacht erhebt, die Akteure handelten in manipulativer Absicht gemäß eigener Interessenlagen und gemäß eines taktisch wohldurchdachten „Plans", wird im folgenden *Narrations-Kapitel* an zentraler Stelle behandelt werden. Es wird der Frage nachgegangen werden, mit welchen

---

153 Alexander, The Cultural Pragmatics of Social Performance.

narrativen Mitteln der Kniefall in der Presse in einer Form dargestellt wurde, als habe Brandt gar nicht im taktisch-intentionalen Sinne „von sich aus" gehandelt, sondern als habe er als Akteur gleichsam als Erfüllungsgehilfe im Dienste einer mythologisch vertieften Kollektiv-Symbolik gestanden.

Die genannte Authentizität der rituellen Performanz hängt dabei nach Alexander insbesondere von einem Umstand ab, den er in Anlehnung an Mihaly Csikszentmihaly[154] mit dem Begriff „flow" wiedergibt. *Flow* stammt aus Csikszentmihalys Untersuchung „virtuoser Performanzen" in Kunst oder Sport. Gemeint ist damit die traumwandlerische, scheinbar anstrengungslose, wie selbstverständlich wirkende Leichtigkeit, die einer bestimmten Aufführung erst ihre besondere Wirkung verleiht. Ist dieser Zustand des *flows* erreicht, so scheint es beispielsweise, als spiele nicht mehr der Musiker das Stück, sondern als verwirkliche sich vielmehr die Musik *durch* den Musiker (gleich einem „Medium" wie man es aus spiritistischen Kontexten kennt). Insofern ist es höchst interessant, dass zum Beispiel der musikalische Virtuose, obgleich er doch als die höchste Vollendung *individueller* Fähigkeiten gilt, doch gleichzeitig auf der Höhe seiner Leistung als Individuum hinter dem Werk zu verschwinden beginnt, das *durch ihn* wirkt, so, als sei der Musiker nicht der Produzent der „musikalischen Transzendenz", sondern nur noch deren „Hebamme" (so gesehen ist u.a. musikalische Virtuosität in der Tat als eine der letzten eminent lebendigen Transformationen des Prophetentum aufzufassen).

Ob ein solcher *flow* erreicht wird, ist dafür entscheidend, ob eine Aufführung – gleich welcher Natur – bestenfalls als „brave" (aber doch auch „angestrengte") Reproduktion, oder als virtuose Leistung angesehen wird. Wenn Rituale – wie oben unterstellt wurde – als *körperliche* Praxen, die nicht nur abstrakte „Struktur" sind, sondern sinnlich wahrnehmbar aufgeführt werden müssen, einer bestimmten (leider in der Forschung oft viel zu niedrig eingeschätzten) performativen Musikalität bedürfen, um einen solchen Zustand des *flows* zu erreichen, so ist es genau dieser Begriff, der Auskunft darüber gibt, warum der Kniefall so „authentisch" wirkte. Neben den Zeitungsfotos und den Texten ist es hier geboten, den Kniefall auf Filmdokumenten zu betrachten.[155] Wenn

---

154 Vgl. Mihaly Csikszentmihaly, Beyond Boredom and Anxiety, San Francisco 1975.
155 Vgl. zum Beispiel die arte-Dokumentation „Willy Brandt – eine Jahrhundertgestalt", 52:30-53:10.

182

man sich ansieht, mit welcher Eleganz Brandt damals auf die Knie sank, dann wird klar, dass nicht nur entscheidend war, *dass Brandt kniete*, sondern genauso *wie er kniete*. Dieses Moment der Formgebung im körperlichen Ausdruck ist allerdings kaum theoretisierbar, sondern nur beschreibbar. In diesem Sinne soll hier abschließend folgende Behauptung aufgestellt werden: Der Erfolg des Kniefalls – wenn auch nicht ausschließlich – ist auf performativer Ebene darauf zurückzuführen, dass es Brandt gelang, in einer Art von *flow* seinen Kniefall in das offizielle Ritual des Dankmalbesuchs hineinzuschieben: *Der harmonisch perfekt aufgeführte Fluss des körperlichen Ausdrucks harmonisierte den Kniefall mit dem politischen Ausgangsritual und machte aus dem „Störfall" einen Bestandteil des Rituals. Die Ästhetik der körperlichen Darstellung vermittelte ein „so muss es sein", ein „das gehört hier her".* Die Wirkung des Kniefalls als zwischenzeitlich anerkanntes öffentliches Symbol ist so betrachtet auch ein ästhetisches Phänomen. Der Kniefall war zwar nur eine relativ kurze performative Sequenz, dennoch war er „virtuos". Die Geste Brandts und vor allem mit welcher absolut sicheren Flüssigkeit sie in den performativen Kontext des Ausgangsrituals eingefügt wurde, ist so gesehen ein Beispiel perfekt dargebotener Körpersprache. Wie gesagt, hier kann nur noch beschrieben und kaum noch erklärt werden. Man kann es vielleicht stichwortartig folgendermaßen versuchen: Entscheidend für den Eindruck war die Ruhe mit der Brandt, nicht von sich aus, sondern gleichsam von etwas anderem niedergedrückt, auf die Knie sank. Brandts Mimik war perfekt ausbalanciert – weder war sie zu pathetisch, aber auch nicht zu distanziert. Der minimale, ebenfalls perfekt platzierte Ruck – nicht zu kurz und nicht zu lang –, der ihn durchzog, als er niederkniete, und der dem Betrachter vermittelte, das alles sei nicht geplant gewesen, sondern habe sich „im Augenblick" erst ergeben. An keiner Stelle zeigt sich ein noch so kleines verräterisches Detail, das als „unauthentisch" hätte gewertet werden können. So gesehen war der Kniefall ein Moment formvollendeten körperlichen Ausdrucks, eine Form performativer Musikalität wie man sie besser kaum hätte ausführen können.

5. Die narrative Rahmung des Kniefalls Willy Brandts in der deutschen Presse

„Er kniete nieder und erhöhte sein Volk" (Lev Kopelev)[1]

„Denn wer sich selbst erhöht, wird erniedrigt, wer sich aber selbst erniedrigt, wird erhöht werden." (Lukas 18, 14)[2]

„Lukas 18, 14 verbessert. – Wer sich selbst erniedrigt, will erhöhet werden." (Friedrich Nietzsche)[3]

1. Zur Einleitung

Wenn auf den sehr engen Zusammenhang verwiesen wird, der zwischen der kulturellen Praxis des Geschichten-Erzählens und der Konstruktion von Identität besteht, so ist ein solcher Verweis zweifellos allein schon aus jeweils eigener Erfahrung regelrecht selbstevident. Gleich ob es sich um die identitäre Selbstbeschreibung von Individuen oder Gruppen handelt: Wer auch immer sich selbst oder anderen gegenüber die Frage zu beantworten sucht, wer man eigentlich sei (und wie man es geworden ist), beginnt zunächst zu erzählen.[4] Die Erzählung, so einfach es klingen mag, beginnt damit an dem Punkt, an dem etwas zum Problem wird: Im Mittelpunkt der Erzählung steht eine Krise oder ein Problem („wer bin ich?"), auf das eine Antwort gesucht wird.

Auch wenn es inzwischen ein allzu bekanntes Zitat ist, so soll doch auch hier einleitend auf Max Frisch verwiesen werden, wenn er anmerkt: „Jeder Mensch erfindet eine Geschichte, die er dann, oft unter gewaltigen Opfern, für sein Leben hält".[5] Ist demnach die Biographie – die

---

1 Lev Kopelev, in: Die Zeit, 04.02.1977, S. 46. Kopelev zitiert hier einen unbenannt gebliebenen ehemaligen Ghettoinsassen.
2 Vgl. hierzu auch Matthäus 23, 11. Hier stoßen wir noch auf den interessanten Zusatz: „*Der Größte von euch soll euer Diener sein* [kursiv C.S.]. Denn wer sich selbst erhöht, wird erniedrigt, und wer sich selbst erniedrigt, wird erhöht werden."
3 Friedrich Nietzsche, Menschliches, Allzumenschliches. Ein Buch für freie Geister, Stuttgart 1993, S. 79.
4 Vgl. Bernd Vaassen, Die narrative Gestalt(ung) der Wirklichkeit, Braunschweig 1996, S. 201-217.
5 Max Frisch, Unsere Gier nach Geschichten, in: ders., Gesammelte Werke in zeitlicher

„Selbst-Erzählung" – nur eine Fiktion und als solche von fragwürdigem Charakter? Was sich in diesem Zitat auf der Ebene individueller Biographien als Problem andeutet, findet sich auch in der Geschichtsschreibung. Auch hierzu ein allzu bekanntes literarisches Zitat, diesmal aus Goethes Faust: Auf die Schwärmerei Wagners („Verzeiht! Es ist ein groß Ergetzen, sich in den Geist der Zeiten zu versetzen"[6]) antwortet Faust mit einem trockenen „Was ihr den Geist der Zeiten heißt, das ist im Grund der Herren eigner Geist, in dem die Zeiten sich bespiegeln."[7] Die hier geäußerte Skepsis gegenüber der „Wahrheitstreue" der Geschichte – die wir bei modernen Autoren wie Hayden White wiederfinden werden – ähnelt der Kritik Georg Wilhelm Friedrich Hegels, die er gegenüber derjenigen Form von Geschichtsschreibung zu Felde führt, die er als „reflektierende Geschichte" bezeichnet: „jedem Schreiber stehen die Materialien offen, jeder kann sich leicht für fähig halten, sie zu ordnen und zu verarbeiten, und seinen Geist als den Geist der Zeiten in ihnen geltend machen."[8] Auch hier wiederum wird der Verdacht geäußert, mit der historischen Objektivität sei es nicht weit her.

Der in den angeführten Zitaten exemplarisch veranschaulichte Sarkasmus Frischs und die Skepsis Goethes und Hegels führen jedoch auf einen Weg, der im vorliegenden Text nicht eingeschlagen werden soll. Betrachtet man die kulturelle Praxis des Geschichten-Erzählens nicht aus der Perspektive des distanzierten, beispielsweise des wissenschaftlichen Beobachters, sondern aus der Perspektive der erzählenden Akteure selbst, so führt die Frage in die Irre, ob denn nun die Erzählung objektiv „wahr" sei oder nicht. Oder, wie David Carr es ausdrückt: „the narrative structure and narrational activity within communal existence is [...] primarily practical in character; historical narrative, by contrast, is cognitive and seeks an objective representation. The former is engaged in action and has an interest in its outcome; the latter is detached and disinterested, and aims only at the truth."[9] In diesem Zusammenhang

---

Folge, VI Bde., Bd. IV. 1957-1963, Frankfurt a.M. 1976, S. 263.

6   Johann Wolfgang von Goethe, Faust. Der Tragödie erster und zweiter Teil. Urfaust, München 1999, S. 26

7   Ebd., S. 26.

8   Georg Wilhelm Friedrich Hegel, Werke in zwanzig Bänden, Bd. 12. Vorlesungen über die Philosophie der Geschichte, Frankfurt a.M. 1970, S. 18.

9   David Carr, Time, Narrative, and History, Bloomington, Indianapolis 1986, S. 171; vgl. Marquard, Narrare necesse est, S. 60-65.

hält Giesen fest, dass die Erzählung eine in erster Linie soziale Funktion ausfüllt. Die Erzählung ist nach Giesen zunächst die „symbolische Vergegenwärtigung"[10] eines vergangenen sozialen Prozesses. Wird auf der Ebene lebensweltlicher Erzählpraxis der Wahrheitsgehalt einer Erzählung in Frage gestellt, so gefährdet dies nicht nur die Erzählung als solche, als vielmehr den soziale Zusammenhang zwischen Erzähler und Zuhörern. Hierzu hält Giesen Folgendes fest: „Wer hier die Wahrheitsfrage stellt und Zweifel an der Authentizität der Erzählung anmeldet, zerstört damit die soziale Beziehung zwischen Erzähler und Zuhörerschaft."[11] Und weiter: „Narrationen werden folglich nicht in erster Linie unter dem strengen Gesichtspunkt von Wahrheit und Falschheit beurteilt, sondern danach, ob sie einen sinnvollen und plausiblen Zusammenhang konstruieren, der die Aufmerksamkeit des Zuhörers findet und bindet."[12]

Für die Akteure steht demnach etwas anderes als „Objektivität" auf dem Spiel. Für sie geht es weniger um das, was als „objektive Wahrheit" bezeichnet werden kann, sondern mehr um dasjenige, das Jerome Bruner mit dem Begriff „Lebenswahrheit" bezeichnet.[13] Das heißt, ist die Erzählung dazu dienlich, die Existenz des eigenen „Ich" oder „Wir" mit Sinn zu füllen? Kann aus der Erzählung eine handlungsleitende Moral abgeleitet werden? Inwiefern gelingt es, erzählend eine individuelle oder kollektive Krisenerfahrung in wiederhergestellte Konsonanz zu überführen? Fragen wie diese erwachsen aus der Binnenperspektive kultureller Praxis und sind daher existenzieller und nicht analytischer Natur. Erinnern wir uns an die Bedeutung des Zitats Frischs: Die Biographie – eine Erfindung. Die zitierte Stelle ist inzwischen schon so geläufig, dass der Text, dem sie ursprünglich entnommen wurde, in

---

10 Bernhard Giesen, Die Entdinglichung des Sozialen. Eine evolutionstheoretische Perspektive auf die Postmoderne, Frankfurt a.M. 1991, S. 84.

11 Ebd., S. 84.

12 Ebd., S. 84; zur Gemeinschaft zwischen Erzähler und Zuhörern vgl. Jean-François Lyotard, Das postmoderne Wissen, Wien 1999, S. 63-75; vgl. hierzu Josef Perger, Das Werk von Jean-François Lyotard. Eine Einführung, in: Anton Hütter u.a. (Hg.) Paradigmenvielfalt und Wissensintegration. Beiträge zur Postmoderne im Umkreis von Jean-François Lyotard, Wien 1992, S. 19-85; vgl. Stefan Münkler / Alexander Roesler, Poststrukturalismus, Stuttgart 2000, S. 110-116.

13 Jerome Bruner, Sinn, Kultur und Ich-Identität. Zur Kulturpsychologie des Sinns, Heidelberg 1997, S. 77; vgl. ders., Actual Minds, Possible Worlds, Cambridge 1986, S. 11-43; vgl. Kevin Murray, The Construction of Identity in the Narratives of Romance and Comedy, in: John Shotter / Kenneth J. Gergen, Texts of Identity, London 1989, S. 177-205.

Vergessenheit zu geraten droht. Liest man Frischs Essay *Unsere Gier nach Geschichten*[14], so stößt man auf eine äußerst modern wirkende These, die für den Verlauf der weiteren Diskussion noch sehr wichtig sein wird. Zunächst notiert Frisch hierzu: „Ich glaube, wir erzählen nie, wie es gewesen ist, sondern wie wir uns vorstellen, dass es wäre, wenn wir es nochmals erleben sollten."[15] Und weiter unten: „Die Wahrheit ist keine Geschichte, sie hat nicht Anfang und Ende, sie ist einfach da oder nicht, sie ist ein Riss durch die Welt unseres Wahns, eine Erfahrung, aber keine Geschichte."[16] Man kann die zitierten Stellen folgendermaßen zusammenfassen: Das „Geschichten-Erzählen" reproduziert nach Frisch in erster Linie nicht Vergangenes in objektiver Form, sondern *idealisiert* das Gewesene. Die Welt der objektiven Fakten wird in ideeller Weise bedeutungsvoll rearrangiert. Die narrative Mimesis – und zwar nicht nur die literarische Mimesis, sondern das Geschichten-Erzählen eines jeden Menschen – ist nicht Kopie, sondern Perfektionierung der Wirklichkeit. Die in der Poiesis ausgedrückte Idee ist das „Wahre" und nicht die Unsumme an objektiven Fakten, die selbst im Falle des Lebensweges nur eines einzelnen Individuums sich über die Jahre zu einem unüberschaubaren Berg an Erfahrungen ansammeln. So gesehen kann selbst die eigene Biographie niemals als adäquate Repräsentation des „tatsächlichen Lebens" angesehen werden. So bemerkt Luhmann in etwas anderem Zusammenhang, dass „Kommunikation Zeit braucht und die Ereignisse schneller ablaufen als die Kommunikation, so dass man schon beim Schreiben der eigenen Biographie unausweichlich in Rückstand geraten würde, wollte man alles berichten, was geschieht."[17] Marcel Prousts *Recherche* beispielsweise kann in diesem Sinne als ein „heroisches Scheitern" literarischen „der-Wirklichkeit-Hinterherhinkens" aufgefasst werden. Dass dieses Problem beim Verfassen der Geschichte eines Kollektivs über mehrere Dekaden oder Jahrhunderte hinweg sich ins Unermessliche potenziert, ergibt sich daraus von selbst.

---

14 Frisch, Unsere Gier nach Geschichten, S. 262-264. Frisch betont, dass es sich bei seiner Konzeption des Geschichen-Erzählens nicht um ein ausschließlich literarisches Modell handelt. Er hat ebenso den sich selbst erzählenden Menschen als solchen im Auge: „Das tun nicht nur die Schriftsteller, das tun wir alle" (S. 263).
15 Ebd., S. 262.
16 Ebd., S. 263.
17 Luhmann, Liebe als Passion, S. 155.

Im Folgenden wird in diesem Sinne der Versuch unternommen, die Erzählung beziehungsweise die Praxis des Erzählens als kulturelle Verfahrensweise zu beschreiben, die hochgradig bedeutungs- und damit identitätsstiftend wirkt.[18] Das Ziel ist es dann, den entwickelten theoretischen Rahmen auf die Geschichten anzuwenden, die in der Presse über den Kniefall Willy Brandts erzählt wurden.

2. Narrativität in der Presse

Gemeinhin ist man es gewohnt, dass Zeitungsartikel dem Leser gegenüber in erster Linie zwei Hauptfunktionen erfüllen: nüchterne Information einerseits und meinungsbildender Kommentar andererseits. Etliche der Artikel, die im Jahre 1970 den Kniefall Brandts in Warschau zum Inhalt hatten, können jedoch zumindest in Hinsicht auf ihre zentralen Passagen nur schwerlich diesen Kategorien zugeordnet werden. Sie übersteigen das Niveau einer an schlichter Sachlichkeit orientierten Reportage, gleichzeitig aber – und das ist das eigentlich Erstaunliche – enthalten sie sich ebenso des distanzierten Kommentars. Die Ereignisse in Warschau werden demnach zum einen vermittels eines sprachlichen Aufwandes geschildert, der allein schon in stilistischer Hinsicht in keinem Verhältnis zu den Anforderungen reiner Informationsvermittlung steht, und zum anderen begegnen wir einer eigenartigen Distanzlosigkeit, die sich darin äußert, dass die Ereignisse nicht vom prinzipiell skeptischen Standpunkt des außenstehenden journalistischen Beobachters einer interpretierenden Wertung unterzogen werden, sondern dass vielmehr versucht wird, dem Leser gegenüber die Geschehnisse in plastischer, gleichsam „lebendiger" Form mimetisch nachzuvollziehen und zu vergegenwärtigen. Die vorliegende „Berichterstattung" kann daher mit textuellen Kategorien wie „Beschreibung" oder „Argumentation" nicht hinreichend eingegrenzt werden.[19] Im Folgenden soll daher die These vertreten werden, dass in diesen Artikeln etwas ganz anderes geschieht: Es wird weniger informiert, es wird noch weniger bewertet – es

---

18 Vgl. Johannes Schwitella, Erzählen als die gemeinsame Versicherung sozialer Identität, in: Wolfgang Raible (Hg.), Zwischen Festtag und Alltag. Zehn Beiträge zum Thema „Mündlichkeit und Schriftlichkeit", Tübingen 1988, S. 111-132.
19 Zum Unterschied zwischen „Erzählungen" und „Beschreibungen und Argumentationen" vgl. Günter Mey, Erzählungen in qualitativen Interviews: Konzepte, Probleme, soziale Konstruktion, in: Sozialer Sinn 1 (2000), S. 135-151.

wird erzählt. Der Leser stößt auf „Geschichten über den Kniefall", die der geschlossenen Struktur von „Anfang-Mitte-Schluss" unterliegen und die auf einen signifikanten *Plot* hin organisiert sind. Es handelt sich um Geschichten, die trotz ihrer damaligen tagespolitischen Aktualität einen fabelähnlichen, wenn nicht sogar mythischen Charakter haben. Es wird daher im Folgenden davon ausgegangen, dass sich selbst in modernen Textgattungen wie Zeitungsartikeln Erzählungen finden lassen, die nicht nur in ihrer literarischen Form, sondern auch hinsichtlich ihrer sozialen Funktion den Geschichten und Mythen sogenannter „einfacher Gesellschaften" gleichen.[20] Damit soll nicht gesagt werden, diese Geschichten seien in ihrer unterstellten „Einfachheit" gleichsam „trivial" oder leicht durchschaubar. Eher das Gegenteil ist der Fall. So bemerkt Paul Cobley, gerade die bekannten und simpel erscheinenden „Stories" führten oft in kulturelle Tiefen: „The most familiar, most primitive, most ancient and seemingly most straightforward of stories reveals depths that we might hitherto have failed to anticipate."[21] Die „Geschichten über den Kniefall" greifen in diesem Sinne auf abgelagerte mythische Erzählformen zurück und gehören damit zu dem Teil moderner, nationalstaatlicher Mythologie, über die öffentlich-politische Identitätskonstruktionen gesichert werden.[22]

3. Von den „Fakten" zur „Erzählung"

Einleitend wurde bereits auf diejenige fundamentale Funktion der Erzählung hingewiesen, die darin liegt, dass Individuen und Gruppen sich erzählend ihrer Zeitlichkeit bewusst werden und innerzeitliche Erfahrungen ex post einem bedeutungsstiftenden und strukturierenden Prinzip unterwerfen. So vertritt unter anderem Jerome Bruner mit Bezug auf Ricœur die These, es bestünde keine andere Möglichkeit, „erlebte Zeit" zu beschreiben, als über sie zu erzählen.[23] Was dies betrifft, so

---

20 Vgl. Willy Viehöver, Diskurse als Narrationen, in: Keller u.a. (Hg.), Handbuch sozialwissenschaftliche Diskursanalyse, Bd. 1, S. 177-206.
21 Paul Cobley, Narrative, London 2000, S. 2.
22 Vgl. Helmut Berding (Hg.), Mythos und Nation. Studien zur Entwicklung des kollektiven Bewusstseins in der Neuzeit, Bd. 3, Frankfurt a.M. 1996. Zur Wirkungsmacht mythischen Denkens in modernen Gesellschaften vgl. Hartmut Heuermann, Medienkultur und Mythen. Regressive Tendenzen im Fortschritt der Moderne, Reinbek bei Hamburg 1994.
23 Jerome Bruner, Life as Narrative, in: Social Research. An International Quaterly of the Social Sciences, 54 (1987), S. 12.

gehören Erzählungen zu denjenigen Objektivierungen des kollektiven Gedächtnisses, über die Erinnerungen an als bedeutsam eingestufte Begebenheiten wach gehalten werden.[24] So weist unter anderem Jean Matter Mandler darauf hin, dass Ereignisse, die nicht narrativ gerahmt werden – das heißt, die nicht in den Kontext einer über sie hinausgehenden Geschichte sinnhaft eingewoben werden können – große Gefahr laufen, schlicht vergessen zu werden (und so gesehen ist es das Hauptproblem *traumatischer Erinnerung*, dass sie zunächst eben nicht das Stadium des Schocks überwinden und in eine kohärente Geschichte eingebettet werden kann).[25]

Wenn davon die Rede ist, Erzählungen seien Objektivierungen des *kollektiven* Gedächtnisses, so bedeutet dies nicht, dass biographische Schilderungen von Individuen auszuklammern sind: Genau das Gegenteil ist der Fall. Wenn nach Maurice Halbwachs[26] Lebenserfahrungen vermittels kollektiv vorgegebener Schemata strukturiert und dadurch erst überhaupt zu Erinnerungen werden können, so gilt dies ebenso für bestimmte, kollektiv vorgeprägte narrative Rahmungen. Individuen können ihre scheinbar höchst intimen Lebensgeschichten nur vermittels Erzählmuster und Rollenstereotype wiedergeben, die auf kulturell vorgegebene dramaturgische Formen zurückgreifen.[27] Hieraus lässt sich ableiten, dass Erzählungen in zweierlei Weise Objektivierungen im Fundus des kollektiven Gedächtnisses sind: Einerseits werden Geschichten von Individuen und Gruppen erzählt, um – so trivial es klingen mag – bestimmte, ganz konkrete Begebenheiten nicht zu vergessen, dass heißt, um bestimmte *Inhalte* durch den Akt des Erzählens mnemotechnisch zu verankern. Andererseits bietet das kollektive

---

24 Zum kollektiven Gedächtnis vgl. J. Assmann, Das kulturelle Gedächtnis.
25 Vgl. Jean Matter Mandler, Stories, Scripts, and Scenes: Aspects of Schema Theory, Hillsdale 1984; zum Zusammenhang zwischen Narration und Erinnerung vgl. ebenso Barbara DeConcini, Narrative Remembering, Lanham 1990; bezüglich Narration und Trauma vgl. Michele L. Crossley, Introducing Narrative Psychology: Self, Trauma, and the Construction of Meaning, Buckingham 2000.
26 Vgl. Halbwachs, Das kollektive Gedächtnis; vgl. ders., Das Gedächtnis und seine sozialen Bedingungen.
27 Vgl. Vaassen, Die narrative Gestalt(ung) der Wirklichkeit, S. 206; vgl. Kenneth J. Gergen, The Saturated Self: Dilemmas of Identity in Contemporary Life, New York 1991; vgl. Schütz / Luckmann, Strukturen der Lebenswelt, Bd. 1, S. 85-87; zur kulturvergleichenden Biographieforschung vgl. Barbara G. Myerhoff / Andrei Simić (Hg.), Life's Career – Aging. Cultural Variations on Growing Old, Beverly Hills 1978; trotz der populärpsychologischen Ausrichtung sei mit einem gewissen Vorbehalt ebenfalls auf Carol S. Pearson verwiesen: dies., The Heroe within. Six Archetyps we live in, San Francisco 1998.

Gedächtnis aber auch ein bestimmtes Sortiment spezifischer, präfigu-
rierter *Formen* an: Es existieren „Basiserzählungen"[28] oder „Meta-
Stories" – Mythen und Fabeln –, die als exemplarische Grundmuster
herangezogen werden können, um jeweils wechselnde Inhalte narrativ
zu rahmen.[29] Diese Unterscheidung wird für die Analyse der Kniefall-
Geschichten außerordentlich wichtig sein. Es existiert demnach – um
das bekannte Begriffspaar des Russischen Formalismus[30] aufzugreifen –
einerseits die *Fabel* und andererseits das *Sujet*. Diese Unterscheidung
wird von Bruner folgendermaßen zusammengefasst: „The timeless *fabula* is the mythic, the transcendent plight that a story is about: human jea-
lousy, authority and obedience, thwarted ambition, and those other
plights that lay claim to human universality. The *sjuzet* then incorporates
or realizes the timeless *fabula* not only in the form of a plot but also in
an unwinding net of language."[31] Mit Bezug auf Vladimir Propps Morphologie des russischen Märchens[32] könnte man auch sagen, dass ein
und dasselbe Ursprungsmärchen in zahllosen, strukturell jedoch
gleichbleibenden Versionen erscheinen kann. Das Ursprungsmärchen
wiederum ist durch den Ablauf seiner narrativen Funktionen und Sequenzen fest gegliedert. Nicht etwa die individuellen Motive der
handelnden Personen, sondern eine dem Märchen immanente Vollzugslogik ist für den Gang der Dinge verantwortlich.[33] „Funktion" wird von
Propp folgendermaßen definiert: *„Unter Funktion wird hier eine Aktion*

---

28 Vgl. Hayden White, Metahistory. Die historische Einbildungskraft im 19. Jahrhundert in
Europa, Frankfurt a.M. 1991, S. 19-25; zu White vgl. Chris Lorenz, Konstruktion der
Vergangenheit. Eine Einführung in die Geschichtstheorie, Köln 1997, S. 127-187; vgl.
Michael S. Roth, The Ironist's Cage. Memory, Trauma, and the Construction of History,
New York 1995, S. 137-147; vgl. Philipp Sarasin, Geschichtswissenschaft und
Diskursanalyse, Frankfurt a.M. 2003, S. 23-25; vgl. Daniel, Kompendium
Kulturgeschichte, S. 430-442; zur Kritik an White vgl. Peter Burke, Die Metageschichte
von „Metahistory", in: Jörn Stückrath / Jürg Zbinden (Hg.), Metageschichte. Hayden
White und Paul Ricœur. Dargestellte Wirklichkeit in der europäischen Kultur im Kontext
von Husserl, Weber, Auerbach und Gombrich, Baden-Baden 1997, S. 73-85.
29 Fryes Unterscheidung zwischen Komödie, Tragödie, Romanze und Ironie kann in diesem
Sinne als Fundus narrativer Muster genannt werden, vgl. Northrop Frye, Analyse der
Literaturkritik, Stuttgart 1964; zu Frye vgl. Tzvetan Todorov, Literature and its Theorists.
A personal View of Twentieth-Century Criticism, Ithaca 1987, S. 89-105.
30 Vgl. Victor Erlich, Russischer Formalismus, München 1964, S. 268 ff.; vgl. Aage A.
Hansen-Löve, Der Russische Formalismus. Methodologische Rekonstruktion seiner
Entwicklung aus dem Prinzip der Verfremdung, Wien 1987.
31 Bruner, Life as Narrative, S. 17.
32 Vladimir Propp, Morphologie des Märchens, Frankfurt a.M. 1975.
33 Vgl. Paul Ricœur, Zeit und Erzählung, Bd. II. Zeit und literarische Erzählung, München
1989, S. 60.

einer handelnden Person verstanden, die unter dem Aspekt ihrer Bedeutung für den Gang der Handlung definiert wird."[34] Und daran anschließend: „*Die konstanten und unveränderlichen Elemente des Märchens sind die Funktionen der handelnden Personen unabhängig davon, von wem oder wie sie ausgeführt werden.*"[35] Die Unterscheidung von *Fabel* und *Sujet* sowie Propps Konzeption einer Art Ursprungsmärchen, dessen dramaturgische Struktur sich in allen Märchen finden lässt, kann auch mit dem griffigen Begriffspaar Frank Kermodes beschrieben werden, für den in der Erzählung zweierlei zusammentrifft: „timeless mystery" und „current scandal".[36] Gleichgültig welche Begriffe man letzthin favorisiert, das Modell bleibt doch gleich: Es existiert so etwas wie eine kulturell tief abgelagerte „Ursprungserzählung", die quasi als Blaupause für jeweils wechselnde narrative Inhalte herangezogen werden kann, die in ihrer Struktur jedoch gleich bleibt. Ein bestimmter, möglicherweise aktuell auftauchender Inhalt wird vermittels einer kulturell verfügbaren narrativen Meta-Struktur gerahmt. Was die empirische Anwendbarkeit betrifft, so könnte eingewendet werden, dieses Modell sei zu sehr auf Mythen und Märchen zugeschnitten und eigne sich daher nicht für die Analyse moderner und zumal dem Anschein nach recht profaner Textgattungen wie Zeitungsartikel.[37] Da wir jedoch von der Vermutung ausgehen, dass die Geschichten über den Kniefall in der Tat eine mythische Struktur aufweisen, so ist der Begriffsgegensatz Fabel-Sujet oder „timeless mystery"-„current scandal" hinsichtlich der Kniefall-Geschichten ein griffiges theoretisches Werkzeug. Im vorliegenden Fall, auch wenn es unangemessen verharmlosend klingt, wäre der Mord an den Juden und das daraus folgende Trauma der „Täternation" der „current scandal", der

---

34 Propp, Morphologie des Märchens, S. 27. Funktionen im Sinne Propps können beispielsweise sein: „Dem Helden wird ein Verbot erteilt", „Das Verbot wird verletzt", „Der Gegenspieler versucht Erkundigungen einzuziehen", „Der Gegenspieler versucht, sein Opfer zu überlisten, um sich seiner selbst oder seines Besitzes zu bemächtigen" (vgl. ebd., S. 31 ff.).

35 Ebd., S. 27.

36 Vgl. Frank Kermode, Secrets and Narrative Sequence, in: Mitchell (Hg.), On Narrative, S. 79-97; vgl. Bruner, Life as Narrative, S. 17.

37 Ebenfalls könnte eingewendet werden, „Mythen" und „Märchen" seien zwei unterschiedliche Textgattungen, die nicht ohne weiteres gleichgesetzt werden können. Es soll hier nicht bestritten werden, es existierten keine literarischen Unterschiede zwischen den genannten Textgattungen. Entscheidend ist jedoch im Kontext der vorliegenden Arbeit, dass hinsichtlich der Ebene alltagspraktischer Verwendung Mythos und Märchen ein sehr ähnliches narratives Gerüst aufweisen, dass betreffs der Rahmung aktueller Ereignisse quasi die gleiche Funktion übernehmen kann (vgl. Mandler, Stories, Scripts, and Scenes, S. 17 ff.).

vermittels eines narrativen Schemas bearbeitet wird, das auf einer Form beruht, die mit Fug und Recht als „timeless mystery" bezeichnet werden kann. Im vorliegenden Fall – wie wir sehen werden – stammt die mythische Erzählung aus der biblischen Religion.

Es ist in diesem Zusammenhang interessant, dass Bruner und Kermode dem „Mythos" beziehungsweise der „Fabel" oder „Ursprungserzählung" das Attribut *timeless* hinzufügen. Der Mythos – wie es sich insbesondere im Falle kosmologischer Ursprungsmythen zeigt – ist insofern „zeitlos", nicht nur weil das in ihm ausgedrückte Grundmotiv stets in wechselnder Gestalt reaktualisiert wird, sondern auch weil im Mythos der Anfang der Zeit als solcher geschildert wird.[38] So liegt nach der These Klaus Heinrichs die genealogische Funktion des Mythos darin, „den Bruch zu überbrücken zwischen dem Ursprung und allem, was dem Ursprung entspringt, die Macht der heiligen Ursprünge zu übertragen auf das von ihnen Abstammende, aus ihnen Abgeleitete."[39] Heinrich fasst diese These abschließend folgendermaßen zusammen: „Wir können sagen: überall, wo wir auf die eben beschriebene Funktion der Genealogie stoßen, ist ursprungsmythisches Denken in Herrschaft. Überall dort stoßen wir, in den großen Religionen ebenso wie in deren Transformationen in ein ‚profanes' Denken, auf Reste der ursprungsmythischen Geisteslage oder auf einen Rückfall in sie."[40] Insofern ist der Mythos selbst nicht in der Zeit, sondern vielmehr geht die Zeit auf ihn zurück. Der Mythos schildert den Beginn der Geschichtlichkeit selbst. Trifft dies zu, so bedeutet es zweierlei, wenn ein bestimmtes Sujet oder Kermodes „aktueller Skandal" vermittels einer zugrunde liegenden mythischen Erzählung gerahmt wird: Zum einen wird schlicht ein aktuelles Geschehen, das heißt bestimmte Ereignisse, die ein Problem aufwerfen, vermittels einer bekannten, kulturell tief abgelagerten narrativen Form gerahmt. Der Mythos, die Basis- oder Ursprungserzählung – gleich wie wir es nennen wollen – dient demnach als Modell der Bewältigung einer bestimmten Krisensituation, die – mutatis mutandis – auf aktuell wechselnde Probleme übertragen werden kann. Diesen ersten Aspekt könnte man als „normative Funktion" des Mythos bezeichnen. Zum

---

38 Vgl. Kurt Hübner, Die Wahrheit des Mythos, München 1985.
39 Klaus Heinrich, Die Funktion der Genealogie im Mythos, in: ders., Vernunft und Mythos. Ausgewählte Texte, Frankfurt a.M. 1983, S. 11-26, hier: S. 21; zu einer strukturalistischen Betrachtungsweise des Mythos vgl. Michael Oppitz, Notwendige Beziehungen. Abriss der strukturalen Anthropologie, Frankfurt a.M. 1993.
40 Ebd., S. 21.

Zweiten jedoch erfüllt die mythische Erzählung hinsichtlich des „aktuellen Skandals" noch eine weitere Funktion: So wie der an sich zeitlose Mythos Zeitlichkeit erst stiftet, so können vermittels des Rückgriffs auf die mythische Ursprungserzählung aktuelle, für den Zusammenhalt einer Gemeinschaft als bedeutsam eingestufte Geschehnisse in einer Weise erzählt werden, die sie mit der Geschlossenheit und Kohärenz des mythischen, außerzeitlichen Standpunktes verbinden. Auch in den Kniefall-Geschichten werden wir diesem Motiv des „außerzeitlichen Augenblicks" begegnen: Der Kniefall selbst als Höhepunkt der Erzählung wird in einer Weise geschildert, als sei er selber nicht Teil der Geschichte, sondern vielmehr der mythische Punkt, von dem aus eine neue Geschichte ihren Anfang nimmt – wohlgemerkt: einen Neuanfang, der sich über eine mythische Ursprungserzählung legitimiert. Der unterliegende Mythos erfüllt so gesehen eine Funktion, die strukturell dem von Jan Vansina beschriebenen Phänomen des „floating gap" gleicht:[41] „timeless mystery" stößt unvermittelt auf „current scandal", die „noch erinnerte Vergangenheit" bruchlos auf die „Ursprungszeit".[42] Die Erzählung von der unmittelbaren, noch im kollektiven Gedächtnis präsenten Vergangenheit und die Ursprungserzählung vom „Anfang aller Dinge" sind hier noch im direkten Kontakt. Nach Vansina resultiert freilich der floating gap – ein Phänomen, das er insbesondere bei nonliteralen Kulturen diagnostiziert[43] – aus einem beschränkten Repertoire an objektivierten Erinnerungsträgern wie vor allem aus der nicht vorhandenen Möglichkeit schriftlicher Konservierung. Man kann den floating gap jedoch nicht nur über diese Mangelsituation, sondern auch im positiven Sinne als konstitutiven Bestandteil innerhalb der Konstruktion kollektiver Identität sehen: Der floating gap dient so gesehen dazu, identitätssichernde Erzählungen in ihrer Bedeutung für die Gegenwart einer Gemeinschaft vermittels direkter Verknüpfung an den Mythos rückzuversichern. Wenn Jack Goody und Ian Watt feststellen, die Unterscheidung zwischen Mythos und Geschichte spiele speziell in

---

41 Jan Vansina, Oral Tradition as History, London 1985.
42 Vgl. J. Assmann, Das kulturelle Gedächtnis, S. 48-50.
43 Vgl. hierzu Jack Goody u.a., Entstehung und Folgen der Schriftkultur, Frankfurt a.M. 1986; vgl. Paul Goetsch, Der Übergang von Mündlichkeit zu Schriftlichkeit. Die kulturkritischen und ideologischen Implikationen der Theorien von McLuhan, Goody und Ong, in: Wolfgang Raible (Hg.), Symbolische Formen, Medien, Identität. Jahrbuch 1989/90 des Sonderforschungsbereichs „Übergänge und Spannungsfelder zwischen Mündlichkeit und Schriftlichkeit", Tübingen 1991, S. 113-130.

nonliteralen Gesellschaften keine wesentliche Rolle[44], so soll im Gegensatz dazu hier davon ausgegangen werden, dass die tendenzielle Mischung von Mythos und Geschichte nicht ein Phänomen ist, das sich auf „einfache Gesellschaften" reduzieren lässt, sondern vielmehr prinzipiell dort auftritt, wo es darum geht, vermittels erzählerischer Mittel Identität zu beschrieben – und damit auch ein wichtiger Baustein der Erinnerungspraxis sogenannter „moderner Gesellschaften" ist.

Von diesem Punkt aus muss ein weiteres Problem behandelt werden, das in Ansätzen bereits in der Diskussion auftauchte: So zutreffend die eingangs getroffene Meta-Annahme auch sein mag, der Grund des Erzählens läge prinzipiell darin, Zeitlichkeit zu be-*schreiben* (Zeit in Sprache zu überführen – sie damit letztlich zu entzeitlichen) – allein der Hinweis, dass „die Zeitlichkeit des Lebens" das narrative Problem schlechthin sei, ist, so richtig dies auch sein mag, ein doch so weit gefasster Ansatz, dass er durch den unterstellten Universalismus gleichzeitig an Erklärungskraft zu verlieren droht. Zeitlichkeit ist für sterbliche Wesen, wie Menschen sie nun einmal sind, immer ein Problem. Es gibt jedoch offensichtlich noch andere Probleme. Gleich von welchem theoretischen Standpunkt man sich auch nähert, so ist es doch immer wieder die *Krise* in jeweils wechselnder Gestalt, die als das Zentrum der Erzählung genannt wird.[45] Nach Hegel sind innerhalb der Geschichte die „Perioden des Glücks" mit „leeren Blättern" zu vergleichen.[46] Im Anschluss daran könnte man die Behauptung vertreten, dass die zitierten „Perioden des Glücks" oder, Hegel paraphrasierend, die Zeiten, in denen alles gelingt, Zeiten, in denen die Ordnung der Welt von unhinterfragter Stabilität ist, dass all das nicht der narrativen Reflexion bedarf. Die Erzählung beginnt vielmehr dann, wenn die sinnhafte Strukturiertheit der Welt aus dem Lot gerät.[47] Nach Algirdas Julien Greimas existieren demgemäß zwei Pole, zwischen denen sich die Erzählung abspielt: „Bruch

---

44 Goody u.a., Entstehung und Folgen der Schriftkultur, S. 93.
45 Vgl. Bruner, Life as Narrative, S. 18-19.
46 Hegel, Werke in zwanzig Bänden, Bd. 12, S. 42; vgl. Hayden White, Die Bedeutung der Form. Erzählstrukturen in der Geschichtsschreibung, Frankfurt a.M. 1990, S. 22.
47 Hierzu sei Folgendes am Rande erwähnt: Während einfache Erzählformen noch Krisen behandeln, die sich in der „äußeren Welt" abspielten – insbesondere Krisen, die sich aus gegenseitigen Interessen- und Handlungskonflikten der Akteure ergeben –, so wandert in der Moderne die Krise in die Innenwelt der Subjekte. Nicht mehr ein relativ handfester Handlungskonflikt, sondern Konflikte des Sich-verstehen-Könnens und der gemeinsamen Weltdeutung stehen dann im Vordergrund. Vgl. Giesen, Die Entdinglichung des Sozialen, S. 88.

der Ordnung und Alienation" versus „Reintegration und Wiederherstellung der Ordnung".[48] In ähnlicher Weise lässt sich auch sagen, dass Erzählungen um konkurrierende Normen oder Werte konstruiert sind, die dann narrativ versöhnt werden[49] (wobei die „Versöhnung" wohl meist darin besteht, dass die eine Norm über die andere obsiegt). In diesem Punkt ähnelt die Praxis des Erzählens durchaus der Praxis rituellen Handelns: Auch hier, auf der Ebene der Performanz, steht eine Krise im Mittelpunkt, das heißt, eine dissonante Situation wird im Ablauf des Rituals in eine harmonisierte Ordnung überführt. Auf diese für den vorliegenden Fall ausgesprochen wichtige Ähnlichkeit zwischen Erzählung und Ritual wird noch ausführlich eingegangen werden. Zunächst ist jedoch die Frage zu beantworten, wie die Krise in der Erzählung narrativ aufgelöst wird. Dasjenige Prinzip, auf Grundlage dessen die Krise (die Verletzung, der Ordnungsverlust, die Schädigung, die Entfremdung etc.) gekittet wird, kann am besten mit dem Begriff des *Plots* beschrieben werden. Margaret R. Somers beschreibt den Plot als „the logic or syntax of narrative".[50] Oder, anders ausgedrückt, der Plot ist ein „vermittelndes Element"[51], das die einzelnen Ereignisse in einen sinnhaften inneren Zusammenhang stellt. Um hierzu nochmals Somers zu zitieren: „Narrativity demands that we discern the meaning of any single event only in temporal and spatial relationship to other events. Indeed, the chief characteristic of narrtive is that it renders understanding only by *connecting* (however unstably) *parts* to a constructed *configuration* or a *social network* of relationship (however incoherent or unrealizable) composed of symbolic, institutional, and material practices. The connectivity of parts is precisely why narrativity turns „events" into *episodes*, whether the sequence of episodes is presented or experienced in anything resembling chronological order. This is done through ‚emplotment'."[52] In Anlehnung an diese Definition kann man den Plot einer Erzählung auch als den *Sinn* bezeichnen, vermittels dem eine Ereigniskette narrativ konfiguriert wird. Der Plot ist so gesehen ein Sinn-, Norm- oder Moral-

---

48 Algirdas Julien Greimas, Strukturelle Semantik. Methodologische Untersuchungen, Braunschweig 1971, S.188.

49 Vgl. Viehöver, Diskurse als Narrationen, S. 199.

50 Margaret R. Somers, The Narrative Constitution of Identity: A Relational and Network Approach, in: Theory and Society. Renewal and Critique in Social Theory 23 (1994), S. 605-649, hier: S. 617.

51 Viehöver, Diskurse als Narrationen, S. 187.

52 Somers, The Narrative Constitution of Identity, S. 616 [kursiv im Original].

spender, der eine Krisensituation exemplarisch auflöst und in den Zustand wiederhergestellter Ordnung überführt. Eine solche Definition geht stillschweigend davon aus beziehungsweise ist nur dann möglich, wenn die Summe der Ereignisse, die durch den Plot zu einem sinnhaften Ganzen figuriert wird, in sich abgeschlossen ist: Um einen Plot zu erzeugen, muss ausgeschlossen werden, dass „etwas Neues" jederzeit prinzipiell noch eintreten könnte. Das heißt, es wird eine Abgeschlossenheit der Ereignisse suggeriert, die in der empirischen Welt de facto niemals gegeben ist. Um es – wie an anderer Stelle bereits zitiert – in den Worten Wilhelm Diltheys auszudrücken: „Man müsste das Ende des Lebenslaufes abwarten und könnte in der Todesstunde erst das Ganze überschauen, von dem aus die Beziehung seiner Teile feststellbar wäre. Man müsste das Ende der Geschichte erst abwarten, um für die Bestimmung ihrer Bedeutung das vollständige Material zu besitzen."[53] So gesehen ist im tatsächlichen Leben niemals ein endgültiger „Plot" zu erreichen. Man kann den Gedanken Diltheys nämlich noch radikaler fassen: Die „Todesstunde", von der Dilthey spricht, und die er wohl im symbolischen Sinne für „endgültige Abgeschlossenheit" einsetzt, gehört streng genommen immer noch zur Lebenszeit, oder um einen Begriff Martin Heideggers zu verwenden, es gibt während der Lebenszeit immer noch einen „Ausstand", das heißt ein „Nochnichtbeisammensein des Zusammengehörigen", das erst *im* Tod erfüllt wird.[54] Um es etwas anwendungsbezogener und handgreiflicher zu formulieren: Auch wenn es noch so unwahrscheinlich ist, so existiert zumindest dem Prinzip nach selbst in der Todesstunde die Möglichkeit, dass der Sterbende beispielsweise von Dingen erfährt, die ihn dazu zwingen müssten, die Geschichte seines Lebens unter einem anderen Licht zu betrachten (wenn zum Beispiel – was wirklich niemandem zu wünschen ist – der Ehepartner am Sterbebett eröffnet, er oder sie habe sie oder ihn in Wahrheit nie geliebt). Beispiele dieser Art mögen zwar konstruiert erscheinen, doch weisen sie nichtsdestoweniger darauf hin, dass im Gegensatz dazu in der Erzählung die Erzeugung einer Illusion geleistet werden kann wie sie faktisch nie verwirklicht ist: Die Erzählung erlaubt es, die Ereignisse von einem Standpunkt zu betrachten, der insofern „zeitlos" ist, als er unterstellt, dass die Kette der für die Erzählung relevanten Ereignisse

---

53 Dilthey, Gesammelte Schriften, Bd. VII, S. 233.
54 Martin Heidegger, Sein und Zeit, Tübingen 1979, S. 242.

endgültig abgeschlossen ist.[55] Auch wenn wir immer „in Geschichten verstricht"[56] sind, so existiert in der Praxis des Erzählens doch eine Möglichkeit, Geschehnisse aufgrund der unterstellten, gleichwohl illusionären Abgeschlossenheit vermittels eines Plots sinnhaft zu konfigurieren – und im Umkehrschluss besteht hierin möglicherweise das Hauptproblem (post-)moderner Narrative, da nach dem Zusammenbruch der großen „finalisierten Geschichtsphilosophien"[57] die Meta-Erzählungen abhanden gekommen sind, die für sich beanspruchten, Anfang und Ausgang und daraus resultierend den Plot der Weltgeschichte zu kennen.[58]

Wenn es durch den Akt des Erzählens gelingt, eine sinnhafte Abgeschlossenheit der Ereignisse zu erzeugen, dann ist dies hinsichtlich der (Re-)Konstruktion von Identität in zweierlei Weise von Bedeutung. Einerseits wird durch den Plot eine bestimmte Moral[59] oder, allgemeiner ausgedrückt, eine bestimmte Norm erzählerisch versinnbildlicht: Die Erzählung – und insbesondere gilt dies für die großen, „einfachen" Erzählungen wie Fabeln, Mythen und Märchen, selbstredend: auch in ihren modernen Versionen – liefert so gesehen eine normative Anleitung, nach der bestimmte Krisen aufgelöst werden. Die Erzählung kann in diesem Sinne als Erinnerungsträger betrachtet werden, der die Mitglieder einer Gruppe (einer „Erzählgemeinschaft") mit verpflichtenden Werten ausstattet.[60] Sie ist, um einem weiteren Begriff Bruners zu verwenden, eine konservierte, normativ aufgeladene „Ersatzerfahrung"[61] und bietet als solche Sicherheit und Orientierung. Die Abgeschlossen-

---

55 Vgl. Frederick A. Olafson, Narrative Geschichte und Handlungsbegriff, in: Bernhard Giesen / Michael Schmid (Hg.), Theorie, Handeln und Geschichte. Erklärungsprobleme in den Sozialwissenschaften, Hamburg 1975, S. 235-260, hier: S. 244.
56 Vgl. Wilhelm Schapp, In Geschichten verstrickt. Zum Sein von Mensch und Ding, Wiesbaden 1976; zu Schapps Ansatz vgl. Arno Müller, Geschichten und die Kategorien der Sozialwissenschaft, Frankfurt a.M 1986.
57 Odo Marquard, Zeit und Endlichkeit, in: ders., Zukunft braucht Herkunft, S. 220-223, hier: S. 221.
58 Vgl. Reinhart Koselleck, Geschichte, Geschichten und formale Zeitstrukturen, in: ders. / Stempel (Hg.), Geschichte – Ereignis und Erzählung, S. 211-222; vgl. Hermann Lübbe, Geschichtsphilosophie und politische Praxis, im selben Band, S. 223-240.
59 Zur narrativen Erzeugung von Moral am Beispiel von „Klatsch" vgl. Jörg R. Bergmann, Klatsch. Zur Sozialform der diskreten Indiskretion, Berlin 1987, vgl. Jörg R. Bergmann / Thomas Luckmann, Reconstructive Genres of Everyday Communication, in: Uta M. Quasthoff (Hg.), Aspects of Oral Communication, Berlin 1995, S. 289-304.
60 Zum Verhältnis zwischen Erinnerung und Normativität vgl. Jan Assmann, Erinnern, um dazuzugehören, S. 51-75.
61 Bruner, Sinn, Kultur und Ich-Identität, S. 71.

heit der Erzählung vermittelt gleichzeitig die Illusion der Alternativlosigkeit. Das Ausblenden möglicher Alternativen dient ebenso der Stabilisierung von eigener Identität. Durch die erzählende Darstellung gibt man vor, gleichsam „alles" zu kennen: den Anfang und das Ende der Ereignisse, den Höhepunkt in der Mitte und die das Geschehen insgeheim leitende Moral, die letztlich zum glücklichen Ende führt. In dieser Geschlossenheit wird suggeriert, als gäbe es keinen anderen Weg als denjenigen, der in der Erzählung zur Auflösung der Krise führt. Dieses narrative Ideal der Abgeschlossenheit ist wiederum besonders im Mythos zu finden: „Bekanntlich ist der *mythos* die Nachahmung einer einheitlichen und vollständigen Handlung. Nun ist aber eine Handlung einheitlich und vollständig, wenn sie einen Anfang, eine Mitte und ein Ende hat, also wenn der Anfang die Mitte anbahnt, wenn die Mitte – mit Schicksalswende und Widererkennen – zum Ende führt und das Ende die Mitte zum Abschluss bringt. Dann triumphiert die Konfiguration über die Episode, die Konsonanz über die Dissonanz."[62] Insofern dient die Geschlossenheit beziehungsweise die entfaltete Selbstevidenz der Erzählung in hohem Maße der Absicherung von Identität, denn durch nichts werden Identitätsentwürfe mehr gefährdet, als durch das Auftauchen möglicher Alternativen: Um hierzu Peter L. Berger und Thomas Luckmann zu zitieren: „Das Auftauchen einer alternativen symbolischen Sinnwelt ist eine Gefahr, weil ihr bloßes Vorhandensein empirisch demonstriert, dass die eigene Sinnwelt nicht wirklich zwingend ist."[63] So betrachtet tragen auch Erzählungen insofern zur Stabilisierung von Identität bei, da die Erzählung zumindest im Idealfall in der Tat eine Zwangsläufigkeit konstruiert, aus der heraus sich die Ereignisse entwickeln. Dies ist, nebenbei bemerkt, mit ein Grund, warum innerhalb des vorliegenden Textes auf den Begriff des „Diskurses" weitgehend verzichtet wird.[64] Ist von Diskursen die Rede, so impliziert dies eine prinzipielle Entwicklung beziehungsweise eine fortdauernde Dynamik sich aneinander anschließender, ergänzender, relativierender und auch widersprechender Spracherzeugnisse. Die Erzählung jedoch – zumindest dann, wenn man sie in ihrer einfachen oder „archaischen" Form betrachtet – bewirkt das Gegenteil: Sie entdynamisiert, sie stiftet

---

62 Ricoeur, Zeit und Erzählung, Bd. II, S. 35.
63 Berger / Luckmann, Die gesellschaftliche Konstruktion der Wirklichkeit, S. 116.
64 Zum Begriff des Diskurses vgl. Reiner Keller u.a., Zur Aktualität sozialwissenschaftlicher Diskursanalyse. Eine Einführung, in: ders. u.a. (Hg.), Handbuch sozialwissenschaftliche Diskursanalyse, Bd. 1, S. 7-27.

identitäre Sicherheit, diskutiert aber nicht über den Identitätsentwurf. Sie setzt fest, was moralisch wertvoll ist, blendet dagegen aus, dass es noch andere Wege geben könnte.[65]

Bis zu diesem Punkt kann es den Anschein erwecken, als sei das Medium des Erzählens in erster Linie und im besten Sinne konservativ: Eine die bestehende Ordnung bedrohende Krise wird aufgelöst, indem vermittels eines bestimmten Plots eine handlungsleitende, identitätssichernde Moral bestätigt wird. Es wäre jedoch zu kurz gegriffen, wollte man Erzählungen ausschließlich unter ihrem restitutiven Potential betrachten: Nach Greimas kann vielmehr durch die Erzählung zweierlei bewirkt werden, einerseits die „Affirmation der Permanenz" und andererseits die „Möglichkeiten der Veränderung".[66] Ein Schlüssel zur innovativen Seite der Erzählung liegt abermals in der Opposition „Fabel-Sujet" beziehungsweise „timeless mystery – current scandal": Gleich wie eine mythische Plot-Struktur zur Rekonstruktion der hergebrachten Ordnung verwendet werden kann, so besteht ebenso die Möglichkeit, vermittels eines mythischen Bezugs die gegenwärtige Situation nicht zu bestätigen, sondern sie abzulehnen und daran anschließend sie verändern zu wollen. Die „Erzählungen der *abgelehnten* gegenwärtigen Ordnung"[67] werden im Gegensatz zur erstgenannten konservativen Funktion von Greimas folgendermaßen charakterisiert: „Im zweiten Fall wird die bestehende Ordnung als unvollkommen, der Mensch als entäußert, die Lage als unhaltbar angesehen. Das Schema der Erzählung ist dann die Projektion eines Mediations-Archetyp, einer Heilsverheißung: der Mensch, das Individuum muss das Los der Welt auf sich nehmen, muss es durch eine Abfolge von Kämpfen und Prüfungen transformieren. Das von der Erzählung präsentierte Modell trägt somit unterschiedlichen Formen der Soteriologie Rechnung, indem es die Lösung jeder unhaltbaren Mangelsituation vorbringt."[68] Die empirische Analyse der Kniefall-Geschichten wird zeigen, das dieser Passus in frappanter Weise auf den vorliegenden Fall zutrifft. Allein schon die Geste des Niederkniens verwies in ihrer Symbolik auf den zentralen christlichen „Mediations-Archetyp": auf den außerordentlichen Moment göttlicher Gande. Wir begegnen weiterhin einer Person, die,

---

65 Zur „Moral von der Geschicht'" vgl. Bruner, Sinn, Kultur und Ich-Identität, S. 67.
66 Greimas, Strukturelle Semantik, S. 196; vgl. Viehöver, Diskurse als Narrationen, S. 198.
67 Greimas, Strukturelle Semantik, S. 197.
68 Ebd., S. 197.

obwohl selbst unschuldig, in ebenfalls christologischer Weise „das Los der Welt auf sich nimmt", die eine Prüfungssituation durchläuft und dadurch eine identitäre Transformation erwirkt.

3.1. Faktizität versus Identität

Bisher wurden einige Punkte genannt, die es nahe liegen lassen, dass Erzählungen Teil derjenigen kulturellen Praxis sind, vermittels derer Identität konstruiert beziehungsweise rekonstruktiv bestätigt wird. In diesem Sinne verstanden besitzen Erzählungen eine Eigenschaft, die nach Jan Assmann im Zentrum des kollektiven Gedächtnisses steht: Sie sind *identitätskonkret*.[69] Daher ist es im Grunde hinfällig, die Frage nach der „Objektivität" oder dem „Wahrheitsgehalt" von Erzählungen zu stellen.[70] Sobald die Frage nach dem Wahrheitsgehalt einer Erzählung gestellt wird, impliziert dies einen tiefgreifenden perspektivischen Wandel: Wer nach der Wahrheit fragt, wird bereits durch den Akt des Fragens zum distanzierten Beobachter und befindet sich damit außerhalb der identitätsvermittelnden Erzählgemeinschaft. Wenn festgestellt wird, Erzählungen seien „identitätskonkret", so folgt daraus, dass „Wahrheit" und „Identität" gewissermaßen deckungsgleich zueinander sind. Die auf dem Spiel stehende Identität *ist* für die Akteure die „Wahrheit". Was die identitätsvermittelnde Funktion von „Geschichten" im weiteren Sinne verstanden betrifft, so merkt Assmann hierzu an: „Für das kulturelle Gedächtnis zählt nicht faktische, sondern nur erinnerte Geschichte. Man könnte auch sagen, dass im kulturellen Gedächtnis faktische Geschichte in erinnerte und damit in Mythos transformiert wird."[71] Und weiter: „Durch Erinnerung wird Geschichte zum Mythos.

---

69 J. Assmann, Das kulturelle Gedächtnis, S. 39.
70 Über den illusionären beziehungsweise konstruierten Charakter von „Wahrheiten" bemerkt Friedrich Nietzsche: „ Was ist also Wahrheit? Ein bewegliches Heer von Metaphern, Metonymien, Anthropomorphismen, kurz eine Summe von menschlichen Relationen, die poetisch und rhetorisch gesteigert, übertragen, geschmückt wurden und die nach langem Gebrauch einem Volke fest, kanonisch und verbindlich dünken: die Wahrheiten sind Illusionen, von denen man vergessen hat, dass sie welche sind" (Friedrich Nietzsche, Über Wahrheit und Lüge im außermoralischen Sinne, in: Gesellschaft der Freunde des Nietzsche-Archivs, 1-7, Wiesbaden 1975, S. 17). Hinsichtlich des Erzählens bedeutet dies schlicht: Wenn Individuen und Gruppen von der Wahrheit einer bestimmten narrativen Darstellung überzeugt sind und sich nicht willens zeigen, sie in Frage zu stellen, dann sind solche Erzählungen aus Sicht der Akteure „wahr".
71 J. Assmann, Das kulturelle Gedächtnis, S. 52.

Dadurch wird sie nicht unwirklich, sondern im Gegenteil erst Wirklichkeit im Sinne einer fortdauernden normativen und formativen Kraft."[72] Genau diese genannte Transformation von „faktischer Geschichte" zum normvermittelnden Mythos lässt sich in den Geschichten um den Kniefall Brandts wiederfinden. Wie aber konnte diese Transformation gelingen? Halten wir zunächst fest: In Warschau spielten sich bestimmte Ereignisse ab. Brandt besuchte das Ghetto-Mahnmal, sank dann „urplötzlich" auf die Knie usw. In der Presse begegnen wir dann Erzählungen über den Kniefall, die auf einen bestimmten Plot hinauslaufen, die eine bestimmte Krise – die „nationale Schuld" Deutschlands – narrativ lösen, die eine öffentlich verbindliche „Moral" versinnbildlichen, kurz: Die einen neuen Nationalmythos entstehen lassen. Es soll an dieser Stelle noch gar nicht im Detail auf die Form dieses neuen Mythos eingegangen werden. Zunächst muss der Frage nachgegangen werden, was geschehen musste, um überhaupt von den Ereignissen zur Erzählung gelangen zu können. Es ist sicherlich richtig, wenn White das problematische Verhältnis zwischen Narrativität und Wirklichkeit folgendermaßen umreißt: „das Erzählen von Geschichten wird erst dann zum Problem, wenn sich dem Erzähler zwei Ereignisordnungen als mögliche Komponenten von Geschichten anbieten und sich das Geschichtenerzählen zwangsläufig unter dem Gebot, die beiden Ordnungen im Diskurs nicht zu mischen, entfalten muss."[73] Man könnte es auch folgendermaßen ausdrücken: „Tatsächliche Geschehnisse" können prinzipiell so oder auch anders beschrieben werden. Dieses prinzipielle „so oder auch anders" widerspricht jedoch der geschlossenen Struktur der Erzählung. Erzählungen sind auf einen Plot hin konstruiert, der eine in sich konsistente Sinnstruktur impliziert, die den Ereignissen selbst nicht anhaftet. Um in den Kniefall-Geschichten diese Form unbezweifelbarer Eindeutigkeit entstehen zu lassen, musste insbesondere eines vermieden werden: Brandt durfte auf keinen Fall als individueller, autonom handelnder Akteur geschildert werden. Das hat seinen guten Grund. Wir gingen von der Frage aus, wie aus den Ereignissen in Warschau – aus den faktischen „Geschehnissen" – ein nationaler Mythos narrativ konstruiert werden konnte. Hinsichtlich der in ihnen auftretenden Aktanten, besitzen Geschichten wie Mythen und Märchen jedoch folgende Eigenschaft wie sie von Bruner griffig zu-

---

72 Ebd., S. 52.
73 White, Die Bedeutung der Form, S. 14.

sammengefasst wird: „Narrative studies began with the analysis of myth and folktale. And it is indeed the case that, in these genres, the plot even more than motives drives the Agent. You will find little about the doubts, desires, or other intentional states of either Beowulf or Grendel, nor do you get a clear sense from recorded myth about how Perseus decided to get involved with the Gorgon. Even Oedipus is not so much driven by motives as by plight. As Vladimir Propp put it, the *dramatis personae* of the classical folktale fulfill a function in the plot but do not drive it."[74] Ödipus handelte so gesehen nicht aufgrund eines individualpsychologisch zu verstehenden "Ödipuskomplexes" – die *ganze Geschichte* ist der Ödipuskomplex. Aus diesem Blickwinkel betrachtet ist es einleuchtend, wenn in der Presse durchgängig darauf insistiert wird, der Kniefall sei keinesfalls in irgendeiner Form geplant gewesen, das heißt von Brandt aufgrund individueller Motive intentional umgesetzt worden. Vielmehr wird die Geste des Kniefalls – die symbolisch den „Knoten"[75] der Erzählung, das heißt die „überraschende Wende" repräsentiert – in einer Weise geschildert, die ganz im Sinne der zitierten Stelle ist: Es wird in einer Weise erzählt, als sei Brandt als Handlungsträger nicht Herr über die Ereignisse, sondern als sei er mehr der passive Erfüllungsgehilfe einer bestimmten Plot-Struktur, die sich jenseits seines persönlichen Engagements unausweichlich entwickelt. Dieses Argument kann folgendermaßen zusammengefasst werden: Um eine identitätsstiftende Wirkung erzielen zu können, musste aus den Ereignissen in Warschau eine in sich konsistente Erzählung komponiert werden. Das heißt eine Erzählung, die, ähnlich wie im Mythos oder in der Fabel, von einem eindeutigen Plot bestimmt wird, eine Erzählung, in der eine Krise aufgelöst und eine daraus folgende „Moral" narrativ versinnbildlicht wird. Um in diese geradezu „mythische" Grundform der Erzählung transformiert zu werden, musste – um es mit Nachdruck zu wiederholen – vor allem eines ausgeschlossen werden: Nicht die Akteure wie an erster Stelle *die Person Willy Brandts*, sondern ein bestimmter Plot, demnach ein die tatsächlichen Ereignisse transzendierendes Prinzip musste als die eigentlich handlungsleitende Instanz glaubhaft eingesetzt werden. Die Ereignisse mussten in einer Weise geschildert werden, die eine un-

---

74 Bruner, Life as Narrative, S. 19. Die Dominanz des Plots über die Akteure ist auch für Propps Morphologie des Märchens charakteristisch, vgl. hierzu Ricœur, Zeit und Erzählung, Bd. II, S. 60.

75 Vgl.ebd., S. 67.

ausweichliche Zwangsläufigkeit der Handlungen unterstellt, ohne dass den partikularen Interessen der darin auftretenden Akteuren Raum geboten wird. Es ging so gesehen weitaus mehr darum, die Entelechie einer höheren, identitätsstiftenden Ordnung narrativ darzustellen, als um die Schilderung subjektiver Interessenlagen. Ein übersubjektiver Telos bestimmt den Gang der Dinge und nicht die Akteure selber. Diese identitätsvermittelnde mythische Erzählweise erforderte den Ausschluss von Subjektivität. Warum dies so geschehen musste, lässt sich vermittels der These erhärten, dass Identität einer sinnhaften Letztbegründung bedarf, die an eine Instanz referiert, die in irgendeiner Weise als „heilig" angesehen wird und die sich der kausalen Explanation in letzter Konsequenz widersetzt. Was hätte es nach dieser These bedeutet, hätte man stichhaltig nachweisen können, der Kniefall sei von Brandt aus Kalkül heraus geplant gewesen? Auch wenn es zwangsläufig etwas spekulativ ist, so spricht doch einiges dafür, dass ein solcher Nachweis den Kniefall profanisiert hätte. Um diesen Gedanken weiter zu verfolgen, sollen im Folgenden zwei narrative Versionen der Kniefall-Geschichte verglichen werden: Die *neutestamentarische* und die *nietzscheanische* Version.

4. Der Kniefall: „Lukas versus Nietzsche"

Im Evangelium nach Lukas ist folgende Stelle zu finden (wie eingangs zitiert), die den christlichen Demuts- und Gnadengedanken in eindrücklicher Form zum Ausdruck bringt: „Denn wer sich selbst erhöht, wird erniedrigt, wer sich aber selbst erniedrigt, wird erhöht werden." Die Geschichten, die in der Presse über den Kniefall erzählt werden, orientieren sich im Wesentlichen an dieser durch die christliche Religion vorgegebenen Struktur: Demütige Unterwerfung führt nicht etwa zur Auslöschung, sondern im Gegensatz zur Aufwertung des Menschen.[76] Dieses Muster wird in den Geschichten über Brandts Kniefall auf die kollektive Ebene gehoben: Der sich in Demut selbst erniedrigende *Repräsentant des Kollektivs* erhöht letzthin die von ihm repräsentierte Ge-

---

76 Zum Kniefall als religiöses wie auch als weltliches Symbol der Selbsterniedrigung zum Zwecke der Erlangung von „Gnade" vgl. Barbara Stollberg-Rilinger, Knien vor Gott – Knien vor dem Kaiser. Zum Ritualwandel im Konfessionskonflikt, in: Gerd Althoff (Hg.), Zeichen – Rituale – Werte. Internationales Kolloquium des Sonderforschungsbereichs 496 an der Westfälischen Wilhelms-Universität Münster. Schriftenreihe des Sonderforschungsbereichs 496, Bd. 3, Münster 2004, S. 501-533.

meinschaft (man beachte in diesem Zusammenhang den Satz, der im Evangelium nach Matthäus der zitierten Stelle aus Lukas vorangestellt ist: „Der Größte von euch soll euer Diener sein"). Im weiteren Verlauf wird das Argument vertreten werden, dass die zitierte biblische Stelle Kermodes „zeitloses Mysterium" beziehungsweise die *Fabel* darstellt, und dass der Kniefall dementsprechend der „aktuelle Skandal" oder das *Sujet* ist, in dem sich die Grundform dieser *Fabel* manifestiert. Zunächst sei allerdings das Augenmerk strikt auf die Rolle der Akteure gerichtet: „wer sich aber selbst erniedrigt, wird erhöht werden" – diese Aussage lässt eine Frage nahe liegen: „wird erhöht werden" – von *wem*? Die biblische Formulierung impliziert stillschweigend, dass der Akt der Erhöhung von Gott kommt. Das heißt, Gott repräsentiert die aktive Rolle innerhalb des Geschehens, der Mensch dagegen bleibt auf eine passive Stellung beschränkt. Er kann nur hoffen, das gnadenvolle Geschenk der auf seine Unterwerfung folgenden Erhöhung zu empfangen, kann dieses Geschenk jedoch in keiner Weise erzwingen. Die Unmöglichkeit des Zwangs, das heißt das Nicht-Vorhandensein eines direkten kausalen Zusammenhangs zwischen menschlichem Verhalten und göttlichem Geschenk ist genau dasjenige Moment, das der göttlichen Gabe ihren sakralen Pathos verleiht. Genau diese Struktur ist – mutatis mutandis – in den Kniefall-Geschichten zu finden. Das Geschenk der Erhöhung kann nur aus einer passiven Einstellung heraus empfangen, aber nicht erzwungen werden. Erzwungene Geschenke „taugen irgendwie nicht". Das erzwungene Geschenk unterliegt der rational durchschaubaren Ökonomie des Tausches und büßt damit jegliche „Heiligkeit", oder, etwas schwächer ausgedrückt, jeglichen „besonderen Wert" ein. Dies gilt nicht nur für die göttliche Gnade, sondern im Grunde auch für nur dem Anschein nach „profane" alltägliche Schenkakte wie sie an Weihnachen oder an Geburtstagen zu beobachten sind.[77] Gemäß der *neutestamentarischen Version* der Kniefall-Geschichten (wie sie tatsächlich in der Presse umgesetzt wurde) war es deshalb unablässig, auf die Passivität Brandts innerhalb des Geschehens hinzu-

---

[77] Möglicherweise kann so erklärt werden, warum wir solche Geschenke aufwendig und liebevoll verpacken. Die Verpackung wäre in diesem Kontext quasi die symbolische Entkopplung der Tauschökonomie zwischen Geber und Nehmer. Die Verpackung, oder vielmehr: der *Akt des Ein- und Auspackens* suggeriert für einen kurzen Moment, dass es sich nicht um einen schlichten Transfer von Sachwerten handelt, sondern dass das Geschenk quasi „aus dem Nichts" kommt.

weisen. „Der hat sich nicht hingekniet, es hat ihn hingekniet"[78] – mit diesen Worten beschrieb Henri Nannen den Kniefall. Die Frage ist daher, wer oder was sich hinter diesem „es" versteckt, das von Nannen als eigentlich handlungsleitendes Subjekt eingesetzt wird. Hätte man Brandt eine aktive Rolle zugestanden, so hätte dies den mythischen Charakter der Erzählungen untergraben wie er durch das biblische Narrativ vorgegeben war. Allein durch die Passivität des *Empfängers* war es möglich, die Rolle eines transzendenten *Senders* zu installieren.[79]

Was hätte es dagegen bedeutet, Brandt in einer die Ereignisse aktiv gestaltenden Rolle zu beschreiben? Wir erinnern uns: Friedrich Nietzsche gibt dem biblischen Zitat eine haarfeine und doch fundamentale Wendung wenn er festhält: „Lukas 18, 14 verbessert. – Wer sich selbst erniedrigt, will erhöht werden." Aus dem biblischen „*wird* erhöht werden" wird bei Nietzsche ein „*will* erhöht werden". Nietzsches Sarkasmus entzaubert die ursprüngliche biblische Aussage. „*Will* erhöht werden" heißt zunächst nichts anderes, als dass sich das Verhältnis der beteiligten Parteien auf den Kopf gestellt hat: Nicht mehr Gott, sondern der Mensch nimmt hier die aktive Rolle ein. Wir haben es nicht mehr mit der absoluten Souveränität und Autonomie des göttlichen Schenk-Aktes zu tun, sondern mit einem menschlichen Erpressungsversuch. Nietzsches „*will* erhöht werden" gleicht so gesehen einer Technik manipulativen Götterzwanges, oder, in Anlehnung an Max Weber: das *will* ist hinsichtlich seiner implizierten Intentionalität im Grunde nichts anderes als eine Form von Zauberei und unterliegt damit letzthin handgreiflichen und recht profanen Interessen.[80] Oder, um es in den Worten Kenneth Burkes auszudrücken: „Während es bei der Magie heißt: ‚Es werde...', lautet die zugrundeliegende Formel im Religiösen: ‚Ich bitte, du mögest das und das tun.' Dem Befehl der Magie entspricht die Bitte des Gebets."[81] Das nietzscheanische *Will* gleicht so gesehen mehr dem Befehl, denn der Bitte. Aus dem vormals souveränen Geschenk göttlicher Gnade würde damit eine kontrollierte menschliche Handlung, die ihre intendierte Wirkung bereits rational antizipiert.[82] Hätte man in der

---

78 Zit. nach *Stern*, 23.09.1999, S. 108.
79 Zur Aktantenstruktur vgl. Greimas, Strukturelle Semantik.
80 Vgl. Weber, Wirtschaft und Gesellschaft, S. 245-246.
81 Kenneth Burke, Dichtung als symbolische Handlung. Eine Theorie der Literatur, Frankfurt a.M. 1966, S. 10.
82 Hermann Lübbes Polemik entgegen den neuen politischen beziehungsweise „zivilreligiösen" Entschuldigungsritualen basiert darauf, dass er implizit den politischen

Presse den Kniefall in dieser nietzscheanischen Version geschildert, so wäre von seinem Pathos mit Sicherheit nicht viel übrig geblieben. Hätte nachgewiesen werden können, Brandt hätte im Sinne von „Wer sich selbst erniedrigt, will erhöhet werden" gehandelt, so hätte dies den christologischen Mythos zerstört, aus dem die Kniefall-Geschichten, so wie sie tatsächlich geschildert wurden, ihre identitätsstiftende Wirkung beziehen. Der christologische Mythos basiert in erster Linie auf dem Verhältnis zwischen *souveränem Sender* und *passivem Empfänger*. Die Geschichte vom knienden Kanzler, dessen Demut zur Erhöhung führte – „er kniete nieder und erhöhte sein Volk" – diese Geschichte bezieht ihre Wirkung allein daraus, dass hier vermittels der mythischen Erzählform die Existenz einer höheren Instanz unterstellt wird, die als gnadengewährender Sender fungiert. Die durch den Kniefall symbolisierte Neuorientierung nachkriegsdeutscher Identität hätte ihre mythisch abgesicherte Legitimität verloren, hätte sich die Erzähl-Version durchgesetzt, Brandt hätte intentional und eigenmächtig gehandelt.[83] Der Kniefall hätte dann in seiner Eigenschaft als Symbol nicht mehr auf eine jenseitige, symbolisch appräsentierte Instanz verwiesen, sondern nur auf die durchschaubaren, ganz und gar diesseitigen und damit profanen Interessen derjenigen Person, die ihn vollzog.[84] In einem Wort: Der in der Kniefall-Geste ausgedrückte symbolische Verweis auf eine kollektiv verbindliche höhere Ordnung wäre zu einer Pose individuellen Exhibitionismus verkommen.

Am Ende dieses Kapitels wird die These aufgestellt werden, dass die aufgezeigte Struktur im Sinne von „wer sich aber selbst erniedrigt, wird erhöht werden" sich nicht nur auf der textuellen Ebene der Kniefall-Geschichten, sondern bereits auf der Handlungsebene finden lässt. Um diesen Nachweis zu erbringen, wird zweierlei nötig sein: Zuerst wird das Argument vertreten werden, dass „Erzählungen" beziehungsweise die

---

Akteuren unterstellt, gemäß der nietzscheanischen Logik zu handeln. Vgl. ders., „Ich entschuldige mich". Das neue politische Bußritual, Berlin 2001; zum Begriff der Zivilreligion bei Lübbe vgl. Wolfgang Vögele, Zivilreligion in der Bundesrepublik Deutschland, Gütersloh 1994, S. 154-166.

83 Zur Legitimation von Identität durch übergelagerte symbolische Sinnwelten vgl. Berger / Luckmann, Die gesellschaftliche Konstruktion der Wirklichkeit, S. 98-112.

84 Vgl. Friedrich Kießling, Täter repräsentieren: Willy Brandts Kniefall in Warschau. Überlegungen zum Zusammenhang von bundesdeutscher Außenrepräsentation und der Erinnerung an den Nationalsozialismus, in: Johannes Paulmann (Hg.), Auswärtige Repräsentation. Deutsche Kulturdiplomatie nach 1945, Köln 2005, S. 205-224, hier: S. 216.

„Praxis des Erzählens" bereits ein Bestandteil der Alltagswelt und nicht eine ausschließlich literale ex-post-Konstruktion ist, und dass weiterhin die Sprache beziehungsweise der Text nicht die einzige Möglichkeit bietet, von etwas zu erzählen. Dementsprechend wird in einem zweiten Schritt unter Bezug auf Erving Goffman und Victor Turner ein Modell vorgestellt wie es für die Bewältigung sozialer Krisen und insbesondere für die Rehabilitierung von Tätern charakteristisch ist. Es wird sich zeigen, dass der Ablauf solcher Entschuldungsrituale eine Struktur besitzt, die durchaus signifikante Ähnlichkeiten zu Erzählformen wie dem biblischen Wandlungsmythos von Erniedrigung und Erhöhung aufweist.

5. Narrativität als lebensweltliches Organisationsprinzip

„Gerade weil reale Ereignisse sich nicht in der Form von Geschichten darbieten, ist es so schwierig, sie zu erzählen (*narrativization*)."[85] Wie bereits eingangs angedeutet, so soll im Gegensatz zu Autoren wie White bestritten werden, es bestünde ein kaum zu überbrückender Gegensatz zwischen „realen Ereignissen" und „Erzählungen". Um es zu wiederholen: Dass Narrativität keine literarische Besonderheit ist, weisen Autoren wie Bruner oder Carr nach, indem sie zunächst auf den Umstand verweisen, dass bereits einfache, alltägliche Handlungen eine Struktur aufweisen, die derjenigen der genuinen Erzählung ähnlich ist. So argumentiert Carr insbesondere mit Bezug auf Edmund Husserl und Alfred Schütz, selbst triviale Handlungen wie wir sie alltäglich verrichten beziehungsweise wie wir sie im Planungsstadium im Voraus als Handlungen entwerfen, orientierten sich – gemessen aus der Sicht des handelnden Akteurs – am narrativen Schema von „Anfang-Mitte-Schluß".[86] So gesehen repräsentieren bereits einfache Handlungen eine Art „Mikro-Story", das heißt, ein Problem, dass an einem bestimmten Punkt seinen Anfang nahm, wird gelöst und einem sinnvollen Ende zugeführt. Die gelungene Handlung und vielleicht noch mehr der *Entwurf der Handlung* ist damit wie die Erzählung von einem Plot bestimmt, der eine Kette einzelner Aktionen zu einem sinnvollen Ganzen figuriert, indem ein bestimmter intendierter Handlungssinn die Ge-

---

85   White, Die Bedeutung der Form, S.14 [kursiv im Original].
86   Vgl. Carr, Time, Narrative, and History.

schehnisse leitet.[87] In diesem Sinne ist es aufschlussreich, wenn Carr darauf hinweist, schon der frühkindliche Spracherwerb baue vor allem darauf auf, Handlungen sprachlich nachzuvollziehen (beziehungsweise Handlungen während ihres Vollzugs simultan sprachlich zu kommentieren).[88] Verlässt man die Ebene einfacher Handlungen und wendet man sich dem Sinnzusammenhang mehrerer Erlebnisse zu, so wird die alltagspraktische Bedeutung des narrativen Ansatzes noch deutlicher. Alfred Schütz definiert den Sinnzusammenhang, das heißt die in sich konsistente Verknüpfung einzelner Erlebnisse wie folgt: *„Wir sagen von unseren sinnvollen Erlebnissen E1, E2... En, dass sie in einem sinnhaften Zusammenhang stehen, wenn sich diese Erlebnisse in polythetisch gegliederten Akten zu einer Synthesis höherer Ordnung konstituieren und wir auf sie in einem monothetischen Blickstrahl als auf eine konstituierte Einheit hinzublicken vermögen.“*[89] Der „Sinn eines Erlebnisses“ ergibt sich nach Schütz aus *„der Einordnung dieses Erlebnisses in den vorgegebenen Gesamtzusammenhang der Erfahrung.“*[90] Auch wenn Schütz an dieser Stelle darauf nicht eingeht, so liegt gemäß der zitierten Definition der Schluss doch nahe, dass die Fähigkeit, eine in sich konsistente Erzählung zu komponieren, zweifellos zum Hauptbestandteil desjenigen kulturellen Repertoires gehört, vermittels dem einzelne Ereignisse in einem „monothetischen Blickstrahl“ zu einer „Synthesis höherer Ordnung“ figuriert werden. Einfach ausgedrückt: Die Erzählung – beispielsweise die biographische Selbstbeschreibung – fasst einzelne, an sich getrennte Ereignisse zusammen und gibt ihnen erst durch die hergestellte Geschlossenheit einen Sinn.

Die Frage, wie Individuen und Gruppen durch Erzählungen ihre Existenz sinnhaft organisieren, kann nach dem, was bisher gesagt wurde, auf mehreren Ebenen beantwortet werden: Narrativierung im Sinne von *emplotment* kann als strukturelles Prinzip bereits im Aufbau einfacher Handlungen beobachtet werden. Erzählungen ermöglichen es weiterhin, getrennte und zeitlich weiträumige Ereignisketten sinnhaft zusammenzufassen. Im Zentrum der Komposition steht dabei eine bestimmte Krise, die innerhalb der Erzählung in Konsonanz überführt wird – wobei jenseits aktuell manifester lebensweltlicher Brüche allein schon Zeitlichkeit als solche sowie die Suche nach einer identitären

---

87 Zum Entwurf von Handlungen vgl. Schütz / Luckmann, Strukturen der Lebenswelt, Bd. 2, S. 37-68.
88 Bruner, Sinn, Kultur und Ich-Identität, S. 90-93.
89 Schütz, Der sinnhafte Aufbau der sozialen Welt, S. 101 [kursiv im Original].
90 Ebd., S. 104.

Selbstbeschreibung für sich genommen bereits tiefgreifende Krisen darstellen. Carr fasst diese These folgendermaßen zusammen: „So it is with the events and actions of our lives, either they are already embedded in the stories provided by our plans and expectations or, if they are not, we look for and anticipate the stories to which they do, will, or may belong. Narrative coherence is what we find or effect in much of our experience and action, and to the extent that we do not, we aim for it, try to produce it, and try to restore it when it goes missing for whatever reason. It is in this broad sense that we insist that everyday reality is permeated with narrative."[91] Bei genauem Lesen fällt auf, dass Carr Narrativität nicht nur dann als Bestandteil der Lebenswelt zulässt, wenn sich das Erzählen in de facto vorliegenden Geschichten erfüllt. Vielmehr ist für ihn das Verlangen nach narrativer Konsistenz ein Grundbestandteil menschlicher Sinnproduktion. Im Gegensatz zu Autoren wie White ist nach Carr die „Anfang-Mitte-Schluss"-Struktur nicht ausschließlich literarischen Texten vorbehalten, sondern ein Teil alltäglichen „Denkens in Geschichen".[92] Was die „Anfang-Mitte-Schluss"-Struktur betrifft, so hält Carr weiterhin fest: „this structure belongs just as surely to the human events – experiences and actions – about which stories are told, and, more important, it belongs to them whether or not a story, in the sense of a literary text, is told about them at all."[93] In diesem Sinne soll in den nächsten Abschnitten gezeigt werden, dass bestimmte „Social Dramas" und darin eingebettete Rituale existieren, die in ihrem Aufbau der Narration gleichen und gewissermaßen „Geschichten performativ erzählen". Im Anschluss daran wird erklärt, in welchem Verhältnis Social Drama und Ritual zueinander stehen.

---

91 Carr, Time, Narrative, and History, S. 90.
92 Vgl. David Carr, White und Ricœur: Die narrative Erzählform und das Alltägliche, in: Stückrath / Zbinden (Hg.), Metageschichte, S. 169-179; zur soziologischen Verwendbarkeit narrativer Ansätze vgl. Roberto Franzosi, Narrative Analysis – Or why (and how) Sociologists should be interested in Narrative, in: Annual Review of Sociology 24 (1998), S. 517-554.
93 Carr, Time, Narrative, and History, S. 51; bezüglich des impliziten Skripts von Ritualen vgl. Richard Schechner, Performance Theory, New York 1988, S. 68-105.

6. Narrative Struktur und rituelle Performanz

Einleitend muss zunächst ausdrücklich darauf hingewiesen werden, dass hier keinesfalls behauptet werden soll, es bestünde kein prinzipieller Unterschied zwischen performativen Ausdrucksformen (wie Ritualen) und Texten (wie Erzählungen). Es mag noch so unbedarft klingen, aber dennoch bleibt es eine Tatsache, dass zum Beispiel die Lektüre eines Textes, der eine Gewalthandlung schildert, nicht zur körperlichen Verletzung des Rezipienten führt. Die leibliche Anwesenheit des eigenen Ich und die Leiblichkeit der anderen Teilnehmer, die sinnliche Wahrnehmung des Geschehens gleichzeitig durch Auge, Ohr, Nase und Hautkontakt besitzt eine für sich gesonderte, nicht abstrahierbare Qualität. Diese Ebene sinnlich-körperlicher Erfahrung[94] kann durch den Text nicht ersetzt werden. Wohlgemerkt: Es wäre wiederum ebenso falsch, erzählenden Darstellungsformen ihre Emotionalität abzusprechen. Auch die erzählte Geschichte – anders als das wissenschaftliche Protokoll – entfaltet ihre Wirkung nicht durch die kognitiv nachvollziehbare Deskription bestimmter Inhalte, sondern dadurch, indem sie den Leser oder Zuhörer „in ihren Bann zieht". Doch selbst die besterzählte Geschichte kann die Unmittelbarkeit leiblichen „Dabei-Seins" und performativer Darstellung nicht ersetzen. Dies gilt selbst für ästhetisch-literarische Formen der Kommunikation: Das aufgeführte Drama ist auf Unmittelbarkeit abgestellt, die Erzählung dagegen ist mittelbar, das heißt, sie bedarf eines vermittelnden Erzählers, der die räumliche und zeitliche Distanz zwischen Leser und Ereignissen überbrückt.[95] Wenn eine Gleichsetzung von Text und Performanz zum Scheitern verurteilt ist, so gibt es insbesondere in struktureller Hinsicht dennoch einige sehr interessante Gemeinsamkeiten. Victor Turners dramaturgischer Blick auf das Ritual eignet sich am besten dazu, diese Gemeinsamkeiten zu benennen. Zunächst vertritt auch Turner in Anlehnung an Richard Schechner[96] die These einer reziproken Beeinflussung von „alltäglichem Leben" und „Kunst": „Life, after all, is as much an imitation of art as the reserve".[97] Dieses Verhältnis trifft nach Turner auch auf die Erzählung zu: „so does the story feed back into the social process, providing it with a rhetoric, a mode of emplotment, and a meaning.

---

94 Vgl. Christoph Wulf u.a., Sprache, Macht und Handeln – Aspekte des Performativen, in: ders. u.a. (Hg.), Grundlagen des Performativen, S. 9-24, hier: S. 11.
95 Vgl. Franz K. Stanzel, Theorie des Erzählens, Göttingen 1995, S. 15.
96 Vgl. Schechner, Performance Theory, S. 187-206.
97 Turner, Social Dramas and Stories about Them, S. 149.

Some genres, particulary the epic, serve as paradigms which inform the action of important political leaders – star groupers of encompassing groups such as church or state – giving them style, direction, and sometimes compelling them subliminally to follow in major public crises a certain course of action, thus emplotting their lives."[98] In Hinsicht auf den Kniefall ist die zitierte Stelle von besonderer Bedeutung: Turner hebt ausdrücklich hervor, dass bestimmte kulturell verfügbare „stories" selbst auf höchster politischer Ebene im Falle öffentlicher Krisen als richtungsweisende Sinnlieferanten herangezogen werden. Aus der zirkulären Reziprozität zwischen „Leben" und „Kunst" – zwischen „Social Drama" und „Aesthetic beziehungsweise Stage Drama" – folgt jedoch nicht nur, dass kulturell abgelagerte Erzählungen beziehungsweise „Meta-Stories" herangezogen werden können, um aktuelle Krisen sinnhaft zu bearbeiten, vielmehr besitzen Social Drama und Ritual für sich wiederum narrative Strukturen. Um in Hinsicht auf die dramaturgische Struktur des Rituals nochmals Turner zu zitieren: „Ritual is, in its most typical cross-cultural expressions, a synchronization of many performative genres and is often ordered by a dramatic structure, a plot, frequently involving an act of sacrifice of self-sacrifice, which energizes and gives emotional coloring to the interdependent communicative codes which express in manifold ways the meanings inherent in the dramatic leitmotiv."[99] Um dieses Zitat zu paraphrasieren: Im Ritual wird zunächst eine „Story" aufgeführt. Die Komposition der rituell aufgeführten (gleich wie der erzählten) Story wird von einem bestimmten Plot zusammengehalten. Eines ist im Falle des Rituals besonders zu beachten: Das Ritual versieht den Plot beziehungsweise das „dramatic leitmotiv" – sozusagen die „Moral" oder der „Sinn" des Rituals – mit einer besonderen, die Partizipanten vereinnahmenden emotionalen Kraft. Der in Szene gesetzte Plot wird für die Teilnehmer regelrecht „fühlbar". Das heißt, die Ritualteilnehmer *erleben und durchleben* eine Geschichte, die sie nicht wie im Falle des Erzählens einfach nur hören, sondern an der sie als Ritualakteure selber im Augenblick des Geschehens leiblich und sinnlich Anteil nehmen. Die rituell inszenierte „Moral der Geschicht'" wird damit emotional inkorporiert. Im Falle von Ritualen, in denen beispielsweise Gründungsmythen aufgeführt werden – demnach Ereignisse, die längst vergangen sind – wird so gesehen das Vergangene nicht nur „rituell nacherzählt", sondern gleichzeitig wird die Vergangenheit als

98 Ebd., S. 149.
99 Ebd., S. 158.

leibliche Erfahrung im wahrsten Sinne des Wortes re-*aktualisiert*. Das *Gewesene* wird durch den rituellen Vollzug nicht nur ins Gedächtnis zurückgerufen, sondern als tatsächlich stattfindendes Ereignis wieder lebendig.

Was wiederum die narrative beziehungsweise dramaturgische Struktur des Social Dramas betrifft, so stellt Turner ein Modell vor (von dem – wie er selber einräumt – im Einzelfall erheblich abgewichen werden kann), das in seiner Struktur ebenfalls erstaunliche Parallelen zur Erzählung aufweist.

7. Die Dramaturgie des „Social Drama" und des Rituals

Unter den Begriff des Social Drama fasst Turner ein seiner Ansicht nach kulturübergreifendes Verlaufsschema öffentlicher Konflikte. Die Bearbeitung bestimmter Normbrüche vollzieht sich nach Turner in dramaturgisch festgelegten Sequenzen, die quasi als „Story" zu sehen sind. Ein ähnliches viergliedriges Schema ritualisierter beziehungsweise dramaturgisch festgelegter Konfliktbearbeitung wurde von Erving Goffman entwickelt.[100] Im Folgenden werden wir uns jedoch hauptsächlich an Turner orientieren, nicht zuletzt, weil Goffmans Modell stark an alltäglicher Interaktion auf der Mikroebene orientiert ist und sich damit weniger als Turners Modell dazu eignet, Konfliktfälle auf der Kollektiv- oder Makroebene zu bearbeiten, die sich über längere Zeit hinziehen, d.h., die eine lange „dramaturgische Geschichte" besitzen. Wo es sinnvoll erscheint, wird allerdings ergänzend auf Goffman Bezug genommen werden. Wie Goffman so gliedert auch Turner die Bearbeitung öffentlicher Krisen in vier Phasen. Diese sind: *breach – crisis – redress – reintegration* beziehungsweise *recognition of schism*.[101]

Robin Erica Wagner-Pacifici beschreibt in *The Moro Morality Play. Terrorism as Social Drama*[102] die öffentliche Debatte um die Entführung und Ermordung Aldo Moros mit Turners Konzept des Social Dramas. Wagner-Pacificis Studie ist für uns insofern interessant, da sie Turners Social

---

100 Erving Goffman, Interaktionsrituale. Über Verhalten in direkter Kommunikation, Frankfurt a.M. 1986, S. 21-30.
101 Turner, Social Dramas and Stories about Them, S. 145 ff.; zu Turners Modell vgl. Schechner, Performance Theory, S. 187-193.
102 Robin Erica Wagner-Pacifici, The Moro Morality Play. Terrorism as Social Drama, Chicago 1986.

Drama von der *performativen* auf die *diskursive* Ebene hebt. Der Ort des Social Dramas ist der öffentlich stattfindende Diskurs in den Medien und nicht mehr die geschlossene, von leiblicher Anwesenheit gekennzeichnete kleine Gemeinschaft. Dennoch zeigt Wagner-Pacifici, dass auch im Falle der Konfliktbearbeitung innerhalb moderner, medial vermittelter Gesellschaften sich durchaus die von Turner identifizierten dramaturgischen Strukturen wiederfinden lassen. Die Krise, die im Rahmen der vorliegenden Arbeit vermittels Turners Konzept des Social Dramas analysiert werden soll, ist hinsichtlich ihrer historischen und sozialen Dimensionen noch weitreichender als Wagner-Pacificis Fall. Im Folgenden wird davon ausgegangen, dass sich die Neuorientierung nachkriegsdeutscher Identität nach dem Holocaust in ihren aufeinander folgenden Sequenzen als Social Drama interpretieren lässt. Das von Giesen in *Triumph and Trauma* analysierte Verlaufsschema des in aufeinander folgende Phasen gegliederten deutschen Schulddiskurses kann in diesem Sinne auch als dramaturgische Rekonstruktion eines kollektiven Dramas gelesen werden. Die Frage, die hier ansteht, baut zwar auf diesem Hintergrund auf, ist dann jedoch wesentlich enger gefasst: Das „Drama" der Neubestimmung kollektiver Identität nach dem ultimativen Normbruch des Holocaust interessiert uns in seiner Gesamtheit weniger, als insbesondere diejenigen dramaturgischen Phasen, in denen *Rituale* von besonderer Bedeutung sind. Dennoch ist zuerst in groben Zügen auf das Social Drama im Gesamten einzugehen. Folgendes ist zu beachten: Auch wenn die in der Presse erzählten „Geschichten über den Kniefall" bereits ihrerseits eine dramaturgische Struktur vorweisen, so sind die Ereignisse in Warschau und die über sie erzählten Geschichten nicht das eigentliche Social Drama. Vielmehr ist der Kniefall in ein weit über ihn hinausreichendes Drama eingebettet. Das vorliegende Social Drama beginnt nicht erst in Warschau, sondern mit einem der entsetzlichsten Normbrüche der Geschichte: mit der Ermordung der europäischen Juden („breach"). Gleich wie in der Erzählung, so beginnt auch dieses „Social Drama" mit einem Bruch beziehungsweise mit einer Normverletzung („infraction of a rule of morality"[103]). Was sich daran

---

103 Ebd., S. 146. Der Normbruch ist gewissermaßen der erste Schritt zum Schisma. Um es ausdrücklich zu betonen: Vielleicht liegt es an Turners ethnographischem und daher letzthin doch an der kleinen Gemeinschaft geschulten Blick, dass für ihn der Normbruch prinzipiell die *Existenz,* das heißt den *Zusammenhalt der Gemeinschaft* als solcher bedroht. Während Goffman eher danach fragt, wie der Einzeltäter seine durch den Normbruch beschädigte Identität in der Interaktion wiederherstellen kann, so besitzt der Normbruch

anschloss, war eine tiefgreifende Krise nachkriegsdeutscher Identität
(„crisis"). Charakteristisch für diese Phase ist, dass durch den vorausge-
gangenen Bruch die Werte- und Normstruktur der Gemeinschaft nicht
nur gefährdet, sondern durch die Gefährdung auch aus ihrer alltäglichen
Selbstverständlichkeit herausgerissen wird und durch die Normüberschreitung jetzt erst besonders konturiert hervortritt. Als Reaktion darauf lassen sich Versuche beobachten, sich dem begangenen Unrecht in
irgendeiner Form zu stellen. Es wurden Ausgleichshandlungen wie Ent-
schuldigungen, Sühne und Buße vollzogen. Eindrücklichstes Symbol
dieser Phase ist der Kniefall Willy Brandts („redress"). Turner betont,
dass in dieser Phase insbesondere die symbolisch exponierten Repräsentanten der jeweiligen Gesellschaft gefordert sind. Meistens ist es
die symbolische Handlungsform des öffentlich stattfindenden Rituals,
die für den Ausgleich gewählt wird. Folgende Merkmale solcher Rituale
sind – auch in Hinsicht auf die Analyse des Warschauer Kniefalls – von
besonderer Bedeutung: „Redressive Rituals", das heißt „Wiedergutmachungsrituale" haben in ihrer ursprünglichen Form oft die Züge von
„Heilungsritualen" („curative ritual"[104]), in denen ein Zustand, der als
„krank" gilt, in „Gesundheit" überführt wird – und in der Tat werden
wir in den „Kniefall-Geschichten" der deutschen Presse auf Metaphern
des *Kranken* (*vor* dem Kniefall) und des *Gesunden* (*nach* dem Kniefall)
stoßen. Wiedergutmachungsrituale sind sehr oft dadurch gekennzeichnet, dass innerhalb der rituellen Beilegung des Konflikts diejenigen symbolischen Formen mobilisiert werden, die in der Kultur der jeweiligen
Gesellschaft tief verwurzelt und als besonders „heilig" angesehen
werden. Das heißt, es werden die „großen Symbole" und die „großen
Geschichten" zur Bearbeitung des Konflikts rituell in Szene gesetzt. Oft
hat die Bedeutung solcher symbolischer Formen ihren Ursprung im Bereich der Religion. Wagner-Pacifici hält in diesem Zusammenhang in

---

in Turners Modell eine kollektive Dramatik. In Anlehnung an Durkheim könnte man auch
sagen, dass sich bei Turner das „Kollektivbewusstsein" durch die Normüberschreitung
besonders stark verletzt fühlt (vgl. Emile Durkheim, Über die Teilung der sozialen Arbeit,
Frankfutr a.M. 1977, S. 122.). Bei Goffman löst der Normbruch eine Identitätskrise des
Individuums aus, bei Turner eine Identitätskrise des Kollektivs. Deshalb ist Turners
Modell besser geeignet, um einen Fall wie das Warschauer Ritual innerhalb des Kontexts
deutscher Kriegs- und Nachkriegsgeschichte zu bearbeiten, da hier nicht die Identität des
Einzelnen, sondern die der Gemeinschaft auf dem Spiel steht.

104 Vgl. Victor Turner, Are there Universals of Performance in Myth, Ritual, and Drama?, in:
Richard Schechner / Willa Appel (Hg.), By Means of Performance. Intercultural Studies
of Theatre and Ritual, New York 1990, S. 8-17, hier: S. 9.

Anlehnung an Turner fest, es sei das „pantheon of root paradigms"[105], das innerhalb der Wiedergutmachung als symbolisch-expressiver Fundus zum Einsatz kommt. Die Phase der Wiedergutmachung ist damit das symbolisch dicht aufgeladene Zentrum des Social Dramas. Hier geht das Drama in das Ritual über. Innerhalb des Rituals wiederum wird der schwelende Konflikt nicht nur einfach zu lösen versucht, sondern vielmehr wird er *als Konflikt* im Ritual mimetisch nachvollzogen, das heißt, der Konflikt wird im Ritual performativ neu durchlebt und – im Falle des Gelingens – einem glücklichen Ende zugeführt.

Was den deutschen Fall betrifft, so muss festgestellt werden, dass das kollektive Drama nicht mit einem unversöhnlichen Schisma, sondern vielmehr damit endete, dass Deutschland in die internationale Wertegemeinschaft reintegriert wurde („reintegration/recognition of schism"). *Innerhalb* dieses Dramas, oder genauer gesagt: in Phase Drei bis Vier (redress – reintegration) spielen wiederum Rituale eine äußerst wichtige Rolle. Das heißt, das Ritual ist nach Turner in das Social Drama eingebettet. Was sich in Warschau ereignete, war so gesehen einer der symbolischen Höhepunkte innerhalb einer dramaturgischen Entwicklung. Wir haben es daher mit drei dramaturgischen Ebenen zu tun, die nicht zu verwechseln sind: *Erstens* die Dramaturgie des zeitgeschichtlichen Social Dramas („deutsche Identität nach dem Holocaust"). *Zweitens* die Dramaturgie des Rituals (Kranzlegung/Kniefall), das heißt die Dramaturgie auf der Handlungsebene. *Drittens* die Dramaturgie beziehungsweise narrative Komposition der Geschichten *über* den Kniefall.

Eines muss an dieser Stelle noch hinzugefügt werden: Der Versuch, einen medialen Diskurs innerhalb einer modernen Gesellschaft mit Turners Konzept des Social Dramas zu beschreiben, muss mit Kritik rechnen. So bemängelt Joseph R. Gusfield, der dramaturgische Ansatz Turners sei in solchen Fällen insofern ein falsch gewähltes Modell, da moderne Gesellschaften bestimmte Eigenschaften aufweisen, die es Gusfields Meinung nach nicht erlauben, das Modell des Social Dramas zu benutzen.[106] Gusfield hebt insbesondere hervor, moderne Gesellschaften setzten sich in ihrer Binnenstruktur zu sehr aus heterogenen Gruppen mit jeweils unterschiedlichen normativen Ausrichtungen und weltanschaulichen Präferenzen zusammen, um mit der Vorstellung eines

---

105 Wagner-Pacifici, The Moro Morality Play, S. 204.
106 Vgl. Joseph R. Gusfield, The Culture of Public Problems. Drinking-Driving and the Symbolic Order, Chicago 1981.

kollektiv verbindlichen Social Dramas zu arbeiten. Es gäbe in modernen Gesellschaft demnach kein einheitliches Publikum mehr, an das sich ein solches Drama richten könne. Zudem sei in massenmedial vermittelten Gesellschaften die Simultanität von performativem Ausdruck und Publikumsrezeption gekappt beziehungsweise durch eine lange Vermittlungsschlaufe ihrer Unmittelbarkeit beraubt (vgl. hierzu Alexanders Modell aus dem letzten Kapitel). Einwänden wie diesen – so sinnvoll sie in vielerlei Hinsicht auch sind – kann allerdings Folgendes entgegengehalten werden: Die genannten Gegenargumente sind vor allem dann zu berücksichtigen, wenn die Seite der Rezeption durch das Publikum untersucht wird. In diesem Fall wird mit Sicherheit festgestellt werden können, dass etliche soziale Gruppen existieren, die sich dem angeblich kollektiv verbindlichen Social Drama durch indifferentes oder schlichtweg ablehnendes Verhalten entziehen. In diesem Fall müsste Gusfield Recht gegeben werden. So urteilten zum Beispiel im Jahre 1970 nach einer im *Spiegel* abgedruckten Meinungsumfrage 48 % der Befragten, der Kniefall Brandts sei „übertrieben" gewesen.[107] Dabei muss jedoch mit Nachdruck betont werden: In Rahmen des vorliegenden Textes wird die Seite der Rezeption durch das Publikum beziehungsweise durch die Leserschaft ausgeblendet. Was untersucht wird, sind insbesondere Texte, die in den Medien veröffentlicht wurden, und diese Texte – so die hermeneutische Hypothese – besitzen eine deutliche inhaltliche Ausrichtung, die sich in ihrem *intendierten Sinn* durchaus im Sinne eines Social Dramas interpretieren lässt. Das vorliegende Textmaterial legt den Schluss nahe, mit diesem Konzept zu arbeiten, gleichgültig ob auf der Ebene der Rezipienten sich möglicherweise abweichende Meinungen finden lassen.

8. Die Narrativierung des Kniefalls

Gemäß des vorgestellten narrationstheoretischen Rahmens, demnach bereits einfache Handlungen und insbesondere symbolisch hoch aufgeladene beziehungsweise ritualisierte Handlungen als Performanz in gewisser Hinsicht „eine Geschichte erzählen", kann zumindest hypothetisch argumentiert werden, dass bereits die isolierte Geste des Niederkniens insofern nicht nur unter rituellen, sondern auch unter nar-

---

107 Der Spiegel, 14.12.1970, S. 27.

rativen Gesichtspunkten interpretiert werden kann, da diese Geste nicht ein einfacher, nur im Moment wirkender symbolischer Ausdruck ist, sondern da die Bedeutung des Kniens erst aus dessen sequenzieller Struktur heraus verständlich wird. Knien bedeutet nicht einfach nur „knien", sondern: *niederknien – kniend verharren – sich von den Knien erheben*. Als performativer Ausdruck besitzt die Kniefall-Geste damit einen Anfang, eine Mitte und einen Schluss – das Knien unterliegt demnach einer Dramaturgie en miniature – womit sich die klassische dreigliedrige Grundstruktur der Erzählung auch hier finden lässt. Ebenfalls in Analogie zur Erzählung ist auch die demuts- und reuevolle Symbolik der Kniefall-Geste um einen manifesten Konflikt beziehungsweise um eine Krisenerfahrung organisiert. Schließlich besitzt die Geste des Kniens noch zwei weitere Eigenschaften, die es zumindest hypothetisch erlauben, sie unter narrativen Aspekten zu analysieren: Ein Kniefall impliziert zum einen, dass mindestens zwei Akteure in das Geschehen verstrickt sind – der Kniende und derjenige, vor dem gekniet wird, auch wenn – wie im Falle des religiösen Kniefalls vor Gott – der Adressat der Erniedrigungsgeste nicht „persönlich", sondern nur vermittels seiner symbolischen Repräsentation anwesend ist. Es existiert daher auch im Falle des Miniatur-Rituals der Genuflexion so etwas wie eine Akteursstruktur, die ein bestimmtes, gegenseitiges Handeln bestimmt. Dieses gegenseitige Handlungsmuster ist wiederum auf einen Plot ausgerichtet: Zum Zweiten nämlich verweist die (christliche) Kniefall-Geste auf eine bestimmte handlungsleitende Moral wie sie im biblischen „wer sich aber selbst erniedrigt, wird erhöht werden" zum Ausdruck kommt.

Auch wenn es so gesehen durchaus möglich erscheint, die Geste des Kniefalls als „inszenierte Geschichte" zu beschreiben, so soll damit in keinem Fall behauptet werden (wie bereits gesagt), der leibliche Ausdruck performativer oder ritueller Inszenierungen ließe sich auf das unterliegende Skript reduzieren beziehungsweise ohne Verlust in einem Text auflösen. Wenn hier der Kniefall als Geste hinsichtlich seines narrativen Potentials beschrieben wird, so hat dies einen anderen Grund: Die folgende Analyse der Kniefall-Geschichten baut auf der These auf, dass die bereits in der Dramaturgie der *Kniefall-Geste* symbolisch komprimierte „Erzählung" das Grundmuster bildet, an dem sich die *Kniefall-Geschichten* dann orientieren. Der Kniefall erweist sich so betrachtet als narrativ übersetzbares Symbol, das Anschlussmöglichkeiten zwischen Geste und Narration bietet. Die genannten strukturellen Analogien zwischen *Geste und Geschichte* können als Hinweis auf die interessante Frage gedeutet werden, wie es überhaupt zu den Kniefall-Geschichten kam, die – wie gezeigt wird – der gleichen dreigliedrigen Struktur wie die isolierte Geste unterliegen.

8.1. „Krähen kreisten hoch über dem deutschen Kanzler"

Gliedert man die Presseartikel der Jahre 1970 und 2000 über Brandts Kniefall in narrative Sequenzen, so fällt ebenfalls ein dreigeteiltes Schema auf, das mit der klassischen Gliederung der Erzählung in Anfang-Mitte-Schluss korrespondiert. Dieses Schema besteht aus folgenden Sequenzen: Die Schilderung der *Atmosphäre vor dem Kniefall*, die Schilderung der *Atmosphäre nach dem Kniefall* und schließlich die Schilderung des *Kniefalls als ausschlaggebendes Ereignis* selbst, quasi als Höhepunkt der Handlung. Das heißt, die dramaturgische Dreigliederung der Erzählung (und der Kniefall-Geste) wird analog auch hier in ein sie einschließendes, ebenfalls dreigliedriges Narrationsschema eingebettet. Immer wieder ist dabei zu bemerken, dass die Presse im Jahre 2000 auf Artikel des Jahres 1970 zurückgreift und diese bruchstückhaft zitiert. „Krähen kreisten hoch über dem deutschen Kanzler" – mit diesem erzählerischen Detail reichert die *Süddeutsche Zeitung*[108] im Jahre 2000 die Schilderung der atmosphärischen Stimmung vor dem Kniefall an – Brandt war hier bereits am Denkmal des Warschauer Ghettos angekommen, kniete jedoch noch nicht. Dreißig Jahre zuvor, im *Spiegel* des Jahres 1970 können wir entsprechend lesen: „Es sind Krähen in der Luft".[109] Die Erwähnung von „Krähen" mag in Artikeln irritieren, die dem politischen Ressort zuzurechnen sind. Sie gehören jedoch zu dem komplexen symbolischen Netz, das um den Kniefall herum gesponnen wird. Die Artikel über den Kniefall überschreiten hier erheblich den gewohnt sachlichen Ton politischer Reportagen. Vielmehr sind sie oft emphatisch hoch aufgeladen, reich an Bildern und Metaphern, und sind – so der Eindruck – eher bestrebt, dem Leser das Gefühl des „Selber-dabei-Seins" zu vermitteln.

---

108 Süddeutsche Zeitung, 07.12.2000, S. 2.
109 Der Spiegel, 14.12.1970, S. 29-30.

Die in der Presse erwähnten „Krähen" wurden hier gleich an erster Stelle genannt, da sie exemplarisch für das symbolische Universum stehen, mit dem die erste Sequenz der Narrationen gerahmt wird. Raben und Krähen versinnbildlichen in unserer Kultur das Unheilvolle, den Tod und das Vorchristlich-Heidnische. Eine solche Symbolik fügt sich passgenau in die Beschreibung der Atmosphäre ein, wie sie *vor dem Kniefall* beschrieben wird. In diesem ersten Abschnitt, der dann abrupt vom eigentlichen Kniefall beendet wird, überwiegen Krisensymbole wie die der Kälte und des Unheimlichen: So schreibt *Der Spiegel* 1970 „Es sind Krähen in der Luft." Und dann weiter: „Der Dezember ist kahl und kalt. Aus zwei bronzenen Kandelabern fauchen Gasflammen, und der Wind macht Fetzen daraus. Aber nun ist man beinah dankbar für diesen Wind, der so eisig ist, dass die Augen davon nass werden."[110] Auch dass Brandt dann später auf dem „flachen, nassen Stein" beziehungsweise dem „nassen Granit" niederknien wird bleibt nicht unerwähnt – ein Detail dass ebenso in anderen Zeitungen immer wieder hervorgehoben wird. Die *Frankfurter Allgemeine Zeitung*[111] spart eine atmosphärische Beschreibung der Stimmung kurz vor dem Kniefall zwar aus, schildert jedoch mit ähnlichen sprachlichen Mitteln die Ankunft Brandts in Warschau am vorherigen Tag: „Es war diesig, nasskalt [...] und stockdunkel." Etwas weiter hinten: „Einige Düsternis liegt buchstäblich über der Gesamtszenerie". Auch *Die Zeit*[112] erwähnt den „trüben Dezembermorgen" und die „lodernden Pylonen" vor dem Ghetto-Denkmal. Auch in den Artikeln des Jahres 2000 werden solche narrativen Muster erneut aufgegriffen: So erwähnt *Die Welt*[113] noch dreißig Jahre später den „kalten Montagmorgen", an dem der Kniefall sich ereignete. Eine Fülle derartiger sprachlicher Bilder ist im Jahre 2000 in dichtgedrängter Form in der *Süddeutschen Zeitung*[114] zu finden: „Der 7. Dezember 1970 ist ein eisig-kalter Tag, kahl ist die Szenerie vor dem Mahnmal zum Gedenken an den Ghetto-Aufstand 1943. Trübes Warschau, zur Stimmung passend an diesem Vormittag. Krähen kreisen hoch über dem deutschen Kanzler." Dann zum Kniefall: „Kniet [der Kanzler, C.S.] auf nassem Granit."

---

110 Ebd. S. 29.
111 Frankfurter Allgemeine Zeitung, 08.12.1970, S. 4.
112 Die Zeit, 11.12.1970.
113 Die Welt, 07.12.2000, S. 3.
114 Süddeutsche Zeitung, 07.12.2000, S. 2.

Insgesamt wird die Szenerie *vor dem Kniefall* in erster Linie als kalt und dunkel beschrieben – eine metaphorische Analogie zum „Kalten Krieg" und den „dunklen Jahren der Geschichte"? Man kann es zumindest vermuten. In jedem Fall haftet in dieser ersten narrativen Sequenz etwas Bedrohliches beziehungsweise etwas Krisenhaftes den Ereignissen an. Diese erste Sequenz – d.h. die Atmosphäre vor dem Kniefall – gewinnt noch an Konturen, wenn sie mit der Sequenz *nach dem Kniefall* verglichen wird. Die diesbezüglich eindrucksvollste Beschreibung ist in der *Zeit*[115] des Jahres 1970 zu finden. Mit den folgenden Sätzen wird die Stimmung am letzten Abend des Staatsbesuchs wiedergegeben, der Kniefall ereignete sich demnach am Morgen des selben Tages: „Die Gespenster der Vergangenheit, die sich an diesem 7. Dezember noch einmal erhoben und drückend auf die Gemüter gelegt hatten, waren in der Intimität dieser Mitternachtsstunde wie verscheucht. [...] Was sich da ausbreitete, war die Erleichterung von Genesenden, die sich langer und schwerer Krankheit entronnen fühlen." *Der Spiegel*[116] rahmte in ähnlichem Tenor den Kniefall als „Ein Stück Heimkehr" – so die Artikelüberschrift im Jahre 1970. Wurde die Atmosphäre vor dem Kniefall als kalt, dunkel und bedrohlich beschrieben, so ist nun die Rede von „Genesung", „verscheuchten Gespenstern" und „Heimkehr". Ebenso fällt in etlichen der vorliegenden Artikel auf, dass im Anschluss an die Kniefall-Episode die gleichsam „aristokratische" Atmosphäre beschrieben wird, die gegen Mittag zur Stunde der Unterzeichnung des deutsch-polnischen Vertrags herrschte: „Über allem lag ein Schimmer von eleganter Großaristrokatie" – so berichtete die *Frankfurter Allgemeine Zeitung*. Ministerpräsident Josef Cyrankiewieck habe wie ein „barocker Fürst" ausgesehen.[117] Die *Süddeutsche Zeitung* erwähnte in gleicher Weise die noble Atmosphäre, die im Radziwill-Palais, dem Ort der Vertragsunterzeichnung herrschte, „dessen Wände lindgrüne Marmorstreifen zieren, auf deren Glanz sich das Gefunkel eines riesigen Kronleuchters spiegelt."[118] Und *Die Zeit* notierte: „Es war für den Kanzler und seine Umgebung eine Überraschung, wie sich die Atmosphäre lockerte, wie da („viel stärker als bei der Unterzeichnung des Moskauer Vertrages", sagen die Beteiligten) ein europäisches Kulturempfinden über die ideo-

---

115 Die Zeit, 11.12.1970.
116 Der Spiegel, 14.12.1970, S. 30.
117 Frankfurter Allgemeine Zeitung, 08.12.1970.
118 Süddeutsche Zeitung, 08.12.1970, S. 3.

logischen Klüfte hinweg Verbindungen, Verständigungen möglich machte, wie sich Verkrampfungen lösten.[119] *Der Spiegel* schließlich hielt abschließend fest: „Während die polnische Ehrenkompanie [...] im Schneegestöber vorbeimarschierte, sagte er [Brandt, C.S.] zum polnischen Ministerpräsidenten: ‚Jetzt wird es kalt.' Cyrankiewicz tröstete ihn: „Es wird auch wieder warm.'[120] „Es wird auch wieder warm" – so untertitelte *Der Spiegel* das Bild von Brandt und Cyrankiewicz, wie sie nach der Vertragsunterzeichnung sich die Hände reichten. Der dazugehörige Artikel, der die Überschrift „Reue und Hoffnung" trägt, bezieht sich dabei nicht nur auf die Vertragsunterzeichnung, sondern auch auf den Kniefall – im „Zeichen der Reue" sei Brandt niedergekniet, im „Zeichen der Hoffnung" habe er den Vertrag unterschrieben.

Anstatt von krisenhaften Symbolen wie den mehrmals erwähnten Krähen sind in der Sequenz *nach dem Kniefall* nun „funkelnde Kristallleuchter" zu finden, von Dunkelheit und Kälte ist keine Rede mehr, dafür von Wärme, von gelösten Verkrampfungen und Genesung. Die beiden Sequenzen *vor* und *nach* dem Kniefall verhalten sich in ihrem symbolischen Gehalt gegensätzlich zueinander: kalt – warm, Dunkelheit – Licht, krank – gesund, verkrampft – entspannt, Reue – Hoffnung. Daher kann zunächst festgehalten werden, dass offensichtlich ein soziales Drama beziehungsweise eine soziale Krisensituation glücklich gelöst wurde, oder vielmehr, um es zu präzisieren, dass in den Medien die Ereignisse in einer Weise narrativ rekonstruiert wurden, die auf einen harmonisierten Plot hinausläuft. Was innerhalb der Zeitungsartikel geschildert wird, ist die gelungene Passage von einem prekären Zustand des Bedrohlichen und Dissonanten hin zu Ausgleich und Versöhnung. Was also geschah zwischen diesen beiden beschriebenen Zuständen, zwischen der „Kälte" *vor* und der „Wärme" *nach* dem Kniefall? Die medialen Schilderungen des Kniefalls selbst sind die dichtesten Stellen der Presseartikel. In etlichen Artikeln ist der erzählerische Duktus sichtbar bemüht, so nahe wie möglich an den Ereignissen zu haften. Es werden eine Fülle scheinbar nebensächlicher Details genannt, diese werden jedoch durchgängig kaum interpretiert, das heißt, der Kniefall wird gleichsam aus der Perspektive des Augenzeugen nacherzählt, wird jedoch nicht auf einer sekundären reflexiven Ebene bewertet. Auffällig ist hier, wie wenig Distanz die Autoren zu den Geschehnissen einnehmen,

---

119 Die Zeit, 11.12.1970.
120 Der Spiegel, 14.12.1970, S. 28.

über die sie berichten. Viele der Texte „kleben" regelrecht an den geschilderten Ereignissen. Der erzählerische Duktus verhält sich gewissermaßen homolog zur inneren Einstellung von „echten" Ritualteilnehmern: Man ist dabei, man lässt sich von den Ereignissen führen, man ist ergriffen, man stellt jedoch keine Fragen. In den Presseartikeln herrscht die auf Unmittelbarkeit abgestellte Darstellungsweise wie sie für die literarische Gattung des Dramas charakteristisch ist[121]. Eine reflexiv-bewertende Perspektive wird allerdings dann eingenommen, wenn es um die Authentizität des Kniefalls geht. Hier plötzlich tauchen die Autoren als wertende Vermittler auf und stellen ausnahmslos fest, die Geste sei „spontan", „authentisch" und „nicht geplant" gewesen. Diese Tatsache ist insofern sehr interessant, da sich genau an dieser Stelle zeigt, dass letzten Endes die leibliche Ritualteilnahme doch nicht ohne Verlust in einen Text überführt werden kann: Die Unmittelbarkeit, Spontanität und Authentizität – gleichsam der „Schock selbstevidenter Ergriffenheit" –, all das ergibt sich nicht aus der Erzählung selbst, sondern bedarf auf einer übergeordneten textlichen Ebene der zusätzlich erfolgenden Bestätigung. So versuchte *Die Zeit* die Außerordentlichkeit und Authentizität des Kniefalls mit folgenden Worten zu vermitteln: „Zyniker des politischen Alltags mochten hinterher Fragezeichen hinter die Spontanität dieser Geste setzen, aber sie war echt, eine Eingebung des Augenblicks. Brandt weiß nur zu gut, dass sich ein Staatsmann nur selten Emotionen leisten kann. Dass er es sich an diesem Tag nicht versagte, seiner Erschütterung Ausdruck zu geben, hat mehr als alle Reden dazu beigetragen, lange Verhärtetes in der polnischen Hauptstadt aufzubrechen."[122] Der Hinweis, Brandt wisse, dass ein Staatsmann sich nur „selten Emotionen leisten kann", dient der Bestätigung, der Kniefall sei authentisch und spontan gewesen. Hier liegt offensichtlich ein Widerspruch vor – einerseits war laut Presse-Kommentar die Geste Brandts „authentisch" und eine „Eingebung des „Augenblicks". Gleichzeitig aber wird festgehalten, dass Brandt in seiner offiziellen Rolle dennoch nicht die Beherrschung verliere. Dieser Widerspruch kann allerdings aufgelöst werden. Richard Sennet stellt in dieser Hinsicht fest, das säkularisierte Charisma des modernen Politikers basiere nicht mehr auf dessen *Handlungen*, sondern auf zur Schau gestellten

---

121 Vgl. Stanzel, Theorie des Erzählens, S. 15.
122 Die Zeit, 11.12.1970, S. 1.

Empfindungen:[123] „Woher nimmt die ‚starke Persönlichkeit' ihre Stärke? Die Persönlichkeitskultur des vergangenen Jahrhunderts beantwortete diese Frage, indem sie sich auf die Empfindungen der Person statt auf ihr Handeln konzentrierte. [...] Die Enthüllung innerer Regungen wurde das Erregende. Wenn jemand imstande war, sich in der Öffentlichkeit zu offenbaren und diese Selbstenthüllung gleichzeitig zu kontrollieren, dann wirkte er erregend. Man spürte, dass Macht von ihm ausging, ohne erklären zu können, warum – das säkulare Charisma: ein psychischer Striptease."[124] Unter anderem mit Bezug auf Willy Brandt konkretisiert Sennet dieses Verhältnis zwischen Selbstkontrolle und präsentierter Emotionalität wie folgt: „Der Politiker, der unsere Aufmerksamkeit auf seine inneren Regungen zieht – Giscard und Kennedy auf ihre Feinsinnigkeit, Enoch Powell auf seine Wut, Brandt auf seine Freundlichkeit –, wird zu einem glaubwürdigen Führer, indem er den Anschein erweckt, er handele gemäß seinen inneren Impulsen spontan und bewahre gleichzeitig seine Selbstkontrolle. Gelingt ihm diese kontrollierte Spontanität, so erscheinen seine Regungen wirklich, und dann kann man ihm glauben."[125] Der zitierte Kommentar der *Zeit* gibt schon annähernd wörtlich das von Sennet analysierte Verhältnis zwischen *Spontanität* und *Kontrolle* wieder, auf dem das Charisma des modernen Politikers beruht. Trotz seiner staatsmännischen Beherrschtheit erlaubt sich Brandt emotionale Regungen – und diese Regungen werden gerade durch die ihm zugeschriebene allgemeine Beherrschtheit zusätzlich „authentischer". Im Umkehrschluss bleibt Brandt trotz seiner Ergriffenheit immer noch eine staatsmännische Führungspersönlichkeit, die sich unter Kontrolle hat. Diese Form „kontrollierter Spontanität" bildet den charismatischen Kern des Kniefalls. Um die Ebene der Presse-Berichte kurz zu verlassen, so gab Brandt selber einen Hinweise auf diese Deutung. So äußerte er sich in einem Interview zu seinem Kniefall mit folgenden Worten: „Wissen Sie, es gab einen Moment, in dem ich mich ganz auf mich gestellt fühlte. Das war jener Dezembermorgen in Warschau, als ich empfand, wie unzulänglich es sein würde, am Ghetto-Mahnmal nur einen Kranz niederzulegen. Doch ein Gefühl von Ohnmacht war das nicht. Die Knie zu beugen war Ausdruck vorübergehender, relativer

---

123 Vgl. Richard Sennett, Verfall und Ende des öffentlichen Lebens. Die Tyrannei der Intimität, Frankfurt a.M. 2004, S. 341.
124 Ebd., S. 341.
125 Ebd., S. 343.

Macht im Dienste der Versöhnung"[126]. An dieser Stelle wird deutlich, dass Brandt selber die „Spontanität" seiner Geste in einer Weise bewertet, die dem Charisma-Konzept Sennetts stark ähnelt. Der Ausdruck seiner Empfindungen war – so Brandt selber – nicht ein Moment der *Ohnmacht*, sondern der *Macht*.

Auch wenn im Kommentar der *Zeit* zum Kniefall die Autoren der Presse-Texte sich reflexiv zu den Ereignissen in Warschau verhalten, überwiegt in der Medienberichterstattung ansonsten der Versuch, literarisch den Eindruck unmittelbaren Dabei-Seins zu vermitteln, ohne eine bewertend-kommentierende Außenperspektive auf die Ereignisse einzunehmen. Der Erzählmodus ist so gesehen ganz auf die gemeinschaftliche Binnenperspektive abgestellt. Es wird sozusagen *von* Insidern *für* Insider berichtet. Eine regelrecht dramatische Schilderung des Kniefalls ist dem *Spiegel* – wie bereits eingangs zitiert – zu entnehmen: „So wird das alles nicht in den Geschichtsbüchern stehen, in die es aber doch gehört: dieses wilde, füßescharrende Geschubse der Photographen plötzlich; die Sekunde der Atemlosigkeit; das Erschrecken. Wo ist er? Was ist denn passiert? Ist er gestürzt? Ohnmächtig geworden? Willy Brandt kniet."[127] Der zitierten Stelle ist eine der wichtigsten Rahmungen des Kniefalls zu entnehmen, die auch in anderen Artikeln eine dominante Position innehat: Hervorgehoben wird das „Plötzliche", „das Erschrecken" und „die Sekunde der Atemlosigkeit". Der Kniefall wird mit Begriffen gerahmt, die auf Außeralltäglichkeit hinweisen. Gewohnte Erklärungsmuster greifen nicht mehr – „Was ist denn passiert? Ist er gestürzt?" etc. – im wahrsten Sinne des Wortes ist „plötzlich" etwas geschehen, das jenseits der Normalität verortet ist. Die Plötzlichkeit des Kniefalls öffnet einen Raum, der allein deshalb Eigenschaften des „Heiligen" besitzt, da er unerklärlich ist, sich kausalen Erklärungsmustern entzieht und damit auf dasjenige verweist, das im Sinne Rudolf Ottos Definition des Heiligen als das „ganz Andere" bezeichnet werden kann.[128] Ebenfalls aufschlussreich ist der Anfang des Zitats: Der Kniefall gehöre zwar in die Geschichtsbücher (und werde dort wohl auch erscheinen), jedoch nicht in dieser ihm gebührenden aufgewühlten und ergriffenen Form der Schilderung: An dieser Stelle manifestiert sich in

---

126 Willy Brandt / Birgit Kraatz, „...wir sind nicht zu Helden geboren". Ein Gespräch über Deutschland mit Birgit Kraatz, Zürich 1986, S. 9
127 Der Spiegel, 14.12.1970, S. 29.
128 Vgl. Otto, Das Heilige, S. 28-37.

wenigen Worten die große Unsicherheit und die Ambivalenz, mit der man den Kniefall im Jahre 1970 in der deutschen Presse noch wahrnahm. Zwar herrschte Gewissheit, dass etwas Außerordentliches sich ereignet hatte, gleichzeitig war man sich aber über die Bedeutung des Ereignisses völlig unsicher.

Im weiteren Verlauf des *Spiegel*-Artikels wird die entscheidende Rahmung des Kniefalls – das „Plötzliche", die „Sekunde der Atemlosigkeit" – noch vertieft. Die Reaktion von Günter Grass und Siegfried Lenz, die den Kanzler auf seiner Polen-Reise begleiteten, am Warschauer Ghetto-Denkmal allerdings nicht anwesend waren, wird folgendermaßen beschrieben: „Als man ihnen später erzählt, was dort vorgefallen ist, glauben sie es im ersten Augenblick nicht."[129] Annähernd identisch steht dann dreißig Jahre später in der *Welt*: „Sie [Grass und Lenz, C.S.] staunten ungläubig, als ihnen Augenzeugen wenig später von Brandts Kniefall berichteten."[130] Insbesondere im letztgenannten Zitat – aber nicht nur hier – wird ein für die Interpretation des Kniefalls äußerst wichtiges narratives Muster konstruiert: Auf der Ebene der Akteure gibt es einerseits „Augenzeugen" (meist sind es „stumme" Zeugen[131]), die entsprechend in der Lage sind, den unerhörten Vorfall zu bestätigen. Personen jedoch wie Grass und Lenz, die selber nicht anwesend waren, staunen „ungläubig". Auch wenn neutestamentarische Verweise nicht in direkter Form zu finden sind, so erinnert doch dieses Motiv stark an die Schilderung von „Wundern".[132] Dietmar Kamper verweist darauf, dass „Zeichen und Wunder" seit jeher in einem dichten Verhältnis zueinander stehen. Darauf aufbauend stellt Kamper fest, dass sich das Zeichen in seiner eindringlichsten Form in der leiblichen Einkerbung, im „Mal" beziehungsweise der Verletzung manifestiert. Das stärkste Wunder-Zeichen ist dasjenige, das Wirkungen am Körper zeigt.[133] In diesem Sinne interpretiert, korrespondiert das leibliche „Zeichen des Kniefalls" in seiner Devotion und dadurch zur Schau gestellten Verletz-

129 Der Spiegel, 14.12.1970, S. 29.
130 Die Welt, 07.12.2000, S. 3. An dieser wie an vielen anderen Stellen ist auffällig, wie sehr die Presse im Jahre 2000 selbst auf Artikel des Jahres 1970 zurückgreift.
131 Vgl. Die Zeit, 11.12.1970.
132 Zum Phänomen des Wunders vgl. Bernhard Bron, Das Wunder. Das theologische Wunderverständnis im Horizont des neuzeitlichen Natur- und Geschichtsbegriffs, Göttingen 1979; vgl. Richard Swinburne (Hg.), Miracles, New York 1989; vgl. Mary Douglas, Purity and Danger. An Analysis of Concepts of Pollution and Taboo, London 1966, S. 73-89.
133 Dietmar Kamper, Zur Soziologie der Imagination, München 1986, S. 157-160.

barkeit durchaus mit der archaischen Vorstellung des insbesondere am Leib sich offenbarenden Wunders. Hinzu kommt, dass das Wunder in seiner biblischen Bedeutung nicht irgendein außerordentliches Ereignis jeglicher Art ist, sondern dass vielmehr dem Wunder eine definierte Bedeutung zukommt. Howard Clark Kee bestimmt diese Bedeutung folgendermaßen: „If the main concern is for the defeat of the evil powers and the vindication of the oppressed faithful minority, as in Jewish or early Christian apocalyptic communities, then miracle will not be a personal benefit at all, but rather a sign of the divine victory about to be achieved, of the triumph over the forces of evil, of the exaltation to positions of power and peace of those presently threatened and persecuted."[134] Diese inhaltliche Bestimmung des Wunders, als der Moment, in dem die „forces of evil" besiegt werden, fügt sich in der Tat bestens in die vorliegende Interpretation der Kniefall-Geschichten ein. Erinnern wir uns: Es ist in der Passage *nach* dem Kniefall von *verscheuchten Gespenstern* und von *Genesung* die Rede. Weiterhin ist die zitierte Stelle insofern aufschlussreich, da hier festgehalten wird, das Wunder im jüdisch/christlichen Sinne sei nicht die Sache des Individuums, sondern diene vielmehr der Befreiung des Kollektivs – das damit korrespondierende Zitat ist inzwischen hinreichend bekannt: „Er kniete nieder und erhöhte sein Volk."

Das Wunder wiederum bedarf weiterhin der Anwesenheit von Zeugen. Wer tatsächlich anwesend ist, dem verschlägt es die Sprache, Nichtanwesende allerdings „staunen ungläubig", wenn ihnen davon berichtet wird. Der einzige Garant für den Wahrheitsgehalt des Wunders ist das „Es-gesehen-Haben", das „Da-gewesen-Sein". Genau darum sind die Pressetexte letzthin bemüht: Sie versuchen, diese Authentizität des Dabei-Seins narrativ zu imitieren, möglicherweise um so dem Leser die Illusion eigener Partizipation zu vermitteln. Es ist auffallend, dass dreißig Jahre später im Jahre 2000 in der Tat der Kniefall mit Metaphern des „Wunders" beziehungsweise als quasi-religiöses Stiftungsereignis umschrieben wird. Dann wird *Der Spiegel* fragen: „Wie nähert man sich einem Mythos?"[135] „Das historische Wunder" – so bezeichnet der *Südkurier* im Jahre 2000 die Versöhnung zwischen Ost und West. Das „Wunder" jedoch steht in direkter Verbindung mit dem Kniefall. So lautet die Überschrift dieses Artikels: „30 Jahre, zwischen denen Welten

---

134 Howard Clark Kee, Miracle in the Early Christian World, New Haven 1983, S. 294.
135 Der Spiegel, 11.12.2000, S. 200.

liegen. Wie aus Deutschland und Polen seit Willy Brandts Kniefall befreundete Nachbarn wurden."[136] Richard von Weizsäcker schrieb in der *Zeit*: „Es [der Kniefall, C.S.] war ein unerhörter Vorgang, ein unvorstellbarer Augenblick."[137]

Vergleicht man die Artikel des Jahres 1970 mit denen des Jahres 2000, so fällt auf, dass im Jahre 1970 der „Schock" hervorgehoben wurde, den der Kniefall auslöste. Beschrieben wurde vor allem die Atmosphäre von Außeralltäglichkeit, die diese Geste hervorrief, ihre Plötzlichkeit, der Moment des Schweigens und Staunens. Dreißig Jahre danach wurde dann dieser außerordentliche Moment zum „Wunder" oder zum „Mythos" erklärt. Die Semiotisierung als geschichtsträchtiges Symbol setzte erst retrospektiv ein. In beiden Fällen jedoch – 1970 wie 2000 – ist folgende, nach Sequenzen geordnete narrative Struktur zu finden, die sich als impliziter Leitfaden durch die Artikel zieht: Erst die Schilderung des Dunklen und Kalten, dann der „besondere Augenblick" und abschließend die Schilderung des Hellen und Genesenden.

Dunkel/Unheimlich – Augenblick und Wunder – Hell/Gesund: Nach diesem Muster sind die Artikel über den Kniefall offensichtlich aufgebaut. Dieses Schema korrespondiert mit der These, Brandts Kniefall könne als genuines Passageritual im Sinne Victor Turners interpretiert werden, wenngleich der Kniefall sich innerhalb der Kultur einer „modernen Gesellschaft" ereignete. Trifft dies zu, dann vollzog sich hier eine Art von außerordentlicher „Wandlung". Der Kniefall müsste dann einen Zustand markieren, der weder ganz der alten noch ganz der neuen Ordnung zugehört, der gewissermaßen „zwischen beiden Welten liegt". Repräsentiert der Kniefall in der Tat einen Schwellenzustand? Oder, um es abermals zu präzisieren: Wurde der Kniefall in der Presse narrativ als Schwellenereignis, also als „liminaler Zustand" gerahmt? Um diese Frage zu klären, muss zunächst die entscheidende Sequenz der Artikel noch etwas näher untersucht werden. Im bereits zitierten *Spiegel* des Jahres 1970 wird der Moment des Kniefalls weiterhin folgendermaßen beschrieben: „Niemand ist darauf gefasst gewesen, niemand hat vorher davon gewusst. Selbst Brandts engste Vertraute trifft der Anblick des Knienden wie ein Schock. Egon Bahr [...] wendet sich mit einer unwillkürlichen Geste der Überwältigung ab und murmelt: ‚Mein Gott, was dieser Mann alles tun muss...' Carlo Schmid sagt später bloß: ‚Ich habe

---

136 Südkurier, 25.11.2000, S. 3.
137 Die Zeit, 07.12.2000, S. 5.

gebetet."[138] Zunächst wird hier die Spontanität des Kniefalls betont. Dass der Kniefall ungeplant und nicht taktisch intendiert gewesen sei, wird in beinahe allen analysierten Artikeln immer wieder hervorgehoben. So stellt auch *Der Spiegel* weiterhin fest: „Hat er [Brandt, C.S.] das alles überhaupt geplant. Ist dieser Kniefall nicht vielmehr eine spontane Gebärde der Übermannung, die allem Kalkül spottet?" Und etwas weiter unten: „Und er [Brandt, C.S.] hat sich diese Gebärde der Demut auch nicht selber vorgestellt, geschweige denn hat er sie arrangiert."[139] Um den Kniefall in seiner Eigenschaft als „außerordentlicher Moment" näher zu untersuchen, sei eine etwas längere Passage aus der *Zeit* zitiert. Zunächst wird hervorgehoben, Brandt sei „überwältigt von der Erinnerung an das Ungeheuerliche"[140] auf die Knie gesunken. Im Anschluss an die eigentliche Kniefall-Passage wird dann Folgendes festgehalten: „'Ob die Bundesrepublik einen solchen Kanzler schon verdient?' flüsterte mir ein sonst sehr kühler polnischer Beobachter bewegt zu ... Viele der gewöhnlichen Maßstäbe schienen an diesem Tage nicht mehr zu stimmen. Nicht, dass die Unterschiede der Nationen, der Regime, der Mentalitäten plötzlich weggewischt worden wären. Sie erschienen jedoch für einen Augenblick belanglos angesichts des historischen Ereignisses: dass von nun an Deutschland zum erstenmal seit fünfzig Jahren die westliche Grenze seines polnischen Nachbarn hinnahm, dass es Brief und Siegel darauf gab. Doch der formale Akt, die Vertragsunterzeichnung im Palais des Ministerrats, wirkte seltsam blass vor der Dimension der Geschichte, der vergangenen wie der künftigen."[141] Die zitierte Stelle wirkt zunächst zweideutig: Es wird festgehalten, dass „gewöhnliche Maßstäbe" nicht mehr stimmten und dass Unterschiede „für einen Augenblick" belanglos wurden. Doch bezieht sich dies direkt auf den Kniefall? Welches „historische Ereignis" ist gemeint, das für einen Augenblick Unterschiede nivellierte und gewöhnliche Maßstäbe außer Kraft setzte? Dem Text nach – so die zunächst nahe liegende Lesart – besteht dieses besondere historische Ereignis darin, dass „von nun an Deutschland zum erstenmal seit fünfzig Jahren die westliche Grenze seines polnischen Nachbarn hinnahm, dass es Brief und Siegel darauf gab." Ist demnach die Vertragsunterzeichnung dasjenige Ereignis beziehungsweise derjenige

---

138 Der Spiegel, 14.12.1970, S. 29.
139 Ebd., S. 30.
140 Die Zeit, 11.12.1970, S. 1
141 Ebd., S. 1.

Augenblick, in dem die trennenden Unterschiede ausgeglichen wurden? Der Text scheint es nahe liegen zu lassen. Doch dann stößt der Leser auf folgenden Satz, der die zitierte Passage abschließt: „Doch der formale Akt, die Vertragsunterzeichnung im Palais des Ministerrats, wirkte seltsam blass vor der Dimension der Geschichte, der vergangenen wie der künftigen." Die Vertragsunterzeichnung kann demnach doch nicht der Augenblick sein, der nach Meinung des Autors gewohnte Maßstäbe außer Kraft setzte und Unterschiede ausglich. Dafür wird auf „die Dimension der Geschichte" verwiesen – der gegenüber der formale Akt der Vertragsunterzeichnung „blass" wirkte: Wird hier in Chiffren auf den Kniefall verwiesen? Im selben Artikel wurde die historische Dimension des Kniefalls akzentuiert hervorgehoben, Brandt sei demnach „überwältigt von der Erinnerung an das Ungeheuerliche" auf die Knie gefallen. Die „Dimension der Geschichte" wird im vorliegenden Artikel durch die Symbolizität des Kniefalls repräsentiert, gleichzeitig wird die „Dimension der Geschichte" in der Konsequenz als derjenige Ursprung beziehungsweise als Auslöser des „Augenblicks" genannt, an dem gewohnte Maßstäbe ihre Geltung verloren und Unterschiede ausgeglichen wurden. Ob sich die zitierte Stelle tatsächlich auf den Kniefall bezieht, ist mit Sicherheit nicht zu sagen. Es spricht gemäß der vorliegenden Interpretation jedoch einiges dafür, dass diese Passage ohne Referenz auf den Kniefall keinen Sinn ergibt: Für einen Augenblick gelten gewohnte Maßstäbe nichts mehr, gewohnte Grenzen stürzen in sich zusammen, und der eigentliche Auslöser ist nicht die Vertragsunterzeichnung, sondern die „Dimension der Geschichte", die sich an diesem Tag zeigte. Der symbolische Zusammenhang zwischen der „Dimension der Geschichte" und dem Kniefall ist augenfällig.

Der Kniefall ist nicht nur in diesem, sondern auch in vielen anderen Artikeln derjenige Moment, der die gewohnte Ordnung sprengte. Zwischen der Phase „kalt/dunkel/krank" und der Phase „hell/warm/gesund" befindet sich der Kniefall als derjenige Augenblick, der für einen Moment die gewohnte Ordnung außer Kraft setzte.

8.2. Der kniende Kanzler: Vergebung durch Erniedrigung

Im Jahre 1970, eine Woche nach dem Kniefall, kommentierte *Der Spiegel* Brandts Geste folgendermaßen: „Bis ins Religiöse hinein wurden Emotionen geweckt, als das Brandt-Bild aus dem ehemaligen Ghetto die Schatten der Vergangenheit heraufbeschwor."[142] Das eindrücklichste und wohl auch bekannteste Beispiel für eine in diesem Sinne sehr eindeutig christlich-religiöse Rahmung findet sich in derselben Ausgabe des *Spiegels*, wenn festgehalten wird: „Dann kniet er, der das nicht nötig hat, da für alle, die es nötig haben, aber nicht knien – weil sie es nicht wagen oder nicht können oder nicht wagen können."[143] Das hier aktualisierte christologische Motiv des Unschuldigen, der die Sünden der Gemeinschaft schultert und diese damit erlöst, ist die Quintessenz beziehungsweise der Plot der bundesrepublikanischen Kniefall-Geschichten. Man kann diese These allein schon dadurch untermauern, indem – wie folgt – auf die Häufigkeit verwiesen wird, mit der sich Kommentare dieser Art durch die Presse ziehen. Ganz im Sinne der aus dem *Spiegel* zitierten Stelle lässt sich in der *Stuttgarter Zeitung* folgender Kommentar finden: „Etwa eine Minute verharrte er in dieser Haltung eines Betenden. Es fällt schwer, die Eindrücke dieses Augenblicks zu beschreiben. Von einer einfachen menschlichen Geste, die jeden erschütterte, ging ein Zwang aus, über Schuld und Sühne nachzusinnen. Selten erschien dem Chronisten der Gedanke des ‚Vaterunsers' sinnvoller ... ‚Und vergib uns unsere Schuld, wie auch wir vergeben unseren Schuldigern.'"[144] Das Interessante ist, dass das oben angeführte Spiegel-Zitat aus dem Jahre 1970 eine aufschlussreiche Zitationskette auslöste. Im Jahre 1970 – um es zu wiederholen – schrieb *Der Spiegel*: „Dann kniet er, der das nicht nötig hat, da für alle, die es nötig haben...". In seiner im Jahre 1989 erschienenen Autobiographie greift nun Willy Brandt selber auf diese mediale Deutung zurück. In dem Kapitel *Der Kniefall von Warschau* notiert er: „Ich weiß es auch nach zwanzig Jahren nicht besser als jener Berichterstatter, der festhielt: ‚Dann kniet er, der das nicht nötig hat, für alle, die es nötig haben, aber nicht knien – weil sie es nicht wagen oder nicht können oder nicht wagen können.'"[145] Brandt wieder-

---

142 Der Spiegel, 14.12.1970, S. 27.
143 Ebd., S. 29.
144 Stuttgarter Zeitung, 08.12.1970, S. 3.
145 Willy Brandt, Erinnerungen, Frankfurt a.M. 1989, S. 214; vgl. Willy Brandt, Begegnungen und Einsichten. Die Jahre 1960-1975, Hamburg 1976, S. 524-525.

holt das gesamte Zitat des *Spiegels* und integriert damit das christologische Motiv in seine autobiographische Selbstdeutung. Im Jahre 2000 können wir dann in der *Süddeutschen Zeitung* lesen: „Ausgerechnet Brandt, der von den Nazis emigriert war, bat in Polen mit seiner Geste um Vergebung. Einer, der es eigentlich nicht nötig hätte, bittet für alle, die es nötig haben, aber nicht knien, weil sie es nicht wagen, wollen oder können."[146] Ein Verweis auf die ursprüngliche Quelle fehlt hier. In gleicher Weise schreibt Richard von Weizsäcker ebenfalls im Jahre 2000 in der *Zeit*: „Mag einer dazu sagen, er selber hätte es nicht getan. Aber hatte nicht jener Augenzeuge Recht, als er dort über Willy Brandt schrieb: ‚Dann kniet er, der das nicht nötig hat, für alle, die es nötig haben, aber nicht knien?'"[147] In der *Frankfurter Allgemeinen Zeitung* können wir ebenfalls im Jahre 2000 entsprechend lesen: „Das eine [Foto, C.S.] zeigt den Kniefall Brandts vor dem Mahnmal im einstigen Getto von Warschau. Dazu gehört der Satz eines damaligen Berichterstatters: ‚Dann kniet er, der das nicht nötig hat, für alle, die es nötig haben, aber nicht knien – weil sie es nicht wagen oder nicht können oder nicht wagen können.'"[148] Es lassen sich noch weitere Belege für diese Zitationskette beziehungsweise für das christliche Motiv finden – nicht nur in der Presse, sondern auch in Publikationen über Brandt. So untertitelt Gregor Schöllgen in seiner Brandt-Biographie die Photographie des knienden Kanzlers mit den schlichten Worten „Einer für alle".[149] Carola Stern drückt in *Willy Brandt in Selbstzeugnissen und Bilddokumenten* den gleichen Gedanken folgendermaßen aus: „Hinter dem Kniefall des Hitler-Gegners vor dem Mahnmal im einstigen Warschauer Ghetto steht, nicht nur in der Geste, das christliche Bedürfnis, Schuld für andere, Schuld für die Deutschen abzutragen."[150] Insgesamt ist in dieser Hinsicht auffällig, dass die Biographien über Brandt – zumindest was die jeweiligen Kapitel über den Kniefall anbelangt – sich erheblich an der Presseberichterstattung orientieren, nicht nur auf der Ebene der „Tatsachen" und „Ereignisse", sondern bis in die Wahl bestimmter Formulierungen

---

146 Süddeutsche Zeitung, 07.12.2000, S. 2.
147 Die Zeit, 07.12.2000, S. 5; vgl. hierzu Richard von Weizsäcker, Drei Mal Stunde Null? 1949. 1969. 1989. Deutschlands europäische Zukunft, Berlin 2001. Auch hier greift von Weizsäcker die zitierte Formulierung in ähnlicher Form auf und schreibt hinsichtlich des Kniefalls: „Er, der es nicht nötig hatte, tat es für alle" (S. 85).
148 Frankfurter Allgemeine Zeitung, 07.12.2000, S. 16.
149 Gregor Schöllgen, Willy Brandt. Die Biographie, München 2001, S. 176.
150 Carola Stern, Willy Brandt in Selbstzeugnissen und Bilddokumenten, Reinbek bei Hamburg 1975, S. 100.

und Metaphern hinein.[151] So ist beispielsweise die Schilderung des Kniefalls in der Brandt-Biographie Peter Merseburgers in erster Linie eine Paraphrasierung des *Spiegel*-Artikels vom 14.12.1970.[152]

Das oben angeführte Zitat Carola Sterns ist insofern aufschlussreich, da hier indirekt darauf verwiesen wird, dass allein schon der Kniefall als isolierte symbolische Form das christliche Motiv von der Vergebung der Sünden transportiert. Zur Erinnerung: In der ebenfalls bereits zitierten *Stuttgarter Zeitung* war von einer „einfachen menschlichen Geste" die Rede, und von dieser Geste „ging ein Zwang aus, über Schuld und Sühne nachzusinnen". Das heißt, allein schon die Geste verweist auf das dahinter liegende christliche Narrativ.

Zu diesem Punkt sei ein letztes, bereits zitiertes Beispiel hinzugefügt: Lev Kopelev gibt im Jahre 1977 in der *Zeit* folgende Worte eines Zeitzeugen des Warschauer Ghettos wieder: „Und ich sah, wie Willy Brandt in Warschau am Ghettodenkmal kniete. In diesem Augenblick fühlte ich: In mir ist kein Hass mehr. Er kniete nieder – und erhöhte sein Volk."[153] Die Liste derartiger Belege für die „messianische" Rahmung des knienden Brandts lässt sich noch durch die Titel einiger äußerst konservativer Publikationen ergänzen, in denen zwar das Maß intellektuell noch vertretbarer Polemik teils aufs Gröbste überschritten wird, die jedoch gerade in ihrer bisweilen regelrechten Vulgarität die These von der christlich-religiösen Überhöhung Brandts und dessen Kniefall-Geste dennoch besonders markant bestätigen. So stoßen wir auf Titel wie: „Der falsche Messias. Aufstieg und Fall des Willy Brandt"[154], „Willy Brandt – Mythos und Realität"[155], „Willy Brandt – das Ende einer Legende".[156] Wohlgemerkt: Es geht im vorliegenden Text nicht um die Wahrnehmung des Brandt-Bildes in der deutschen Öffentlichkeit im Allgemeinen, sondern um die religiöse Rahmung des Kniefalls im Speziellen. Es sei daher an dieser Stelle nur am Rande

---

151 Vgl. zum Beispiel Peter Koch, Willy Brandt. Eine politische Biographie, Frankfurt a.M. 1988, S. 355-356; vgl. ebenso Barbara Marshall, Willy Brandt. Eine politische Biographie, Bonn 1993, S. 110-111.
152 Vgl. Peter Merseburger, Willy Brandt. 1913-1992. Visionär und Realist, Stuttgart 2002, S. 615-616.
153 Die Zeit, 04.02.1977, S. 46.
154 Heinz Scholl, Der falsche Messias. Aufstieg und Fall des Willy Brandt. Die authentische Lebensgeschichte des gescheiterten Kanzlers, Euskirchen 1974.
155 Heinz Scholl, Willy Brandt – Mythos und Realität. Die authentische Lebensgeschichte eines Berufssozialisten, Euskirchen 1973.
156 Joachim Siegerist, Willy Brandt – das Ende einer Legende, Hamburg 1988.

erwähnt, dass Brandt in der Zeit nach 1970 eine Heldenverehrung erfuhr, die oft mit eindeutig religiösen Verweisen verbunden war. So schrieb *Die Zeit* im Jahre 1972 im Kontext des damals stattfindenden Wahlkampfes: „Der Kanzler ist heute eine Symbolfigur geworden, wie es einst Konrad Adenauer war. [...] Die Sympathie, die manchmal fast den Grad einer Unio mystica erreicht, trägt ihn."[157] Was die mit religiöser Symbolik aufgeladene Überhöhung Brandts betrifft, so spielte nicht nur der Kniefall, sondern die Verleihung des Friedensnobelpreis im Jahre 1971 sicherlich eine ebenso bedeutende Rolle.[158] Dennoch kann zumindest der Verdacht geäußert werden, dass die religiöse beziehungsweise mythologische Charismatisierung der Person Brandts in engem Zusammenhang mit der entscheidenden Geste des Kniefalls steht.

Selbst wenn die genannten presseinternen wie presseexternen Verweise beiseite gelassen werden, die sich nicht direkt auf den Kniefall beziehen, so ist doch allein die zitierte Berichterstattung über den Kniefall Beleg genug, um die These von der messianischen beziehungsweise christlich-theologischen Rahmung der Kniefall-Geschichten zu belegen.

Es wurde bereits darauf verwiesen, dass in einigen der Artikel das Argument auftaucht, allein schon die Geste des Kniens hätte vermittels ihres symbolischen Ausdrucks auf diese „heilsgeschichtliche" Rahmung verwiesen. Es ist durchaus plausibel, in diesem Sinne der Kniefall-Geste eine Art symbolischer Trigger-Funktion zuzusprechen, die dann die messianisch angereicherte Erzählung von der kollektiven Erlösung durch den persönlich Unschuldigen auslöste. So einleuchtend dies zumindest auf symbolischer Ebene vielleicht ist, so soll im folgenden Abschnitt eine andere, ersteres nicht ausschließende, als vielmehr es ergänzende These eingeführt werden, warum es im Zentrum der Kniefall-Geschichten möglicherweise zu dieser erstaunlichen Ballung religiöser Semantiken kam.

---

157 Die Zeit, 17.11.1972, S. 3.
158 Vgl. Daniela Münkel, Zwischen Diffamierung und Verehrung. Das Bild Willy Brandts in der bundesdeutschen Öffentlichkeit (bis 1974), in: Carsten Tessmer (Hg.), Das Willy-Brandt-Bild in Deutschland und Polen, Schriftenreihe der Bundeskanzler-Willy-Brandt-Stiftung, Berlin 2000, S. 23-40. Bezüglich Brandts quasi-religiöser Aura in der deutschen Öffentlichkeit vgl. Gerhard Schmidtchen, Was den Deutschen heilig ist. Religiöse und politische Strömungen in der Bundesrepublik Deutschland, München 1979, S. 166-169.

8.3. Kniefall versus Holocaust: Oppositionelle Master-Narratives

Um es zunächst zu wiederholen: Der Plot der Kniefall-Geschichten lässt sich insgesamt in der Formel „Er kniete nieder – und erhöhte sein Volk" zusammenfassen. Die christliche Meta-Narration vom Unschuldigen, der durch seine Selbsterniedrigung das Kollektiv erhöht, repräsentiert – um erneut mit Frank Kermode zu sprechen – das „timeless mystery" während hingegen der zeitgeschichtliche beziehungsweise politische Kontext des Kniefalls den „current scandal" darstellt, der vermittels der Orientierung an der mythologischen Basis-Narration mit Bedeutung aufgeladen wird.

Wenn demnach auf der einen Seite die große Heilsgeschichte der christlich-okzidentalen Kultur herangezogen wird, um die politischen Geschehnisse in ihrer aktuellen Brisanz mit Sinn zu versehen, so steht auf der anderen, wenn auch gleichsam unsichtbar bleibenden Seite eine andere große Erzählung: Der Holocaust – wenngleich als historisches Faktum unbestreitbar – begegnet uns trotz seiner Faktizität nicht ausschließlich als „Ereignis", sondern wurde vielmehr innerhalb der Nachkriegszeit zunehmend zur Erzählung einer modernen Apokalypse. Adolf Hitler als Personifizierung nationalsozialistischen Terrors erschien, so Joachim Fest in einem Interview im *Spiegel*, als eine „Verkörperung des Bösen".[159] Ähnlich wie Giesen, so sieht auch Alexander, dass der Nationalsozialismus und insbesondere der millionenfache Mord an jüdischen Bevölkerung oft in einer Weise narrativ gerahmt wird, die ihn als den Einbruch des „absolut Bösen" und „Dämonischen" erscheinen lässt.[160] So gesehen begegnen wir zwei oppositionellen Erzählungen, die aber gleichzeitig aneinander anschlussfähig sind: Auf der einen Seite steht die narrative Bearbeitung des Kniefalls als Aktualisierung der christlichen Erlösungs-Erzählung, auf der anderen Seite steht der Holocaust als apokalyptisch aufgeladene Erzählung der Dominanz des Bösen. Ein solcher Einbruch des „Bösen", dem eine schon regelrecht

---

159 Der Spiegel, 07.5.2001, S. 76. Zu diesem Punkt vgl. ausführlich Giesen, Triumph and Trauma.
160 Vgl. Jeffrey C. Alexander, The Social Construction of Moral Universals. The „Holocaust" from War Crime to Trauma Drama, in: European Journal of Social Theory 5 (1) (2002), S. 5-85; vgl. Hermann Härings Beitrag zum Motiv des Bösen in der christlichen Tradition, in: Johannes Laube (Hg.), Das Böse in den Weltreligionen, Darmstadt 2003, S. 102-130, hier: S. 102-105.

metaphysische Dimension zugesprochen wird, lässt sich nach Alexander nicht wie ein „normales Verbrechen" aus der Welt schaffen: „One cannot defend oneself against an imputed moral crime by pointing to exculpating circumstances or lack of direct involvement. The issue is one of pollution, guilt by actual association. The solution is not the rational demonstration of innocence but ritual cleansing: purification. In the face of metonymic association with evil, one must engage in performative actions, not only in ratiocinative, cognitive arguments."[161] Wenn der Kniefall in seiner performativen Dimension einen Akt ritueller Purifikation im Sinne des angeführten Zitats darstellt, so ist ebenso interessant, dass die symbolische Geste nicht nur als Symbol beziehungsweise vermittels ihres performativen Vollzugs wirkte, sondern dass sie im nachfolgenden Kommentar bestimmte Erzählmuster auslöste, die eine ebenfalls kathartische Wirkung besaßen. Wurde der Holocaust nach Alexander vermittels Rückgriff auf ebenfalls archetypische narrative Rahmungen als weltgeschichtliches Drama erzählt, so ist in der Kniefall-Geste Brandts in symbolisch chiffrierter Form bereits das entsprechende Gegen-Narrativ eingelagert: Die heilsversprechende Erzählung von der Erlösung von den Sünden, die Erneuerung des Bandes zwischen Sündigern und Gott, oder vielmehr – in der zeitgeschichtlich aktualisierten Variante – die Erneuerung des Bandes zwischen Deutschland und der Weltgemeinschaft.

Auf der einen Seite steht demnach die apokalyptische Erzählung des Holocaust, auf der anderen Seite die Erlösungs-Erzählung. Auf symbolischer Ebene wurde in Warschau das eine von der Ikonographie des Ghetto-Denkmals repräsentiert, das andere von Brandts Kniefall. Die Kniefall-Geschichten in ihrer Anlehnung an die christliche Meta-Erzählung sind so gesehen die folgerichtige Antwort beziehungsweise die schlüssige Ergänzung des apokalyptischen Dramas.

8.4. Die Rolle der Opfer

Um die These von den sich ergänzenden Gegen-Narrativen „Holocaust" versus „Kniefall" aufrechtzuerhalten, muss noch auf einen weiteren Punkt eingegangen werden: Ein möglicher Einwand könnte lauten, der Kniefall hätte sich gar nicht auf die Opfer des Holocaust im

---

161 Alexander, The Social Construction of Moral Universals, S. 45.

Gesamten, sondern auf eine spezifische Opfergruppe wie „die Toten des Warschauer Ghettos", oder „die polnischen Juden" gerichtet.[162] Dem kann zweierlei entgegnet werden: Zunächst muss darauf verwiesen werden, dass die eigentlichen Opfer in der ihnen repressiv verordneten passiven Rolle bleiben. Das in der Tat Tragische ist: Waren die Opfer auf der Handlungsebene – also zum Zeitpunkt, als sie durch Gewalt „zu Opfern gemacht wurden" – zu Passivität verdammt, so reproduziert sich fatalerweise dieses Rollenstereotyp retrospektiv (und wohl ohne bösen Willen) auf der narrativen Ebene. Auch innerhalb der Kniefall-Geschichten wird über vieles geredet, aber nur wenig über diejenigen, die doch eigentlich im Zentrum des Geschehens stehen sollten – über die Opfer. Ging es um den gesamten Holocaust oder nur um Teilgruppen wie die Toten des Warschauer Ghettos oder nur um die polnischen Juden? Da wie gesagt die Position der Opfer unscharf bleibt, ist der interpretative Rahmen zunächst relativ weit gesteckt. Dennoch soll hier das Argument vertreten werden, letzthin ging es nicht um Teilgruppen, sondern um den Holocaust als solchen. Einen entscheidenden Hinweis hierfür finden wir bei Brandt selbst. Die gemeinte Stelle wurde bereits zitiert: Im Interview mit dem *Spiegel* sagte Brandt, er hätte Abbitte leisten wollen für ein „millionenfaches Verbrechen". Dieser Topos ist jedoch gemeinhin dem Holocaust in seiner Gesamtheit vorbehalten. Noch konkreter wird Brandt in seiner Autobiographie. Folgende Passage sei daraus wiedergegeben: „Es war eine ungewöhnliche Last, die ich auf meinen Weg nach Warschau mitnahm. Nirgends hatte das Volk, hatten die Menschen so gelitten wie in Polen. Die maschinelle Vernichtung der polnischen Judenheit stellte eine Steigerung der Mordlust dar, die niemand für möglich gehalten hatte. Wer nennt die Juden, auch aus anderen Teilen Europas, die allein in Auschwitz vernichtet worden sind? Auf dem Weg nach Warschau lag die Erinnerung an sechs Millionen Todesopfer."[163] Im direkten Anschluss an diese Passage geht Brandt dann auf seinen Kniefall ein. Folgt man Brandts retrospektiver biographischer Selbstdeutung, so liegt der Schluss sehr nahe, dass sich der Kniefall weniger an die polnischen Opfer, sondern an die Opfer des Holocausts im Gesamten richtete: Der direkte Verweis auf Auschwitz und auf die „sechs Millionen Todesopfer" (teils auch „aus anderen Teilen Europas"), lässt kaum eine andere Interpretation zu, als die, dass

---

162 Zu diesem Punkt vgl. Schneider, Brandts Kniefall in Warschau, S. 164-166.
163 Brandt, Erinnerungen, S. 214.

Brandt nicht nur an die polnischen Opfer, als vielmehr an den deutschen Völkermord im Gesamten dachte. Zwar kaum direkt ausgesprochen, aber dennoch im Hintergrund des Textes immer vorhanden, ist diese Deutung auch in der Presse dominant: Um was die Artikel letztlich kreisen, ist weniger das Leid der Anderen (der Opfer), sondern das Leiden an der eigenen Schuld. Um diesen Befund noch etwas schärfer zu fassen: Der ständige, durch beträchtliche Teile der Presse sich hindurch ziehende Bezug auf das christliche Motiv vom Unschuldigen, der die Sünde der Gemeinschaft schultert, lässt vermuten, dass es in letzter Konsequenz überhaupt nicht einmal in erster Linie um die Opfer, sondern vor allem um die Rehabilitierung eigener Identität ging. Der Kniefall beziehungsweise die Kniefall-Geschichten entfalteten eine kathartische Wirkung, die zwar nur vermittels Bezugs auf die Opfer erzielt werden konnte, letzten Endes jedoch die Opfer in ihrer stummen Passivität beließ.

Die symbolische Abwesenheit der Opfer ist, tiefenhermeneutische interpretiert, das unbewusst und latent gehaltene „Verbotene" des Textes. Die Opfer werden zwar laufend benannt, verschwinden jedoch gleich darauf erneut in ihrer Stummheit. Sie bleiben in der Nebenrolle, die das Script ihnen zugewiesen hat. Die Kniefall-Geschichten in ihrer religiös aufgeladenen Wucht repräsentieren einen Erzähltypus, der sich gegen die apokalyptische Erzählung vom dämonischen Nationalsozialismus wendet (und diese als narrative Ergänzung zu einem versöhnlichen Schluss bringt), gleichwohl ergeben sich daraus narrative Zwänge: Auch in den Kniefall-Geschichten werden die Opfer nur herangezogen, um das Auftreten des „Helden" überhaupt erst zu ermöglichen. Im Zentrum der Geschichten steht die Tat des charismatisch dargestellten Helden – Brandt und sein Kniefall.

8.5. Das Schweigen der Opfer

Der Plot der Kniefall-Geschichten besteht gemäß des unterliegenden christlichen Meta-Narrativs in der vollzogenen „Vergebung der Sünden". Es kommt am Ende zu Aussöhnung und Vergebung, das heißt zur Wiederherstellung einer vormals in die Brüche gegangenen sozialen Beziehung. Wenn allerdings von Vergebung die Rede ist, dann ergibt sich allerdings daraus die Frage, von wem die Vergebung ausgegangen ist. Dieser Punkt blieb bisher ausgespart. *Wer* hat die Vergebung gewährt? Das heißt, von welchem Subjekt – verstanden im weiteren Sinne – wurde die Vergebung initiiert? Hinsichtlich dieser prekären Frage war es vielleicht etwas vorschnell, zu behaupten, die jüdischen Opfer seien in einer ausschließlich passiven Rolle gefangen. Vielleicht ist es klüger, hinsichtlich der durch das Ghetto-Mahnmal repräsentierten Opfer weniger von einer *passiven*, sondern von einer *unsichtbaren* oder *in Schweigen gehüllten* Rolle zu reden. Die Gründe dafür – die ein ganz neues Licht auf die Rolle der Opfer werfen werden – sind folgende: Zunächst ist es interessant, dass in expliziter Weise in den Zeitungstexten kaum von Vergebung die Rede ist. Allerdings existieren etliche Indizien, die es sehr nahe liegen lassen, dennoch von vollzogener Vergebung zu reden. Das meiste davon wurde bereits genannt: Es werden zwei Zustände geschildert, der eine kalt, dunkel, krank und bedrohlich, der andere – nach dem Kniefall – dann wiederum warm, hell, genesend etc. Es ist von Aussöhnung und wiederhergestellter Gemeinschaft die Rede. In der Mitte zwischen diesen beiden Zuständen ist der Kniefall verortet, eine symbolisch dichte Geste, die in geradezu klassischer Weise die Bitte nach Vergebung symbolisiert. Um die Frage nach der Vergebung zu klären, ist es so gesehen an dieser Stelle sinnvoll, die Ebene des Textes beziehungsweise der Narrativität zu verlassen und auf die Ebene der symbolischen Formen zu wechseln. Es kann zunächst davon ausgegangen werden, dass der Kniefall in seiner expressiven Demut eine Art von „Vergebung der Sünden" und wiederhergestellte Gemeinschaft hervorrief. Daher muss die Frage aufgeworfen werden, wer als *vergebungsspendendes Subjekt* auftritt. Beginnen wir, um diese Frage zu beantworten, mit einer anderen Frage: Wo kniete Brandt? Er kniete vor dem Mahnmal der jüdischen Opfer. Das heißt, die jüdischen Opfer – halten wir uns das berühmte Bild vor Augen – waren zumindest auf der symbolisch-ikonographischen Ebene der Adressat seiner Geste. So betrachtet wurde die Szenerie von zwei „Subjekten" beherrscht: Auf der einen Seite Brandt, auf der anderen Seite das Mahnmal als Repräsentation der jüdischen Opfer. Sind es demnach die jüdischen Opfer, die innerhalb des um den Kniefall gesponnenen symbolischen Geflechts als vergebungsgewährende Instanz fungieren? Sollte dies zutreffen, so folgt daraus zunächst eine erhebliche Provokation: In diesem Kapitel wurde argumentiert, die narrative Rahmung des Kniefalls hätte sich an der christlichen (wer sich erniedrigt, *wird* erhöht werden) und nicht an der nietzscheanischen

Version (wir sich erniedrigt, *will* erhöhet werden) orientieren müssen, um erfolgreich zu sein. Daraus wiederum folgt, dass Brandt als *Empfänger* und nicht als *Erzwinger* gnadenvoller Vergebung in Szene gesetzt werden musste. Wäre es jedoch aus dieser Konstellation heraus möglich, den Sender der Vergebung – das heißt konsequenterweise die jüdischen Opfer – als einen solchen explizit zu benennen? Hätte man demnach *sagen* können, die Vergebung sei von den Opfern des Holocaust erfolgt? Eine im Jahre 2000 verwendete Formulierung, die immer wieder im Zentrum der Beschreibung des Kniefalls steht, lautet: „Als die Sprache versagte".[164] Aber auch schon im Jahre 1970 wurde mit Nachdruck auf die Stille und auf das Schweigen verwiesen, wie es für die Atmosphäre während des Kniefalls anscheinend charakteristisch war. Mit Sicherheit ist das Schweigen eine Eigenschaft, die oft in engem Zusammenhang mit epiphanisch wirkenden Ereignissen, oder allgemeiner mit dem Auftauchen des Besonderen in Verbindung gebracht wird. Geschwiegen wird, wenn sich Dinge ereignen, die sich der Erklärung entziehen. Schweigen ist etwas anderes als „nichts sagen". Ein einfaches „Nichts-Sagen" wird erst dadurch zum Schweigen, indem der Zustand der Sprachabstinenz performativ ausgeflaggt und von anderen Kommunikationsteilnehmern als solcher auch tatsächlich wahrgenommen wird. Deshalb ist es paradoxerweise nicht möglich, alleine zu schweigen. Wenn ich – um ein simples Beispiel zu geben – zu Hause in der Küche stehe, irgendetwas mache und dazu nicht rede, dann schweige ich noch nicht. Das Schweigen beginnt ab dem Punkt, an dem zum Beispiel meine Frau hinzutritt, mir vorwirft, warum ich denn nichts sage und ich trotz ihres Vorwurfs in meiner Sprachlosigkeit verharre.[165] Beispiele dieser Art mögen recht trivial erscheinen, jedoch weisen sie bereits auf den entscheidenden Punkt hin: Schweigen bringt als negative Kommunikationstechnik zum Ausdruck, dass entweder etwas nicht in Worte zu fassen ist oder auch dass etwas nicht ausgesprochen werden darf.[166] Was bedeutet dies für den Kniefall als Moment, an dem „die Sprache versagte"? Die erste, noch relativ einfache Erklärung lautet, dass das besondere, jenseits des Regelhaften verortete Ereignis nicht in vernünftige Worte gefasst werden kann. Es wird geschwiegen – wie angesichts

---

164 Vgl. Süddeutsche Zeitung, 07.12.2000.
165 Vgl. Alois Hahn, Rede- und Schweigeverbote, in: Kölner Zeitschrift für Soziologie und Sozialpsychologie 1 (1991), S. 86-105.
166 Vgl. Alfred Bellebaum, Schweigen und Verschweigen. Bedeutungen und Erscheinungsvielfalt einer Kommunikationsform, Opladen 1992.

eines Wunders –, weil eine Erklärung des außerordentlichen Ereignisses nicht möglich ist. Es bietet sich jedoch noch eine zweite Interpretation dieses Schweigens an: Es wird nicht nur geschwiegen, weil das Unsagbare sich ereignet, es wird vielmehr ebenso geschwiegen im Sinne eines tabuisierten Verschweigens. Was wird in den Kniefall-Geschichten nicht gesagt beziehungsweise verschwiegen, das heißt, was taucht nur auf der Ebene der Performanz, der Bilder und der Symbole auf, ohne im Text ausgesprochen zu werden? Der Text beziehungsweise die Sprache verschweigt, dass Brandt vor den Opfern um Vergebung bat, und, noch etwas schärfer formuliert, der Text verschweigt, dass die um Vergebung bittende Geste in ihrer Performativität nicht nur direkt an die Opfer als vergebungsspendende Instanz adressiert ist, sondern dass der symbolische Vergebungsakt zudem auch erfolgreich war. *Nach dem Kniefall* wird wiederum im Text eine Atmosphäre beschrieben, *als sei* eine Form von Vergebung tatsächlich erfolgt. Der eigentliche Akt des Vergebens und die Frage nach der vergebungsspendenden Instanz bleiben jedoch in der Sprachlosigkeit des symbolischen Ausdrucks gefangen. Aber wurde die Vergebung denn tatsächlich gewährt? Das Interessante ist, dass zwar nirgends davon die Rede ist, die Vergebung sei durch die Opfer tatsächlich vollzogen worden – wie hätte dies auch gesagt werden können – gleichwohl spricht die performativ-symbolische Ebene eine andere Sprache. Die eigentliche Vergebung erfolgt im Symbol, der Text wiederum baut dann – die symbolisch vermittelte Nahtstelle stillschweigend hinnehmend – auf den Resultaten der außersprachlich-symbolisch vollzogenen Vergebung auf. Der Text wie er den Zustand nach dem Kniefall beschreibt – und insbesondere im Jahre 2000 – schließt in einer Weise, als sei – obwohl unausgesprochen – Vergebung gewährt worden: Das in Brandts Geste verdichtete Bekenntnis zu eigener Schuld wird als der kathartische Punkt gefeiert, der den Weg hin zu wiederhergestellter Gemeinschaft zwischen Deutschland und seinen Nachbarn öffnete. Man kann zusammengefasst sagen, dass der Kniefall als der Moment geschildert wird, in dem sich Schuld in Unschuld verwandelte. Daher muss erneut die Frage gestellt werden: Wenn offenbar ein Akt der Vergebung vollzogen wurde, wer war dann derjenige, von dem die Vergebung ausging? Die Ebene des Bildes lässt kaum Zweifel offen: Brandt kniete vor den jüdischen Opfern. Die These von den Opfern, die als gleichsam unsichtbare vergebungsspendende Instanz auftreten, lässt sich folgendermaßen komplettieren: Das im tiefenhermeneutischen Sinne

242

„Verbotene" beziehungsweise dasjenige Moment, das innerhalb der narrativen Rahmung des Kniefalls unbedingt latent gehalten werden musste, besteht gemäß der vorliegenden Interpretation im Schweigen darüber, auf welche Weise die Vergebung zustande gekommen ist. Um die berühmte Redewendung erneut aufzugreifen, so *versagte die Sprache* nicht nur, weil etwas geschah, was außerordentlich und daher unbeschreiblich war, sie versagte auch deshalb, weil es geboten war, etwas zu verschweigen. Was es zu verschweigen galt, war die Tatsache, dass Brandt in seiner Geste stellvertretend der deutschen Nation die Vergebung in letzter Konsequenz vermittels eines außerordentlichen und machtvollen symbolischen Aktes selbst verabreichte. Es darf nicht vergessen werden: Der Kniefall konnte nur dann in erfolgreicher Weise beschrieben werden, indem – so die These – der Eindruck vermittelt werden konnte, Brandt hätte in demutsvoller Haltung eine Gabe – die Gabe der Vergebung – stellvertretend für das durch ihn repräsentierte Kollektiv erhalten. Es sei zur Erinnerung an dieser Stelle die bereits zitierte Stelle aus der *Stuttgarter Zeitung* nochmals wiedergegeben: „Selten erschien dem Chronisten der Gedanke des „Vaterunsers" sinnvoller ... ‚Und vergib uns unsere Schuld, wie auch wir vergeben unseren Schuldigern.'"[167] Das Prekäre ist, dass die Opfer de facto sprachlos blieben. Sie waren nur durch die Repräsentation des Mahnmals, gewissermaßen nur als Bild anwesend. Die Opfer waren so gesehen zwar anwesend, nichtsdestoweniger waren sie aber auch stumm. Um jedoch den Eindruck zu erwecken, Brandt hätte eine Gabe in passiver Demut erhalten, so mussten die Opfer in irgendeiner Weise zum Sprechen gebracht werden. Und in der Tat wurde den Opfern eine Sprache gegeben – allerdings nicht auf der Ebene des Textes, sondern auf der Ebene der Performanz und des symbolischen Ausdrucks. *Indem Brandt niederkniete, brachte er die Opfer zum Sprechen.* Brandt wählte mit seinem Niederknien eine symbolische Geste mit einer spezifischen Bedeutung: Wenn jemand niederkniet, dann muss da noch ein anderer sein, vor dem gekniet wird. Das Knien symbolisiert eine Bitthaltung gegenüber einer hierarchisch höheren Instanz. Das heißt, das Knien steht für eine bestimmte Form von Kommunikation zwischen zwei Parteien. Das heißt aber auch, dass *allein durch den Akt des Kniens* die „andere Partei" gewissermaßen zum Leben erweckt wird, schlicht dadurch, indem die Geste angewendet wird, selbst wenn da nichts anderes ist als ein steinernes, stummes

---

167 Stuttgarter Zeitung, 08.12.1970, S. 3.

Mahnmal. Die Geste des Kniens bewirkt allein durch ihren Vollzug – gleich einer symbolischen *self-fulfilling-prophecy* – die Evokation des transzendenten Anderen. Der Akt der Vergebung vollzieht sich demgemäß durch die Anwendung der Geste. Die Geste suggeriert vermittels ihrer Symbolik, als müsse da ein anderer sein, der Vergebung gewährt. Der Text dagegen hätte nie den Gedanken offen äußern dürfen, die Vergebung sei von den Opfern ausgegangen. Damit wurde auf symbolisch-performativer Ebene folgendes Problem gelöst: Das eigentlich Prekäre an Brandts Kniefall ist, dass sich – so wurde argumentiert – der Eindruck einstellen musste, als sei Brandt der passive Empfänger einer Gabe gewesen. Wie jedoch lässt sich ein solcher Eindruck herstellen, wenn es sich beim Spender der Gabe um eine transzendente Instanz handelt, beispielsweise um Gott, oder auch, wie im vorliegenden Fall, um die durch das Mahnmal repräsentierte Gruppe der Opfer? Wir haben es hier mit einer Spenderinstanz zu tun, die „von alleine" nicht sprechen kann, die demnach in irgendeiner Weise „zum Sprechen gebracht" werden muss, wobei gleichzeitig für alle Beteiligten – nicht nur für das Publikum und die Laien, sondern auch für die ausführenden „Priester" selber – zu invisibilisieren ist, dass die „transzendente Instanz" eben nicht von alleine spricht (auch wenn – im Falle Gottes – die betroffenen Akteure selbstverständlich genau vom Gegenteil ausgehen). Diese in höchstem Maße paradoxe Leistung kann noch am besten vermittels des Mediums des Symbolischen geleistet werden. Der symbolische Ausdruck erwirkt den Eindruck der Gegenwart des Transzendenten. Die symbolische Vergegenwärtigung des Göttlichen ist noch das Göttliche selbst.[168] Hier, auf der Ebene des Symbolischen, existiert noch keine Differenz zwischen *Sprache* und *Sprechendem*. Das Bild beziehungsweise das Symbol ist der Sprechende und spricht auch gleichzeitig. Um es zu wiederholen: Indem nun Brandt niederkniete, erwirkte er die adäquate, symbolisch evozierte Antwort der durch das Denkmal versinnbildlichten Opfer. Die Opfer „sprachen" auf symbolischer Ebene gemäß der symbolisch an sie adressierten Bitte. Ist der Prozess erst einmal eingeleitet, so beginnen die symbolischen und rituellen Formen *von sich aus* zu „sprechen". Erst danach nimmt der Text dann das Motiv stattgefundener moralischer Katharsis auf. Zwar sind auf der Ebene des Textes Stellen zu finden, nach denen Brandt mit seinem Kniefall um Vergebung bat. So bezeichnete die *Frankfurter Rund-*

---

168 Vgl. Cassirer, Philosophie der symbolischen Formen, Bd. 2, S. 284-287.

schau Brandts Geste als „Willy Brandts um Vergebung werbender Kniefall".[169] In gleicher Weise drückte der Kniefall laut der *Stuttgarter Zeitung* die „Bitte um Vergebung"[170] aus. Was jedoch dann wiederum zumindest im Text unausgesprochen bleibt, ist die Art und Weise *wie* und vor allem *von wem* dann dieser Bitte um Vergebung *tatsächlich* entsprochen wurde. Diese tabuisierte Schnittstelle zwischen symbolischer Form und Text wurde durch das vielzitierte Schweigen am Mahnmal während des Kniefalls ummantelt. Damit sich allerdings die symbolisch hervorgerufene Vergebung tatsächlich vollziehen konnte, musste noch etwas anderes hinzukommen: Das während des Kniefalls herrschende Schweigen bedeutet auch, dass die am Mahnmal ebenfalls anwesende dritte Partei der Beobachter während der intimen Begegnung zwischen Brandt und den Opfern sich jeglichen Kommentars enthielt, um damit die exklusive (im wörtlichen Sinne von *ausschließende*) bipolare Kommunikationsbeziehung zwischen ego und alter nicht zu stören, wie sie während des auf symbolischer Ebene stattfindenden Vergebungsaktes vorherrschte. Im nächsten Abschnitt wird versucht, dafür eine interpretative Erklärung zu geben.

8.6. Zur Konstruktion von Vergebung

In *Niemand ist frei von der Geschichte* beschreibt Helmut Dubiel den Kniefall Brandts mit folgenden Worten: „Obwohl Brandt Atheist war und ihm als Emigrant gewiss keine individuelle Schuld zuzurechnen war, wurde diese stumme Geste doch weithin als angemessen empfunden. Dass gerade diese stumme Verkörperung von Trauer und Scham als so authentisch empfunden wurde, verweist darauf, dass der ‚geteilten Schuld' [...] noch keine öffentliche Sprache entsprach."[171] Dubiel hebt nicht nur hier, sondern auch an anderen Stellen insbesondere die Stummheit der Geste hervor. Gleichzeitig betont er, gerade diese Stummheit hätte eine gewisse interpretative Beliebigkeit erzeugt: „Es hat 25 Jahre gedauert [nach 1945, C.S.], bis Bundeskanzler Willy Brandt vor dem Mahnmal des Warschauer Ghettos niederkniete. Sein Kniefall war freilich eine stumme Geste. Jeder Deutsche mochte in diese Geste hin-

---

169 Frankfurter Rundschau, 07.12.2000, S. 3.
170 Stuttgarter Zeitung, 08.12.1970, S. 3.
171 Helmut Dubiel, Niemand ist frei von der Geschichte. Die nationalsozialistische Herrschaft in den Debatten des Deutschen Bundestags, München 1999, S. 96.

eindeuten, was er wollte."[172] Im vorherigen Abschnitt wurde zu zeigen versucht, dass die von Dubiel betonte Stummheit der Geste mit der Stummheit der Opfer korrespondiert, denen in der Presse kaum eine eigene Stimme gegeben wurde. Im Folgenden wird der Versuch unternommen, die zitierte Stummheit trotz der durch sie erzeugten interpretativen Offenheit in einer bestimmten Weise zu deuten.

Fasst man die Ausführungen von Jacques Derrida, Paul Ricœur und Georg Simmel zur Vollzugslogik des Vergebens zusammen, so lässt sich ein Punkt identifizieren, der allen drei Ansätzen an zentraler Stelle gemein ist. Vergebung ist für die genannten Autoren eine Form der Konfliktbewältigung, die ein exklusives Ereignis jenseits des Regelbaren bleiben muss.[173] Vergebung vollzieht sich nicht rational und regelgeleitet, sondern ist in ihrem Kerngehalt „verrückt" (Derrida[174]) beziehungsweise „irrational" (Simmel[175]). Vergebung ist nicht normativ kodifizierbar und damit nicht anspruchsbewehrt und einklagbar, sondern muss von den unmittelbar Beteiligten ohne Hilfe von außen selbst hergestellt werden. Sie bleibt damit immer „der besondere Fall". Versucht man anhand der Argumentation Derridas, Ricœurs und Simmels zu definieren, was Vergebung nicht sein darf, um als Vergebung im strikten Sinne zu gelten (wobei sich die Thesen der Autoren auch hier weitgehend überschneiden), so kann ein Kanon bestimmter Eigenschaften aufgestellt werden: Während nach Simmel Versöhnung und Verzeihen (die er in ihrem Charakter gleichstellt) ein rein „subjektiver Modus" zugrunde liegt, besitzt dagegen der *Kompromiss* einen „objektiven Charakter".[176] Kompromisse – als Gegenteil zu Versöhnen und Verzeihen gesetzt – werden gemäß der jeweils eigenen Interessen der Beteiligten rational ausgehandelt. In einem Konfliktfall, der durch den Kompromiss gelöst wird, erfolgt zwischen den Parteien ein ausgehandelter Austausch bestimmter „objektiver" Entschädigungsleistungen.

---

172 Ebd., S. 285; vgl. dazu Kay Junge, Zwischen Schweigen und Selbstbezichtigung. Zur undurchsichtigen Logik des Umgangs mit ungesühnter Schuld, in: Giesen / Schneider (Hg.), Tätertrauma, S. 87-129, hier: S. 124-126.
173 Zur stillschweigenden Hinnahme von Regelverletzungen vgl. Günther Ortmann, Regel und Ausnahme. Paradoxien sozialer Ordnung, Frankfurt a.M. 2003.
174 Jacques Derrida, On Cosmopolitanism and Forgiveness, London 2001, S. 39. vgl. John D. Caputo, The Prayers and Tears of Jacques Derrida. Religion without Religion, Bloomington, Indianapolis 1997, S. 160-229.
175 Georg Simmel, Soziologie. Untersuchungen über die Formen der Vergesellschaftung, Frankfurt a.M. 1992, S. 377.
176 Ebd., S. 374-378.

246

Diese Form des konfliktlösenden Austauschs richtet sich als intentionaler Akt auf die Befriedigung unterschiedlicher Interessen, berührt aber kaum die interpersonale Beziehung zwischen den Beteiligten. Daher ist diese Form der Konfliktbeilegung weitgehend „identitätsneutral". Dem Verzeihen dagegen haftet nach Simmel etwas rational nicht weiter Explizierbares an, das weniger auf objektivierbare Interessen abzielt, sondern gerade die Beziehung der Konfliktparteien untereinander bearbeitet. Versöhnen und Verzeihen sind deshalb nach Simmel ein *subjektiver Modus*, da hier in viel stärkerem Maße die Personalität der Beteiligten betroffen ist. In diesem Fall verändert sich die (subjektive) *Identität* der Betroffenen, während im Kompromiss deren (objektivierbare) *Interessen* verwirklicht werden. Dabei sind Versöhnen und Verzeihen deshalb irrationaler Natur, weil sie jenseits intentionaler Planbarkeit angesiedelt sind: „Dass ich den besiegten Feind schone, dass ich auf jede Rache an meinem Beleidiger verzichte, das kann begreiflicherweise, da es von meinem Willen abhängt, auf eine Bitte hin geschehen; dass ich jenen aber *verzeihe*, d.h. dass das *Gefühl* des Antagonismus, des Hasses, der Trennung einem anderen *Gefühl* Platz mache – darüber scheint der bloße Entschluss so wenig verfügen zu können, wie über Gefühle überhaupt."[177] Das Verzeihen ist nicht intentional planbar und rational kontrollierbar, sondern ist auf die Konversion des „Gefühls" angewiesen. Diese Konversion ist so etwas wie der „magische Moment" des Verzeihens, und es erstaunt deshalb nicht, wenn Simmel dieser Form sozialer Praxis ein „mystisch religiöses Element"[178] zuschreibt.

Derrida und Ricœur gehen in ihren Ansätzen, denen jeweils ein dezidiert normativer Anspruch zu eigen ist, noch weiter. Beide Autoren vertreten die sehr protestantisch anmutende Ansicht, Vergebung existiere nur in einem von jeglichem Kalkül befreiten Raum. Vergebung wird konsequent auf das bipolare Verhältnis zwischen Spender und Empfänger reduziert, und bereits das Vorhandensein einer geteilten ritualisierten Formsprache steht unter dem Verdacht, eine Art „symbolischen Ablasshandel" einzuleiten. Insbesondere Derrida beharrt darauf, Vergebung sei strikt von der Anwendung allgemeingültiger Normen zu unterscheiden und sei daher nicht dem Bereich der kodifizierten Rechtsroutine zugehörig, sondern sei mehr als Gnade aufzufassen.[179]

---

177 Ebd., S. 377 [kursiv im Original].
178 Ebd., S. 378.
179 Zum theologischen Gnadenbegriff vgl. Leonardo Boff, Erfahrung von Gnade. Entwurf

Vergebung bleibt für ihn ein Akt, der – in seinem Charakter als *Ausnahme* von den Regeln des Sozialen – nur dann verwirklicht wird, wenn die Beteiligten ihre taktisch intendierten Interessen hinter sich lassen. Fast man die Argumentation Derridas zusammen, so wird klar, warum er Vergebung als „madness of the impossible"[180] bezeichnet. Vergebung wird bei ihm in vielerlei Hinsicht als Kontrapunkt zur Regelhaftigkeit sozialer Ordnung gedacht. Der Vergebungsakt ist für ihn ein Ausnahmeereignis, das sich nicht *innerhalb* der sozialen Ordnung gemäß deren Prinzipien abspielt, sondern als gleichsam „sakrales Ereignis" geregeltes Zusammenleben überhaupt erst konstituiert beziehungsweise rekonstituiert. Im Vergebungsakt wird die Ordnung von einem Punkt außerhalb der Ordnung gestiftet. So gesehen ist es verständlich, warum Derrida die Anwesenheit einer „dritten Partei" innerhalb des Vergebungsaktes kategorisch ausschließt: „In principle, therefore, always in order to follow a vein of the Abrahamic tradition, forgiveness must engage two singularities: the guilty [...] and the victim. As soon as a third party intervenes, one can speak of amnesty, reconciliation, reparation, etc., but certainly not of pure forgiveness in the strict sense."[181] Die „dritte Partei" ist bei Derrida als Metapher für die „Gesellschaft" und damit für die „Anwendung der Regel" zu lesen. Sobald in diesem Sinne eine dritte Partei (ein Gericht, ein Schiedsrichter etc. in der Funktion als „Zwischen-Instanz") hinzutritt, wird Vergebung dem System allgemeingültiger Normen und Regeln unterworfen und verliert damit ihren genuinen Charakter. Derrida geht so weit, selbst das Vorhandensein einer von *ego* und *alter* gemeinsam geteilten Sprache als „dritte Partei", das heißt als „symbolisch vermittelndes Drittes" anzusehen. Vergebung bleibt damit für ihn sogar ein letzten Endes stummer Akt. Warum muss

---

einer Gnadenlehre, Düsseldorf 1985; vgl. Rudolf Bultmann, Theologie des Neuen Testaments, Tübingen 1980, S. 120-123; vgl. José Martin-Palma, Gnadenlehre. Von der Reformation bis zur Gegenwart, Freiburg 1980; zur juristischen Konstruktion von Gnade vgl. Johann-Georg Schätzler, Handbuch des Gnadenrechts. Gnade – Amnestie – Bewährung, München 1992; zur Versöhnung und Vergebung der Sünden im theologischen Sinne vgl. Josef Höfer / Karl Rahner (Hg.), Lexikon für Theologie und Kirche, 10. Band, Freiburg 1965, S. 734-736; vgl. Müller (Hg.), Theologische Realenzyklopädie, S. 663-690; zum Begriff des „Verzeihens" vgl. Michael Cunningham, Saying Sorry: the Politics of Apology, The Political Quarterly 70, 3 (1999), S. 285-293.

180 Derrida, On Cosmopolitanism and Forgiveness, S. 39.

181 Ebd., S. 42; zur Bedeutung des Dritten für die Konstruktion von Intersubjektivität vgl. Thomas Bedorf, Dimensionen des Dritten. Sozialphilosophische Modelle zwischen Ethischem und Politischem, München 2003.

Vergebung sprachlos bleiben? Mit der Sprache wird nach Derrida gleichzeitig „Wissen" transportiert. Wenn nun aber beispielsweise ein Opfer *weiß*, warum und wieso der Täter ihm bestimmte Dinge angetan hat, das heißt, wenn das Opfer das Handeln und die Motivationslage des Täters in einer Weise zu analysieren in der Lage ist, wie es psychiatrische Gutachter vor Gericht vornehmen (was ohne sprachlich verfasstes Denken unmöglich ist), dann erübrigt sich streng genommen Vergebung: In der sprachlich vermittelten Rationalisierung – so ließe sich Derridas These ergänzen – löst sich die eigentliche Schuld auf, ohne die Vergebung überflüssig wird. Wenn wir erfahren, dass der Sexualstraftäter in seiner Kindheit selbst Opfer sexueller Gewalt war – wenn also eine rational nachvollziehbare und kausal stringente Ursache- Wirkungsrelation konstruierbar ist – dann empfehlen sich general- oder spezialpräventive Sanktionen, vielleicht auch wohlwollende Therapie, aber nicht Vergebung. Vergebung ist für Derrida nur angesichts des Unverständlichen und Unmöglichen (im Sinne der Unmöglichkeit rationaler Reduzierung) geboten. So lautet sein Kernsatz: Forgiveness forgives only the unforgivable."[182] (und ganz in diesem Sinne war laut dem *Südkurier* der Kniefall eine Geste, „die um Verzeihung einer unentschuldbaren Schuld bitten sollte."[183]). Vergebung setzt somit nicht nur voraus, dass keine allgemeingültigen Regeln zur Anwendung kommen *dürfen*, sondern dass ein Fall vorliegt, der ein geregeltes und vernunftgeleitetes Vorgehen auch *gar nicht ermöglicht*. Vergebung bleibt nach Derrida die Ausnahme von der Regel: die außerordentliche Qualität eines Normbruchs erfordert die außerordentliche Form seiner Bearbeitung.

Derridas These von der „zeichenlosen" Unvermitteltheit von Vergebungsakten irritiert insofern, wenn man an die Fülle von institutionalisierten Mediations- und Vergebungsritualen denkt wie wir sie – von der Beichte bis zur Eheberatung – im religiösen wie auch im weltlichen Rahmen vorfinden.[184] Das Spannungsverhältnis zwischen Derridas strenger Konzeption des Vergebens einerseits und der rituellen, institutionell vermittelten Einbettung von Vergebungsakten andererseits wird im Folgenden besprochen werden. Zuvor muss noch ein Punkt ergänzt

---

182 Derrida, On Cosmopolitanism and Forgiveness, S. 32.
183 Südkurier, 25.11.2000, S. 3.
184 Zur „Verweltlichung" der Beichte in der Psychoanalyse vgl. Alois Hahn, Zur Soziologie der Beichte und anderer Formen institutionalisierter Bekenntnisse: Selbstthematisierung und Zivilisationsprozess, in: ders., Konstruktionen des Selbst, der Welt und der Geschichte, Frankfurt a.M. 2000, S. 197-236.

werden: Vergebung setzt nach Derrida und Ricœur einen Normbruch voraus, der von den Beteiligten als im Grunde irreparabel eingestuft wird. Auch wenn die angeführten Autoren hierzu nichts Näheres sagen, so kann Folgendes hinzugefügt werden: „Irreparabel" ist ein Normbruch dann, wenn erstens der entstandene Schaden nicht wiederhergestellt werden kann und wenn zweitens die verletzte Norm in ihrem ethischen Gehalt konstitutiv für die Identität derjenigen sozialen Gruppe ist, innerhalb der sich der Normbruch ereignete. Nicht nur das Gut, das durch die jeweilige Norm geschützt wird, sondern die sich über das Gut (zum Beispiel „Menschenrechte") und die dazugehörige Norm definierende Gruppe selbst wird daher durch den Normbruch existentiell gefährdet. Das Dilemma ist, dass es bestimmte Fälle gibt, in denen ein Normbruch im genannten Sinne als irreparabel angesehen wird, was daher zwingend zur Auflösung derjenigen sozialen Beziehung führen müsste, innerhalb der er sich ereignete, gleichwohl jedoch der Fortbestand der sozialen Beziehung als solche über den Normbruch hinweg weiterhin als erstrebenswert angesehen wird.

Welcher Erklärungsgewinn lässt sich aus dem vorgestellten Vergebungsmodell für den Kniefall und die sich an ihn anschließende Berichterstattung gewinnen? Vermittels der Hervorhebung des „Schweigens" beziehungsweise des „Versagens der Sprache" schuf die Presse den Eindruck einer Vergebungsszene, die sich ausschließlich und scheinbar unvermittelt zwischen Brandt und den symbolisch repräsentierten Opfern abspielte – gemäß Simmels Modell demnach auf rein subjektiver Ebene – ohne dass dem Anschein nach eine dritte Partei eingreift und ohne dass allgemeingültige Regeln der Konfliktbewältigung zur Anwendung kommen. Der um Vergebung bittende Kniefall wird narrativ als „besonderes Ereignis" jenseits der Ordnung geschildert und erhält gerade aus dieser Außerordentlichkeit heraus seine Bedeutung. So gesehen fügt sich der Kniefall und seine narrative Rahmung in Derridas idealtypische Konstruktion von Vergebung ein. Auf performativer Ebene wird mit dem Kniefall selbst die verbindliche Form des Rituals gesprengt, und so entsteht auch hier der Eindruck, etwas „Drittes" im Sinne einer konventionellen und somit verbindenden Zeichensprache sei nicht vorhanden. Der Kniefall wird so zum „verrückten Ereignis" jenseits gesellschaftlich erwartbarer Kommunikation.

In diesem Sinne wurde der Kniefall auch in der *Frankfurter Allgemeinen Zeitung* des Jahres 2000 interpretiert. Am 12. Dezember 2000 erschien in der Literaturbeilage der *FAZ* eine Rezension zu Johannes Paulmanns Buch „Pomp und Politik. Monarchenbewegungen in Europa zwischen Ancien Regime und Erstem Weltkrieg."[185] Aus aktuellem Anlass bezog sich der Rezensent allerdings einleitend auf ein zeitgenössisches politisches Ereignis – auf den Kniefall Brandts.[186] Die entsprechende Passage dieses Artikels lautet wie folgt:

„Der Kniefall Willy Brandts in Warschau, dessen wir in diesen Tagen gedenken, war eine Geste, die man auf Anhieb verstand – als hätte sie sich von selbst verstanden. Das Gewicht der deutschen Schuld, die Unmöglichkeit, ihr durch Zeichen – Wörter, Denkmäler, Geld – gerecht zu werden, lässt Brandts Darstellung in seinen Mémoiren plausibel erscheinen, er habe sich seine demonstrative Handlung nicht vorher überlegt. Eine Handlung, die nicht geplant wird, ist ein Grenzfall von Handlung und muss zumal im Zusammenhang des Staatszeremoniells als unerhörte Ausnahme gelten. Doch hätte Brandts Bruch mit dem Protokoll kalkuliert gewirkt, dann hätte er eben nicht gewirkt. Diese Handlung war das gerade Gegenteil einer rechtlich gebotenen Amtshandlung, ein moralischer Reflex: Unter der erdrückenden Last der Vergangenheit ging der Mensch im Kanzler in die Knie. Wenn das Publikum in Polen und Deutschland dieses Einknicken – Fotografen glaubten zunächst, Brandt sei gestürzt – als befreiende Tat wahrnehmen konnte, so lag das daran, dass das Knien in der Semiotik öffentlicher Bewegungen eine gefestigte Bedeutung hat. [...] Nur weil Brandt die Demutsgeste außerhalb des Raumes der Formen vollzog, in denen sie eigentlich ihren Platz hat, wurde sie bemerkt; aber nur weil es noch Kirchen und Gottesdienste gibt, wurde sie begriffen. Eine Intuition unserer Kultur dürfte der Verdacht sein, dass die Bußrituale des christlichen Glaubens vor den Menschheitsverbrechen versagen. [...] Brandt setzte die christliche Gewissenskultur nicht ins Recht, indem er sich ihrer Zeichensprache oder genauer gesagt eines Zeichens ihrer Sprache

---

185 Paulmann, Pomp und Politik: Paderborn, München, 2000.
186 Paulmanns Buch – so muss erwähnt werden – ist ebenfalls in erheblichem Maße am Konzept des „Ereignisses" orientiert.

bediente. Für den Kulturhistoriker ist diese Ikone unseres kollektiven Gedächtnisses daher ein instruktives Beispiel für die relative Selbstständigkeit des Zeichens gegenüber den vorgängigen Bedeutungssystemen, in deren Rahmen ihm Sinn zugeschrieben wird."[187]

Der Artikel beginnt mit der „deutschen Schuld" und verweist auf „die Unmöglichkeit, ihr durch Zeichen – Wörter, Denkmäler, Geld – gerecht zu werden". Der Kniefall sei ein „Grenzfall von Handlung" beziehungsweise eine „unerhörte Ausnahme". Der Kniefall war nach dem Artikel „das gerade Gegenteil einer rechtlich gebotenen Amtshandlung" – „Nur weil Brandt die Demutsgeste außerhalb des Raumes der Formen vollzog" konnte sie ihre Wirkung entfalten. Die Wirkung des Kniefalls wird ebenfalls genannt: Als „befreiende Tat" wurde Brandts Geste in Polen wie in Deutschland aufgenommen. Wenn aber der Kniefall laut dem Artikel in Deutschland als eine solche befreiende Tat wahrgenommen wurde, gleichzeitig aber darauf hingewiesen wird, der Kniefall sei als die Reaktion auf das „Gewicht der deutschen Schuld" zu verstehen, so liegt der Schluss nahe, dass auch in diesem Artikel – wenn auch nicht explizit – eine Form von medial initiierter „Vergebung" unterstellt wird, wie sie sich vermittels des Kniefalls vollzog. Der performative Akt selbst wird dabei als zeichen- und regellos geschildert. So gesehen korrespondiert die Kniefall-Interpretation dieses Artikels durchaus mit Derridas Idee „reiner", weil zeichenlos-unvermittelter Vergebung. Der Kniefall sei, gemessen an der erwartbaren Vollzugslogik sozialen Handelns, ein „Grenzfall". Gleichwohl wird festgestellt, die Bedeutung des Kniefalls erschließe sich nur über die immer noch verfügbare Zeichensprache christlicher Kultur. Durch den Symbol-Tranfer der ursprünglich religiösen Kniefallgeste in das politische Zeremoniell hinein, wurde der Kniefall zum außergewöhnlichen Ereignis (wurde die Geste – so der Artikel – „bemerkt"), erst aber durch ihre der Religion entlehnten symbolischen Bedeutung wurde sie verständlich („wurde sie begriffen"). Der Autor verweist dabei in diesem Punkt auf „die relative Selbstständigkeit des Zeichens gegenüber den vorgängigen Bedeutungssystemen".

---

187 Literaturbeilage der Frankfurter Allgemeinen Zeitung, 12.12.2000, S. 25.

Einen Artikel dieser Art in die vorliegende Untersuchung aufzunehmen, ist möglicherweise insofern nicht ganz unproblematisch, da er – allein schon die Begriffswahl lässt es erahnen – die Schnittstelle zwischen journalistischem und wissenschaftlichem Diskurs bereits deutlich in Richtung des Zweiteren überschreitet und damit eine wissenschaftliche Beobachtung nicht journalistischer, sondern anderer wissenschaftlicher Beobachtungen über den Kniefall einleiten würde. Entscheidend ist jedoch letzten Endes der institutionelle Rahmen: Da die zitierte Passage in einer Zeitung zu finden ist, handelt es sich so gesehen um „journalistische Daten".

Hinsichtlich der Frage, ob nun der Kniefall im Sinne Derridas als sprach- und zeichenloser Vergebungsakt unter Ausschluss einer regulierenden dritten Partei betrachtet werden kann, oder ob er doch einem vermittelndem kulturellen Skript beziehungsweise einer verbindlichen Zeichensprache folgte, ergeben sich zwei Positionen, die sich im Folgenden nicht ausschließen, sondern gleichzeitig gelten. Die erste Position bezieht sich auf die Ebene der *Institutionen* beziehungsweise die der *gesellschaftlichen Teilsysteme*, die zweite auf die Ebene der *Symbole* und *Semantiken*.

So gesehen war der Kniefall zum einen insofern „außerordentlich", „unvermittelt" und „regellos", da er sich in einem sozialen Raum abspielte, in dem er nicht erwartbar war. Was ihn „unvermittelt" erscheinen ließ, war seine soziale Positionierung. Indem er im gesellschaftlichen Teilsystem der Politik gängige Erwartungshaltungen der systeminternen Kommunikationslogik sprengte, konnte er den Eindruck des „Regellosen" erwecken. Er wurde damit im Sinne des zitierten Artikels als Kommunikationsangebot „außerhalb des Raumes der Formen" wahrgenommen. Der Eindruck „unvermittelter Vergebung" resultiert so betrachtet nicht aus der prinzipiellen Abwesenheit verbindlicher Symbole und Semantiken, sondern aus deren Transfer in einen Kommunikationsraum hinein, in dem sie nicht vorgesehen waren.

Gleichzeitig war der Kniefall zum anderen auf symbolischer und semantischer Ebene zeichenhaft verständlich und in hohem Maße regulativ-vermittelnd: Der Kniefall wie die sich an ihn anschließenden Presse-Narrationen griffen auf christlich geprägte Bedeutungsangebote zurück. Der Kniefall war so gesehen selbstredend keinesfalls ein „zeichenloses" und gänzlich „unvermitteltes" Geschehen. Der narrativen Rahmung des Kniefalls durch die deutsche Presse (im oben zitierten wie in vielen anderen Artikeln) gelang zweierlei: Zum einen wurde durch die Hervorhebung des „Schweigens", des „Plötzlichen" und des „besonderen Augenblicks" gewissermaßen die Illusion des Unvermittelten erzeugt. Auf performativer wie auf narrativer Ebene bedeutete der Kniefall einen Sprung ins Ungeregelt-Ordnungssprengende wie es auf ideeller Ebene mit der Konzeption von reiner Vergebung korrespondiert, zumindest wenn man sich der Argumentation Derridas anschließt. Zum anderen wurde aber vermittels der christomimetischen Rahmung Brandts auf die große Vergebungschiffre der abendländischen Kultur zurückgegriffen. Brandt selbst wurde insofern als die vermittelnde dritte Partei dargestellt. Brandt, sein Kniefall und die sich anschließenden narrativen Figuren sind so gesehen als vermittelnde Instanzen anzusehen, die durch die Mobilisierung bestimmter Symbole und Semantiken den „Vergebungsakt" initiierten. Gleichwohl war der Kniefall aber auch mehr als ritualisierte, durch eine dritte Partei vermittelte Vergebung: Das kulturelle Skript, an dem sich die narrative Verarbeitung des Kniefalls orientierte, war nicht die ekklesiale, das heißt die bereits institutionell konventionalisierte Vergebungspraxis, sondern das konstitutive Stiftungsereignis, auf das sich die Praxis der christlichen Kirchen wiederum selbst bezieht: die Opfergestalt Christi. Der Kniefall war damit *einerseits* durch eine dritte Partei vermittelt, *andererseits* wirkte er gleichzeitig exklusiv-unvermittelt, da er in seiner christomimetischen Form die Idee der „göttlichen Vergebung ohne Bedingungen"[188] als Grundkomponente christlicher Heilslehre widerspiegelte.[189]

Der Erfolg dieser politischen Mobilisierung „christoider Epiphanie" hängt mit dem verschobenen institutionellen Setting zusammen: Durch die Verlagerung der Kniefall-Geste und der christlichen Narration in den Raum der Politik hinein, konnte erst eine Struktur prinzipieller Unerwartbarkeit aufgebaut werden, wie sie für „außerordentliche Momente" zwingend gegeben sein muss. Der institutionelle *shift* führte so gesehen zur Recharismatisierung der innerhalb ihres Herkunftssystems bereits konventionalisierten Zeichen, und gleichzeitig garantierte

---

188 Christoph Gestrich, Die Wiederkehr des Glanzes in der Welt. Die christliche Lehre von der Sünde und ihrer Vergebung in gegenwärtiger Verantwortung, Tübingen 1989, S. 302.

189 Vgl. Pesch / Peters, Einführung in die Lehre von Gnade und Rechtfertigung, S. 5 ff.; vgl. Peter Fiedler, Sünde und Sündenvergebung in der Jesustradition; in: Hubert Frankemölle (Hg.), Sünde und Erlösung im Neuen Testament, Freiburg 1996, S. 76-91.

die plakative Symbolik – die „Pahthosformel" – semantische Kontinuität. Das „Neue" konnte nur entstehen, weil das „Alte" weiterhin verstehbar blieb.[190]

Was die vermittelnde Medialität von Vergebungsakten angeht, so muss noch auf einen letzten Punkt eingegangen werden. Laut Simmel – wie zitiert – vollzieht sich Vergeben und Verzeihen in einer Transformation des Gefühls. Planbar im Sinne ausformulierter Absichten sei diese Transformation daher nicht (gleich wie man auf Geheiß nicht jemanden zur Liebe zwingen kann), und daher hafte dieser Form der Konfliktbewältigung etwas Irrationales an. Im Rahmen dieser Arbeit wurde jedoch argumentiert, dass es mit der Ressource des Symbolischen durchaus Medien jenseits rationaler Logik gibt, die es ermöglichen, Gefühle in der Kommunikation zu transportieren. Wenn also Vergebung nach Simmel in ihrem Kern gefühlhaft vollzogen werden muss, wenn aber Vergebungsakte insbesondere auf die emotionale Kraft der Symbole rückgreifen, so ist hier demnach eine Korrespondenz zwischen *Kommunikationsanlass* und *Kommunikationsform* gegeben. Gleichwohl ist diese symbolische Mobilisierung von Emotionalität nicht ungefährlich. Auch wenn normative Bewertungen im Rahmen dieser Arbeit nachrangig sind, so ist es mit Sicherheit – dies sei hier angemerkt – im vorliegenden Fall problematisch, von „Vergebung" zu reden, ist der Vergebungsakt gemäß der vorliegenden Interpretation doch das Resultat eines symbolisch-narrativen Arrangements, das von Seiten der symbolischen Vertreter der Täter konstruiert wurde, ohne dass die Opfer als diejenige Instanz, die doch eigentlich befugt ist, Vergebung zu gewähren, in aktiver Weise zur Sprache kommt. Um noch einmal auf Derrida zu rekurrieren, so bezeichnet er seine Konzeption von Vergebung selber als „ethical vision"[191]. Derrida weiß, dass sein Projekt einer unvermittelten und in der Konsequenz wortlosen Vergebung eine sehr idealistische Qualität besitzt. Seine Schlüsselbegriffe sind demzufolge „mad" und „unconditional": Vergebung wird damit aus dem Bereich des logisch Nachvollziehbaren herausgenommen, sie unterliegt keinen Regeln, keiner zeichenhaften Vermittlung, vielmehr ist sie bedingungslos, ohne dabei formalisiert werden zu können. Dass Vergebung tatsächlich nicht ohne Vermittlung abläuft – Vermittlung durch ein Drittes im Sinne von

---

190 Ein theoretisches Modell zur Entstehung semantischer Innovationen entwickelt Paul Ricœur, in ders., Die lebendige Metapher, München 1986.
191 Derrida, On Forgiveness, S. 51.

Institutionen, Schiedsleuten, Ritualen, Semantiken etc. – steht außer Frage. Gleichwohl zeigt der Kniefall, dass die Skepsis Derridas und Ricœurs durchaus berechtigt ist.[192] Vor allem in der narrativen Rahmung des Kniefalls durch die deutsche Presse wird ein emotional aufgeladener Selbstläufer aus suggestiv wirkenden Vergebungssemantiken initiiert, die allein durch ihre kulturelle Formsprache die Illusion stattgefundener moralischer Katharsis generieren, ohne dabei durch „das Wagnis [...] einer Zurückweisung hindurchgegangen zu sein"[193].

So gesehen besitzt das während des Kniefalls herrschende Schweigen[194] folgende doppelte Bedeutung: Das Schweigen, das heißt der Moment, *als die Sprache versagte*, verschwieg, dass sich etwas Unerhörtes ereignete: Die Vergebung konnte zum einen nur auf dem Weg symbolischer Vermittlung ausgedrückt werden, jedoch nicht in explizit verbalisierter Form innerhalb des Textes. Diese Stelle wurde durch das Schweigen invisibilisiert. Um es zu wiederholen: Die de facto nur symbolisch „anwesenden" Opfer konnten zwar durch das symbolisch-performative Arrangement des Kniefalls „zum Sprechen" und das heißt zum „Vergeben" gebracht werden, aber nicht durch den ausbuchstabierten Text. Ein expliziter Text hätte die symbolisch vermittelte Illusion von der Anwesenheit der Opfer zerstört: Denn tatsächlich blieben die Opfer außerhalb ihrer symbolischen Repräsentation stumm. Die kathartische Wirkung des Kniefalls konnte sich nur entfalten, indem der Eindruck entstand, Brandt hätte in Demut und Passivität eine Gabe[195] – die Gabe der Vergebung – stellvertretend für seine Nation erhalten. Der Spender der Gabe blieb dagegen unbenannt. Auch wenn unter allen Umständen vermieden wurde, Brandt taktisch-intentionales Handeln zu

---

192 Zu Ricœurs Kritik vgl. ders., Das Rätsel der Vergangenheit. Erinnern – Vergessen – Verzeihen, Göttingen 2004, S. 147 ff; vgl. Stefan Orth, Rätselhaftes Gedächtnis. Paul Ricœurs Thesen zu Erinnern und Vergessen, in: Herder-Korrespondenz, Monatshefte für Gesellschaft und Religion 55, 2, S. 80-85.
193 Ricœur, Das Rätsel der Vergangenheit, S. 147.
194 Zur Kommunikationsform des Schweigens vgl. Niklas Luhmann / Peter Fuchs, Reden und Schweigen, Frankfurt a.M. 1997, S. 7-20; vgl. weiterhin Hartmut Eggert / Janusz Golec (Hg.), „...wortlos der Sprache mächtig". Schweigen und Sprechen in der Literatur und sprachlicher Kommunikation, Stuttgart 1999.
195 Zur damit verwandten sozialen Funktion des Schenkens vgl. Marcel Mauss, Die Gabe. Form und Funktion des Austauschs in archaischen Gesellschaften, Frankfurt a.M. 1990; vgl. William Ian Miller, Humiliation. And other Essays on Honor, Social Discomfort, and Violence, Ithaca 1993, S. 15-52; zu Gabe und Tausch vgl. Zygmunt Bauman, Vom Nutzen der Soziologie, Frankfurt a.M. 2000, S. 126-149; zum Durchbrechen des Tauschprinzips im Opfertod Jesu Christis vgl. Slavoi Žižek, Die gnadenlose Liebe, Frankfurt a.M. 2001, S. 21-27.

unterstellen, so diente der mit dem Kniefall symbolisch provozierte und letzthin damit selbst verabreichte Vergebungsakt de facto dem Interesse nach Rehabilitierung nationaler Identität. Es ist dabei wohl weniger Brandt, als vielmehr die Presse dafür verantwortlich zu machen, dass eine Vergebungsszenerie entworfen wurde, die bei genauerer Betrachtung als fragwürdig einzustufende Aspekte aufweist.

Auch wenn die symbolische Bedeutung des Kniefalls für die nationale Selbstdefinition im Jahre 1970 von der Presse zumindest schon erahnt wurde, so zeigt doch ein Vergleich mit der Berichterstattung des Jahres 2000, dass der Kniefall erst über die Jahre zum eigentlichen Symbol wurde. Im Folgenden wird daher auf die markantesten Unterschiede zwischen 1970 und 2000 eingegangen.

9. Der Kniefall in der deutschen Presse: 1970 und 2000 im Vergleich

Der interessanteste Befund ist, dass im Jahre 1970 noch weniger der Kniefall, als mehr die Unterzeichnung des deutsch-polnischen Vertrages als das eigentlich entscheidende historische Ereignis gesehen wurde. Im Jahre 2000 ist dies dann ganz anders: Nun ist plötzlich der Kniefall Dreh- und Angelpunkt der Presse-Erzählungen. So hält zum Beispiel die *Süddeutsche Zeitung* unmissverständlich fest: „Aber nicht der Vertrag, sondern der Kniefall symbolisierte den Neuanfang in den deutsch-polnischen Beziehungen."[196] Ebenso deutlich ist in der *taz* zu lesen: „Nicht einmal das Kanzleramt bestreitet, dass Gerhard Schröder bei seinem gestrigen Polen-Besuch auf die Symbole schielte. Der Kanzler flog just zum Jahrestag von Willy Brandts berühmten Kniefall nach Warschau. Mehr noch als der am selben 7. Dezember 1970 unterzeichnete Warschauer Vertrag, der die polnische Westgrenze anerkannte, hat Brandts besondere Geste das Bild der Entspannungspolitik geprägt. Dass der Vertrag den Eisblock des Kalten Kriegs erschütterte, ist fast vergessen – der Kniefall in seiner Schutzlosigkeit wirkt bis heute anrührend."[197] Die letzten beiden Zitate enthalten bereits den wichtigsten Topos, mit dem der Kniefall im Jahre 2000 gerahmt wird: Der Kniefall wurde *zum Symbol*. So hielt die *Frankfurter Allgemeine Zeitung* ausdrücklich

196 Süddeutsche Zeitung, 07.12.2000, S. 2.
197 taz, 07.12.2000, S. 1.

fest, der Kniefall sei zum „Symbol" geworden."[198] In ähnlicher Weise übertitelte *Der Spiegel* einen Artikel mit den Worten: „Im Schatten einer Geste. Wie nähert man sich einem Mythos? Schröders Reise nach Warschau geriet zur Geschichtsstunde."[199] Im gleichen Tenor bezeichnete die *Welt* im Jahre 2000 den Kniefall als „mächtiges Zeichen"[200], in der *Süddeutschen Zeitung* ist davon die Rede, der Kniefall sei zum „Symbol der deutsch-polnischen Aussöhnung [...] geworden."[201] Interessant ist ebenfalls der Kommentar der *Frankfurter Rundschau*. So wird hier die retrospektive Interpretation des Kniefalls mit folgenden Worten eingeleitet: „Symbole verändern die Welt nicht; wer aber Veränderung will, kommt ohne Symbole nicht aus. Und die finden sich in großen Momenten von selbst. Der Kniefall des Bundeskanzlers vor dem Mahnmal des Warschauer Ghettos heute vor 30 Jahren war ein Symbol: für die Veränderung der Haltung, welche die Bundesregierung gegenüber dem zweitgrößten Nachbarn des damals noch geteilten deutschen Volkes einnahm. Willy Brandts um Vergebung werbender Kniefall war, wie nüchterne Chroniken anmerken, im Protokoll nicht vorgesehen. Er war spontan und symbolisierte eben deswegen die Kraft jenes anderen Deutschlands, das viele Nachbarn beider deutscher Staaten als das bessere ansahen – nicht mehr der verspätete, von oben her gestiftete, nach Hegemonie in Europa strebende, Kriege beginnende, Nationalgefühl zum blanken Nationalismus übersteigernde Kraftprotz, sondern der europäische Partner, der aus der Einsicht in die Verbrechen der eigenen Vorgänger eine andere Kraft gewann. Die Kraft, um Vergebung und Aussöhnung zu bitten."[202] Die Artikel des Jahres 2000 lassen keinen Zweifel aufkommen, dass der Kniefall Brandts zum nationalen Symbol eines sich tiefgreifend veränderten Deutschlands geworden war. Obwohl bereits im Jahre 1970 beispielsweise *Le Figaro* Brandts Kniefall als „le geste historique"[203] bezeichnete, so tat man sich im Inland mit derartig eindeutigen Bezeichnungen noch schwer. Interessant ist jedoch, dass auch die deutsche Presse die Geschichtsmächtigkeit des Kniefalls erkannte, diese jedoch damals nur auf Umwegen ausdrückte. So ist im *Spiegel* zu lesen: „So wird das alles nicht in den Geschichtsbüchern

---

198 Frankfurter Allgemeine Zeitung, 06.12.2000, S. 8.
199 Der Spiegel, 11.12.2000, S. 200.
200 Die Welt, 07.12.2000, S. 3.
201 Süddeutsche Zeitung, 07.12.2000, S. 4.
202 Frankfurter Rundschau, 07.12.2000, S. 3.
203 Le Figaro, 08.12.1970, S. 1.

stehen, in die es aber doch gehört: dieses wilde, füßescharrende Geschubse der Photographen plötzlich; die Sekunde der Atemlosigkeit; das Erschrecken; Wo ist er? Was ist denn passiert? Ist er gestürzt? Ohnmächtig geworden? Willy Brandt kniet."[204] In gleicher Weise – wenn nicht noch eindringlicher – ist der *Stuttgarter Zeitung* Folgendes zu entnehmen: „Es gibt Momente in der Geschichte eines Volkes, in denen das undurchdringliche Knäul von Schuld und Unschuld wie durch einen Feuerschein beleuchtet wird. Der 7. Dezember 1970 in Warschau wird dazu zu zählen sein. In den Geschichtsbüchern wird vielleicht nur vermerkt werden, dass an diesem Tag der Bundeskanzler der Bundesrepublik Deutschland fünfundzwanzig Jahre nach dem Ende des gegen Polen begonnenen Zweiten Weltkriegs im Palais Radziwill in Warschau den deutsch-polnischen Vertrag unterzeichnet hat, mit dem die polnische Westgrenze und damit der Verlust der ehemaligen deutschen Ostgebiete bestätigt worden ist. Die Zeugen dieses Tages werden indessen stärker ein anderes Ereignis als Wendepunkt im deutsch-polnischen Verhältnis im Gedächtnis behalten. Im Programm war es nüchtern als Kranzniederlegung an der ‚Gedenkstätte des Ghettos' vermerkt. Bundeskanzler Brandt gestaltete diesen Gang aber zu einer historischen Szene, in der sich persönliche und staatsmännische Würde, Erinnerungen an die blutige Niederschlagung des Aufstandes im Warschauer Ghetto 1943 und die Bitte um Vergebung ineinander vereinigten. Langsam schritt er auf das jüdische Mahnmal zu und fiel auf die Knie ..."[205] Beide der zitierten Stellen verweisen darauf, dass der Kniefall eigentlich in die Geschichtsbücher gehöre, auch wenn – wie man einräumt – er dort vielleicht nicht erscheinen werde. Der geäußerte Pessimismus sollte sich jedoch nicht bewahrheiten: retrospektiv wurde der Kniefall im Jahre 2000 von der Presse regelrecht gefeiert. So hielt *Die Zeit* fest: „Vor dreißig Jahren, am 7. Dezember 1970, fiel Bundeskanzler Willy Brandt in Warschau vor dem Denkmal für die Opfer des Ghetto-Aufstandes auf die Knie. Das Bild ging um die Welt und machte Geschichte."[206]

---

204 Der Spiegel, 14.12.1970, S. 29.
205 Stuttgarter Zeitung, 08.12.1970, S. 3.
206 Die Zeit, 07.12.2000, S.4.

10. Die Ikonisierung des Kniefalls: Das Denkmal im Denkmal

In der Einleitung wurde bereits darauf hingewiesen, dass im Jahre 2000 Brandts Geste ihr eigenes Denkmal erhielt. Die Monumentalisierung des Kniefalls symbolisiert damit dessen abschließende Überhöhung als geschichtsmächtiges und identitätsstiftendes Ereignis.

So fragte wie bereits zitiert *Der Spiegel* anlässlich Schröders Reise nach Warschau: „Im Schatten einer Geste. Wie nähert man sich einem Mythos?"[207] Weiter ist im selben Artikel zu lesen, Schröder hätte sich bei der Einweihung dem Brandt-Denkmal „andächtig" genähert.[208] *Die Welt* übertitelte einen Artikel im gleichen Sinne mit den Worten: „Schröders Verbeugung".[209] Es ist interessant, an dieser Stelle sich das den Text ergänzende Presse-Foto näher anzusehen. Das Bild zeigt Schröder in dem Moment, an dem er die Schleife des an Brandts Denkmal niedergelegten Kranzes zurechtrückt. Der Eindruck, der durch diesen fotografisch eingefrorenen und selektiv ausgewählten Moment entsteht, ist derjenige, als *verbeuge* sich Schröder vor dem Brandt-Denkmal. Schröder vollzieht dem Bild nach genau die Geste, die von einem Staatsmann während einer Kranzlegung an einem Denk- oder Ehrenmal dem Protokoll nach zu erwarten ist. Dreißig Jahre zuvor hat Brandt genau dies nicht getan. Er *verbeugte* sich nicht, sondern er *sank auf die Knie*. Daher soll hier abschließend die Frage aufgeworfen werden, worin der Unterschied zwischen „sich verbeugen" und „knien" besteht. Die Geste des Kniens unterscheidet sich nach Stand dieser Untersuchung vor allem in einem Punkt von einer Verbeugung: Knien ist der symbolische Ausdruck des Verlangens nach Wiederherstellung einer zerstörten Beziehung nach schwerer Schuld. Das heißt, zumindest der Idealkonstruktion nach besteht im Moment des Kniens noch keine, beziehungsweise eine noch hochgradig irritierte Beziehung zwischen dem knienden Bittsteller und derjenigen Instanz, an die der Kniefall gerichtet ist. Ganz anders verhält es sich im Falle der Verbeugung: Sich vor etwas oder vor jemand verbeugen heißt im Gegensatz dazu gerade, dass eine solche Beziehung – wenn auch ebenfalls hierarchisch asymmetrisch – durchaus bereits besteht. *Knien* ist der symbolische ausgedrückte Versuch, eine zerstörte Be-

---

207 Der Spiegel, 11.12.2000, S. 200.
208 Ebd., S. 200.
209 Die Welt, 07.12.2000, S. 3.

ziehung wiederherzustellen, *sich verbeugen* dient dazu, eine bereits bestehende Beziehung symbolisch zu bestätigen. *Sich verbeugen* wirkt demnach normativ bekräftigend auf eine vorhandene Beziehung, das *Knien* dagegen gleicht mehr einem Gemeinschaftlichkeit erst initiierenden Stiftungsakt. Auch auf die Gefahr hin, den latenten symbolischen Zusammenhang zwischen dem Bild vom „knienden Brandt" und dem dreißig Jahre später entstandenen Bild „vom sich vor dem knienden Brandt sich verbeugenden Schröder" interpretativ zu überdehnen, so sei folgende, letzte Überlegung angeführt: Wenn Schröder als Repräsentant der bundesdeutschen Öffentlichkeit sich vor Brandts Kniefall verbeugt, dann bedeutet dies letzthin die Bestätigung, dass der ehemalige „Stiftungsakt" im Rahmen öffentlich artikulierter politischer Repräsentation nun zum normativen Bezugspunkt bundesdeutscher Identität geworden ist.

Die Konstruktion des Kniefalls als geschichtliches Ereignis und dessen symbolische Semiotisierung erfolgte dabei weitgehend über den Umweg narrativer Vermittlung. Erst durch die komplementäre Verkettung von symbolischem Ausdruck und Narration konnte der Kniefall retrospektiv sowohl zum „besonderen, bedeutungsdichten Moment" werden und gleichzeitig war es damit möglich, dieses Phänomen „politischer Epiphanie" in eine kohärente Geschichte zu integrieren. Das Verhältnis zwischen Symbol und Narration ist dabei wechselseitig ergänzend: So wurde zu zeigen versucht, dass der Kniefall nur zum Symbol werden konnte, indem er als bedeutungsstiftender Moment in eine über ihn hinausführende Geschichte integriert wurde. Das „Ereignis" wird damit ähnlich wie Diltheys Begriff des „Erlebnisses" nicht als isolierter Moment, sondern als eine geschichtsmächtige beziehungsweise geschichtsreflexive Kategorie aufgefasst. Erst die geschichtliche Bedeutungszuschreibung macht aus „Vorkommnissen" Ereignisse im eigentlichen Sinne. Und erst als Ereignisse können Vorkommnisse zum Symbol werden. Ebenso wurde versucht, den Nachweis zu erbringen, dass im umgekehrten Verhältnis auch die Konstruktion von Narrationen auf symbolisch hervorgehobene Momente zurückgreift. Ohne solche, als „besonders" ausgewiesene Eckdaten, bliebe die Erzählung – um es metaphorisch zu umschreiben – nur ein unstrukturiertes Rauschen, ohne Anfang, ohne Ende und ohne einen Höhepunkt, gleich wie auch der symbolisch hervorgehobene und sakralisierte „besondere Moment" beziehungsweise „das Ereignis" ohne erzählende Einbettung nur ein in sich selbst verkapseltes, ephemeres und nicht mehr deutbares „Aufblitzen" des Transzendenten wäre.

6. Willy Brandt – „Man of the Year": Die Ikonisierung des „gekreuzigten Kanzlers"

Es wurde eingangs die Behauptung aufgestellt, die symbolische Bedeutung des Kniefalls sei in Deutschland zeitlich verzögert, von ausländischen Beobachtern dagegen sofort erkannt worden. Den eindrücklichsten Beleg dafür liefert die Januarausgabe von *Time* des Jahres 1971. Willy Brandt wurde damals, einen Monat nach seinem Kniefall in Warschau, von *Time* zum „Man of the Year" des vergangenen Jahres gewählt. Es ist nicht nur der in dieser Ausgabe enthaltene Artikel über Brandt, sondern vor allem die spektakulär wirkende Illustration des Titelblattes (Abb. 1), die in symbolisch komprimierter Form die mythologische Überhöhung der Person Willy Brandts zum Ausdruck bringt. Dieses Bild wird im Folgenden interpretiert werden. Nicht dass die Textebene bedeutungslos wäre: Die folgende ikonologische Interpretation[1] der Titelillustration wird zeigen, dass zwischen Bild und Text implizite Querverweise bestehen, beziehungsweise dass im Text bereits unterschwellig angelegte Themen sich nicht in der Sprache, sondern erst in der Symbolik des Bildes entfalten. Wenn Bilder wie auch Symbole nicht völlig diskursiv dekodierbar, das heißt nicht ganz in Sprache überführbar sind, ohne den eigentlichen Bild- oder Symbolgehalt dadurch rational zu zerstören, dann gilt im Umkehrschluss, dass das Bild in der Lage ist, Kommunikationsinhalte zu transportieren, die sich sprachlich nicht adäquat vermitteln lassen:[2] nicht nur, weil die Sprache es nicht *kann*, sondern auch, weil man es nicht *wagt*, bestimmte Dinge auszusprechen.

---

1 Zur *Ikonologie* vgl. Erwin Panofsky, Sinn und Deutung in der bildenden Kunst, Köln 1975, S. 36-67; vgl. Max Imdahl, Ikonik. Bilder und ihre Anschauung, in: Boehm (Hg.), Was ist ein Bild?, S. 300-324; vgl. Stefan Müller-Doohm, Bildinterpretation als strukturalhermeneutische Symbolanalyse, in: Ronald Hitzler / Anne Honer (Hg.), Sozialwissenschaftliche Hermeneutik, Opladen 1997, S. 81-108.
2 Vgl. Gottfried Boehm, Zu einer Hermeneutik des Bildes, in: Hans-Georg Gadamer / Gottfried Boehm (Hg.), Die Hermeneutik und die Wissenschaften, Frankfurt a.M. 1978, S. 444-471.

Abb. 1: Titelblatt von *Time. The Weekly Magazine*

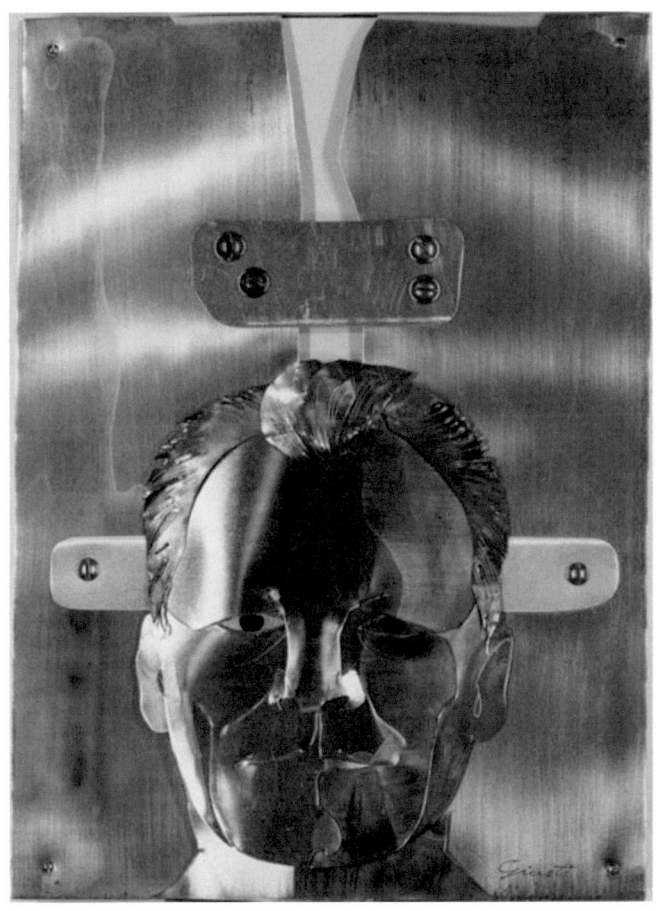

Abb. 2 : Originalplastik George Giustis

1. Zur Symbolik des Bildes

Auf der Ebene vorikonographischer Beschreibung[3] fallen zunächst drei kompositorische Elemente auf: die von Brandt getragene *eiserne Maske*, dann das *Kreuz*, das sich aus den horizontal und vertikal verlaufenden Bildlinien ergibt und schließlich noch der Bildhintergrund, eine Art *eiserne Platte*, die im rechten unteren Eck in die Struktur einer *Mauer* übergeht (in der Reproduktion schlecht erkennbar). Der maskierte Brandt befindet sich im Zentrum des Bildes, genau vor dem Kreuz, und dadurch entsteht der Eindruck einer christusgleichen Kreuzigungsdarstellung. Das gesamte Bild wirkt dabei perspektivisch sehr flach und ist geometrisch starr in *oben-unten* und *links-rechts* geordnet. Beide Achsen kreuzen sich in der Darstellung Brandts, der als statischer Mittelpunkt das Bild dominiert und zusammenhält (auf die symbolische Bedeutung der *Bildachsen* wird weiter unten noch eingegangen). Die formale Gestaltung der Komposition in Kombination mit der Kreuzigungs-Symbolik und der gesamte, augenfällig „symbolistisch" wirkende Gesamteindruck des Bildes erinnert so betrachtet an Ikonen und Christusbilder wie wir sie aus der mittelalterlichen und insbesondere russischen Kunst kennen.[4] Gleich wie die ikonische Malerei in ihrer Farb- und Formgebung einer symbolischen „Syntax"[5] unterliegt und die in der Ikone komprimierte religiöse Botschaft damit die Form eines „dogmatischen Telegramms"[6] annehmen kann, so erscheint auch die ikonisierte Brandt-Darstellung einerseits in einem religiösen Licht und andererseits stellt sich der Eindruck ein, dass das Bild allein vermittels dieser stilistisch ausgedrückten religiösen Verweise eine symbolisch verdichtete Botschaft transportiert. Das heißt, dass allein durch die bildliche Formsprache die „politische Person" Brandts eine religiös anmutende Rahmung erhält. Es wird sich hinsichtlich des Bildaufbaus weiterhin zeigen, dass sich die Bildaussage

---

3   Zum Interpretationsschema *Vor-ikonologische Beschreibung, Ikonographische Analyse* und *Ikonologische Interpretation* vgl. Panofsky, Sinn und Deutung in der bildenden Kunst, S. 36-67; vgl. Peter Schmidt, Aby M. Warburg und die Ikonologie, Bamberg 1989, S. 13-18.
4   Zur Ikone vgl. Helmut Brenske, Ikonen, Freiburg 1984; vgl. Helmut Fischer, Die Ikone. Ursprung, Sinn, Gestalt, Freiburg 1995.
5   Ebd., S. 134.
6   Konrad Onasch, Intelligibilität und Spiritualität. Zur Soziologie der altrussischen Ikone, in: Eva Haustein-Bartsch (Hg.), Russische Ikonen. Neue Forschungen, Recklinghausen 1991, S. 9-24, hier: S. 13.

gemäß der vorliegenden Interpretation vor allem aus der wechselseitigen symbolischen Verflechtung der einzelnen kompositorischen Elemente ergibt.

So steht zunächst die Kreuzes-Symbolik in engem Zusammenhang mit dem Bildhintergrund: Allein darstellungstechnisch entsteht im Bild das Kreuz zur einen Hälfte dadurch, dass durch den Hintergrund ein Riss verläuft. Dieser Riss, der sich von unten nach oben durch die eiserne Platte zieht, bildet den vertikalen Balken des Kreuzes. Die beiden voneinander getrennten Teile des Hintergrundes werden gleichzeitig von zwei Querverstrebungen zusammengehalten. Diese beiden Verstrebungen können als der horizontale Balken des Kreuzes und – oberhalb des Hauptes des „gekreuzigten Kanzlers" – als die „INRI-Tafel" gedeutet werden. Zwischen Kreuz und Hintergrund besteht damit ein direkter Zusammenhang. Die symbolische Bedeutung des Bildhintergrundes wiederum lässt sich über dessen ästhetische Darstellungsweise und vermittels eines Rückbezugs auf den textlichen Inhalt des Artikels zum „Man of the Year" interpretieren. Was wir im Hintergrund des Bildes sehen, ist eine (im mehrfarbigen Original besser erkennbare) *eiserne Platte* und ein Stück *Mauer*. Diese Formelemente korrespondieren insofern mit dem Text, da dort an zentraler Stelle auf die folgenschwere Teilung der Welt durch den *Eisernen Vorhang* und die *Berliner Mauer* verwiesen wird. Brandt sei es vor allem gewesen, der durch seine Politik und auch durch seine außergewöhnliche Persönlichkeit diese Trennung überwinden wollte: „While most political leaders in 1970 were reacting to events rather than shaping them, Brandt stood out as an innovator. He has projected the most exciting and hopeful vision for Europe since the Iron Curtain crashed down."[7] Wenn die *eiserne Platte* und das Stück *Mauer* im Bildhintergrund als Symbolisierungen des *Eisernen Vorhangs* und der *Berliner Mauer* interpretiert werden können, dann ergibt sich in Kombination mit der Symbolik des Kreuzes Folgendes: *Es ist das Kreuz, das den Eisernen Vorhang zerteilt (vertikal) und gleichzeitig voneinander getrennte Parteien verbindet (horizontal).* Das Kreuz überwindet die Gewalt und hebt Gegensätze auf. Der waagerechte und der senkrechte Balken des Kreuzes besitzen dabei zwei verschiedene symbolische Bedeutungen (die dann in der Gesamtsymbolik des Kreuzes synthetisiert werden): Während das nationalsozialistische Hakenkreuz in seiner „eigendynamischen Drehbe-

---

7   Time. The Weekly Newspaper, 04.01.1971, S. 8.

wegung"[8] ein diesseitsgerichtetes, gleichsam um sich selbst kreisendes Symbol ist[9], so verweist die ausgeprägte Vertikale des christlichen Kreuzes nach oben. Das Kreuz symbolisiert damit die Scheidung von Profanem und Heiligem beziehungsweise den Aufgang aus dem Diesseits zur Transzendenz.[10] Das christliche Kreuz besteht jedoch nicht nur aus dem nach oben weisenden Längsbalken, sondern erstreckt sich ebenso in der Waagerechten. Dieser Achse kann eine andere Symbolik zugewiesen werden: Nach Barry Schwartz repräsentiert die Vertikale die symbolische Differenzierung in „oben und unten" und daraus abgeleitet in „heilig und profan", während die waagerechte Differenzierung in „rechts und links" ein diesseitiges, „weltimmanentes" Schema darstellt („Lateral Classification").[11] Wenn die Waagerechte in diesem Sinne das diesseitig voneinander Getrennte versinnbildlicht, während die Senkrechte vom Diesseits aus auf das Heilige verweist, dann kann die Interpretation des vorliegenden Bildes in folgende Richtung gelenkt werden: Der vertikale Kreuzbalken überwindet als Chiffre des Heiligen die Gewalt – er zerteilt den *Eisernen Vorhang* – während der horizontale Balken die damit vollzogene Vereinigung diesseitig voneinander getrennter Parteien symbolisiert. Auch auf die Gefahr hin, die Interpretation zu überdehnen, so lässt sich sagen, dass die vertikal-transzendente Achse des Kreuzes das Prinzip der *Erlösung* symbolisiert (nach dem *Vater Unser* „und *erlöse* uns von *dem Bösen*"), während die horizontal-diesseitige Achse für *wiederhergestellte Gemeinschaft* beziehungsweise für *Vergebung* steht („...und vergib uns unsere Schuld wie auch wir vergeben *unseren Schuldigern*").

Die damit im Bild durch das Kreuz symbolisierte Synthese aus *Gewaltüberwindung* und hergestellter *Communitas* kommt dabei – im ursprünglichen Christus-Mythos wie auch im vorliegenden, aktualisierten Fall – durch ein Opfer zustande: Im Schnittpunkt der

---

8 Jürgen Raab u.a., Die Ästhetisierung von Politik im Nationalsozialismus. Religionssoziologische Analyse einer Machtfiguration, in: Soeffner / Tänzler (Hg.), Figurative Politik, S. 125-153, hier: S. 141.
9 Zur Symbolik des Hakenkreuzes vgl. Wilhelm Reich, Die Massenpsychologie des Faschismus, Köln 1986, S. 103-107; vgl. insbesondere die im Gegensatz zu Reich historisch wesentlich differenziertere Studie von Georg Baudler, Das Kreuz. Geschichte und Bedeutung, Düsseldorf 1997, S. 110-113.
10 Vgl. Raab u.a., Die Ästhetisierung von Politik im Nationalsozialismus, S. 141-142.
11 Barry Schwartz, Vertical Classification. A Study in Structuralism and the Sociology of Knowledge, Chicago 1981, S. 19-22, S. 71, S. 165-167; zum Schema „rechts-links" vgl. Rodney Needham (Hg.), Right and Left. Essays in Dual Symbolic Classification, Chicago 1973.

vertikal-transzendenten und der horizontal-diesseitigen Achse befindet sich die Figur des Gekreuzigten. Erst durch sein Opfer wird die *Überwindung der Gewalt und die wiedergewonnene Vereinigung zwischen Gott und Mensch* („vertikal"/transzendent) wie auch die *Vereinigung der Menschen untereinander* („horizontal"/sozial) ermöglicht. Das am Kreuz hängende Opfer markiert die Stelle, an der *gleichzeitig* das Prinzip der Gewalt durch das Eingreifen des transzendenten Gottes außer Kraft gesetzt und die sozialen Barrieren im Diesseits überwunden werden.

So sieht Slavoj Žižek die mythologische Funktion Jesu vor allem in dessen Bereitschaft zur radikalen Selbstauslöschung.[12] Um die Gemeinschaft zwischen Gott und Mensch wiederherzustellen, „muss sich der Vermittler völlig aus dem Bild entfernen."[13] Der *Vermittler* muss sich deshalb opfern beziehungsweise „auslöschen", weil eine Vereinigung zwischen Gott und Mensch erst *nach ihm* möglich ist. Um dazu Žižek zu zitieren: „Damit die Menschheit zu Gott zurückgeführt werden kann, muss sich der Vermittler selbst opfern. Mit anderen Worten, solange Christus hier ist, kann es keinen Heiligen Geist geben, da dieser ja die Figur der Wiedervereinigung Gottes und der Menschheit *ist*. Christus als Mittler zwischen Gott und Menschheit ist, um es in dekonstruktivistischer Begrifflichkeit auszudrücken, die Bedingung der Möglichkeit *und* die Bedingung der Unmöglichkeit zwischen beiden. Als Mittler ist er zugleich das Hindernis, das der vollständigen Vermittlung der entgegengesetzten Pole im Wege steht."[14] Weiter unten wird auf den *sakrifiziellen* Status der Figur Jesu Christi in Anlehnung an die diesbezügliche Kritik René Girards noch näher eingegangen werden. Um jedoch zunächst zur vorliegenden Bildinterpretation zurückzukehren, so trägt in diesem Fall der christusgleich dargestellte Brandt keine Dornenkrone, sondern ein anderes Marterinstrument, das seinen Opfer-Status hervorhebt: Er trägt eine eiserne, seinen eigenen Gesichtszügen nachgebildete Maske. Bevor auf die Symbolik dieser Maske eingegangen wird, muss noch auf einen Punkt aufmerksam gemacht werden: Im *Narrations-Kapitel* wurde die Differenzierung des russischen Formalismus in *Fabula* und *Sujet* beziehungsweise in *timeless mystery* und *current scandal* nach Kermode eingeführt. Geschichten – um Kermodes Begriffspaar den Vorzug zu geben – besitzen demnach eine mythologisch überlieferte und formal stan-

---

12 Vgl. Žižek, Die gnadenlose Liebe, S. 21-27.
13 Ebd., S. 25.
14 Ebd., S. 25 [kursiv im Original].

dardisierte Grundform (*timeless mystery*), die dann herangezogen wird, um aktuelle Krisen (*current scandal*) narrativ zu rahmen. Im vorliegenden *Bild* geschieht strukturanalog das Gleiche. Der Betrachter sieht sich zum einen mit einem visualisierten mythologischen Motiv konfrontiert – das Thema des gekreuzigten Christus – und zum anderen erscheint dieses mythologische Motiv in zeitgeschichtlich adaptierter Form. Was dies betrifft, so ist die eiserne Maske der eigentliche Schlüssel zum Verständnis des Bildes. Die Maske ist die Versinnbildlichung des *current scandal*. Was die Symbolik der Maske betrifft, so werden sich mehrere Interpretationsmöglichkeiten ergeben. In Abgrenzung zur „objektiven Hermeneutik" wird allerdings ausdrücklich nicht versucht, zu einer Reduktion von Lesarten zu gelangen.[15] Es wird vielmehr davon ausgegangen, dass nebeneinander vorhandene und lose aneinander anschlussfähige Bedeutungsebenen vorliegen, die *gleichzeitig* auf den Betrachter wirken. Eine um Eindeutigkeit bemühte Interpretation liefe so gesehen Gefahr, eine möglicherweise *intendierte Uneindeutigkeit* zu zerstören. Als „objektivierendes Korrektiv" wird dagegen im Sinne Panofskys (vgl. *Kapitel zwei*) die „Typengeschichte" herangezogen, das heißt, die Interpretation orientiert sich – in diesem Punkt wiederum an die objektive Hermeneutik anschlussfähig – an abgelagerten und intersubjektiv verfestigten Bedeutungsangeboten und Motiven der eigenen Kultur.

Um damit zur Symbolik der Maske zu kommen, so werden drei Interpretationsstränge verfolgt. Der Reihenfolge ihrer Bearbeitung nach tragen diese Ansätze folgende Kurztitel:

1.1. „Maske und personale Authentizität"
1.3. „Der Mann mit der eisernen Maske"
1.4. „Der eiserne Kanzler"

---

15 Vgl. Jo Reichertz, Objektive Hermeneutik, in: Hitzler / Honer (Hg.), Sozialwissenschaftliche Hermeneutik, S. 31-55, hier: S. 45; zur objektiven Hermeneutik vgl. Jo Reichertz, Probleme qualitativer Sozialforschung. Zur Entwicklungsgeschichte der Objektiven Hermeneutik, Frankfurt a.M. 1986; vgl. Ulrich Oevermann, Kontroversen über sinnverstehende Soziologie. Einige wiederkehrende Probleme und Missverständnisse in der Rezeption der „objektiven Hermeneutik", in: Aufenanger / Lenssen (Hg.), Handlung und Sinnstruktur, S. 19-83.

1.1. Maske und personale Authentizität

Die Symbolik von Masken im Allgemeinen weist die symboltypische Ambivalenz auf, gegensätzliche Bedeutungen in ästhetischer Form in einem Punkt zu harmonisieren. So *verbergen* Masken nicht nur, sie *enthüllen* auch gleichzeitig: „sie *zeigen*, indem sie verhüllen und *verhüllen*, indem sie zeigen."[16] Das Aufsetzen einer Maske verhüllt die wahre Identität ihres Trägers, zeigt aber damit auch gleichzeitig an, dass es hinter der Maske so etwas wie ein „authentisches Individuum" überhaupt gibt. Wenn Martin Seel das berühmte Diktum Theodor W. Adornos „Es gibt kein richtiges Leben im falschen"[17] mit den Worten kommentiert „Gäbe es kein richtiges Leben im falschen, wäre das falsche nicht falsch."[18], so verhält es sich mit *Maske* und *Authentizität* im gleichen Sinne: Erst die Maske verweist auf die Existenz des „Unmaskierten" hinter ihr, die Camouflage konstituiert im verhüllenden Akt das Verhüllte. So erfüllt auch im vorliegenden Fall die Maske die Funktion, ihrem Träger – Willy Brandt – individuelle Personalität jenseits seines repräsentativen Amtes zuzuschreiben: Brandt erhält paradoxerweise gerade durch die Maske eine personale „unmaskierte" Identität, er wird zum unverstellten, authentischen Individuum, auf dem damit nicht mehr der generalisierte Betrugsverdacht gegenüber dem „Theater" politischer Agenten lastet. Im *Narrations-Kapitel* wurde bereits die These vertreten, dass Brandt mit seinem Kniefall seine Rolle als gesellschaftlicher Repräsentant überstieg und dass die Vermittlung der symbolischen Botschaft seiner Geste überhaupt nur gelingen konnte, indem er in diesem Moment als Individuum erschien. So weist auch Wolfgang Ludwig Schneider darauf hin, Brandts Geste hätte in diesem Augenblick die Differenz zwischen Amt und Person eliminiert.[19] In diesem Sinne ist es zu verstehen, wenn in der *Frankfurter Allgemeinen Zeitung* festgehalten wird, „der Mensch im Kanzler" sei in die Knie gegangen.[20]

---

16 Mersch, Was sich zeigt, S. 50.
17 Theodor W. Adorno, Gesammelte Schriften, Bd. 4. Minima Moralia. Reflexionen aus dem beschädigten Leben, Frankfurt a.M. 1997, S. 43.
18 Martin Seel, Dialektik des Erhabenen. Kommentare zur „ästhetischen Barbarei heute", in: Gunzelin Schmid Noerr / Willem van Reijen (Hg.), Vierzig Jahre Flaschenpost: „Dialektik der Aufklärung" 1947-1987, Frankfurt a.M. 1987, S. 11-40, hier: S. 37; vgl. Dieter Thomä, Vom Glück in der Moderne, Frankfurt a.M. 2003, S. 97.
19 Schneider, Brandts Kniefall in Warschau, S. 166-168.
20 Literaturbeilage der Frankfurter Allgemeinen Zeitung, 12.12.2000, S. 25. In ähnlicher Weise vertrat Marcel Reich-Ranicki die Ansicht, Brandt sei „nicht als Repräsentant der

Was bisher unausgesprochen blieb, ist die Verknüpfung zwischen Brandts *Status als Individuum* und seiner *Rolle als Geopferter*. Was dies betrifft, so besteht hier nämlich ein sehr enger Zusammenhang. Im Bild wird Brandt durch die Maske zum authentischen Individuum und gleichzeitig erscheint er als stigmatisiertes Opfer. Die These, die diesbezüglich hier vertreten wird, lautet, dass nur die *Figur des Einzelnen*, nicht aber die *Figur des Repräsentanten* die Opferrolle ausfüllen kann. Um glaubwürdig die Opferrolle einnehmen zu können, musste Brandt als authentisches Individuum präsentiert werden. Dies hat folgenden Grund: Der Einzelne kann zwar repräsentativ, das heißt stellvertretend *für* ein Kollektiv geopfert werden beziehungsweise sich selber opfern, eine Opferung der Figur des Repräsentanten gliche jedoch dagegen einer symbolischen Selbst-Enthauptung des Kollektivs.[21] Bezieht man mit ein, dass jeder Strafe und insbesondere der Todesstrafe immer noch eine Form von „Opferkult" anhaftet, so war zum Beispiel die Hinrichtung des französischen Königs durch die Jakobiner kein Opfer *für* eine Gemeinschaft, sondern sie war die endgültige Abschaffung einer gegebenen sozialen Ordnung: Die Opferung des Repräsentanten zeigte in diesem Fall in aller Radikalität an, dass die alte Ordnung beziehungsweise die alte *conscience collective* endgültig der Vergangenheit angehörte.[22] Ein „gekreuzigter Repräsentant" bedeutete nichts anderes, als das ganze Kollektiv symbolisch ans Kreuz zu nageln, während die Kreuzigung eines Einzelnen *für* das Kollektiv eine sakrifizielle Entlastung, das heißt eine Delegierung von Schuld mit sich führt. Ein *repräsentatives Opfer* ist so gesehen etwas ganz anderes als ein *geopferter Repräsentant*. Dass nur der Einzelne in seiner individuellen Personalität – gewissermaßen als „ganzer Mensch" – geopfert werden kann, wird dann deutlich, wenn man im Sinne Žižeks das Phänomen der Identifikation folgendermaßen erweitert: Identifikation – ohne die so etwas wie Vergemeinschaftung nicht denkbar ist –, erfolgt nicht nur über „leidenschaftliche Anbindung", sondern auch über das Gegenteil: über *Desidentifikation*: „die *Delegierung* des Hasses oder der Liebe der Mitglieder dieser Gemein-

---

SPD auf die Knie gefallen, sondern im Namen des deutschen Volkes". Der Kniefall – so Reich-Ranicki – war „kein politischer Akt", in: Süddeutsche Zeitung, 22.05.2000.

21 Zum stellvertretenden Opfer vgl. René Girard, Ausstoßung und Verfolgung. Eine historische Theorie des Sündenbocks, Frankfurt a.M. 1992; zur stellvertretenden Funktion des Opfers vgl. Edmund Leach, Kultur und Kommunikation. Zur Logik symbolischer Zusammenhänge, Frankfurt a.M. 1978, S. 101-118.

22 Vgl. Giesen, Kollektive Identität, S. 174.

schaft an einen anderen Agenten, *durch den* sie lieben oder hassen. Die christliche Gemeinschaft etwa wird durch die gemeinsame Delegierung ihres Glaubens an einige auserwählte Einzelne zusammengehalten (Heilige, Priester, möglicherweise nur durch Christus allein), die ‚wirklich' glauben sollen".[23] „Wirklich glauben", „wirklich lieben" oder „wirklich leiden" kann jedoch nur ein Individuum, nicht in seiner abstrakten Funktion als Amtsinhaber oder Repräsentant (als „Rolleninhaber"), sondern nur als Einzelner, als Mensch aus „Fleisch und Blut". Jenseits aller sozialer Funktionen und aller Formen symbolischer Repräsentation bleibt das Individuum und dessen Leiblichkeit der letzte, kaum noch hintergehbare Garant für Authentizität.[24] Wenn der Einzelne beispielsweise stellvertretend für die anderen leidet und Schuld übernimmt, dann unternimmt er *tatsächlich* genau das, was die anderen – jeder für sich alleine – eigentlich tun sollten: leiden und Schuld übernehmen. Das heißt, dass die Funktion der Delegierung – des stellvertretenden Liebens, Hassens, Leides oder Schuld-Empfindens – nur möglich ist, wenn derjenige, der diese delegatorische beziehungsweise sakrifizielle Funktion übernimmt, *tatsächlich* liebt, hasst, leidet oder Schuld empfindet. Das jedoch kann nur der Einzelne, nicht als Inhaber einer spezifischen Rolle, sondern nur in seiner „totalen Identität"[25].

Um diesen ersten Interpretationsansatz zusammenzufassen, so verweist die Maske zunächst auf die „personale Authentizität" Brandts: Hinter der Maske ist Brandt nicht Inhaber seines repräsentativen Amtes, sondern unverstelltes Individuum, und nur als solches ist er in der Lage, christusgleich die Position der stellvertretenden Schuldübernahme zu übernehmen. Bevor in den nächsten beiden Abschnitten auf die Symbolik der Maske weiter eingegangen wird, ist es an dieser Stelle geboten, einige kritische Anmerkungen zum ursprünglichen religiösen Motiv des geopferten Christus hinzuzufügen.

---

23 Slavoj Žižek, Die Tücke des Subjekts, Frankfurt a.M. 2001, S. 366 [Hervorhebungen im Original].

24 Vgl. Bernhard Giesen, Noncontemporaneity, Asynchronicity and Divided Memories, in: Time and Society 13, 1 (2004), S. 28-40, hier: S. 34.

25 Vgl. zu diesem Begriff Harold Garfinkel, Conditions of Successful Degradation Ceremonies, in: The American Journal of Sociology, Vol. LXI, Juli 1955 - Mai 1956, S. 420-424.

1.2. Exkurs: die christliche Opfermythologie

Was die christomimetische Darstellung Brandts anbelangt, so handelt es sich hier um eine populärkulturelle Adaption des Christus-Motivs. Es wäre daher verfehlt, hier interpretative Maßstäbe anzusetzen, die sich an theologischer Exaktheit orientieren. Nicht das darf zählen, was akademische Experten oder religiöse Virtuosen als die „richtige" Interpretation des Christus-Mythos werten, sondern dasjenige, was auf der Alltagsebene aus diesem Mythos tatsächlich gemacht wurde, das heißt, was sich in der sozialen Praxis als wirkungsmächtiges Deutungsmuster durchgesetzt hat. Auch wenn in diesem Sinne die Deutung Christi als *stellvertretendes Opfer* weithin überwiegt, und damit diejenige Interpretation die Oberhand innehat, die auf die Satisfaktionslehre Anselm von Canterburys zurückgeht[26], so ist diese Position nicht ohne Gegenstimmen.[27] Es ist vor allem René Girard, der die Deutung des „geopferten Christus" scharf kritisiert.[28] Das Werk Girards kreist immer wieder um die Grundannahme, dass zwischen sozialer Ordnung und Gewalt ein direkter Zusammenhang besteht.[29] Die Etablierung einer sozialen Ordnung ist nicht nur für sich genommen ein auf Gewalt beruhender Vorgang, sondern ist auch Reaktion auf drohende Gewalt: Vergemeinschaftung bedeutet für Girard in hobbesianischer Weise immer die ihrerseits gewaltsame Reaktion auf Gewalt von innen und außen.[30] Das Opfer wiederum erfüllt innerhalb des Kreislaufs der Ge-

---

26 Vgl. dazu Joachim Track, Das Opfer am Ende. Eine kritische Analyse zum Opferverständnis in der christlichen Theologie, in: Richard Riess (Hg.), Abschied von der Schuld? Zur Anthropologie und Theologie von Schuldbekenntnis, Opfer und Versöhnung, Stuttgart 1996, S.140-167.

27 Zur Interpretation des Opfers Jesu Christi vgl. Hans Dieter Zimmermann, Menschenopfer – Gottesopfer: Wodan, Iphigenie, Isaak, Dionysos, Christus, in: Bernhard Dieckmann (Hg.), Das Opfer – aktuelle Kontroversen. Religions-politischer Diskurs im Kontext der mimetischen Theorie, Münster 2001, S. 59-80; vgl. Wolfgang Stegemann, Der Tod Jesu als Opfer. Anthropologische Aspekte seiner Deutung im Neuen Testament, in: Riess (Hg.), Abschied von der Schuld?, S. 120-139.

28 Vgl. René Girard, Das Ende der Gewalt. Analyse des Menschheitsverhängnisses, Freiburg 1983; zur Kritik an Girard vgl. Dieter Schellong, Barmherzigkeit statt Opfer – Opfer aus Barmherzigkeit. Theologische Erwägungen zum Opferbegriff, in: Dietrich Neuhaus (Hg.), Das Opfer. Religionsgeschichtliche, theologische und politische Aspekte, Frankfurt a.M. 1998, S. 75-105; vgl. William Schweiker, Heilige Gewalt und der Wert der Macht. René Girards Opfertheorie und die Theologie der Kultur, in: Bernd Janowski / Michael Welker (Hg.), Opfer. Theologische und kulturelle Kontexte, Frankfurt a.M. 2000, S. 108-125.

29 Vgl. René Girard, Das Heilige und die Gewalt, Zürich 1988; zu Girard vgl. Zygmunt Bauman, Flüchtige Moderne, Frankfurt a.M. 2003, S. 227-233.

30 Vgl. hierzu auch Wolfgang Sofsky, Traktat über die Gewalt, Frankfurt a.M. 2005.

walt eine kompensatorische, ordnungserhaltende Funktion. So kommentiert Robert Spaemann diese Schlüsselthese in Girards Argumentation folgendermaßen: „Für Girard ist Gewalt das Böse schlechthin. Opfer sind die Umfunktionierung des Bösen zu einer sozialverträglichen, ja sogar die Sozietät konstituierenden Macht.“[31] Wenn einerseits Vergemeinschaftung auf Gewalt beruht und andererseits das Opfer dazu dient, die Vergemeinschaftung und deren Ordnung aufrechtzuerhalten, dann folgt daraus jedoch, dass das Opfer letztlich die Funktion besitzt, die Gewalt am Leben zu erhalten. Die Funktion des Opfers ist damit für Girard noch ganz in der Logik der Gewalt und Gegen-Gewalt verstrickt, es ist ein Instrument der Konstituierung und Reproduktion von Gewalt. An diesem Punkt setzt nun Girards Kritik an der gängigen Darstellung Christi als „Opfer“ an: Gott hat gemäß seiner Interpretation nicht seinen Sohn geopfert, sondern vielmehr liegt die Besonderheit des Kreuzestodes Jesu Christi darin, dass in diesem Falle ein gewaltloser Gott erscheint, dessen Besonderheit nun darin liegt, passiv zu bleiben und die Geschehnisse ohne Gegenreaktion hinzunehmen. Der christliche Gott lässt die Opferlogik hinter sich und beendet damit den Kreislauf der Gewalt. Man kann Girard in diesem Punkt insofern kritisieren, da er nicht zwischen Opferritualen im herkömmlichen Sinne und *Selbst-Opferung* unterscheidet. Girards Hauptthese bleibt jedoch davon unberührt: Der Umschlag von Selbststigmatisierung in Charisma[32] rührt von der radikalen Passivität, mit der Jesus die Geschehnisse über sich ergehen lässt. Weder der Vater noch der Sohn lassen sich zu einer Gegenreaktion verleiten. Diese moralische Überlegenheit demonstrierende Reaktionslosigkeit ist nicht Kapitulation, sondern das genaue Gegenteil davon: Sie demonstriert nicht nur die Absurdität der Logik der Gewalt derjenigen, die den Tod Jesu vollziehen, sie demonstriert ebenso deren faktische Machtlosigkeit. So schreibt Heinrich Popitz zum Märtyrertod: „Der Machthaber kann den Märtyrer töten – er ist Herr über seinen Tod –, aber er kann ihn nicht zwingen, am Leben zu bleiben, etwas zu

---

31 Robert Spaemann, Bemerkungen zum Opferbegriff, in: Richard Schenk (Hg.), Zur Theorie des Opfers. Ein interdisziplinäres Gespräch, Stuttgart 1995, S. 11-24, hier: S. 18; vgl. Hermann Häring, Das Böse in der Welt. Gottes Macht oder Ohnmacht?, Darmstadt 1999, S. 164-171.

32 Vgl. Wolfgang Lipp, Stigma und Charisma. Über soziales Grenzverhalten, Berlin 1985; vgl. ders., Schuld und Gesellschaft. Mechanismen der sozialen Zuschreibung, Bewältigung und Wandlung von Schuld, in: Köpcke-Duttler (Hg.), Schuld - Strafe - Versöhnung, S. 117-157; zur Selbststigmatisierung Jesu vgl. Michael N. Ebertz, Das Charisma des Gekreuzigten. Zur Soziologie der Jesusbewegung, Tübingen 1987.

tun, um am Leben zu bleiben. Er ist damit nicht mehr ‚Herr über Leben und Tod', weil er die Herrschaft über das Leben des anderen verloren hat."[33] So erscheint nach Girard Jesus für die anderen deshalb als eine „subversive, zerstörerische Macht"[34], weil er das Gewaltprinzip weltlicher Ordnungskonstruktionen erkennt und in seiner demonstrativen Passivität gleichzeitig zurückweist: „Die Gewalt kann es nicht dulden, dass sich in ihrem Bereich ein Wesen aufhält, das ihr nichts schuldet, das ihr keineswegs huldigt und das die einzig mögliche Bedrohung für ihre Herrschaft darstellt."[35] Wenn das gewaltvolle Kompensationsinstrument des Opfers dazu dient, soziale Ordnung aufrechtzuerhalten und wenn soziale Ordnung auf Gewalt beruht, dann richtet sich die Zurückweisung der Gewalt durch die Figur Jesu Christi nicht nur gegen die Gewalt und die Logik des Opfers, sondern damit auch gegen die bestehende soziale Ordnung. Folgt man Girard, so wird an diesem Punkt das geradewegs anarchische Potential der christlichen Botschaft deutlich: Die christliche Botschaft bedeutet so gesehen nichts anderes, als die radikale Entwertung bestehender Formen von Vergemeinschaftung und deren auf Gewalt beruhender Ordnung. So lautet die Kritik Girards an der Kirche, diese hätte den Tod Jesu in einer sakrifiziellen Form umgedeutet, um auf dem damit gewonnenen Opfermythos wiederum eine Gemeinschaft zu konstituieren.[36] Das auf dem Prinzip der „mimetischen Gewalt"[37] beruhende Opfer wurde von der Kirche nicht überwunden, sondern wurde vielmehr instrumentalisiert: Ohne die Deutung des Kreuzestodes als Opferung wäre es nicht möglich gewesen, die Kirche zu institutionalisieren – und damit abermals gewaltsame Ausgrenzung zu produzieren. Diese Institutionalisierung beziehungsweise religiöse Vergemeinschaftung bedurfte dessen, was weiter oben mit Žižeks Begriff der *Desidentifikation* beziehungsweise *Delegierung* ausgedrückt wurde: die Stellvertretung durch ein repräsentatives Opfer.

---

33 Heinrich Popitz, Phänomene der Macht, Tübingen 1992, S. 59.
34 Girard, Das Ende der Gewalt, S. 216.
35 Ebd., S. 217.
36 Vgl. Franz-Xaver Kaufmann, Macht die Zivilisation das Opfer überflüssig?, in: Schenk (Hg.), Zur Theorie des Opfers, S. 173-187.
37 Gianni Vattimo, Jenseits des Christentums. Gibt es eine Welt ohne Gott?, München 2004, S. 159.

Auch wenn dieser Exkurs über eine alternative Deutung des Kreuzestodes nicht direkt mit der vorliegenden Bildinterpretation in Einklang zu bringen ist, so besteht doch ein Anknüpfungspunkt: Girard macht deutlich, dass *Opfer* und *Vergemeinschaftung* in einem sehr engen Zusammenhang stehen. So gesehen erstaunt es nicht, dass die christo-mimetische Rahmung Brandts – im vorliegenden Bild wie in den analysierten Presse-Narrationen – insbesondere die sakrifizielle Bedeutung des „christusgleichen Kanzlers" akzentuiert. Nur über den *Status des Opfers* konnte die Figur Brandts in die Konstruktion kollektiver Identität eingespeist werden. Auf dieses Motiv wird noch weiter eingegangen werden. Zunächst jedoch wird im folgenden Abschnitt ein anderer Interpretationsansatz der Maskensymbolik vorgestellt.

(*Exkurs Ende*)

1.3. „Der Mann mit der eisernen Maske"

In Alexandre Dumas Roman *Der Mann mit der eisernen Maske*[38] (frz. Originaltitel: *Le Vicomte de Bragelonne*) und in den zahlreichen, die Dumas'sche Vorlage meist erheblich trivialisierenden Verfilmungen des Stoffes (zb. *The Iron Mask* mit Douglas Fairbanks von 1929 oder James Whales *The Man in the Iron Mask* von 1939) wird der amtierende junge König Ludwig XIV. als dekadenter und gewaltvoller Herrscher dargestellt, während sein zwei Stunden jüngerer Zwillingsbruder – der, wie sich dann herausstellen wird, der „gute" Repräsentant" ist – vor der Öffentlichkeit verborgen in die Bastille eingekerkert und, um dessen Identität vollends unkenntlich zu machen, mit einer eisernen Maske[39] versehen wurde. Philippe, der eingekerkerte Zwillingsbruder, ist zwar rein formal als Zweitgeborener sozial tieferstehend als Louis, jedoch wird er – ein bekanntes literarisches Motiv – gleichzeitig als charakterlich überlegen beschrieben.[40] Die relativ schlichte Geschichte wie wir sie insbesondere aus den cineastischen Adaptionen kennen, lässt sich auf folgenden Punkt bringen: Der „schlechte" Repräsentant ist in Amt und Würden, während der „gute" Repräsentant dazu verurteilt ist, identitätsberaubt

---

38 Alexandre Dumas, Der Mann mit der eisernen Maske, Berlin 1998.
39 Zu Dumas' Motiv der „eisernen Maske" vgl. Alfred Adler, Dumas und die Böse Mutter: über 10 historische Romane von Alexandere Dumas d.Ä., Berlin 1979, S. 30.
40 Vgl. ebd., S. 31.

im Exil zu leben. Schließlich kehrt der aufgrund seiner Charaktereigenschaften im Grunde „legitime" Repräsentant zurück und errichtet eine „gute" Ordnung.

Auch wenn direkte Verweise zwischen dem von Dumas stammenden Motiv der „eisernen Maske" und dem *Time*-Titelbild fehlen, so drängen sich doch Parallelen auf: Die Maske, die Brandt auf dem Bild trägt, ähnelt zunächst schlicht in ihrer Formgebung derjenigen Maske, wie wir sie aus dem Roman und den Verfilmungen kennen. Doch auch inhaltlich lassen sich Gemeinsamkeiten finden: Beide Fälle drehen sich um einen Machtwechsel von einer „despotischen" hin zu einer „guten" Herrschaft. So wird innerhalb des Artikels zum „Man of the Year" ausführlich darauf eingegangen, Herbert Ernst Karl Frahm alias Willy Brandt sei während des Nationalsozialismus vor der Gestapo geflohen und notgedrungen ins Exil gegangen. Brandt, der nach dem Artikel symbolisch für das „demokratische Deutschland" steht, wurde seiner wahren Identität beraubt und musste unter einem Pseudonym leben, kehrte dann aber zurück und triumphierte letztlich über die despotische Herrschaft. Um zu unterstreichen, Brandt verkörpere ein „anderes", demokratisches Deutschland, wird im Artikel Brandt zitiert: „Brandt, who is thinskinned and sensitive, has often been called a ‚traitor' in West Germany for fleeing during the Nazi years. He argues that his background has helped Germany come to terms with itself. In the foreword of a forthcoming British edition of his early writings, Brandt declares: ‚I did not regard my fate as an exile as a blot on my copybook, bur rather as a chance to serve that ‚Other Germany', which did not resign itself submissively to enslavement.'"[41] Ähnlich dem Romanstoff von Dumas, so wurde auch im vorliegenden deutschen Fall die gerechte Herrschaft von Despoten unterdrückt, bis schließlich die Tradition der gerechten Herrschaft wieder obsiegt. In beiden Fällen wird die Geschichte eines Konfliktes zwischen einem „Außenseiter qua Geburtsfehler" (hier der in der Erbfolge zweitgeborene Philippe, dort der unehelich geborene Brandt) und den Repräsentanten der gewaltvollen Ordnung geschildert. In beiden Fällen stellt sich jedoch am Ende heraus, dass der stigmatisierte Außenseiter der charakterlich Wertvollere ist, und dass schließlich die Gemeinschaft von diesem ehemaligen Außenseiter „erlöst" beziehungsweise „befreit" wird (wobei die *Befreiung durch den Außenseiter* abermals ein bekanntes literarisches Motiv ist, wie wir es von der *Moses*-

---

41 Time. The Weekly Newspaper, 04.01.1971, S. 17 [Hervorhebungen im Original].

Erzählung bis hin zu *Superman* finden können, die beide herkunftslose Findelkinder waren und dann zum Retter der Gesellschaft wurden). So betrachtet – auch wenn sich die Interpretation kaum auf „harte Indizien" stützen kann –, ist der „Kanzler mit der eisernen Maske" eine zeitgenössische Adaption des Dumas'schen Motivs von Rückkehr und Kampf des „gerechten Außenseiters" gegen die despotische Herrschaft – wobei in beiden Fällen dasjenige gilt, was im ersten Interpretationsansatz über den Zusammenhang zwischen Maske und Authentizität gesagt wurde: *Hinter der Maske* ist das „Wahre" beziehungsweise metaphorisch übertragen: das Gute, das Unverstellte, das Gerechte etc.

Der folgende letzte Interpretationsansatz setzt sich mit der Frage auseinander, *von wem* Brandt diese Maske aufgesetzt bekam beziehungsweise *wessen Geist* diese Maske symbolisch verkörpert.

1.4. „Der eiserne Kanzler"

Der folgende Interpretationsansatz des Bildes bedarf stärker als bisher einer engen Rückbindung an den dazugehörigen Text des Artikels. Der Text beginnt mit der Schilderung von zwei historischen Ereignissen. Beide Ereignisse werden kontrapunktisch zueinander in Verbindung gesetzt. Layout und typographische Gestaltung unterstreichen den inhaltlich konstruierten Zusammenhang zusätzlich. Die aus dieser Gegenüberstellung resultierende Spannung bildet im Folgenden dann die Hauptthese des Textes. Daher sei zunächst der Anfang des Artikels komplett zitiert:

„THE SETTING: THE HALL OF MIRRORS, VERSAILLES, JANUARY 1871: In the palace of the Bourbons, the rulers of Germany's 25 independent and quarrelsome states gather to savor the fruits of their victory over France's armies. The Franco-Prussian War has given the Germans something that eluded them for centuries – unity. As the architect of that unity, Count Otto von Bismarck looks on, gripping the long spike of his Prussian helmet, while Prussia's King Wilhelm proclaimes the establishment of the German Empire. Historian Thomas Carlyle hails the German victory in a letter to the Times of London: ,That noble, patient, deep, pious and solid Germany should be at length welded into a nation and become Oueen of the Continent instead of vaporing, vain-glorious, gesticulating, quarrelsome, restless and oversensitive France seems to me the hopefullest public fact that has occurred in my time"".[42]

„THE SETTING: THE OLD JEWISH GHETTO, WARSAW, DECEMBER 1970: His broad, ruggedly handsome face etched with lines of concern, West Germany's Chancellor Willy Brandt walks slowly to the simple granite slab that memorial-izes the 500 000 Jews from the city's ghetto who were massacred by the Germans during World War II. For a moment he stands with bowed head, enveloped in silence except for the soft hiss of two gas-fed candelabra. Then, as if to atone for Germany's sins against its neighbours, Brandt falls to his knees. ‚No People', as Willy Brandt has said, ‚can escape from their history'"".[43]

Die Gegenüberstellung beider Ereignisse – Reichsgründung und Warschauer Kniefall, annähernd exakt hundert Jahre auseinander liegend – ist alles andere als zufällig. So baut der nun folgende Text nach dieser Ouvertüre auf der These auf, der Nationalsozialismus und die Katastrophe des Zweiten Weltkriegs seien das Resultat einer histo-rischen Entwicklung wie sie in Deutschland 1871 ihren Anfang nahm. Steht das erste historische Datum paradigmatisch für die *triumphale Nati-on* wie sie hier mit dem Namen Otto von Bismarcks verknüpft wird, so ist das zweite Ereignis ebenso paradigmatisch der symbolische Aus-druck *traumatisierter Identität*. Nach der Schilderung der beiden histo-rischen Eckdaten schließt der Text wie folgt an: „Each tableau represents a turning point in the history of Europe – and of the world. Contrary to Carlyle's bright hopes, a united and powerful Germany proved neither noble nor patient. Twice Bismarck's heirs burst across their borders in cataclysmic wars that ended with two new superpowers, the U.S. and the Soviet Union, facing each other across a divided con-tinent – a division dramatically symbolized by the hideous masonry of the Berlin Wall. [...] Willy Brandt is in effect seeking to end World War

---

42 Time. The Weekly Newspaper, 04.01.1971, S. 8 [Hervorhebungen im Original].
43 Ebd., S. 8 [Hervorhebungen im Original].

II by bringing about a fresh relationship between East and West."[44] Am Ende des Artikels, im letzten Satz, wird die These von der katastrophalen historischen Entwicklung, die mit Bismarck ihren Anfang nahm, abschließend wieder aufgegriffen: „Brandt's diplomacy may, of course, prove not only unworkable but also dangerous. So far, however, as the theme for a young decade, it offers immense promise for the peaceful future of Europe. For a German statesman, that is a remarkable achievement. It is also a measure of how long a road the Germans have traveled in the quarter of a century since 1945, when their defeat country lay in noisome rubble, and since that day in 1871 when, at Versailles, modern Germany was born amid boasts of glory and hopes of greatness."[45]

Wenn man die argumentativen Eckpunkte des Artikels zum „Man of the Year" bündelt, dann ergibt sich folgender Argumentationsverlauf. Der Text beginnt mit „„THE SETTING: THE HALL OF MIRRORS, VERSAILLES, JANUARY 1871". Dann folgt „THE SETTING: THE OLD JEWISH GHETTO, WARSAW, DECEMBER 1970". Das erste Ereignis schildert gemäß der Meinung des Autors die Geburtsstunde des aggressiven und totalitaristischen Deutschlands mit seiner Zentralfigur Otto von Bismarck. Mit Bismarck – so die Hauptthese des Artikels – nahm das historische Übel seinen Anfang. Die Schilderung des zweiten Ereignisses – der Warschauer Kniefall – endet dann mit einem Zitat Brandts: „No people can escape from their history." Der Kniefall Brandts wird als symbolischer Kontrapunkt zum „alten Deutschland" Bismarck'scher Prägung gesetzt. Wenn man einerseits „nicht vor seiner eigenen Geschichte fliehen kann" und andererseits laut dem Artikel Bismarck der verborgene Urheber der historischen Katastrophe ist, dann wird vermittels dieser kontrastiven Gegenüberstellung der genannten Ereignisse unterstellt, dass das Bismarck'sche Erbe immer noch schwer auf Deutschland laste. Im weiteren Verlauf des Artikels wird demgemäß unmissverständlich herausgestrichen, es sei Bismarcks Erbe, dass letzten Endes nicht nur zum Ersten, sondern ebenso zum Zweiten Weltkrieg geführt hätte. Brandt sei es dann gewesen, der versuchte, den Zweiten Weltkrieg zu beenden („Willy Brandt is in effect seeking to end World War II"). Wohlgemerkt: Hier ist nicht nur von Versöhnung oder stellvertretender Schuldübernahme die Rede, sondern davon, *den Zweiten*

---

44 Ebd., S. 8 [Hervorhebungen im Original].
45 Ebd., S. 18.

Weltkrieg zu beenden. Es ist an dieser Stelle auffällig, dass nach dem Artikel vor allem die Teilung der Welt in zwei Lager als die dominierende historische Katastrophe herausgestrichen wird.[46] Die Opfer des Holocaust bleiben dagegen auch hier abermals im Hintergrund.

Wenn es das Erbe Bismarcks war, das laut dem Artikel zur Teilung der Welt in Ost und West führte wie es auch das Titelbild mit seinen Anspielungen auf den Eisernen Vorhang und die Berliner Mauer zum Ausdruck bringt, symbolisiert dann die *eiserne Maske* die stellvertretende Übernahme der historischen Schuld Deutschlands wie sie mit Bismarck, dem *Eisernen Kanzler*, ihren Anfang nahm? Übernimmt Brandt stellvertretend die historische Schuld des Eisernen Kanzlers, das heißt, setzt er sich in einem Akt der Selbststigmatisierung dessen Maske auf – wird Brandt selber zum Eisernen Kanzler? Es wurde bereits argumentiert, auch im Falle des vorliegenden Bildes liege eine Mischung aus „timeless mystery" und „current scandal" vor, das heißt, der überlieferte Christus-Mythos wird mobilisiert, um einen aktuellen Konflikt sinnhaft zu rahmen. Die zeitgenössisch adaptierte Christomimesis Brandts erhält gemäß der Interpretation des *Eisernen Kanzlers* eine zusätzliche Konkretisierung: Brandt übernimmt zwar nicht wie Christus „die Sünde der Welt" wohl aber die „Sünde" des Bismarck'schen Deutschlands, die in die Katastrophe führte und die Welt in zwei Lager spaltete. Der Bildhintergrund – der „Eiserne Vorhang" – und Brandts eiserne Maske sind aus dem selben Material gefertigt. Daraus ergibt sich eine symbolische Parallele: Der Gegenstand der Schuld wird allein auf ikonografischer Ebene von Brandt stellvertretend inkorporiert.

Auch wenn die vorgestellten Interpretationsansätze im einen oder anderen Punkt ohne eine gewisse spekulative Freiheit nicht auskommen, so bleibt die These von der christomimetischen Darstellung Brandts auf dem Titelblatt von *Time* davon unberührt. Das Zeichen des Kreuzes überwindet den Eisernen Vorhang und versöhnt die voneinander getrennten Parteien. Zustande kommt dies durch die christusgleich dargestellte Selbstopferung Brandts. Brandt wird damit zum Christus des Kalten Krieges.

---

46 Ebd., S. 7-8.

7. Schlussbetrachtung

„I'm perfectly prepared to subscribe to the general belief that Willy is God. What I find a little confusing, though, is not knowing which Person of the Trinity he's going to be from one moment to the next – God the Father or Christ crucified.[1]"

1. Symbolische Antagonismen

Der tiefgreifende Vertrauensverlust entgegen dem Projekt der Moderne ist spätestens seit Max Horkheimers und Theodor W. Adornos *Dialektik der Aufklärung*[2] untrennbar mit den Konsequenzen des nationalsozialistischen Terrors verknüpft.[3] Davon ausgehend soll hier abschließend nochmals in geraffter Form ein Erklärungsversuch hinsichtlich der politischen Verwendung religiöser Bedeutungsmuster vorgestellt werden, wie sie uns im Falle des Kniefalls begegnen.

In seinem *Mann ohne Eigenschaften* stellt Robert Musil lapidar fest: „Irgendwie geht Ordnung in das Bedürfnis nach Totschlag über."[4] Was hier aphoristisch zum Ausdruck gebracht wird, ist in gewisser Hinsicht die Quintessenz derjenigen weitläufigen Debatte, die sich seit Horkheimer und Adorno um die Frage dreht, wie es dazu kommen konnte, dass das historische Projekt der Aufklärung und der Moderne ihrerseits

---

1   Dialog aus Michael Frayns im Jahre 2003 uraufgeführtem Theaterstück „Democracy", ders., Democracy, London 2003, S. 59. Democracy dreht sich um das Ende der Kanzlerschaft Brandts und insbesondere um die „Affäre Guillaume".

2   Max Horkheimer / Theodor W. Adorno, Dialektik der Aufklärung: philosophische Fragmente, Frankfurt a.M. 2003; vgl. Manfred Gangl / Gerald Raulet (Hg.), Jenseits instrumenteller Vernunft. Kritische Studien zur Dialektik der Aufklärung, Frankfurt a.M. 1989; vgl. Jürgen Habermas, Die Verschlingung von Mythos und Aufklärung. Bemerkungen zur Dialektik der Aufklärung – nach einer erneuten Lektüre, in: Karl Heinz Bohrer (Hg.), Mythos und Moderne. Begriff und Bild einer Rekonstruktion, Frankfurt a.M. 1983, S. 405-431; vgl. Albrecht Wellmer, Zur Dialektik von Moderne und Postmoderne. Vernunftkritik nach Adorno, Frankfurt a.M. 1985; vgl. Charles Taylor, Das Unbehagen an der Moderne, Frankfurt a.M. 1995.

3   Innerhalb dieses Kontextes darf dabei nicht nur der Zweite Weltkrieg, sondern ebenso die Erfahrung des Ersten Weltkrieges als tiefgreifende Erschütterung des modernen Selbstverständnisses nicht vergessen werden, vgl. Mircea Eliade, Geschichte der religiösen Ideen, Bd. 3.2, Vom Zeitalter der Entdeckungen bis zur Gegenwart, Freiburg 1991, S. 410-447; vgl. Peter Bürger, Ursprung des postmodernen Denkens, Weilerswist 2000, S. 153-160.

4   Robert Musil, Der Mann ohne Eigenschaften, Reinbek bei Hamburg 1987, S. 465.

Barbarismen und Formen der Gewalt in kaum vorstellbarem Ausmaß produzierte.[5] Der Versuch – so ließe sich Musils Feststellung umschreiben – eine perfekte Ordnung im Diesseits zu errichten, führt früher oder später dazu, diejenigen zu vertreiben oder zu eliminieren, die der Verwirklichung des „weltlichen Paradieses" im Wege stehen. Auf dem Hintergrund dieser Debatte um den Terror der Moderne gewinnt die Symbolik des Kniefalls eine tiefere Bedeutung. In den vorangegangenen Kapiteln wurde die These aufgestellt, der Kniefall vor dem Ghettodenkmal und seine nachträgliche mediale Bearbeitung können als symbolische Konfrontation zwischen *christlicher Heilsbotschaft* und der *apokalyptischen Erzählung des Holocaust,* oder noch allgemeiner: zwischen *Christentum* und *neuheidnischem Nationalsozialismus* interpretiert werden. Dieser Gedanke soll hier nochmals vertieft werden.

Folgt man Eric Voegelin, dann ist innerhalb der Entwicklung moderner Gesellschaften ein Prozess beobachtbar, der an Max Webers Konzept der protestantischen Ethik erinnert: Ähnlich wie bei Weber, der den Geist des modernen Kapitalismus auf religiöse Wurzeln zurückführt, und – das ist das Entscheidende – der erkannt hat, dass sich die ursprünglich religiös motivierte Form der Lebensführung auch dann noch fortsetzte, nachdem das religiöse Fundament bereits eingebrochen war, so verortet auch Voegelin die Ursache bestimmter Charakteristika moderner Gesellschaftsformen in der Religion.[6] Gemeint ist der historische Prozess, der als Selbstsakralisierung der Gesellschaftsordnung bezeichnet werden kann wie Voegelin sie mit seinem Begriff der „gnostischen Bewegungen" zu beschreiben versucht. Bereits im Mittelalter (genauer gesagt bei Joachim von Fiore) lässt sich demnach immer stärker die Tendenz beobachten, dass die Hoffnung auf ein erst im Jenseits erfülltes Heilsversprechen an Zugkraft verlor, sondern dass das Reich Gottes – die „perfekte Ordnung" – im Diesseits errichtet werden sollte. Die Gesellschaft selbst wurde damit zum Vollstrecker eines ehe-

---

5   Zu dieser Debatte vgl. Zygmunt Baumann, Moderne und Ambivalenz: das Ende der Eindeutigkeit, Frankfurt a.M. 1996; vgl. ders., Modernity and the Holocaust, Ithaca, New York 2000; vgl. Max Miller / Hans-Georg Soeffner (Hg.), Modernität und Barbarei. Soziologische Zeitdiagnosen am Ende des 20. Jahrhunderts, Frankfurt a.M. 1996; vgl. Johannes Weiß, Vernunft und Vernichtung. Zur Philosophie und Soziologie der Moderne, Opladen 1993.
6   Vgl. Voegelin, Die neue Wissenschaft der Politik; zur protestantischen Ethik vgl. Max Weber, Gesammelte Aufsätze zur Religionssoziologie, Bd. I, Tübingen 1988; vgl. Friedhelm Guttandin, Einführung in die „Protestantische Ethik" Max Webers, Opladen 1998.

mals ausschließlich göttlichen Privilegs: Die Verwirklichung eines letzten, ewigwährenden und makellosen Zustandes paradiesischen Daseins. Voegelin weist anhand der jeweiligen Symboliken nach, dass Programme wie die einer „klassenlosen Gesellschaft" im Marxismus, oder auch die nationalsozialistische Utopie einer naturalisierten Gesellschaft letztlich auf diesem Konzept aufbauen: Die Verwirklichung des Heils liegt in den eigenen Händen der Menschheit, sie wird zwar meist in die Zukunft projiziert[7], ist aber dennoch prinzipiell innerhalb dieser Welt verwirklichbar. Individuen oder Gruppen, die sich den Vollstreckern dieses weltimmanenten Heilsplan nicht fügen (oder darin erst gar nicht vorgesehen sind), droht völlige Exklusion bis hin zur physischen Vernichtung.

Der Kniefall – so lautet eines der Resultate der vorliegenden Analyse – ist eine symbolische Antwort auf den Holocaust im Gesamten. Die von den Nationalsozialisten ermordeten Juden wurden wiederum einem geschichtsutopischen Programm geopfert, das im Sinne Voegelins den radikalen Versuch einer diesseitsimmanenten „Selbstsakralisierung" der Gesellschaftsordnung darstellt. Daraus ergibt sich folgende Situation symbolischer Konkurrenz: Der Holocaust ist das entsetzlichste Resultat des Versuchs einer diesseitsimmanenten Selbstsakralisierung im Sinne eines nationalsozialistischen „Rassenparadieses". Der Kniefall und die über ihn verfassten Presse-Erzählungen mobilisieren dagegen christliche Mythologie. Wenn der Holocaust in erschütterndster Weise für das spezifische Gewaltpotential der Moderne steht und letztlich deren Scheitern aufzeigt, dann steht der Kniefall für das Gegen-Programm: Nicht nur Brandts Geste, sondern insbesondere deren mythologische Überhöhung in der deutschen Presse bedienen sich religiöser Bedeutungsmuster. Das Kreuz ist die Reaktion auf das Hakenkreuz – so wie es am eindrücklichsten bereits im Jahre 1971 auf dem Titelbild von *Time* illustriert wurde.

Diese symbolische Konkurrenz kann noch unter einer anderen Perspektive interpretiert werden: Es ist bekannt, dass Carl Schmitt den politischen Ausnahmezustand als Analogon zum theologischen Wunder betrachtete.[8] Die strukturelle Gemeinsamkeit von Ausnahmezustand

7   Vgl. Reinhart Koselleck, Vergangene Zukunft. Zur Semantik geschichtlicher Zeiten, Frankfurt a.M. 1995; vgl. ders., Zeitschichten, S. 131-221.
8   Carl Schmitt, Politische Theologie. Vier Kapitel zur Lehre von der Souveränität, Berlin 1990.

und Wunder ist die, dass in beiden Fällen der Schöpfer einer Ordnung – hier die politische, dort die göttliche Schöpfung – selbst eine allmächtige Position innehat. Die Konstituierung – die Setzung – einer Ordnung ist selbst ein *außer*-ordentlicher Akt und der Initiator der jeweiligen Ordnung – hier Gott, dort der politische Herrscher – befindet sich selber außerhalb der durch ihn konstituierten Ordnung und ist daher sogar in der Lage, seine eigene Ordnungskonstruktion punktuell außer Kraft zu setzen. Dies gilt auch für den weltlichen Herrscher, für den „ommnipotenten Gesetzgeber".[9] Jan Assmann weist in seiner Auseinandersetzung mit Schmitt jedoch darauf hin, dass Schmitts *Politische Theologie* letzten Endes vor allem eines sei: Die theologischen Wurzeln seiner Konzeption blieben letzthin implizit und es handele sich, so Assmann, vor allem um eine „politische Theologie der Gewalt".[10] In diesem Sinne interpretiert, ist der Holocaust die ultimative Form des Ausnahmezustandes – ein Raum, der radikal jenseits von Ordnung angesiedelt ist und in pervertierter Form „gottgleiche" Willkür repräsentiert.[11] Wenn der Holocaust den radikalen *Ausnahmezustand* symbolisiert, dann finden wir wiederum auf der Seite des Kniefalls das religiöse Analogon: Der Kniefall wurde von der Presse auf eine Weise narrativ gerahmt, die starke Ähnlichkeiten zum Phänomen des *Wunders* beziehungsweise zu einer *messianischen Epiphanie* aufweist.

Der Holocaust und der Kniefall repräsentieren damit auch in dieser Hinsicht ein Verhältnis von Gegen-Symboliken. Der Holocaust steht für den politischen Ausnahmezustand, der Kniefall, oder genauer gesagt: seine retrospektive narrative Deutung führt dagegen die Kategorie des religiösen Wunders beziehungsweise des epiphanischen Momentes ein. Der „messianische Augenblick", als der Brandts Geste in Warschau beschrieben wurde, erinnert so gesehen an Walter Benjamins *Geschichtsphilosophische Thesen*.[12] War nach Benjamin die bürgerliche Geschichtsschreibung immer „Einfühlung in den Sieger"[13] – das heißt „triumphale" Geschichtsschreibung –, so wendet sich Benjamin gegen diese Konstruktion.[14] Die Konversion von der Geschichte der Sieger

9   Ebd., S. 51.
10 J. Assmann, Herrschaft und Heil, S. 25.
11 Vgl. Giorgio Agamben, Homo Sacer. Die souveräne Macht und das nackte Leben, Frankfurt a.M. 2002.
12 Walter Benjamin, Illuminationen. Ausgewählte Schriften, Frankfurt a.M. 1969, S. 268-279.
13 Ebd., S. 271.
14 Vgl. Bohrer, Plötzlichkeit, S. 180-186; vgl. Rolf Tiedemann, Studien zur Philosophie

hin zur Geschichte der Opfer vollzieht sich dabei in einem messianischen Augenblick, in dem das Kontinuum der Geschichte gesprengt wird und die dahinfließende Zeit zum Stillstand kommt. Auch bei Benjamin erfolgt die historische Innovation im Augenblick, der aus dem Zeitstrom herausragt, der als Augenblick nicht der Zeit angehört, der aber die Geschichte – gleichsam als „zeitlicher Ausnahmezustand" – richtungsweisend verändert. Als ein solcher messianischer Augenblick, der selbst nicht zur Geschichte gehört, sondern in dem sich Geschichte wandelt – und zwar von einer Benjamin'schen *Geschichte der Sieger* hin zu einer öffentlich anerkannten *Geschichte der Opfer* –, wird Brandts Kniefall von der Presse beschrieben.

Der Kniefall Brandts und die von ihm evozierte christliche Mythologie können als Versuch gewertet werden, die Unverständlichkeit des Traumas, das der Holocaust auslöste, sinnhaft zu überbrücken, nicht verstanden als Versuch einer „Auslöschung" oder „abschließenden Harmonisierung", sondern als Annäherung an das, was – gemäß dem Konzept des Traumas – als an sich „sinnentleert" und nicht verstehbar gilt. Brandt kniete laut der Presse stellvertretend für die Nation der Täter. Das „Tätertrauma" der Deutschen ist nach Giesen, anders als das *reale Leid* und der *tatsächliche Verlust* der Opfer, *phantasmatischer* Natur.[15] Gemeint ist damit, das die Triumphalismus- und Allmachtsphantasien des Nationalsozialismus nach dem Krieg in sich zusammenbrachen: aus „Herrenmenschen" wurden Verbrecher. Und auch die scheinbar unbeteiligten „Zuschauer", besser mit Raul Hilbergs[16] Begriff der „bystanders" bezeichnet, mussten sich zumindest prinzipiell fragen (auch wenn es de facto sicher eher die Ausnahme war), ob der Umstand, nicht selber gemordet zu haben, womöglich weniger eine Frage eigener moralischer Gesinnung, sondern vielmehr ein einfaches Resultat des Zufalls war.[17] Angesichts dieser Sinnleere ist die mit dem Kniefall politisch mo-

---

Walter Benjamins, Frankfurt a.M. 1965, S. 112-118; vgl. Gershom Scholem, Walter Benjamin und sein Engel. Vierzehn Aufsätze und kleinere Beiträge, Frankfurt a.M. 1983, S. 66-68.

15 Giesen, Das Tätertrauma der Deutschen, S. 21. Inwiefern es legitim ist, das individualpsychologische Konzept des Traumas auf eine kollektive Ebene zu heben, vgl. Piotr Sztompka, The Trauma of Social Change. A Case of Postcommunist Societies, in: Alexander u.a., Cultural Trauma and Collective Identity, S. 155-195, hier insbesondere S. 158-162.

16 Raul Hilberg, Täter, Opfer, Zuschauer. Die Vernichtung der Juden 1933-1945, Frankfurt a.M. 1996.

17 Was dieses moralische Problem angeht, so muss auf Karl Jaspers berühmte Unterscheidung zwischen politischer Schuld, moralischer Schuld und metaphysischer

bilisierte Formsprache des Religiösen so gesehen nicht einmal so sehr verwunderlich, wie man zunächst meinen könnte. In der größtmöglichen Sinnleere wird als Rettungsanker doch wieder auf dasjenige gesetzt, mit dem traditionsgemäß ein Hoffen auf gültige Antworten angesichts schwerster Krisen verbunden wird. Im nächsten Abschnitt wird zu zeigen versucht, dass es dennoch unpräzise ist, in diesem Sinne von einer sich abzeichnenden gesellschaftlichen „Rechristianisierung" zu reden.

2. „Rechristianisierung" politischer Repräsentation?

Grob verkürzt lässt sich der Kniefall auf zwei Arten lesen: einerseits als Faktum einer sich abzeichnenden „Rechristianisierung" der Gesellschaft, andererseits als Beleg dafür, dass auch in einer angeblich „säkularisierten" Epoche religiöse Bedeutungsangebote stets kulturell verfügbar blieben.[18] So einfach es klingt, aber „Wiederkehren" kann nur, was noch existiert. Dieser triviale Umstand wird gerne übersehen, wenn von „Rechristianisierung" geredet wird.[19] Religiöse Semantiken können nur wiederkehren, wenn sie überlebt haben – „aber nur weil es noch Kirchen und Gottesdienste gibt"[20] wurde – so die bereits an anderer Stelle zitierte *Frankfurter Allgemeinen Zeitung* – die Bedeutung des Kniefalls von der Öffentlichkeit begriffen. Gibt es religiöse Semantiken jedoch noch, so kann nicht allzu verkürzt und pauschal von der Vorstellung einer säkularisierten Gesellschaft ausgegangen werden, wie es gerne geschieht, wenn dieser ohnehin amorphe und schwer eingrenzbare Begriff als kulturelle Kampfvokabel benutzt wird.[21] Begreift man dagegen im Sinne Luhmanns Säkularisierung als einen Prozess funktionaler Ausdifferenzierung[22], innerhalb dem sich „Religion" als eigenständiges gesell-

Schuld verwiesen werden, vgl. ders., Die Schuldfrage. Von der politischen Haftung Deutschlands, München 1987.
18 Vgl. hierzu Graf, Die Wiederkehr der Götter.
19 Wobei – wie Gianni Vattimo festhält – die Säkularisierungs- beziehungsweise Desakralisierungsthese oft weniger als das Resultat einer objektiven Gesellschaftsanalyse zu verstehen ist, sondern doch eher die eigenen weltanschaulichen Präferenzen bestimmter Intellektueller und Philosophen wiederspiegelt, vgl. ders., Jenseits des Christentums.
20 Literaturbeilage der Frankfurter Allgemeinen Zeitung, 12.12.2000, S. 25.
21 Vgl. Graf, Die Wiederkehr der Götter, S. 70 ff.
22 Vgl. Niklas Luhmann, Funktion der Religion, Frankfurt a.M. 1990 und ders., Die Religion der Gesellschaft, Frankfurt a.M. 2002; vgl. auch Hermann Lübbe, Religion nach der

schaftliches Teilsystem etabliert, wobei allerdings „die vorherige Sym-
biose mit der hierarchischen Ordnung aufbricht"[23], so bezieht sich die
These von der Rechristianisierung beziehungsweise Entsäkularisierung
nicht mehr auf die Gesellschaft als Ganzes, sondern vollzieht sich vielmehr zwischen ihren Teilsystemen und zwar insbesondere zwischen den
Bereichen Religion und Politik. Ist nun von Rechristianisierung die
Rede, muss entsprechend danach gefragt werden, inwiefern Religion politisches Terrain zurückerobert. Was folgt daraus für den Kniefall? Zunächst kann festgestellt werden, dass im vorliegenden Fall die
erfolgreiche Mobilisierung religiöser Bedeutungsangebote ohne Beteili-
gung der institutionalisierten Religion selbst erfolgte, sondern von
anderen gesellschaftlichen Agenten vollzogen wurde. Mehr noch: Kern-
elemente christlicher Kultur wurden hier politisch als Moral- und Legi-
timitätsspender instrumentalisiert, was zwar einen ausgesprochen
positiven Effekt auf das System politischer Repräsentation ausübte, für
die Religion selbst dagegen keinen beobachtbaren Machtzuwachs bedeutete. So gesehen vollzog sich mit dem Kniefall auf politischer Seite zwar
eine Akt der Resakralisierung, ohne dass jedoch die grundsätzliche
Trennung von Kirche und Staat dadurch beeinflusst wurde. „Religion"
wurde zu „Kultur" domestiziert und als solche einseitig politisch konsumiert. Auf die Tendenz (post-)moderner Alltagskultur, sich des religiösen Habitus' als ästhetisches Supplement zu bedienen, wird am Ende
des nächsten Abschnittes eingegangen. In diesem Sinne kann auch der
Kniefall als zwar mit religiösen Semantiken und Symbolen plakativ ausgeflaggte Resakralisierung des Politischen beschrieben werden,
allerdings als diesseitsimmanente Sakralisierung, die sich durchaus religiöser Muster bediente, gleichzeitig aber den religiösen Schlüsselcode
„Transzendenz" – und das heißt letztlich „Gott" – unberücksichtigt ließ.
So gesehen müssen der Kniefall und die entsprechenden Narrationen
nicht als Indizien einer sich abzeichnenden Rechristianisierung gelesen
werden, sondern als geglückte religiöse Ästhetisierung politischer Repräsentation. Gleichwohl lässt diese Diagnose den nahe liegenden
Schluss gerade nicht zu, diese Form der Politikinszenierung im religi-

---

Aufklärung, Graz 1986.
23 Rudolf Schlögl, Glaube und Religion in der Säkularisierung. Die katholische Stadt – Köln,
    Aachen, Münster – 1700-1840, München 1995, S. 24; vgl. ders., Historiker, Max Weber
    und Niklas Luhmann. Zum schwierigen (aber möglicherweise produktiven) Verhältnis von
    Geschichtswissenschaft und Systemtheorie, in: Soziale Systeme 7, 1, Stuttgart 2001, S. 23-
    45.

ösen Gewand sei nur inhaltsentleerte Fassade. An einigen Stellen des vorliegenden Textes wurde das Argument vertreten, Inhalt und Form ließen sich niemals ganz von einander trennen. Für Symbole gilt dies in besonderem Maße. Ihre ästhetische Form ist bereits ein Teil dessen, was sie bedeuten. Eine bloße Aneignung der Formen unter Ausschluss der Inhalte – welcher auch immer – ist so gesehen gar nicht möglich.

3. Symbol und Narration – Ereignis und Geschichtlichkeit

Was die Theorie des Symbols angeht, so wurde anhand des Kniefalls zu zeigen versucht, dass Symbole über eine Entstehungsgeschichte verfügen und dass der Prozess der Symbolgenerierung auf einer kommunikativen Ressource beruht, die gemeinhin eher als Gegensatz zum Symbol gesetzt wird: gemeint ist das sprachliche Medium des Erzählens. Ob dieses Verhältnis zwischen Symbol und Narration auch für den Entstehungsprozess anderer Symbole gilt, kann hier abschließend bestenfalls als vage Vermutung in den Raum gestellt werden, ohne dem Versuch zu unterliegen, aus dem Kniefall Brandts ein allgemeines Theorem einer Symboltheorie zu extrapolieren. Symbole, betrachtet als Markierungen und dauerhafte Konservierungen bestimmter Erfahrungen von Transzendenz, verweisen zwar auf das „Zeitlose" und auf die Gültigkeit weiter nicht hinterfragbarer Sinnbezirke und – insbesondere im Falle des Rituals – evozieren ein Gefühl „reiner Gegenwärtigkeit", doch gleichzeitig beziehen sie, wie es zumindest am Falle des Kniefalls nachgewiesen wurde, ihre Geltung daraus, indem das Symbol in eine Geschichte eingesponnen ist. Das Symbol verdichtet hier einen richtungsweisenden Knotenpunkt des eigenen Über-sich-selbst-Erzählens. Wenn man im Sinne Durkheims Symbole und Rituale als kulturelle Techniken betrachtet, denen eine hohe identitätskonstituierende und reproduzierende Funktion zukommt, so muss beachtet werden, dass hier nicht nur die Kommunikation mit den für „heilig" gehaltenen Sinnbezirken für die Identität von Individuen und Gruppen ausschlaggebend ist, sondern dass Identität immer auch eine zeitliche beziehungsweise geschichtliche Dimension besitzt. Symbole und Rituale stehen für gewöhnlich für denjenigen Aspekt der Identitätsstiftung, der den Akteuren Zugang zu transzendenten Erfahrungsräumen öffnet und der ihre

Identitätsentwürfe mit einer letzten, unhinterfragbaren Bedeutung ausstattet. Das Medium des Erzählens wird hingegen allgemein dadurch
charakterisiert, dass Identität insofern narrativ gesichert wird, indem hier
zeitliche Erfahrungen in einen sinnhaften, harmonisierten Zusammenhang gestellt werden. Die Erzählung ist so gesehen die retrospektive
Selbstdeutung von teils weitverzweigten und unüberschaubaren Handlungsverkettungen, in die das Individuum, eine Gruppe oder auch eine
ganze Nation eingesponnen ist.

Die kommunikative Ressource der symbolischen Formen einerseits
und die des Erzählens andererseits repräsentieren insofern zwei prominente Konzepte der Gedächtnisspeicherung: Die Memorialleistung
des Symbols und des Rituals scheint so betrachtet insbesondere dazu in
der Lage zu sein, Gedächtnisinhalte im Sinne der Proust'schen „mémoire involontaire" zu speichern. Das Symbol und insbesondere die symbolische Handlungsform des Rituals lassen das Vergangene in der
Gegenwart neu „auferstehen" und führen zu einer affektiven, im Falle
des Rituals am eigenen Körper spürbaren Vereinnahmung der beteiligten Akteure.[24] Symbole und Rituale sind damit die idealen Speichermedi-
en, um „epiphanische, mystische Augenblicke"[25] erlebnishaft zu
remobilisieren. Im Symbol wie in der „mémoire involontaire" wird ein
weiter Erfahrungsraum in einem einzelnen Zeichen kondensiert und zu
einer punktuellen Einheit harmonisiert – mit dem Unterschied, dass die
vielzitierte Proust'sche „Madeleine" keine Form symbolischer Repräsentation ist, sondern streng genommen nur ein „somatischer Trig-
ger"; das Symbol ist hingegen bereits eine objektivierte und damit
distanzierte Form kultureller Wieder-Aneignung des Vergangenen beziehungsweise Transzendenten. Symbolische Kommunikation kann daher
bestenfalls nur versuchen, eine Erfahrung der „mémoire involontaire"
zu imitieren. Das Medium des Erzählens ähnelt dagegen mehr der
Gegen-Konzeption des Gedächtnisses wie Maurice Halbwachs sie
entwickelte. Die Erzählung ist ein Medium der Gedächtnisspeicherung,
die – anders als das Symbol – weniger den „epiphanischen Moment"

---

24 Zum Unterschied zwischen Prousts „mémoire involontaire" und der
    Gedächtniskonzeption Maurice Halbwachs vgl. Aleida Assmann, Gedächtnis als
    Leitbegriff der Kulturwissenschaften, in: Lutz Musner / Gotthart Wunberg (Hg.),
    Kulturwissenschaften. Forschung – Praxis – Positionen, Wien 2002, S. 27-45, hier: S. 28-
    29; zu Gedächtnisspeicherung und emotional-körperlicher Beteiligung vgl. Harald Welzer,
    Das kommunikative Gedächtnis. Eine Theorie der Erinnerung, München 2002, S. 121.
25 A. Assmann, Gedächtnis als Leitbegriff der Kulturwissenschaften, S. 28.

hervorhebt, sondern in erster Linie mehrere, an sich unzusammen-
hängende Ereignisse innerhalb einer Biographie oder Geschichtsschreibung ex post *untereinander* in einen sinnvollen, relational
begründeten Zusammenhang stellt. Das Erzählen repräsentiert damit
eher die konstruktive beziehungsweise „produzierende" Seite der Erinnerung. Im theoretischen und empirischen Teil dieser Arbeit wurde zu
zeigen versucht, dass beide Formen der Identitäts- und Gedächtnispro-
duktion in einem engen Zusammenhang stehen, das heißt, dass sie sich
gegenseitig nicht ausschließen, sondern dass sie sich komplementär zueinander verhalten: Die Erzählung weist dem symbolisch vermittelten
„besonderen Moment" erst seinen Stellenwert zu. Ohne die Einbettung
in ein geschichtliches Kontinuum bliebe das singuläre Ereignis in sich
verkapselt und ohne weiteren Sinn. Gleichzeitig ist es nur möglich, eine
Geschichte zu erzählen, das heißt, bestimmte Ereignisse in einen bedeu-
tungsgenerierenden Zusammenhang zu stellen, wenn diese Ereignisse
selbst aus der profanen, kontinuierlich dahinfließenden Zeit herausragen. Ohne solche „besondere Momente" wäre eine sinnvolle Rhyth-
misierung von Zeit- und Geschichtserfahrung nicht möglich.

Anhand des Kniefalls und seiner narrativen Bearbeitung in der Presse
wurde gezeigt, dass beides – symbolische und narrative Identitätspro-
duktion – Hand in Hand geht. Zum einen wurde der Kniefall erst über
den Umweg narrativer Rahmung als nationales Symbol semiotisiert. Um
dies zu leisten, wurde insbesondere auf überlieferte christliche Narrat-
heme zurückgegriffen. Zum anderen erschließt sich die nach diesem
Prozess vorfindbare symbolische Bedeutung des Kniefalls nur dann,
wenn er als symbolisch hervorgehobenes Ereignis in einer Geschichte,
das heißt in der Kriegs- und Nachkriegsgeschichte Deutschlands gelesen
wird. Das Symbol markiert hier einen identitätsrelevanten geschichtlichen Wendepunkt, man könnte sogar sagen, das Symbol des Kniefalls
„erzählt" in verdichteter Form die Geschichte von nationaler Schuld
und der anschließenden Suche nach Neuorientierung.

Sollte ein solcher Zusammenhang zwischen Narration/Geschicht-
lichkeit und Symbol/Transzendenz auf andere Fälle übertragbar sein, so
wäre es insbesondere reizvoll, den Nachweis zu erbringen, dass nicht
nur die Entstehung von Symbolen mit begleitenden Narrationen verknüpft ist, sondern dass genauso die bislang nur wenig erforschte Erosion bestimmter Symboliken über das gleiche Muster erklärt werden kann.
Hier böten sich zwei gegenläufige Richtungen an: Zum einen ließe sich

damit erklären, warum beispielsweise im Bereich bestimmter „Neoismen" der Popkultur („Neo-Punk" etc.) oder im Falle revitalisierter religiös-esoterischer Kulte die symbolische Halbwertszeit oft nur kurz bemessen ist. Eine Erklärung könnte lauten, dass die Akteure zwar in solchen Fällen in gewisser Weise von der Aura der Symbole durchaus unmittelbar ergriffen sind, dass es ihnen allerdings gleichzeitig aufgrund fehlender narrativer Flankierung nicht möglich ist, den Stellenwert der symbolischen Bedeutung in irgendeiner Weise geschichtlich rückzuverfolgen und einzuordnen. Die symbolische Bedeutung wäre damit tendenziell im Erlebnis insularisiert und hätte nur noch einen flüchtigen, „eventartigen" Charakter. Die forschungsleitende Frage könnte dann in diesem Falle lauten, inwieweit die Akteure noch in der Lage sind, jenseits der ausschließlich performativen Ebene über ihre Symbole und Rituale zu erzählen. Doch auch der andere Fall ist denkbar: So zeigt der zeitgenössisch verbreitete Umgang mit religiösen Ritualen wie insbesondere im Falle der kirchlichen Trauung oder auch im Falle von Beerdigungen, dass solche Rituale allein ihres dekorativen Reizes wegen konsumiert werden, ohne dass dabei das Motiv der „Gläubigkeit" von Belang wäre.[26] Das Ritual dient hier vor allem der ästhetischen Ausflaggung biographischer Passagen. In diesem Fall drängt sich der Verdacht auf, dass eine ausschließlich biographische (sprich: „Geschichten erzählende") Verwendung symbolischer Formen ebenso deren Niedergang einleiten kann, wenn gleichzeitig an die tiefere transzendente Bedeutung des Symbols nicht mehr geglaubt wird.

4. Kniefall und Ritual: abschließende Bemerkungen

Die Frage, inwiefern der Kniefall mit dem Konzept des Rituals in Einklang zu bringen ist, nahm in der vorliegenden Arbeit großen Raum ein. Abschließend kann betreffs dieser Frage zunächst festgehalten werden, dass es weniger darum ging, eine Antwort darauf zu geben, ob der Kniefall unter die Handlungsform des Rituals subsumiert werden kann oder nicht, vielmehr wurde die Theorie des Rituals herangezogen, um über diese Perspektive mehr über den empirisch vorliegenden Fall zu erfahren, ohne zum Ziel einer abschließenden Klassifikation des

---

26 Vgl. Michael N. Ebertz, Erosion der Gnadenanstalt? Zum Wandel der Sozialgestalt von Kirche, Frankfurt a.M. 1998, S. 283-289.

Kniefalls als „Ritual" oder „Nicht-Ritual" zu gelangen. Dennoch soll an dieser Stelle betreffs dieser Frage nochmals und mit aller Vorsicht folgende These angeführt werden: Es wurden insbesondere in Anlehnung an Victor Turner Argumente genannt, die es nahe liegen lassen, dass auch Rituale über einen gewissen gestalterischen beziehungsweise ludischen Freiraum verfügen. Zwar kann mit Sicherheit angenommen werden, dass *während des Ritualvollzugs* Veränderungen der rituellen Dramaturgie sich nur in einem äußerst begrenzten Rahmen abspielen dürfen, jedoch kann daraus nicht abgeleitet werden, jegliche dramaturgische Veränderung führe automatisch dazu, die Kategorie des Rituals für die klassifizierende Beschreibung des Beobachters aufzugeben. Der Kniefall war jedoch nicht nur eine feine Alterierung des zugrunde liegenden politischen Ausgangsrituals, sondern eine schwerwiegende und richtungsweisende Wendung innerhalb des rituellen Geschehens. Für den Beobachter ergeben sich so gesehen Gründe für und gegen eine Klassifizierung des Kniefalls als Bestandteil eines Rituals. Um dieses Dilemma zumindest ansatzweise zu lösen, kann allerdings ein anderer Weg eingeschlagen werden. Die Situation ändert sich erheblich, wenn hinsichtlich der Frage, ob eine bestimmte Handlungsabfolge ein Ritual darstelle, nicht nur die Definition des außenstehenden wissenschaftlichen Beobachters zugelassen wird, sondern wenn die Selbst-Definition der Akteure ebenso als legitime Deutungsinstanz miteinbezogen wird. Hinsichtlich des Knifalls ergibt sich dann folgende Konstellation: Durch den protokollarisch vorgesehenen Denkmalsbesuch und die dort stattfindende Kranzlegung wurde für den wissenschaftlichen Beobachter wie auch für die beteiligten Akteure der Rahmen des „politischen Rituals" festgelegt. Innerhalb dieses Rituals geschah nun etwas, dass zumindest von außen betrachtet als Regelverstoß eingestuft werden muss: Vom distanzierten Standpunkt einer streng ausgelegten Theorie des Rituals verletzte der Kniefall die rituelle Ordnung. Vom gleichen Standpunkt aus betrachtet ist es jedoch dann nicht erklärbar, warum Brandts Geste, die so gesehen einen schweren rituellen Regelverstoß darstellte, nicht entsprechend negativ sanktioniert wurde. Was aus der Perspektive des wissenschaftlichen Beobachters ein ärgerlicher Regelverstoß ist, war vom Standpunkt der Akteure betrachtet (die Gruppe der medialen Agenten miteingeschlossen) gerade kein Störfall, sondern wurde metaphorisch als eine bedeutungsvolle Form von „Epiphanie" beschrieben, die weniger dem Ritual zuwiderlief, sondern die sich innerhalb des Rituals beziehungsweise *aus dem rituellen Geschehen heraus* eruptiv ergab. Wenn man die Perspektive der Beteiligten mitberücksichtigt, dann muss die Ausgangsfrage folgendermaßen umformuliert werden: Wenn in einem Ritual etwas geschieht, das in dieser Form nicht vorgesehen war, wenn aber die stattgefundene Abweichung von der dramaturgischen Ordnung keinen Protest unter den Beteiligten hervorruft, bedeutet dies dann, dass der stattgefundene „Störfall" allein durch die Akzeptanz der Akteure zum legitimen Bestandteil des rituellen Geschehens wird? Was diesen Zugang betrifft, so fasst Clifford Geertz das nach seiner Meinung „leitende Prinzip"[27] der Interpretation kultureller Phänomene mit folgenden wenigen Worten zusammen: „Gesellschaften bergen wie Menschenleben ihre eigene Interpretation in sich; man muss nur lernen, den Zugang zu ihnen zu gewinnen."[28] Eine solche Miteinbeziehung der Selbstdeutung der Akteure darf, so wichtig sie auch ist, den wissenschaftlichen Beobachter jedoch nicht dazu verleiten, sich das Heft der Deutung ganz aus der Hand nehmen zu lassen. Den Kniefall in diesem Sinne als Ritualelement zu interpretieren, nur weil von Seiten der Akteure kein Ritualbruch diagnostiziert wurde, ist insofern fahrlässig, da damit übersehen würde, dass – aller Wahrscheinlichkeit nach – eine solche Geste kaum jemals in dieser Form wiederholt werden dürfte. Der Kniefall – obwohl an das Ritual anschlussfähig – bleibt damit auch ein Phänomen, das ebenso mit dem Begriff des „Ereignisses" beschrieben werden muss und das seine Wirkung vor allem durch seine unwiederholbare Singularität gewann.

Um zu einem Schluss zu gelangen, so kann festgehalten werden, dass der Kniefall zu denjenigen Phänomenen der sozialen Wirklichkeit gehört, an denen das gängige, zur Verfügung stehende begriffliche Instrumentarium nicht mehr im befriedigendem Umfang greift. Der Kniefall eröffnet Anschlussmöglichkeiten an das Konzept rituellen Handelns und gleichzeitig übersteigt er das Ritual. Der Kniefall gleicht in gewisser Hinsicht einem „performativen Hermaphroditen", der sich den vorhandenen kulturellen Klassifikationsschemata letztendlich widersetzt.[29] Vermutlich resultiert seine außerordentliche Wirkung, das heißt die

---

27 Geertz, Dichte Beschreibung, S. 259.
28 Ebd., S. 260.
29 Vgl. ebd., S. 261-288.

hohe Bedeutungszumessung insbesondere durch die Medien, genau in dieser Nicht-Klassifizierbarkeit, die schon immer ein Attribut des „Heiligen" war.

5. „victims" versus „sacrifices" : die Repräsentation der Opfer

Eines der Resultate dieser Arbeit lautet, dass in der Presseberichterstattung über den Kniefall – im Jahre 1970 wie im Jahre 2000 – von vielem die Rede war, nur kaum von denjenigen, die doch eigentlich im Zentrum dieses zeitgeschichtlichen Kapitels stehen sollten: die jüdischen Opfer des nationalsozialistischen Massenmordes spielten offensichtlich nur eine Nebenrolle. Dieses Ergebnis wird auch von Valentin Rauer inhaltsanalytisch bestätigt.[30] Es geht in den Berichten über den Kniefall kaum um diejenigen, die tatsächlich gelitten haben, sondern vor allen Dingen um das Bemühen nach eigener Identität, oder – um den Begriff Y. Michael Bodemanns zu verwenden – um das eigene „Gedächtnistheater"[31]. Im Folgenden wird abschließend der Versuch eines Resumées unternommen, wie dieses eklatante Fehlen der Opfer beziehungsweise deren Instrumentalisierung zum Zwecke der Konstruktion nationaler Identität erklärt werden kann.

Die Definition des *Wörterbuchs der deutschen Sprache* für „Opfer" lautet folgendermaßen: „Op-fer: (n.; -s, -) **1** *schmerzlicher Verzicht (zugunsten eines anderen Menschen)*; jmds. ~ (dankbar annehmen; ein ~ für jmdn. bringen; kein ~ scheuen, um jmdn. zu helfen 1.1 *unter schmerzlichem Verzicht gebrachte Spende;* es war ein großes ~ für mich, ihm das Geld zu geben **2** *Gabe für die Gottheit;* Tier~; Trank~; ein ~ bringen; ein religiöses ~ 2.1. ein Tier od. einen Gegenstand zum ~ bringen *opfern* **3** *betroffenes Objekt (einer Missetat, eines Übels)*; das ~ einer Intrige, eines Mordes, Unfalls, Verkehrsunglücks werden; er wurde ein ~ seines eigenen Leichtsinns; das Erdbeben forderte zahlreiche ~ (an Menschenleben); und wer ist das

---

30 Vgl. Valentin Rauer, Geste der Schuld. Die mediale Rezeption von Willy Brandts Kniefall in den neunziger Jahren, in: Giesen / Schneider (Hg.), Tätertrauma, S. 133-155; vgl. dazu auch Michal Y. Bodemann, Vom Prozess in Jerusalem zum Kniefall in Warschau und darüber hinaus. Proben im Gedächtnistheater in Deutschland 1960-1975, in: Konrad H. Jarausch / Martin Sabrow (Hg.), Verletztes Gedächtnis. Erinnerungskultur und Zeitgeschichte im Konflikt, Frankfurt a.M. 2002, S. 177-198, hier: S. 193-194.

31 Ebd. S.177.

arme ~? (scherzh.) 3.1 ein ~ der Flammen werden *im Feuer ums Leben kommen od. zerstört werden*[32] In dieser Definition lassen sich zwei verschiedene Bedeutungsebenen des Opferbegriffes identifizieren, für die in der deutschen Sprache nur ein gemeinsamer Begriff zu Verfügung steht.[33] Zum einen begegnen wir zunächst derjenigen Definition, die als *aktives*, als *positives* oder auch im Sinne René Girards (vgl. *Kapitel sechs*) als *sakrifizielles* Opfer bezeichnet werden kann, und zum anderen folgt darauf ab *Punkt drei* der zweite Bedeutungsstrang des Opferbegriffs, innerhalb dem das Opfer ausschließlich als *passives Objekt der Handlungen anderer* („Naturgewalten" etc. miteingeschlossen) beschrieben wird, ohne dass dem Opfer hier irgendein Sinn zugesprochen wird. Im Englischen kann dieser Unterschied mit den Begriffen „sacrifice" und „victim" ausgedrückt werden.[34] *Sacrifice* besitzt die erstgenannte Bedeutung des Opfers im positiven Sinne: Entweder opfert man sich für eine als sinnvoll angesehene Sache (für eine „bessere Welt", für die eigene Firma, für das „Vaterland" etc.), oder aber das oder der Geopferte dient einem kultischen Zweck als Opfergabe für dasjenige, das jeweils den Platzhalter des „Göttlichen" einnimmt. Das Opfer erhält damit eine positive Bedeutung: Der nicht passiv erlittene, sondern freiwillig übernommene Akt des Opferns führt gemäß der Meinung der Sich-Opfernden zu einer Verbesserung der Verhältnisse oder dient dazu – im sakrifiziell-kultischen Sinne – eine Beziehung zum Göttlichen aufzubauen, um die soziale Gemeinschaft darüber zu stabilisieren. Im Falle des Opfers im Sinne von *victim* sieht die Sachelage dagegen ganz anders aus: Das Opfer wird hier nicht mit irgendeiner Bedeutung versehen, sondern wird gerade durch seine Passivität und Sinnlosigkeit definiert. Diejenige Person, die zum Opfer in diesem Sinne wird, verliert zumindest phasenweise ihre Autonomie und ihren Status als Subjekt.[35] Sie wird – so die oben angeführte Definition des Wörterbuchs – zum *betroffenen Objekt*. Wenn Georg Wilhelm Friedrich Hegels Geschichte vom Herrn und Knecht[36] als die „Metastory" des modernen Bewusstseins gelesen wird[37], so zeigt

---

32 Wahrig, Wörterbuch der deutschen Sprache, S. 685 [kursiv im Original].
33 Zur folgenden Differenzierung des Opferbegriffs vgl. Reinhart Koselleck, Die Diskontinuität der Erinnerung, in: Deutsche Zeitschrift für Philosophie 47 (1999), S. 213-222, hier: S. 215.
34 Vgl. A. Assmann, Vier Formen des Gedächtnisses, S. 188.
35 Vgl. Giesen, Das Tätertrauma der Deutschen, S. 15-17.
36 Georg Wilhelm Friedrich Hegel, Phänomenologie des Geistes, Frankfurt a.M. 1986, S. 145-155.
37 Vgl. Bürger, Ursprung des postmodernen Denkens, S. 153-168.

sich, dass bereits hier in bestimmter Hinsicht das Motiv des Opfers, und zwar im Sinne von *sacrifice*, angelegt ist. Der Knecht erhält erst durch den Akt seiner Selbstopferung für den Herrn und in der Auseinandersetzung mit seiner Umwelt den Status der Subjektivität. Er wird zum Subjekt, indem er nicht wie der Herr einfach nur genießt, sondern indem er sich gleichsam „im Schweiße seines Angesichts" für eine Sache opfert. Ohne dieses Motiv der Aufopferung für eine Sache – insbesondere Zukunft und Fortschritt, wobei der Weg dorthin die Arbeit ist – kann das Bewusstsein des modernen Subjektes nicht gedacht werden. Das Konzept des Opfers im Sinne von *victim* dagegen widersetzt sich dieser abendländisch-modernen Vorstellung von Subjektivität. Das passive und sinnlose Opfer bleibt hier außen vor. Die Opfer des nationalsozialistischen Massenmordes waren Opfer im Sinne der Bedeutung von *victims*. Ihr Leiden und ihr Tod kann uns als nichts anderes, als ein sinnloses Geschehen erscheinen. Daraus jedoch ergeben sich zwei Probleme: So kam zum einen in *Kapitel fünf* die Narrationsanalyse zu dem Ergebnis, dass *victims* sich weitaus schwerer als andere Personengruppen in die Aktantenstruktur einer Geschichte integrieren lassen. Geschichten werden im Gegensatz zu argumentativ angelegten Diskursen insbesondere von *handelnden Personen* vorangetrieben, die in einem Interaktionsgeflecht stehen. Das *Opfer der Handlungen anderer* läuft damit Gefahr, durch die Maschen der narrativen Struktur zu fallen: Nicht seine Geschichte wird dann erzählt, sondern die Geschichte der im strikten Sinne Handelnden, die als aktive Handlungsproduzenten das Opfer zu dem machten, was es dann ist. Über Täter lässt sich besser als über Opfer erzählen – zumindest solange es sich um *victims* und nicht um *sacrifices* handelt. Aus der Differenzierung des Opferbegriffs in *sacrifices* und *victims* ergibt sich damit in Hinsicht auf die Opfer des Nationalsozialismus noch ein weiteres Problem. In seiner Untersuchung zu Kriegsdenkmälern und zum politischen Totenkult hält Reinhart Koselleck fest: „Der Zwang, dem gewaltsamen Tod einen Sinn abzugewinnen oder ihm zuvor schon zu unterlegen, ist so alt, wie Menschen sich in der Geschichte gegenseitig umzubringen fähig sind."[38] Was die KZ-Mahnmale betrifft, so identifiziert Koselleck hier einen Mentalitätswandel. Der Tod werde in diesem Fall nicht mehr als „Antwort", sondern nur noch als „Frage" verstanden, er erscheint uns nicht mehr als „sinnstiftend", son-

---

38 Koselleck, Zeitschichten, S. 276.

dern als „sinnfordernd".[39] Auf dem Hintergrund der vorliegenden Analyse des Warschauer Kniefalls und seiner Resonanz in den deutschen Medien lässt sich die Vermutung äußern, dass diese Umstellung vom *sinnstiftenden* hin zum *sinnfordernden*, das heißt zum an sich *sinnlosen Opfer* die Praxis der öffentlichen Erinnerungspolitik oft überfordert. Wenn einerseits die Opfer des nationalsozialistischen Massenmordes den traumatisch besetzten Referenzpunkt nationaler Identität im öffentlichen Diskurs bilden – das heißt, dass ihnen hier eine vergemeinschaftende Funktion zukommt –, und wenn andererseits im Sinne Girards davon ausgegangen werden muss, dass Gemeinschaftsbildung an zentraler Stelle des sakrifiziellen Opfer bedarf, dann keimt daraus der Verdacht, dass unter der Hand an manchen Stellen der bundesrepublikanischen Erinnerungspolitik insbesondere die jüdischen Opfer des Nationalsozialismus von *victims* zu *sacrifices* mutieren, das heißt, dass sie die rituelle Funktion kultischer Opferverehrung einnehmen. Die Konversion des Opfer-Status lässt sich an die Bedeutung des Opfers im Christentum anschließen. Der christliche Gott „steht nicht neutral über den Menschen, sondern parteilich auf der Seite der Opfer".[40] So gesehen wiederholt sich das „Geheimnis von Jesu Leiden"[41] in *allen* Opfern. Eine solche Übertragung ist jedoch nur aufgrund einer *sakrifiziellen* Deutung des Todes Jesu Christi möglich, die alles andere als unproblematisch ist. Im Falle der Opfer des nationalsozialistischen Massenmordes erweist sich dieses Konzept als nicht mehr haltbar: die Opfer wurden schlicht misshandelt und ermordet, jedoch opferten sie sich in keiner Weise für eine Sache. Die symbolische Unterstellung eines Opferganges ist daher äußerst fragwürdig.

Es ist bekannt, dass der ursprünglich biblische Begriff des „Holocaust" eine sakrifiziell-kultische Opferbedeutung hat.[42] Was die jüdische Identitätssuche nach 1945 betrifft, so ist die positive Umdeutung des Opferstatus' inzwischen ausgiebig untersucht worden.[43] Wenn eine

---

39 Ebd., S. 278.
40 Häring, Das Böse in der christlichen Tradition, S. 104.
41 Ebd., S. 104.
42 Vgl. Wolfgang Benz, Lexikon des Holocaust, München 2002, S. 100-101; zur Herkunft des Begriffs „Holocaust" vgl. James E. Young, Beschreiben des Holocaust. Darstellung und Folgen der Interpretation, Frankfurt a.M. 1992, S. 139-149 sowie S. 312, Anmerkung 10.
43 Vgl. Hilene Flanzbaum (Hg.), The Americanization of the Holocaust, Baltimore 1999; vgl. Peter Novic, Nach dem Holocaust. Der Umgang mit dem Massenmord, Stuttgart 2001; vgl. Norman G. Finkelstein, Die Holocaust-Industrie. Wie das Leiden der Juden

sakrifizielle Konversion der Holocaustopfer in der Wahrnehmung der nachfolgenden jüdischen Generationen noch nachvollziehbar erscheint, so ungleich fragwürdiger ist sie, wenn sie, wenn auch nur latent, auf deutscher Seite erfolgt. Die von einigen Autoren immer wieder beobachtete „Sakralisierung"[44] des Holocaust als symbolisches Zentrum zivilreligiöser Buß- und Andachtspraxis läuft Gefahr, *victims zu sacrifices* umzuformen. Weder *Sakralisierung* und erst recht nicht *Sakrifizierung* sind jedoch angemessene Antworten auf das zerstörte Leben der Opfer. So hält Derrida ausdrücklich fest, Akte des Entschuldigens und Vergebens dürften nicht eine normalisierte und normalisierende therapeutische Form annehmen[45] und Ricœur besteht im gleichen Tenor darauf, dass die Ritualisierung der Schuldbearbeitung immer die Gefahr beinhalte, die Auseinandersetzung mit dem zugrunde liegenden ethischen Konflikt durch die Formsprache des Rituals zu übertünchen.[46] In dieser Hinsicht ist es aufschlussreich, wenn in einem anderen Zusammenhang Max Weber hinsichtlich des Entstehens religiöser, das Diesseits transzendierender Vorstellungswelten wie Dämonenglauben oder Totenkult Folgendes anmerkt: „Wenn der Tote nur durch symbolische Handlungen zugänglich ist und nur in Symbolen der Gott sich äußert, so kann er auch mit Symbolen statt mit Realitäten zufriedengestellt werden."[47] Dieses Zitat weist darauf hin, dass ab einem bestimmten Niveau kultureller Komplexität die „Realität" hinter der symbolischen Repräsentation verloren gehen kann. Angesichts eines Sachverhalts wie des Holocausts wäre dies mehr als fatal. An einigen Stellen der vorliegenden Arbeit wurde zu zeigen versucht, dass nicht-rationale beziehungsweise nicht-diskursive Kommunikationsmedien wie sie unter den Begriff des „Symbolischen" gefasst werden können, durchaus ihren eigenen Wert besitzen, das heißt, dass sie keine „naiven" oder „überkommenen" Formen der intersubjektiven Bedeutungsvermittlung darstellen, sondern

---

ausgebeutet wird, München 2000; vgl. Jack Kugelmass, Weshalb wir nach Polen reisen. Holocaust-Tourismus als säkulares Ritual, in: James E. Young (Hg.), Mahnmale des Holocaust. Motive, Rituale und Stätten des Gedenkens, München 1994; vgl. Idith Zertal, Nation und Tod. Der Holocaust in der israelischen Öffentlichkeit, Göttingen 2003; vgl. Moshe Zimmermann, Täter-Opfer-Dichotomien als Identitätsform, in: Jarausch / Sabrow (Hg.), Verletztes Gedächtnis, S. 199-216.

44 Vgl. Arno Mayer, Memory and History. On the Poverty of Remembering and Forgetting the Judeocide, in: Steininger, Rolf (Hg.), Der Umgang mit dem Holocaust: Europa – USA - Israel, Wien 1994, S. 444-456; vgl. Werner Gephart, Das Gedächtnis und das Heilige.

45 Derrida, On Cosmopolitanism and Forgiveness, S. 32.

46 Ricœur, Das Rätsel der Vergangenheit, S.147.

47 Weber, Wirtschaft und Gesellschaft, S. 248.

dass ihnen ein spezifisches, nicht zu unterschätzendes Potential gegenseitiger Verständigung zukommt. Es muss allerdings ebenso darauf hingewiesen werden, dass gerade symbolische Verständigung dazu tendiert – gerade weil sich Symbole dem rational nachvollziehbaren Argument entziehen – eine Art von „kommunikativem Selbstläufer" zu produzieren. Wenn Kultur im Sinne Geertz' als relationales Netz symbolischer Bedeutungen verstanden wird, so folgt daraus die Annahme, dass sich bestimmte Bedeutungen, ist der Weg erst einmal eingeschlagen, sich aus diesem Gitterwerk heraus gleichsam von selbst generieren. Die Symbole – auch wenn es etwas unscharf ausgedrückt ist – beginnen dann „von sich aus" zu sprechen. Das kann dazu führen – auch wenn das ein sehr „protestantischer" Gedanke ist –, dass beispielsweise die unbequeme ethische Verantwortung des Einzelnen vor seinem eigenen Gewissen in die Formsprache eines geteilten Symbolismus und Ritualismus ausgelagert wird. Derrida und Ricœur dagegen beharren darauf, Akte des Entschuldigens und Vergebens müssten etwas „Verrücktes" und „Nicht-Regelbares" (letzthin etwas Nicht-Normatives) bleiben, ohne dass hier eine Vermittlung – beispielsweise durch einen geteilten Ritualismus – helfen könne. Sollte die Auseinandersetzung mit dem Holocaust zu mehr dienen, als die beschädigte Identität der Deutschen zu kitten, dann muss so gesehen die Forderung lauten, die Sinnlosigkeit des Mordens als solche nicht kulturell beantworten zu wollen, auch nicht durch konventionalisierte Rituale und eine revitalisierte Opfermythologie. Das wäre von diesem Standpunkt aus der angemessene Schritt dahin, die verletzte Personalität der Opfer jenseits des eigenen Interesses nach nationaler Reputation zu rehabilitieren. Brandts ordnungssprengende Geste – obwohl abermals ein Symbol – war sicher der richtige Schritt in diese Richtung.

In eigener Sache soll hier abschließend auf einen Punkt aufmerksam gemacht werden, der in der bisherigen Diskussion nicht, oder zumindest nur in vagen Ansätzen angesprochen wurde. An einigen Stellen wurde bereits auf die beklagenswerte Unterrepräsentation der eigentlichen Opfer eingegangen.[48] Was in der deutschen Nachkriegsdebattte bis in die heutige Zeit unser Verhältnis zu den Opfern des Holocaust angeht, so ist daran eines beklemmend: Auch wenn es gelegentlich und insbesondere befördert durch popularisierte Formen wie das *Tagebuch der*

---

48 Vgl. hierzu Ute Freverts Beitrag in Assmann / Frevert, Geschichtsvergessenheit, Geschichtsversessenheit, S. 266-271.

Anne Frank oder die Fernsehserie *Holocaust* zu einer Empathie mit dem Schicksal der Opfer kam, so blieb die Auseinandersetzung mit dem Massenmord doch in erster Linie eine moralische Angelegenheit. Das ist zunächst nichts Schlechtes. Beklemmend ist dabei, dass die ganze Debatte damit stets um die *eigene* Schuld und die *eigene* Verantwortung, kurz: um die *eigene* moralische Befindlichkeit kreiste und kreist. Was sich dagegen so gut wie nirgends finden lässt, ist der einfache Gedanke, dass neben der entstandenen moralischen Krise die Ermordung all dieser Menschen und ihr daraus resultierendes schlichtes „Nicht-mehr-bei-uns-Sein" für uns so etwas wie einen Verlust im Sinne einer gravierenden Verarmung unseres alltäglichen Miteinanders darstellen könnte. Die Abwesenheit der ehemaligen jüdischen Bürger (wie der homosexuellen, der „arbeitsscheuen", der psychisch kranken etc. Bürger, die alle, wohlgemerkt: *alle* eine Bereicherung unseres Alltags darstellen), wurde in der deutschen Öffentlichkeit nie so recht beklagt, oder, um es gewollt noch naiver auszudrücken: man hat die Toten offenbar niemals wirklich vermisst.[49] Der Umstand, sich ausführlich mit der eigenen Schuld beschäftigt zu haben, kann diese Lücke nicht schließen. Wenn auch die Täter insofern traumatisiert sind, da sie, wie Aleida Assmann es ausdrückt, an einer „Gedächtnisläsion"[50] leiden, so speist sich das deutsche Tätertrauma so gesehen nicht nur aus der entstandenen *Schuld*, sondern, tiefer noch, aus der Unmöglichkeit der Erinnerung daran, dass die Opfer die eigenen Nachbarn waren. So wie Alexander und Margarete Mitscherlich die Unfähigkeit der Konfrontation mit der eigenen Schuld unter anderem auf eine narzisstische Kränkung zurückführen[51], so kann in einer zwischenzeitlich transformierten Form ebenso ein gelegentlich beobachtbarer „moralischer Narzissmus" dazu führen, nur noch die eigene Schuld zu sehen, aber nicht mehr den Verlust ehemals gelebter, alltäglicher Gemeinschaftlichkeit.[52] Vielleicht besteht das Problem darin, dass die um den Begriff der „Schuld" kreisende öffentliche Moraldebatte automatisch zur Verfestigung einer sozialen Differenz führt: Schuld, und erst recht so genannte „Kollektivschuld", produziert automatisch eine Gruppe der Täter, die einer Gruppe der Opfer gegen-

---

49 Vgl. hierzu Franziska Becker, Gewalt und Gedächtnis. Erinnerungen an die nationalsozialistische Verfolgung einer jüdischen Landgemeinde, Göttingen 1994.
50 A. Assmann, in: dies. / Frevert, Geschichtsvergessenheit, Geschichtsversessenheit, S. 115.
51 Mitscherlich / Mitscherlich, Die Unfähigkeit zu trauern, S. 57-60.
52 Aktionen wie die Stolpersteine des Projektkünstlers Gunter Demnigs reagieren auf diese immer noch vorhandene Leerstelle in der Erinnerung.

übersteht. Ähnlich dem Argument Kay Junges, demnach das öffentliche Bekenntnis zur Kollektivschuld-These den psychohygienischen Nebeneffekt einer Entlastung der direkt beteiligten Täter nach sich zog[53], so kann vermutet werden, dass die öffentliche Fixierung auf die eigene Schuld den von den Nationalsozialisten willkürlich gezogenen Unterschied zwischen Juden und Deutschen insofern in fataler Weise perpetuiert, als damit das einstmals noch herrschende Dritte – nämlich alltägliches Miteinander – in Vergessenheit gerät. Damit soll keinesfalls für eine Beendigung der Auseinandersetzung mit der Schuldfrage plädiert werden. Es soll vielmehr schlicht darauf hingewiesen werden, dass der Verlust ehemals geteilter Gemeinschaftlichkeit und nicht nur die dann daraus resultierte eigene Schuld das Problem für uns sein sollte.

---

53 Junge, Zwischen Schweigen und Selbstbezichtigung, S. 125.

Literatur

Abbinnett, Ross (2003), Culture & Identity. Critical Theories, London.

Adler, Alfred (1979), Dumas und die Böse Mutter: über 10 historische Romane von Alexandere Dumas d.Ä., Berlin.

Adorno, Theodor W. (1997), Gesammelte Schriften, Bd. 4. Minima Moralia. Reflexionen aus dem beschädigten Leben, Frankfurt a.M.

Agamben, Giorgio (2002), Homo Sacer. Die souveräne Macht und das nackte Leben, Frankfurt a.M.

Alexander, Jeffrey C. (2000), The Strong Program in Cultural Theory: Elements of a Structural Hermeneutics, Schriftenreihe des Sonderforschungsbereichs „Norm und Symbol", Nr. 8, Konstanz.

Alexander, Jeffrey C. (2002), The Social Construction of Moral Universals. The „Holocaust" from War Crime to Trauma Drama, in: European Journal of Social Theory 5 (1), S. 5-85.

Alexander, Jeffrey C. u.a. (2004), Cultural Trauma and Collective Identity, Berkeley.

Alexander, Jeffrey C. (im Erscheinen), The Cultural Pragmatics of Social Performance: Between Ritual and Rationality, in: ders. / Giesen, Bernhard (Hg.), Social Performance: Symbolic Action, Cultural Pragmatics, and Ritual.

Althoff, Gerd (1997), Das Privileg der Deditio. Formen der Konfliktaustragung und -beilegung im 13. Jahrhundert, in: ders., Spielregeln der Politik im Mittelalter. Kommunikation in Frieden und Fehde, Darmstadt, S. 99-125.

Althoff, Gerd (2001), Die Veränderbarkeit von Ritualen im Mittelalter, in: ders., Formen und Funktionen öffentlicher Kommunikation im Mittelalter, Stuttgart, S. 157-200.

Anderson, Benedict (1998), Die Erfindung der Nation. Zur Karriere eines folgenreichen Konzepts, Berlin.

Andina-Kernen, Annemarie (1994), Über das Entstehen von Symbolen. Der Symbol- und Gestaltbildungsprozess aus künstlerischer, psychoanalytischer und kunstpsychologischer Sicht, Zürich.

Apter, Andrew (1992), Black Critics & Kings. The Hermeneutics of Power in Yoruba Society, Chicago.

Ariès, Philippe (2002), Geschichte des Todes, München.

Arnold, Sabine R. u.a. (Hg.) (1998), Politische Inszenierung im 20. Jahrhundert: Zur Sinnlichkeit der Macht, Wien.

Assmann, Aleida (1995), Funktionsgedächtnis und Speichergedächtnis – Zwei Modi der Erinnerung, in: Platt, Kristin / Dabag, Mihran (Hg.), Generation und Gedächtnis. Erinnerungen und kollektive Identitäten, Opladen, S. 169-185.

Assmann, Aleida / Friese, Heidrun (Hg.) (1998), Identitäten. Erinnerung, Geschichte, Identität, Bd. 3, Frankfurt a.M.

Assmann, Aleida (1999), Erinnerungsräume. Formen und Wandlungen des kulturellen Gedächtnisses, München.

Assmann, Aleida / Frevert, Ute (1999), Geschichtsvergessenheit, Geschichtsversessenheit. Vom Umgang mit deutschen Vergangenheiten nach 1945, Stuttgart.

Assmann, Aleida (2002), Gedächtnis als Leitbegriff der Kulturwissenschaften, in: Musner, Lutz / Wunberg, Gotthart (Hg.), Kulturwissenschaften. Forschung – Praxis – Positionen, Wien, S. 27-45.

Assmann, Aleida (2002), Vier Formen des Gedächtnisses, in: Erwägen Wissen Ethik 2, 13, S. 183-190.

Assmann, Jan (1988), Kollektives Gedächtnis und kulturelle Identität, in: ders. / Hölscher, Tonio (Hg.), Kultur und Gedächtnis, Frankfurt a.M., S. 7-19.

Assmann, Jan (1991), Stein und Zeit. Mensch und Gesellschaft im alten Ägypten, München.

Assmann, Jan (1995), Erinnern, um dazuzugehören. Kulturelles Gedächtnis, Zugehörigkeitsstruktur und normative Vergangenheit, in: Platt, Kristin / Dabag, Mihran (Hg.), Generation und Gedächtnis. Erinnerungen und kollektive Identitäten, Opladen, S. 51-75.

Assmann, Jan (1999), Das kulturelle Gedächtnis. Schrift, Erinnerung und politische Identität in frühen Hochkulturen, München.

Assmann, Jan (1999), Monotheismus, Gedächtnis und Trauma. Sigmund Freuds archäologische Lektüre der Bibel, in: Internationale Zeitschrift für Philosophie, S. 227-244.

Assmann, Jan (2000), Der Tod als Thema der Kulturtheorie. Todesbilder und Totenriten im Alten Ägypten, Frankfurt a.M.

Assmann, Jan (2000), Herrschaft und Heil. Politische Theologie in Altägypten, Israel und Europa, München.

Assmann, Jan (2002), Tod und Jenseits im Alten Ägypten, München.

Atteslander, Peter u.a. (1991), Methoden der empirischen Sozialforschung, Berlin.

Auerbach, Erich (1994), Mimesis. Dargestellte Wirklichkeit in der abendländischen Literatur, Tübingen.

Baudler, Georg (1997), Das Kreuz. Geschichte und Bedeutung, Düsseldorf.

Baudrillard, Jean (1991), Die fatalen Strategien, München.

Bauerle, Dorothee (1988), Gespenstergeschichten für ganz Erwachsene. Ein Kommentar zu Aby Warburgs Bilderatlas Mnemosyne, Münster.

Bauman, Zygmunt (1973), Culture as Praxis, London.

Bauman, Zygmunt (1994), Tod, Unsterblichkeit und andere Lebensstrategien, Frankfurt a.M.

Bauman, Zygmunt (1996), Moderne und Ambivalenz: das Ende der Eindeutigkeit, Frankfurt a.M.

Bauman, Zygmunt (2000), Modernity and the Holocaust, Ithaca, New York.

Bauman, Zygmunt (2000), Vom Nutzen der Soziologie, Frankfurt a.M.

Bauman, Zygmunt (2003), Flüchtige Moderne, Frankfurt a.M.

Bauman, Zygmunt (2004), Wasted Lives. Modernity and its Outcasts, Cambridge.

Becker, Franziska (1994), Gewalt und Gedächtnis. Erinnerungen an die nationalsozialistische Verfolgung einer jüdischen Landgemeinde, Göttingen.

Bedorf, Thomas (2003), Dimensionen des Dritten. Sozialphilosophische Modelle zwischen Ethischem und Politischem, München.

Bell, Catherine (1992), Ritual Theory, Ritual Practice, New York.

Bell, Catherine (1997), Ritual. Perspectives and Dimensions, New York.

Bellebaum, Alfred (1992), Schweigen und Verschweigen. Bedeutungen und Erscheinungsvielfalt einer Kommunikationsform, Opladen.

Benjamin, Walter (1969), Illuminationen. Ausgewählte Schriften, Frankfurt a.M.

Benz, Wolfgang (2002), Lexikon des Holocaust, München.

Berding, Helmut (Hg.) (1994), Nationales Bewusstsein und kollektive Identität. Studien zur Entwicklung des kollektiven Bewusstseins in der Neuzeit, Bd. 2, Frankfurt a.M.

Berding, Helmut (Hg.) (1996), Mythos und Nation. Studien zur Entwicklung des kollektiven Bewusstseins in der Neuzeit, Bd. 3, Frankfurt a.M.

Berg, Eberhard / Fuchs, Martin, (Hg.) (1993), Kultur, soziale Praxis, Text. Die Krise der ethnographischen Repräsentation, Frankfurt a.M.

Berger, Peter L., (1998), Erlösendes Lachen. Das Komische in der menschlichen Erfahrung, Berlin.

Berger, Peter L. / Luckmann, Thomas (1999), Die gesellschaftliche Konstruktion der Wirklichkeit, Frankfurt a.M.

Bergmann, Jörg R. (1987), Klatsch. Zur Sozialform der diskreten Indiskretion, Berlin.

Bergmann, Jörg R. / Luckmann, Thomas (1995), Reconstructive Genres of Everyday Communication, in: Quasthoff, Uta M. (Hg.), Aspects of Oral Communication, Berlin, S. 289-304.

Binswanger, Ludwig (1993), Ausgewählte Werke, Bd. 2. Grundformen und Erkenntnis menschlichen Daseins, Heidelberg.

Bizeul, Yves (Hg.) (2000), Politische Mythen und Rituale in Deutschland, Frankreich und Polen, Berlin.

Blumenberg, Hans (1979), Arbeit am Mythos, Frankfurt a.M.

Bodemann, Y. Michal (2002), Vom Prozess in Jerusalem zum Kniefall in Warschau und darüber hinaus. Proben im Gedächtnistheater in Deutschland 1960-1975, in: Jarausch, Konrad H. / Sabrow, Martin (Hg.), Verletztes Gedächtnis. Erinnerungskultur und Zeitgeschichte im Konflikt, Frankfurt a.M., S. 177-198.

Boehm, Gottfried (1978), Zu einer Hermeneutik des Bildes, in: Gadamer, Hans-Georg / Boehm, Gottfried (Hg.), Die Hermeneutik und die Wissenschaften, Frankfurt a.M., S. 444-471.

Boff, Leonardo (1985), Erfahrung von Gnade. Entwurf einer Gnadenlehre, Düsseldorf.

Bohrer, Karl Heinz (1981), Plötzlichkeit. Zum Augenblick des ästhetischen Scheins, Frankfurt a.M.

Bohrer, Karl Heinz (2003), Ekstasen der Zeit. Augenblick, Gegenwart, Erinnerung, München.

Bollnow, Otto Friedrich (1967), Dilthey. Eine Einführung in seine Philosophie, Stuttgart.

Borst, Arno (1973), Das historische ‚Ereignis', in: Koselleck, Reinhart / Stempel, Wolf-Dieter (Hg.), Geschichte – Ereignis und Erzählung. Poetik und Hermeneutik, Bd. V, München, S. 536-540.

Bourdieu, Pierre (1996), Habitus, *illusio* und Rationalität, in: Bourdieu, Pierre / Wacquant, Loïc J.D., Reflexive Anthropologie, Frankfurt a.M., S. 147-175.

Brandt, Willy (1976), Begegnungen und Einsichten. Die Jahre 1960-1975, Hamburg.

Brandt, Willy / Kraatz, Birgit (1986), „...wir sind nicht zu Helden geboren". Ein Gespräch über Deutschland mit Birgit Kraatz, Zürich.

Brandt, Willy (1989), Erinnerungen, Frankfurt a.M.

Brenske, Helmut (1984), Ikonen, Freiburg.

Bron, Bernhard (1979), Das Wunder. Das theologische Wunderverständnis im Horizont des neuzeitlichen Natur- und Geschichtsbegriffs, Göttingen.

Bronfen, Elisabeth u.a. (Hg.) (1999), Trauma zwischen Psychoanalyse und kulturellem Deutungsmuster, Stuttgart.

Brose, Hannes-Georg u.a. (1993), Soziale Zeit und Biographie. Über die Gestaltung von Alltagszeit und Lebenszeit, Opladen.

Brumlik, Micha (1992), Trauerrituale und politische Kultur nach der Shoah in der Bundesrepublik, in: Loewy, Hanno (Hg.), Holocaust: Die Grenzen des Verstehens. Eine Debatte über die Besetzung der Geschichte, Reinbek bei Hamburg, S. 191-212.

Bruner, Jerome (1986), Actual Minds, Possible Worlds, Cambridge.

Bruner, Jerome (1987), Life as Narrative, in: Social Research. An International Quarterly of the Social Sciences 54, S. 11-32.

Bruner, Jerome (1997), Sinn, Kultur und Ich-Identität. Zur Kulturpsychologie des Sinns, Heidelberg.

Buchberger, Michael (Hg.) (1934), Lexikon für Theologie und Kirche, 6. Bd., Freiburg.

Bude, Heinz (2000), Die Kunst der Interpretation, in: Uwe Flick u.a. (Hg.), Qualitative Forschung. Ein Handbuch, Reinbek bei Hamburg, S. 569-578.

Bürger, Peter (2000), Ursprung des postmodernen Denkens, Weilerswist.

Bultmann, Rudolf (1980), Theologie des Neuen Testaments, Tübingen.

Burke, Kenneth (1966), Dichtung als symbolische Handlung. Eine Theorie der Literatur, Frankfurt a.M.

Burke, Peter (1997), Die Metageschichte von „Metahistory", in: Stückrath, Jörn / Zbinden, Jürg (Hg.), Metageschichte. Hayden White und Paul Ricœur. Dargestellte Wirklichkeit in der europäischen Kultur im Kontext von Husserl, Weber, Auerbach und Gombrich, Baden-Baden, S. 73-85.

Callois, Roger (1988), Der Mensch und das Heilige, München.

Caputo, John D. (1997), The Prayers and Tears of Jacques Derrida. Religion without Religion, Bloomington, Indianapolis.

Carr, David (1986), Time, Narrative, and History, Bloomington, Indianapolis.

Carr, David (1997), White und Ricoeur: Die narrative Erzählform und das Alltägliche, in: Stückrath, Jörn / Zbinden, Jürg (Hg.), Metageschichte. Hayden White und Paul Ricœur. Dargestellte Wirklichkeit in der europäischen Kultur im Kontext von Husserl, Weber, Auerbach und Gombrich, Baden-Baden, S. 169-179.

Caruth, Cathy (1996), Unclaimed Experience. Trauma Narrative and History. Baltimore.

Cassirer, Ernst (1997), Philosophie der symbolischen Formen, Bd. 2. Das mythische Denken, Darmstadt.

Cassirer, Ernst (1997), Philosophie der symbolischen Formen, Bd. 3. Phänomenologie der Erkenntnis, Darmstadt.

Cavalli, Alessandro (1991), Die Rolle des Gedächtnisses in der Moderne, in: Assmann, Aleida / Harth, Dietrich (Hg.), Kultur als Lebenswelt und Monument, Frankfurt a.M., S. 200-210.

de Chapeaurouge, Donat (1984), Einführung in die Geschichte der christlichen Symbole, Darmstadt.

Clifford, James / Marcus, George E. (Hg.) (1986), Writing Culture. The Poetics and Politics of Ethnography, Berkeley.

Cobley, Paul (2000), Narrative, London.

Confino, Alon (1997), Collective Memory and Cultural History: Problems of Method, in: American Historical Review 12, 102, S. 1386-1403.

Cooper, Barry (1986), The Political Theory of Eric Voegelin, New York.

Crossley, Michele L. (2000), Introducing Narrative Psychology: Self, Trauma, and the Construction of Meaning, Buckingham.

Csikszentmihaly, Mihaly (1975), Beyond Boredom and Anxiety, San Francisco.

Cunningham, Michael (1999), Saying Sorry: the Politics of Apology, in: The Political Quarterly 70, 3, S. 285-293.

Currie, Mark (1998), Postmodern Narrative Theory, New York.

Daniel, Ute (2004), Kompendium Kulturgeschichte: Theorien, Praxis, Schlüsselwörter, Frankfurt a.M.

DeConcini, Barbara (1990), Narrative Remembering, Lanham.

Derrida, Jacques (2001), On Cosmopolitanism and Forgiveness, London.

Die Bibel, Einheitsübersetzung der Heiligen Schrift. Altes und Neues Testament, Stuttgart 1980.

Dilthey, Wilhelm (1979), Gesammelte Schriften, VII. Bd. Der Aufbau der geschichtlichen Welt in den Geisteswissenschaften, Stuttgart.

Douglas, Mary (1966), Purity and Danger. An Analysis of Concepts of Pollution and Taboo, London.

Douglas, Mary (1986), Ritual, Tabu und Körpersymbolik. Sozialanthropologische Studien in Industriegesellschaft und Stammeskultur, Frankfurt a.M.

Dubiel, Helmut (1999), Niemand ist frei von der Geschichte. Die nationalsozialistische Herrschaft in den Debatten des Deutschen Bundestags, München.

Duden, Bd. 7. Etymologie. Herkunftswörterbuch der deutschen Sprache, bearbeitet von Günther Drodowski, Mannheim 1997.

Dumas, Alexandre (1998), Der Mann mit der eisernen Maske, Berlin.

Durkheim, Emile (1977), Über die Teilung der sozialen Arbeit, Frankfurt a.m.

Durkheim, Emile (1981), Die elementaren Formen des religiösen Lebens, Frankfurt a.m.

Dux, Günter (1992), Die Zeit in der Geschichte. Ihre Entwicklungslogik vom Mythos zur Weltzeit, Frankfurt a.M.

Ebertz, Michael N. (1987), Das Charisma des Gekreuzigten. Zur Soziologie der Jesusbewegung, Tübingen.

Ebertz, Michael N. (1998), Erosion der Gnadenanstalt? Zum Wandel der Sozialgestalt von Kirche, Frankfurt a.M.

Eco, Umberto (1992), Die Grenzen der Interpretation, München.

Edelman, Murray (1990), Politik als Ritual. Die symbolische Funktion staatlicher Institutionen und politischen Handelns, Frankfurt a.M.

Effe, Bernd (1990), Die Grenzen der Aufklärung. Zur Funktion des Mythos bei Euripides, in: Binder, Gerhard / Effe, Bernd (Hg.), Mythos. Erzählte Weltdeutung im Spannungsfeld von Ritual, Geschichte und Rationalität, Trier, S. 56-74.

Eggert, Hartmut / Golec, Janusz (Hg.) (1999): „...wortlos der Sprache mächtig". Schweigen und Sprechen in der Literatur und sprachlicher Kommunikation, Stuttgart.

Eisenstadt, Shmuel (1987), Kulturen der Achsenzeit. Ihre Ursprünge und ihre Vielfalt, 2 Bde., Frankfurt a.M.

Eisenstadt, Shmuel (1992), Kulturen der Achsenzeit II. Ihre institutionelle und kulturelle Dynamik, 3 Bde., Frankfurt a.M.

Eliade, Mircea (1991), Geschichte der religiösen Ideen, Bd. 3.2, Vom Zeitalter der Entdeckungen bis zur Gegenwart, Freiburg.

Elias, Norbert (1988), Über die Zeit, Frankfurt a. M.

Ellrich, Lutz (1999), Verschriebene Fremdheit. Die Ethnographie kultureller Brüche bei Clifford Geertz und Stephen Greenblatt, Frankfurt.

Enzensberger, Hans Magnus (1991), Bescheidener Vorschlag zum Schutze der Jugend vor den Erzeugnissen der Poesie, in: ders., Mittelmaß und Wahn. Gesammelte Zerstreuungen, Frankfurt a.M., S. 23-41.

Erlich, Victor (1964), Russischer Formalismus, München.

Esposito, Elena (2002), Soziales Vergessen. Formen und Medien des Gedächtnisses der Gesellschaft, Frankfurt a.M.

Feldmann, Klaus (1990), Tod und Gesellschaft. Eine soziologische Betrachtung von Sterben und Tod, Frankfurt a.M.

Fiedler, Peter (1996), Sünde und Sündenvergebung in der Jesustradition, in: Frankemölle, Hubert (Hg.), Sünde und Erlösung im Neuen Testament, Freiburg 1996.

Figal, Günter (1992), Zeit und Identität. Systematische Überlegungen zu Aristoteles und Platon, in: Zeiterfahrung und Personalität, hg. vom Forum für Philosophie Bad Homburg, Frankfurt a.M., S. 34-56.

Finkelstein, Norman G. (2000), Die Holocaust-Industrie. Wie das Leiden der Juden ausgebeutet wird, München.

Fischer, Helmut (1995), Die Ikone. Ursprung, Sinn, Gestalt, Freiburg.

Fischer-Lichte, Erika u.a. (Hg.) (2003), Performativität und Ereignis, Tübingen.

Flanzbaum, Hilene (Hg.) (1999), The Americanization of the Holocaust, Baltimore.

Forget, Philippe (Hg.) (1984), Text und Interpretation. Deutsch-französische Debatte mit Beiträgen von J. Derrida, Ph. Forget, M. Frank, H.-G. Gadamer, J. Greisch und F. Laruelle, München.

Frank, Manfred (1980), Das Sagbare und das Unsagbare. Studien zur neuesten französischen Hermeneutik und Texttheorie, Frankfurt a.M.

Frank, Robert H. (1988), Passions within Reasons. The Strategic Role of the Emotions, New York.

Franzosi, Roberto (1998), Narrative Analysis – Or why (and how) Sociologists should be interested in Narrative, in: Annual Review of Sociology 24, S. 517-554.

Fraser, Julius T. (1991), Die Zeit. Auf den Spuren eines vertrauten und doch fremden Phänomens, München.

Frayn, Michael (2003), Democracy, London.

Freud, Sigmund (1982), Die Traumdeutung, Frankfurt a.M.

Freud, Sigmund (1997), Der Mann Moses und die monotheistische Religion. Schriften über die Religion, Frankfurt a.M.

Frisch, Max (1976), Unsere Gier nach Geschichten, in: ders. ,Gesammelte Werke in zeitlicher Folge, VI Bde., Bd. IV, 1957-1963, Frankfurt a.M.

Frye, Northrop (1964), Analyse der Literaturkritik, Stuttgart.

Gadamer, Hans-Georg (1990), Wahrheit und Methode. Grundzüge einer philosophischen Hermeneutik, Tübingen.

Galling, Kurt (1958), Die Religion in Geschichte und Gegenwart. Handwörterbuch für Theologie und Religionswissenschaft, Tübingen.

Gangl, Manfred / Raulet, Gerald (Hg.) (1989), Jenseits instrumenteller Vernunft. Kritische Studien zur Dialektik der Aufklärung, Frankfurt a.M.

Garfinkel, Harold (1956), Conditions of Successful Degradation Ceremonies, in: The American Journal of Sociology LXI, S. 420-424.

Gasset, José Ortegay y (1983), Die Hauptwerke. Der Aufstand der Massen. Über die Liebe, Stuttgart.

Gebauer, Gunter / Wulf, Christoph (1998), Mimesis. Kultur – Kunst – Gesellschaft, Reinbek bei Hamburg.

Gebhardt, Winfried (1987), Fest, Feier, Alltag. Über die gesellschaftliche Wirklichkeit des Menschen und ihre Deutung, Frankfurt a.M.

Gebhardt, Winfried u.a. (Hg.) (1993), Charisma: Theorie, Religion, Politik, Berlin.

Gebhardt, Winfried u.a. (Hg.) (2000), Events. Soziologie des Außergewöhnlichen, Opladen.

Gehlen, Arnold (1964), Urmensch und Spätkultur. Philosophische Ergebnisse und Aussagen, Frankfurt a.M.

Gephart, Werner (1999), Das Gedächtnis und das Heilige. Zur identitätsstiftenden Bedeutung der Erinnerung an den Holocaust für die Gesellschaft der Bundesrepublik, in: ders. / Stierle, Karl-Heinz (Hg.), Gebrochene Identitäten. Zur Kontroverse um kollektive Identitäten in Deutschland, Israel, Südafrika, Europa und im Identitätskampf der Kulturen, Opladen, S. 29-46.

Geertz, Clifford (1987), Dichte Beschreibung. Beiträge zum Verstehen kultureller Systeme, Frankfurt a.M.

Geertz, Clifford (1999), Work and Lives. The Anthropologist as Author, Stanford.

Gennep, Arnold van (1986), Übergangsriten, Frankfurt a.M.

Gergen, Kenneth J. (1991), The Saturated Self: Dilemmas of Identity in Contemporary Life, New York.

Gestrich, Christoph (1989), Die Wiederkehr des Glanzes in der Welt. Die christliche Lehre von der Sünde und ihrer Vergebung in gegenwärtiger Verantwortung, Tübingen.

Giesen, Bernhard (1991), Die Entdinglichung des Sozialen. Eine evolutionstheoretische Perspektive auf die Postmoderne, Frankfurt a.M.

Giesen, Bernhard (1993), Die Intellektuellen und die Nation. Eine deutsche Achsenzeit, Frankfurt a.M.

Giesen, Bernhard (Hg.) (1996), Nationale und kulturelle Identität. Studien zur Entwicklung des kollektiven Bewusstseins in der Neuzeit, Frankfurt a.M.

Giesen, Bernhard (1999), Kollektive Identität. Die Intellektuellen und die Nation 2, Frankfurt a.M.

Giesen, Bernhard (2000), National Identity as Trauma: The German Case, in: Stråth, Bo (Hg.), Myth and Memory in the Construction of Community. Historical Patterns in Europe and Beyond, Brüssel, S. 227-247.

Giesen, Bernhard (2000), Die kulturelle Verfassung des Handelns. Zehn Gesichtspunkte, in: Schriftenreihe des Sonderforschungsbereichs 485, Nr. 4, Soziologische Perspektiven auf „Norm und Symbol", Konstanz, S. 13-25.

Giesen, Bernhard (2001), Voraussetzung und Konstruktion. Überlegungen zum Begriff der kollektiven Identität, in: Bohn, Cornelia / Willems, Herbert (Hg.), Sinngeneratoren. Fremd- und Selbstthematisierung in soziologisch-historischer Perspektive, Konstanz, S. 91-110.

Giesen, Bernhard (2002), Europäische Identität und transnationale Öffentlichkeit. Eine historische Perspektive, in: Kaelble, Hartmut u.a. (Hg.), Transnationale Öffentlichkeiten und Identitäten im 20. Jahrhundert, Frankfurt a.M., S. 67-84.

Giesen, Bernhard (2004), Latenz und Ordnung. Eine konstruktivistische Skizze, in: Schlögl, Rudolf u.a. (Hg.), Die Wirklichkeit der Symbole. Grundlagen der Kommunikation in historischen und gegenwärtigen Gesellschaften, Konstanz, S.73-100.

Giesen, Bernhard (2004), Das Tätertrauma der Deutschen. Eine Einleitung, in: ders. / Schneider, Christoph (Hg.), Tätertrauma, Konstanz, S. 11-53.

Giesen, Bernhard (2004), Triumph and Trauma, Boulder.

Giesen, Bernhard (2004), Noncontemporaneity, Asynchronicity and Divided Memories, in: Time and Society 13, 1, S. 28-40.

Giesen, Bernhard (2005), Tales of Transcendence. Imagining the Sacred in Politics, in: ders. / Šuber, Daniel (Hg.), Religion and Politics. Cultural Perspectives, Leiden 2005, S. 93-137.

Giesen, Bernhard (im Erscheinen), Performing the Sacred. A Durkheimian Perspective on the Performative Turn in the Social Sciences, in: Alexander, Jeffrey C. / Giesen, Bernhard (Hg.), Social Performance: Symbolic Action, Cultural Pragmatics, and Ritual.

Gillis, John R. (1994), Memory and Identity: The History of a Relationship, in: ders. (Hg.), Commemoration. The Politics of National Identity, Princeton, S. 3-24.

Girard René (1983), Das Ende der Gewalt. Analyse des Menschheitsverhängnisses, Freiburg.

Girard, René (1988), Das Heilige und die Gewalt, Zürich.

Girard, René (1992), Ausstoßung und Verfolgung. Eine historische Theorie des Sündenbocks, Frankfurt a.M.

Girndt, Helmut (Hg.) (1992), Zeit und Mystik: Der Augenblick im Denken Europas und Asiens, Sankt Augustin.

Goethe, Johann Wolfgang von (1972), Hamburger Ausgabe in vierzehn Bänden, Bd. III, Hamburg.

Goethe, Johann Wolfgang von (1999), Faust. Der Tragödie erster und zweiter Teil. Urfaust, München.

Goetsch, Paul (1991), Der Übergang von Mündlichkeit zu Schriftlichkeit. Die kulturkritischen und ideologischen Implikationen der Theorien von McLuhan, Goody und Ong, in: Raible, Wolfgang (Hg.), Symbolische Formen, Medien, Identität. Jahrbuch 1989/90 des Sonderforschungsbereichs „Übergänge und Spannungsfelder zwischen Mündlichkeit und Schriftlichkeit", Tübingen, S. 113-130.

Goffman, Erving (1977), Rahmen-Analyse. Ein Versuch über die Organisation von Alltagserfahrungen, Frankfurt a.M.

Goffman, Erving (1986), Interaktionsrituale. Über Verhalten in direkter Kommunikation, Frankfurt a.M.

Goffman, Erving (2000), Wir alle spielen Theater. Die Selbstdarstellung im Alltag, München.

Good, Paul (Hg.) (1975), Max Scheler im Gegenwartsgeschehen der Philosophie, Bern.

Goody, Jack u.a. (1986), Entstehung und Folgen der Schriftkultur, Frankfurt a.M.

Graf, Friedrich Wilhelm (2004), Die Wiederkehr der Götter. Religion in der modernen Welt, München.

Greimas, Algirdas Julien (1971), Strukturelle Semantik. Methodologische Untersuchungen, Braunschweig.

Greshoff, Rainer / Kneer, Georg (Hg.) (1999), Struktur und Ereignis in theorievergleichender Perspektive, Opladen.

Grondin, Jean (1982), Hermeneutische Wahrheit? Zum Wahrheitsbegriff Hans-Georg Gadamers, Königstein/Ts.

Gründel, Johannes (1990), Schuld – Strafe – Versöhnung aus theologischer Sicht, in: Köpcke-Duttler, Arnold (Hg.), Schuld – Strafe – Versöhnung. Ein interdisziplinäres Gespräch, Mainz, S. 114-115.

Guardini, Romano (1961), Vom Heiligen Zeichen, Mainz.

Gusfield, Joseph R. (1981), The Culture of Public Problems. Drinking - Driving and the Symbolic Order, Chicago.

Guttandin, Friedhelm (1998), Einführung in die „Protestantische Ethik" Max Webers, Opladen.

Habermas, Jürgen (1983), Die Verschlingung von Mythos und Aufklärung. Bemerkungen zur Dialektik der Aufklärung – nach einer erneuten Lektüre, in: Bohrer, Karl Heinz (Hg.), Mythos und Moderne. Begriff und Bild einer Rekonstruktion, Frankfurt a.M., S.405-431.

Haferkamp, Hans (1990), Sozialstruktur und Kultur, Frankfurt a.M.

Hahn, Alois (1991), Rede- und Schweigeverbote, in: Kölner Zeitschrift für Soziologie und Sozialpsychologie 1, S. 86-105.

Hahn, Alois (2000), Zur Soziologie der Beichte und anderer Formen institutionalisierter Bekenntnisse: Selbstthematisierung und Zivilisationsprozess, in: ders., Konstruktionen des Selbst, der Welt und der Geschichte, Frankfurt a.M., S. 197-236.

Hahn, Alois (2001), Heideggers Philosophie des Todes im Diskursfeld seiner Zeit (Weber, Simmel und Scheler), in: Weiß, Johannes (Hg.), Die Jemeinigkeit des Mitseins: Die Daseinsanalytik Martin Heideggers und die Kritik der soziologischen Vernunft, Konstanz, S. 105-128.

Halbwachs, Maurice (1966), Das Gedächtnis und seine sozialen Bedingungen, Berlin.

Halbwachs, Maurice (1967), Das kollektive Gedächtnis, Stuttgart.

Hall, John R. u.a. (2003), Sociology on Culture, New York.

Hamacher, Elisabeth (1999), Gershom Scholem und die Allgemeine Religionsgeschichte, Berlin.

Hansen-Löve, Aage A. (1987), Der Russische Formalismus. Methodologische Rekonstruktion seiner Entwicklung aus dem Prinzip der Verfremdung, Wien.

Häring, Hermann (1999), Das Böse in der Welt. Gottes Macht oder Ohnmacht?, Darmstadt.

Häring, Hermann (2003), Das Böse in der christlichen Tradition, in: Laube, Johannes (Hg.), Das Böse in den Weltreligionen, Darmstadt, S. 102-130.

Harris, Marvin (1999), Theories of Culture in Postmodern Times, London.

Hassard, John (Hg.) (1990), The Sociology of Time, Houndmills.

Hegel, Georg Wilhelm Friedrich (1970), Werke in zwanzig Bänden, Bd. 12. Vorlesungen über die Philosophie der Geschichte, Frankfurt a.M.

Hegel, Georg Wilhelm Friedrich (1986), Phänomenologie des Geistes, Frankfurt a.M.

Heidegger, Martin (1979), Sein und Zeit, Tübingen.

Heidegger, Martin (1989), Beiträge zur Philosophie: (Vom Ereignis), Frankfurt a.M.

Heinrich, Klaus (1983), Die Funktion der Genealogie im Mythos, in: ders., Vernunft und Mythos. Ausgewählte Texte, Frankfurt a.M., S. 11-26.

Hepp, Andreas (1999), Cultural Studies und Medienanalyse. Eine Einführung, Opladen.

Herf, Jeffrey (1998), Zweierlei Erinnerung. Die NS-Vergangenheit im geteilten Deutschland, Berlin.

Herrmann, Friedrich-Wilhelm von (1994), Wege ins Ereignis. Zu Heideggers ‚Beiträgen zur Philosophie', Frankfurt a.M.

Heuermann, Hartmut (1994), Medienkultur und Mythen. Regressive Tendenzen im Fortschritt der Moderne, Reinbek bei Hamburg.

Hickman, John Phillips (1962), Psychoanalyse und Symbol, Bern.

Hilberg, Raul (1996), Täter, Opfer, Zuschauer. Die Vernichtung der Juden 1933-1945, Frankfurt a.M.

Hillebrand, Bruno (1999), Ästhetik des Augenblicks. Der Dichter als Überwinder der Zeit – von Goethe bis heute, Göttingen.

Hirschauer, Stefan / Amann, Klaus (Hg.) (1997), Die Befremdung der eigenen Kultur. Zur ethnographischen Herausforderung soziologischer Empirie, Frankfurt a.M.

Hitzler, Ronald (2002), Inszenierung und Repräsentation. Bemerkungen zur Politikdarstellung in der Gegenwart, in: Soeffner, Hans-Georg / Tänzler, Dirk (Hg.), Figurative Politik. Zur Performanz der Macht in der modernen Gesellschaft, Opladen, S. 35-49.

Hödl, Hans Gerald (1999), Schwarze Rituale. Überlegungen zur religionsphilosophischen Interpretation indiginer Kulte, in: Uhl, Florian / Boelderl, Artur R. (Hg.), Rituale. Zugänge zu einem Phänomen. Düsseldorf, S. 81-99.

Höfer, Josef / Rahner, Karl (Hg.) (1959), Lexikon für Theologie und Kirche, 3. Bd., Freiburg.

Höfer, Josef / Rahner, Karl (Hg.) (1965), Lexikon für Theologie und Kirche, 10. Bd., Freiburg.

Holländer, Hans (1984), Augenblick und Zeitpunkt, in: Thomsen, Christian W. / Holländer, Hans (Hg.), Augenblick und Zeitpunkt. Studien zur Zeitstruktur und Zeitmetaphorik in Kunst und Wissenschaften, Darmstadt, S. 7-21.

Holzhey, Helmut (1988), Cassirers Kritik des mythischen Bewusstseins, in: Braun, Hans-Jürg u.a. (Hg.), Über Ernst Cassirers Philosophie der symbolischen Formen. Frankfurt a.M., S. 191-205.

Horkheimer, Max / Adorno, Theodor W. (2003), Dialektik der Aufklärung: philosophische Fragmente, Frankfurt a.M.

Hübner, Kurt (1985), Die Wahrheit des Mythos, München.

Hülst, Dirk (1999), Symbol und soziologische Symboltheorie. Untersuchungen zum

Symbolbegriff in Geschichte, Sprachphilosophie, Psychologie und Soziologie, Opladen.

Husserl, Edmund (1992), Gesammelte Schriften, Bd. 5. Ideen zu einer reinen Phänomenologie, Hamburg.

Imdahl, Max (1994), Ikonik. Bilder und ihre Anschauung, in: Boehm, Gottfried (Hg.), Was ist ein Bild?, München, S. 300-324.

Imdahl, Max (1996), Reflexion, Theorie, Methode. Gesammelte Schriften, Bd. 3, Frankfurt a.M.

Inglis, Fred / Geertz, Clifford (2000), Culture, Custom and Ethics, Cambridge.

Iser, Wolfgang (1998), Mimesis – Emergenz, in: Kablitz, Andreas / Neumann, Gerhard (Hg.), Mimesis und Simulation, Freiburg, S. 667-684.

James, William (1914), Die religiöse Erfahrung in ihrer Mannigfaltigkeit. Materialien und Studien zu einer Psychologie und Pathologie des religiösen Lebens, Leipzig.

Jaspers, Karl (1956), Philosophie, Bd. 3. Metaphysik, Berlin.

Jaspers, Karl (1965), Allgemeine Psychopathologie, Berlin.

Jaspers, Karl (1973), Philosophie, Bd. 2. Existenzerhellung, Berlin.

Jaspers, Karl (1981), Erwiderung auf Rudolf Bultmanns Antwort, in: ders. / Bultmann, Rudolf, Die Frage der Entmythologisierung, München.

Jaspers, Karl (1983), Vom Ursprung und Ziel der Geschichte, München.

Jaspers, Karl (1987), Die Schuldfrage. Von der politischen Haftung Deutschlands, München.

Jaspers, Karl (1994), Psychologie der Weltanschauungen, München.

Jauss, Hans Robert (1973), Versuch einer Ehrenrettung des Ereignisbegriffs, in: Koselleck, Reinhart / Stempel, Wolf-Dieter (Hg.), Geschichte – Ereignis und Erzählung. Poetik und Hermeneutik, Bd. V, München, S. 554-560.

Joas, Hans (1999), Die Entstehung der Werte, Frankfurt a.M.

Judt, Tony (1992), The Past is Another Country: Myth and Memory in Postwar Europe, in: Daedalus 121, S. 83-118.

Jung, Thomas (1999), Geschichte der modernen Kulturtheorie, Darmstadt.

Jung, Werner (1995), Von der Mimesis zur Simulation. Eine Einführung in die Geschichte der Ästhetik, Hamburg.

Junge, Kay (2004), Zwischen Schweigen und Selbstbezichtigung. Zur undurchsichtigen Logik des Umgangs mit ungesühnter Schuld, in: Giesen, Bernhard / Schneider, Christoph (Hg.), Tätertrauma, Konstanz, S. 87-129.

Kamper, Dietmar (1986), Zur Soziologie der Imagination, München.

Kantorowicz, Ernst H. (1994), Die zwei Körper des Königs. Eine Studie zur politischen Theologie des Mittelalters, München.

Kany, Roland (1987), Mnemosyne als Programm. Geschichte, Erinnerung und die Andacht zum Unbedeutenden im Werk von Usener, Warburg und Benjamin, Tübingen.

Kaufmann, Franz-Xaver (1995), Macht die Zivilisation das Opfer überflüssig?, in: Schenk, Richard (Hg.), Zur Theorie des Opfers. Ein interdisziplinäres Gespräch, Stuttgart, S. 173-187.

316

Kee, Howard Clark (1983), Miracle in the Early Christian World, New Haven.

Keller, Reiner u.a. (Hg.) (2001), Handbuch sozialwissenschaftliche Diskursanalyse, Bd. 1. Theorien und Methoden, Opladen.

Keller, Reiner u.a. (2001), Zur Aktualität sozialwissenschaftlicher Diskursanalyse. Eine Einführung, in: ders. u.a. (Hg.), Handbuch sozialwissenschaftliche Diskursanalyse, Bd. 1. Theorien und Methoden, Opladen, S. 7-27.

Kermode, Frank (1981), Secrets and Narrative Sequence, in: Mitchell, William J. Thomas (Hg.), On Narrative, Chicago, S. 79-97.

Kessler, Udo (1995), Die Wiederentdeckung der Transzendenz: Ordnung von Mensch und Gesellschaft im Denken Eric Voegelins, Würzburg.

Kidd, Warren (2002), Culture and Identity, Houndmills.

Kierkegaard, Sören (1958), Gesammelte Werke, 16. Abteilung, Abschließende unwissenschaftliche Nachschrift zu den philosophischen Brocken, Düsseldorf.

Kierkegaard, Sören (1961), Gesammelte Werke, 31. Abteilung, Über den Begriff der Ironie. Mit ständiger Rücksicht auf Sokrates, Düsseldorf.

Kierkegaard, Sören (1984), Der Begriff Angst, Hamburg.

Kießling, Friedrich (2005), Täter repräsentieren: Willy Brandts Kniefall in Warschau. Überlegungen zum Zusammenhang von bundesdeutscher Außenrepräsentation und der Erinnerung an den Nationalsozialismus, in: Paulmann, Johannes (Hg.), Auswärtige Repräsentation. Deutsche Kulturdiplomatie nach 1945, Köln 2005, S. 205-224.

Kilian, Eveline (1997), Momente innerweltlicher Transzendenz. Die Augenblicklichkeitserfahrung in Dorothy Richardsons Romanzyklus *Pilgrimage* und ihr ideengeschichtlicher Kontext, Tübingen.

Knapp, Steven (1989), Collective Memory and the Actual Past, in: Representations 26, S. 123-148.

Kneer, Georg / Nassehi, Armin (1997), Niklas Luhmanns Theorie sozialer Systeme. Eine Einführung, München.

Koch, Peter (1988), Willy Brandt. Eine politische Biographie, Frankfurt a.M.

Koepping, Klaus-Peter (1987), Authentizität als Selbsterfindung durch den anderen: Ethnologie zwischen Engagement und Reflexion, zwischen Leben und Wissenschaft, in: Duerr, Hans Peter (Hg.), Authentizität und Betrug in der Ethnologie, Frankfurt a.M., S. 7-37.

König, Hans-Dieter (2000), Tiefenhermeneutik, in: Flick, Uwe u.a. (Hg.), Qualitative Forschung. Ein Handbuch, Reinbek bei Hamburg, S. 556-569.

Koselleck, Reinhart (1973), Ereignis und Struktur, in: ders. / Stempel, Wolf-Dieter (Hg.), Geschichte – Ereignis und Erzählung. Poetik und Hermeneutik, Bd. V, München, S. 560-571.

Koselleck, Reinhart (1973), Geschichte, Geschichten und formale Zeitstrukturen, in: ders. / Stempel, Wolf-Dieter (Hg.), Geschichte – Ereignis und Erzählung. Poetik und Hermeneutik, Bd. V, München, S. 211-222.

Koselleck, Reinhart (1995), Vergangene Zukunft. Zur Semantik geschichtlicher Zeiten, Frankfurt a.M.

317

Koselleck, Reinhart (1999), Die Diskontinuität der Erinnerung, in: Deutsche Zeitschrift für Philosophie 47, S. 213-222.

Koselleck, Reinhart (2000), Zeitschichten. Studien zur Historik, Frankfurt a.m.

Kösters, Barbara (1993), Gefühl, Abstraktion, symbolische Transformation. Zu Susanne Langers Philosophie des Lebendigen, Frankfurt a.m.

Kracauer, Siegfried (1971), Die Angestellten, Frankfurt a.m.

Kremiński, Adam (2001), Der Kniefall, in: Etienne, Françoise / Schulze, Hagen (Hg.), Deutsche Erinnerungsorte, München, S. 639-653.

Kugelmass, Jack (1994), Weshalb wir nach Polen reisen. Holocaust-Tourismus als säkulares Ritual, in: Young, James E. (Hg.), Mahnmale des Holocaust. Motive, Rituale und Stätten des Gedenkens, München.

Kumoll, Karsten / Schwengel, Hermann, Marshall D. Sahlins. Kultur, Geschichte und die Indigenisierung der Moderne, in: Hofmann, Martin Ludwig u.a. (Hg.), Culture Club. Klassiker der Kulturtheorie, Frankfurt a.m. 2004, S. 220-239.

Kunzler, Michael (1995), Die Liturgie der Kirche. AMATECA. Lehrbücher zur katholischen Theologie, Bd. X, Paderborn.

Langer, Susanne K. (1984), Philosophie auf neuem Wege. Das Symbol im Denken, im Ritus und in der Kunst, Frankfurt a.m.

Leach, Edmund (1978), Kultur und Kommunikation. Zur Logik symbolischer Zusammenhänge, Frankfurt a.m.

Lee, Raymond L.M. / Ackermann, Susan E. (2002), The Challenge of Religion after Modernity. Beyond Disenchantment, Burlington.

Leiris, Michel (1985), Das Heilige im Alltagsleben, in: ders., Die eigene und die fremde Kultur. Ethnologische Schriften, Bd. 1, Frankfurt a.m.

Ley, Michael u.a. (Hg.) (2003), Politische Religion? Politik, Religion und Anthropologie im Werk von Eric Voegelin, München.

Lipp, Wolfgang (1985), Stigma und Charisma. Über soziales Grenzverhalten, Berlin.

Lipp, Wolfgang (1990), Schuld und Gesellschaft. Mechanismen der sozialen Zuschreibung, Bewältigung und Wandlung von Schuld, in: Köpcke-Duttler, Arnold (Hg.), Schuld – Strafe - Versöhnung. Ein interdisziplinäres Gespräch, Mainz, S. 117-157.

Looff, Hans (1955), Der Symbolbegriff in der neueren Religionsphilosophie und Theologie, Köln.

Lorenz, Chris (1997), Konstruktion der Vergangenheit. Eine Einführung in die Geschichtstheorie, Köln.

Lorenzer, Alfred (1972), Kritik des psychoanalytischen Symbolbegriffs, Frankfurt a.M.

Lorenzer, Alfred (1974), Die Wahrheit der psychoanalytischen Erkenntnis. Ein historisch-materialistischer Entwurf, Frankfurt a.M.

Lorenzer, Alfred (1976), Sprachzerstörung und Rekonstruktion. Vorarbeiten zu einer Metatheorie der Psychoanalyse, Frankfurt a.M.

Lorenzer, Alfred (1977), Psychoanalyse als kritisch-hermeneutisches Verfahren, in: ders., Sprachspiel und Interaktionsformen. Vorträge und Aufsätze zu

Psychoanalyse, Sprache und Praxis, Frankfurt a.M., S. 105-129.

Lorenzer, Alfred (1986), Tiefenhermeneutische Kulturanalyse, in: König, Hans-Dieter u.a., Kultur-Analysen, Frankfurt a.M., S. 11-98.

Lübbe, Hermann (1979), Geschichtsphilosophie und politische Praxis, in: Marquard, Odo / Stierle, Karlheinz (Hg.), Geschichte – Ereignis und Erzählung, Poetik und Hermeneutik, Bd. V, München, S. 223-240.

Lübbe, Hermann (1986), Religion nach der Aufklärung, Graz.

Lübbe, Hermann (2001), „Ich entschuldige mich". Das neue politische Bußritual, Berlin.

Lübbe, Hermann (2003), Säkularisierung. Geschichte eines ideenpolitischen Begriffs, Freiburg.

Luckmann, Thomas (1991), Die unsichtbare Religion, Frankfurt a.M.

Luckmann, Thomas (1999), Phänomenologische Überlegungen zu Ritual und Symbol, in: Uhl, Florian / Boelderl, Artur R. (Hg.), Rituale. Zugänge zu einem Phänomen, Düsseldorf, S. 11-28.

Luhmann, Niklas (1994), Liebe als Passion. Zur Codierung von Intimität, Frankfurt a.M.

Luhmann, Niklas (1994), Soziale Systeme. Grundriss einer allgemeinen Theorie, Frankfurt a.M.

Luhmann, Niklas / Fuchs, Peter (1997), Reden und Schweigen, Frankfurt a.M.

Luhmann, Niklas, Die funktion der Religion, Frankfurt a.M. 1990.

Luhmann, Niklas (2002), Die Religion der Gesellschaft, Frankfurt a.M.

Lyotard, Jean-François (1999), Das postmoderne Wissen, Wien.

Mandler, Jean Matter (1984), Stories, Scripts, and Scenes: Aspects of Schema Theory, Hillsdale.

Marcel, Jean-Christophe / Mucchielli, Laurent (2003), Eine Grundlage des *lien social*: das kollektive Gedächtnis nach Maurice Halbwachs, in: Egger, Stephan (Hg.), Maurice Halbwachs – Aspekte des Werkes, Konstanz, S. 191-225.

Marquard, Odo / Stierle, Karlheinz (Hg.) (1979), Identität. Poetik und Hermeneutik, Bd. VIII, München.

Marquard, Odo (2000), Narrare necesse est, in: ders., Philosophie des Stattdessen. Studien, Stuttgart, S. 60-65.

Marquard, Odo (2003), Frage nach der Frage, auf die die Hermeneutik die Antwort ist, in: ders., Zukunft braucht Herkunft. Philosophische Essays, Stuttgart, S. 72-101.

Marquard, Odo (2003), Zeit und Endlichkeit, in: ders., Zukunft braucht Herkunft. Philosophische Essays, Stuttgart, S. 220-233.

Martin-Palma, José (1980), Gnadenlehre. Von der Reformation bis zur Gegenwart, Freiburg.

Marshall, Barbara (1993), Willy Brandt. Eine politische Biographie, Bonn.

Martin, David (1978), A General Theory of Secularization, Oxford.

Mauss, Marcel (1990), Die Gabe. Form und Funktion des Austauschs in archaischen Gesellschaften, Frankfurt a.M.

Mayer, Arno (1994), Memory and History. On the Poverty of Remembering and Forgetting the Judeocide, in: Steininger, Rolf (Hg.), Der Umgang mit dem Holocaust: Europa – USA - Israel, Wien, S. 444-456.

McKnight, Stephen A. (Hg.) (1987), Eric Voegelin's Search for Order in History, Lanham.

Mead, George Herbert (1965), From Gesture to Symbol, in: Parsons, Talcott u.a. (Hg.), Theories of Society. Foundations of Modern Sociological Theory, New York, S. 999-1004.

Mersch, Dieter (2002), Was sich zeigt. Materialität, Präsenz, Ereignis, München.

Mersch, Dieter (2002), Ereignis und Aura. Untersuchungen zu einer Ästhetik des Performativen, Frankfurt a.M.

Merseburger, Peter (2002), Willy Brandt. 1913-1992. Visionär und Realist, Stuttgart.

Merten, Klaus (1995), Inhaltsanalyse. Einführung in Theorie, Methode und Praxis, Opladen.

Mey, Günter (2000), Erzählungen in qualitativen Interviews: Konzepte, Probleme, soziale Konstruktion, in: Sozialer Sinn 1, S. 135-151.

Meyer, Thomas (1992), Die Inszenierung des Scheins. Voraussetzungen und Folgen symbolischer Politik. Essay-Montage, Frankfurt a.M.

Meyer, Thomas u.a. (Hg.) (2000), Die Inszenierung des Politischen. Zur Theatralität von Mediendiskursen, Wiesbaden.

Meyer, Thomas / Ontrup, Rüdiger (1998), Das Theater des Politischen: Politik und Politikvermittlung im Fernsehzeitalter, in: Willems, Herbert / Jurga, Martin (Hg.), Inszenierungsgesellschaft. Ein einführendes Handbuch, Opladen, S. 523-543.

Meyer, Ursula I. (1991), Paul Ricœur. Die Grundzüge seiner Philosophie, Aachen.

Michaels, Axel (1999), ‚Le rituel pour le rituel' oder wie sinnlos sind Rituale?, in: Caduff, Corina / Pfaff-Czarnecka, Joanna (Hg.), Rituale heute: Theorien – Kontroversen - Entwürfe, Berlin, S. 23-45.

Miller, Max / Soeffner, Hans-Georg (Hg.) (1996), Modernität und Barbarei. Soziologische Zeitdiagnosen am Ende des 20. Jahrhunderts, Frankfurt a.M.

Miller, William Ian (1993), Humiliation. And other Essays on Honor, Social Discomfort, and Violence, Ithaca.

Mitscherlich, Alexander / Mitscherlich, Margarete (1967), Die Unfähigkeit zu trauern. Grundlagen kollektiven Verhaltens, München.

Müller, Arno (1986), Geschichten und die Kategorien der Sozialwissenschaft, Frankfurt a.M.

Müller, Gerhard (Hg.) (2002), Theologische Realenzyklopädie, Berlin.

Müller, Michael u.a. (Hg.) (2002), Der Sinn der Politik. Kulturwissenschaftliche Politikanalysen, Konstanz.

Müller-Doohm, Stefan (1997), Bildinterpretation als struktural-hermeneutische Symbolanalyse, in: Hitzler, Ronald / Honer, Anne (Hg.), Sozialwissenschaftliche Hermeneutik, Opladen, S. 81-108.

Münkel, Daniela (2000), Zwischen Diffamierung und Verehrung. Das Bild Willy

Brandts in der bundesdeutschen Öffentlichkeit (bis 1974), in: Tessmer, Carsten (Hg.), Das Willy-Brandt-Bild in Deutschland und Polen, Schriftenreihe der Bundeskanzler-Willy-Brandt-Stiftung, Berlin, S. 23-40.

Münkler, Stefan / Roesler, Alexander (2000), Poststrukturalismus, Stuttgart.

Murray, Kevin (1989), The Construction of Identity in the Narratives of Romance and Comedy, in: Shotter, John / Gergen, Kenneth J., Texts of Identity, London, S. 177-205.

Musil, Robert (1987), Der Mann ohne Eigenschaften, Reinbek bei Hamburg.

Myerhoff, Barbara G. / Simić, Andrei (Hg.) (1978), Life's Career – Aging. Cultural Variations on Growing Old, Beverly Hills.

Nagler, Kerstin / Reichertz, Jo (1986), Kontaktanzeigen – auf der Suche nach dem anderen, den man nicht kennen will, in: Aufenanger, Stefan / Lenssen, Margrit (Hg.), Handlung und Sinnstruktur. Bedeutung und Anwendung der objektiven Hermeneutik, München, S. 84-122.

Needham, Rodney (Hg.) (1973), Right and Left. Essays in Dual Symbolic Classification, Chicago.

Niethammer, Lutz (1992), Erinnerungsgebot und Erfahrungsgeschichte. Institutionalisierungen im kollektivem Gedächtnis, in: Loewy, Hanno (Hg.), Holocaust: Die Grenzen des Verstehens. Eine Debatte über die Besetzung der Geschichte, Reinbek bei Hamburg, S. 21-34.

Nietzsche, Friedrich (1972), Unzeitgemässe Betrachtungen. Zweites Stück: Vom Nutzen und Nachteil der Historie für das Leben, Berlin.

Nietzsche, Friedrich (1975), Über Wahrheit und Lüge im außermoralischen Sinne, in: Gesellschaft der Freunde des Nietzsche-Archivs, 1-7, Wiesbaden.

Nietzsche, Friedrich (1993), Menschliches, Allzumenschliches. Ein Buch für freie Geister, Stuttgart.

Nora, Pierre (1998), Zwischen Geschichte und Gedächtnis, Frankfurt a.M.

Novic, Peter (2001), Nach dem Holocaust. Der Umgang mit dem Massenmord, Stuttgart.

Oevermann, Ulrich (1986), Kontroversen über sinnverstehende Soziologie. Einige wiederkehrende Probleme und Missverständnisse in der Rezeption der „objektiven Hermeneutik, in: Aufenanger, Stefan / Lenssen, Margrit (Hg.), Handlung und Sinnstruktur. Bedeutung und Anwendung der objektiven Hermeneutik, München, S. 19-83.

Olafson, Frederick A. (1975), Narrative Geschichte und Handlungsbegriff, in: Giesen, Bernhard / Schmid, Michael (Hg.), Theorie, Handeln und Geschichte. Erklärungsprobleme in den Sozialwissenschaften, Hamburg, S. 235-260.

Olick, Jeffrey K. / Levy, Daniel (1997), Collective Memory and Cultural Constraint: Holocaust Myth and Rationality in German Politics, in: American Sociological Review 62, S. 921-936.

Onasch, Konrad (1991), Intelligibilität und Spiritualität. Zur Soziologie der altrussischen Ikone, in: Haustein-Bartsch, Eva (Hg.), Russische Ikonen. Neue Forschungen, Recklinghausen, S. 9-24.

Oppitz, Michael (1993), Notwendige Beziehungen. Abriss der strukturalen Anthropologie, Frankfurt a.M.

Oppitz, Michael (1999), Montageplan von Ritualen, in: Caduff, Corina / Pfaff-Czarnecka, Joanna (Hg.), Rituale heute. Theorien – Kontroversen - Entwürfe, Berlin, S. 73-94.

Orth, Stefan (2001), Rätselhaftes Gedächtnis. Paul Ricœurs Thesen zu Erinnern und Vergessen, in: Herder-Korrespondenz. Monatshefte für Gesellschaft und Religion 55, 2, S. 80-85.

Ortmann, Günther (2003), Regel und Ausnahme. Paradoxien sozialer Ordnung, Frankfurt a.M.

Ortner, Sherry B. (1999), The Fate of ‚Culture'. Geertz and Beyond, Berkeley.

Otto, Rudolf (1963), Das Heilige. Über das Irrationale in der Idee des Göttlichen und sein Verhältnis zum Rationalen, München.

Panofsky, Erwin (1975), Sinn und Deutung in der bildenden Kunst, Köln.

Panofsky, Erwin (1979), Zum Problem der Beschreibung und Inhaltsdeutung von Werken der bildenden Kunst, in: Kaemmerling, Ekkehard (Hg.), Bildende Kunst als Zeichensystem, Bd. 1. Ikonographie und Ikonologie: Theorien, Entwicklung, Probleme, Köln, S. 185-206.

Paulmann, Johannes (2000), Pomp und Politik. Monarchenbewegungen in Europa zwischen Ancien Régime umd Erstem Weltkrieg, Paderborn.

Pearson, Carol S. (1998), The Heroe within. Six Archetyps we live in, San Francisco.

Perger, Josef (1992), Das Werk von Jean-François Lyotard. Eine Einführung, in: Hütter, Anton u.a. (Hg.), Paradigmenvielfalt und Wissensintegration. Beiträge zur Postmoderne im Umkreis von Jean-François Lyotard, Wien, S. 19-85.

Pesch, Otto Hermann / Peters, Albrecht (1981), Einführung in die Lehre von Gnade und Rechtfertigung, Darmstadt.

Petersen, Jürgen H. (2000), Mimesis – Imitatio – Nachahmung. Eine Geschichte der europäischen Poetik, München.

Pizzorno, Alessandro (1986), Some other Kinds of Otherness: A Critique of „Rational Choice" Theories, in: Foxley, Alejandro u.a. (Hg.), Development, Democracy and the Art of Trespassing. Essays in Honor of Albert O. Hirschman, Notre Dame, S. 355-373.

Platon (1974), Parmenides, in: Spätdialoge II, Zürich, S. 105-189.

Platon (1999), Parmenides, in: Sämtliche Werke, Bd. 5, hg. von Stahl, Wolfgang, Stuttgart, S. 83-130.

Plessner, Helmuth (1975), Die Stufen des Organischen und der Mensch, Berlin.

Pochat, Götz (2001), Symboltheorien und Weisen der Welterzeugung, in: Melville, Gert (Hg.), Institutionalität und Symbolisierung. Verstetigungen kultureller Ordnungsmuster in Vergangenheit und Gegenwart, Köln, S. 77-94.

Popitz, Heinrich (1992), Phänomene der Macht, Tübingen.

Pothast, Ulrich (1989), Die eigentlich metaphysische Tätigkeit. Über Schopenhauers Ästhetik und ihre Anwendung durch Samuel Beckett, Frankfurt a.M.

Pribersky, Andreas / Unfried, Berthold (Hg.) (1999), Symbole und Rituale des

Politischen. Ost- und Westeuropa im Vergleich, Frankfurt a. M.

Propp, Vladimir (1975), Morphologie des Märchens, Frankfurt a.M.

Raab, Jürgen u.a. (2002), Die Ästhetisierung von Politik im Nationalsozialismus. Religionssoziologische Analyse einer Machtfiguration, in: Soeffner, Hans-Georg / Tänzler, Dirk (Hg.), Figurative Politik. Zur Performanz der Macht in der modernen Gesellschaft, Opladen, S. 125-153.

Rappaport, Roy A. (1999), Ritual and Religion in the Making of Humanity, Cambridge.

Rasch, Wolf Dietrich (1986), Die literarische Décadence um 1900, München.

Rathmann, Thomas (Hg.) (2003), Ereignis. Konzeption eines Begriffs in Geschichte, Kunst und Literatur, Köln.

Rauer, Valentin (2004), Geste der Schuld. Die mediale Rezeption von Willy Brandts Kniefall in den neunziger Jahren, in: Giesen, Bernhard / Schneider, Christoph (Hg.), Tätertrauma, Konstanz, S. 133-155.

Reckwitz, Andreas / Sievert, Holger (Hg.) (1999), Interpretation. Konstruktion. Kultur. Ein Paradigmenwechsel in den Sozialwissenschaften, Opladen.

Rehrl, Stefan (1981), Demut (III). Neues Testament, in: Krause, Gerhard / Müller, Gerhard (Hg.), Theologische Realenzyklopädie, Bd. VIII, Berlin, S. 463-465.

Reich, Wilhelm (1986), Die Massenpsychologie des Faschismus, Köln.

Reichertz, Jo (1986), Probleme qualitativer Sozialforschung. Zur Entwicklungsgeschichte der Objektiven Hermeneutik, Frankfurt a.M.

Reichertz, Jo (1997), Objektive Hermeneutik, in: Hitzler, Ronald / Honer, Anne (Hg.), Sozialwissenschaftliche Hermeneutik, Opladen, S. 31-55.

Ricœur, Paul (1971), Die Fehlbarkeit des Menschen. Phänomenologie der Schuld, Freiburg.

Ricœur, Paul (1986), Die lebendige Metapher, München.

Ricœur, Paul (1988), Zeit und Erzählung, Bd. I. Zeit und historische Erzählung, München.

Ricœur, Paul (1989), Zeit und Erzählung, Bd. II. Zeit und literarische Erzählung, München.

Ricœur, Paul (2002), Symbolik des Bösen. Phänomenologie der Schuld II, Freiburg.

Ricœur, Paul (2004), Das Rätsel der Vergangenheit. Erinnern – Vergessen - Verzeihen, Göttingen.

Ritchin, Fred (1989), Was ist Magnum?, in: Manchester, William, Zeitblende. Fünf Jahrzehnte MAGNUM Photographie, München, S. 417-445.

Roth, Joseph (1995), Stationschef Fallmerayer, in: ders., Meistererzählungen, Zürich.

Roth, Michael S. (1995), The Ironist's Cage. Memory, Trauma, and the Construction of History, New York.

Sahlins, Marshall (1986), Der Tod des Kapitän Cook. Geschichte als Metapher und Mythos als Wirklichkeit in der Frühgeschichte des Königreiches Hawaii, Berlin.

Sahlins, Marshall (1992), Inseln der Geschichte, Hamburg.

Sahlins, Marshall (1992), Die erneute Wiederkehr des Ereignisses: zu den Anfängen des Großen Fidschikrieges zwischen den Königreichen Bau und Rewa 1843-

1855, in: Habermas, Rebekka / Minkmar, Niels (Hg.), Das Schwein des Häuptlings. Sechs Aufsätze zur Historischen Anthropologie, Berlin, S. 84-129.

Sarasin, Philipp (2003), Geschichtswissenschaft und Diskursanalyse, Frankfurt a.m.

Saurwein, Karl-Heinz (1999), Die Konstruktion kollektiver Identitäten und die Realität der Konstruktion, in: Gephart, Werner / Saurwein, Karl-Heinz (Hg.), Gebrochene Identitäten. Zur Kontroverse um kollektive Identitäten in Deutschland, Israel, Südafrika, Europa und im Identitätskampf der Kulturen, Opladen, S. 9-27.

Schapp, Wilhelm (1976), In Geschichten verstrickt. Zum Sein von Mensch und Ding, Wiesbaden.

Schätzler, Johann-Georg (1992), Handbuch des Gnadenrechts. Gnade – Amnestie – Bewährung, München.

Schechner, Richard (1988), Performance Theory, New York.

Scheffczyk, Leo (1982), Struktur und Ereignis als theologische Kategorien, in: Luyten, Norbert A., Wege zum Wirklichkeitsverständnis. Struktur und Ereignis I, Freiburg, S. 187-212.

Scheler, Max (2000), Grammatik der Gefühle. Das Emotionale als Grundlage der Ethik, München.

Schellong, Dieter (1998), Barmherzigkeit statt Opfer – Opfer aus Barmherzigkeit. Theologische Erwägungen zum Opferbegriff, in: Neuhaus, Dietrich (Hg.), Das Opfer. Religionsgeschichtliche, theologische und politische Aspekte, Frankfurt a.M., S. 75-105.

Scherer, Georg (1992), Der Augenblick im Denken Europas, in: Girndt, Helmut (Hg.), Zeit und Mystik. Der Augenblick im Denken Europas und Asiens, Sankt Augustin, S. 113-128.

Schlögl, Rudolf (1995), Glaube und Religion in der Säkularisierung. Die katholische Stadt – Köln, Aachen, Münster – 1700-1840, München.

Schlögl, Rudolf (2001), Historiker, Max Weber und Niklas Luhmann. Zum schwierigen (aber möglicherweise produktiven) Verhältnis von Geschichtswissenschaft und Systemtheorie, in: Soziale Systeme 7, 1, Stuttgart, S. 23-45.

Schlögl, Rudolf (2004), Symbole in der Kommunikation. Zur Einführung, in: ders. u.a. (Hg.), Die Wirklichkeit der Symbole. Grundlagen der Kommunikation in historischen und gegenwärtigen Gesellschaften, Konstanz, S. 9-38.

Schmidt, Peter (1989), Aby M. Warburg und die Ikonologie, Bamberg.

Schmidtchen, Gerhard (1979), Was den Deutschen heilig ist. Religiöse und politische Strömungen in der Bundesrepublik Deutschland, München.

Schmitt, Carl (1990), Politische Theologie. Vier Kapitel zur Lehre von der Souveränität, Berlin.

Schmitt, Jean-Claude (1992), Die Logik der Gesten im europäischen Mittelalter, Stuttgart.

Schneider, Wolfgang Ludwig (2004), Brandts Kniefall in Warschau. Politische und ikonographische Bedeutungsaspekte, in: Giesen, Bernhard / Schneider,

Christoph (Hg.), Tätertrauma, Konstanz, S. 157-194.

Schoeller Reisch, Donata (1999), Enthöhter Gott – vertiefter Mensch. Zur Bedeutung der Demut, ausgehend von Meister Eckhart und Jakob Böhme, Freiburg.

Schöllgen, Gregor (2001), Willy Brandt. Die Biographie, München.

Scholem, Gershom (1962), Von der mystischen Gestalt der Gottheit. Studien zu Grundbegriffen der Kabbala, Frankfurt a.M.

Scholem, Gershom (1983), Walter Benjamin und sein Engel. Vierzehn Aufsätze und kleinere Beiträge, Frankfurt a.M.

Scholl, Heinz (1973), Willy Brandt – Mythos und Realität. Die authentische Lebensgeschichte eines Berufssozialisten, Euskirchen.

Scholl, Heinz (1974), Der falsche Messias. Aufstieg und Fall des Willy Brandt. Die authentische Lebensgeschichte des gescheiterten Kanzlers, Euskirchen.

Scholz, Bernhard F. (Hg.) (1998), Mimesis: Studien zur literarischen Repräsentation, Tübingen.

Schröder, Gerhart / Breuninger, Helga (Hg.) (2001), Kulturtheorien der Gegenwart. Ansätze und Positionen, Frankfurt a.M.

Schumann, Roswitha (1987), Fühlen, Gefühle und die lebendige Erfahrung von Wirklichkeit bei Georg Simmel, in: dies. / Stimmer, Franz (Hg), Soziologie der Gefühle. Zur Rationalität und Emotionalität sozialen Handelns, München, S. 27-63.

Schütz, Alfred (1971), Gesammelte Aufsätze. Das Problem der sozialen Wirklichkeit, Den Haag.

Schütz Alfred (1971), Gesammelte Aufsätze III. Studien zur phänomenologischen Philosophie, Den Haag.

Schütz, Alfred (1981), Der sinnhafte Aufbau der sozialen Welt. Eine Einleitung in die verstehende Soziologie, Frankfurt a.M.

Schütz, Alfred / Luckmann, Thomas (1984), Strukturen der Lebenswelt, Bd. 2, Frankfurt a.M.

Schütz, Alfred / Luckmann, Thomas (1994), Strukturen der Lebenswelt, Bd. 1, Frankfurt a.M.

Schwab-Trapp, Michael (1997), Ordnungen des Sprechens: Geschichten, Diskurse und Erzählungen über die NS-Zeit, in: Herz, Thomas / Schwab-Trapp, Michael, Umkämpfte Vergangenheit. Diskurse über den Nationalsozialismus seit 1945, Opladen, S. 217-247.

Schwartz, Barry (1981), Vertical Classification. A Study in Structuralism and the Sociology of Knowledge, Chicago.

Schweiker, William (2000), Heilige Gewalt und der Wert der Macht. René Girards Opfertheorie und die Theologie der Kultur, in: Janowski, Bernd / Welker, Michael (Hg.), Opfer. Theologische und kulturelle Kontexte, Frankfurt a.M., S. 108-125.

Schwitella, Johannes (1988), Erzählen als die gemeinsame Versicherung sozialer Identität, in: Raible, Wolfgang (Hg.), Zwischen Festtag und Alltag. Zehn

Beiträge zum Thema „Mündlichkeit und Schriftlichkeit", Tübingen, S. 111-132.

Seel, Martin (1987), Dialektik des Erhabenen. Kommentare zur „ästhetischen Barbarei heute", in: Schmid-Noerr, Gunzelin / van Reijen, Willem (Hg.), Vierzig Jahre Flaschenpost: „Dialektik der Aufklärung" 1947-1987, Frankfurt a.M., S. 11-40.

Sennett, Richard (2004), Verfall und Ende des öffentlichen Lebens. Die Tyrannei der Intimität, Frankfurt a.M.

Sewell, William H. jr. (2001), Die Theorie des Ereignisses. Überlegungen zur „möglichen Theorie der Geschichte" von Marshall Sahlins, in: Suter, Andreas / Hettling, Manfred (Hg.), Geschichte und Gesellschaft. Zeitschrift für Historische Sozialwissenschaft, Sonderheft 19: Struktur und Ereignis, Göttingen, S. 46-74.

Siegerist, Joachim (1988), Willy Brandt – das Ende einer Legende, Hamburg.

Siller, Peter / Pitz, Gerhard (Hg.) (2000), Politik als Inszenierung. Zur Ästhetik des Politischen im Medienzeitalter, Baden-Baden.

Simmel, Georg (1918), Lebensanschauung. Vier metaphysische Kapitel, München.

Simmel, Georg (1984), Die Großstädte und das Geistesleben, in: ders., Das Individuum und die Freiheit. Essays, Berlin.

Simmel, Georg (1992), Die Selbsterhaltung der socialen Gruppe. Sociologische Studie, in: ders., Aufsätze und Abhandlungen 1894 bis 1900, Frankfurt a.M., S. 311-372.

Simmel, Georg (1992), Soziologie. Untersuchungen über die Formen der Vergesellschaftung, Frankfurt a.M.

Simmel, Georg (1993), Treue. Ein sozialpsychologischer Versuch, in: ders., Aufsätze und Abhandlungen 1901-1908, Bd. 2, Frankfurt a.M., S. 398-403.

Simmel, Georg (2001), Soziologie der Geselligkeit, in: ders., Aufsätze und Abhandlungen 1909-1918, Bd. 1, Frankfurt a.M., S. 177-193.

Smith, Mark J. (2000), Culture. Reinventing the Social Sciences, Buckingham.

Smith, Philip (2001), Cultural Theory. An Introduction, Malden.

Soeffner, Hans-Georg (1979), Interaktion und Interpretation – Überlegungen zu Prämissen des Interpretierens in Sozial- und Literaturwissenschaft, in: ders. (Hg.), Interpretative Verfahren in den Sozial- und Textwissenschaften, Stuttgart, S. 328-351.

Soeffner, Hans-Georg (1995), Die Ordnung der Rituale. Die Auslegung des Alltags 2, Frankfurt a.M.

Soeffner, Hans-Georg (1995), Rituale des Antiritualismus – Materialien für Außeralltägliches, in: ders., Die Ordnung der Rituale. Die Auslegung des Alltags 2, Frankfurt a.M., S. 102-130.

Soeffner, Hans-Georg (1995), Der fliegende Maulwurf (Der taubenzüchtende Bergmann im Ruhrgebiet) – Totemistische Verzauberung der Realität und technologische Entzauberung der Sehnsucht, in: ders., Die Ordnung der Rituale. Die Auslegung des Alltags 2, Frankfurt a.M., S. 131-156.

Soeffner, Hans-Georg (1999), Verstehende Soziologie und sozialwissenschaftliche

Hermeneutik. Die Rekonstruktion der gesellschaftlichen Konstruktion der Wirklichkeit, in: Hitzler, Ronald u.a. (Hg.), Hermeneutische Wissenssoziologie. Standpunkte zur Theorie der Interpretation, Konstanz, S. 39-49.

Soeffner, Hans-Georg, Kulturmythos und kulturelle Realität(en), in: ders., Gesellschaft ohne Baldachin. Über die Labilität von Ordnungskonstruktionen, Weilerswist 2000, S. 153-179

Soeffner, Hans-Georg (2000), Zur Soziologie des Symbols und des Rituals, in: ders., Gesellschaft ohne Baldachin. Über die Labilität von Ordnungskonstruktionen, Weilerswist, S. 180-208.

Soeffner, Hans-Georg (2000), Der Mythos und die Macht des Wortes, in: ders., Gesellschaft ohne Baldachin. Über die Labilität von Ordnungskonstruktionen, Weilerswist, S. 25-45.

Soeffner, Hans-Georg (2004), Auslegung des Alltags – Der Alltag der Auslegung, Konstanz.

Soeffner, Hans-Georg (2004), Protosoziologische Überlegungen zur Soziologie des Symbols und des Rituals, in: Schlögl, Rudolf u.a. (Hg.), Die Wirklichkeit der Symbole, Konstanz, S. 41-72.

Soeffner, Hans-Georg / Tänzler, Dirk (2002), Figurative Politik. Prolegomena zu einer Kultursoziologie politischen Handelns, in: dies. (Hg.), Figurative Politik. Zur Performanz der Macht in der modernen Gesellschaft, Opladen, S. 17-33.

Sofsky, Wolfgang (2005), Traktat über die Gewalt, Frankfurt a.M.

Somers, Margaret R. (1994), The Narrative Constitution of Identity: A Relational and Network Approach, in: Theory and Society. Renewal and Critique in Social Theory 23, S. 605-649.

Sontag, Susan (1967), Against Interpretation, in: dies., Against Interpretation and other Essays, New York, S. 3-14.

Spaemann, Robert (1995), Bemerkungen zum Opferbegriff, in: Schenk, Richard (Hg.), Zur Theorie des Opfers. Ein interdisziplinäres Gespräch, Stuttgart, S. 11-24.

Stanko, Lucia / Ritsert, Jürgen (1994), Zeit als Kategorie in den Sozialwissenschaften, Münster.

Stanzel, Franz K. (1995), Theorie des Erzählens, Göttingen.

Stark, Thomas (1997), Symbol, Bedeutung, Transzendenz. Der Religionsbegriff in der Kulturphilosophie Ernst Cassirers, Würzburg.

Stegemann, Wolfgang (1996), Der Tod Jesu als Opfer. Anthropologische Aspekte seiner Deutung im Neuen Testament, in: Riess, Richard (Hg.), Abschied von der Schuld? Zur Anthropologie und Theologie von Schuldbekenntnis, Opfer und Versöhnung, Stuttgart, S. 120-139.

Stern, Carola (1975), Willy Brandt in Selbstzeugnissen und Bilddokumenten, Reinbek bei Hamburg.

Stollberg-Rilinger, Barbara (2004), Knien vor Gott – Knien vor dem Kaiser. Zum Ritualwandel im Konfessionskonflikt, in: Althoff, Gerd (Hg.), Zeichen – Rituale – Werte. Internationales Kolloquium des Sonderforschungsbereichs 496 an der

Westfälischen Wilhelms-Universität Münster. Schriftenreihe des Sonderforschungsbereichs 496, Bd. 3, Münster, S. 501-533.

Stråth, Bo (Hg.) (2000), Myth and Memory in the Construction of Community. Historical Patterns in Europe and Beyond, Brüssel.

Sturma, Dieter (1992), Person und Zeit, in: Zeiterfahrung und Personalität, hg. vom Forum für Philosophie Bad Homburg, Frankfurt a.M., S. 123-157.

Šuber, Daniel (2004), Kollektive Erinnerung und nationale Identität in Serbien, in: Giesen, Bernhard / Schneider, Christoph (Hg.), Tätertrauma, Konstanz, S. 347-379.

Suter, Andreas / Hettling, Manfred (2001), Struktur und Ereignis – Wege zu einer Sozialgeschichte des Ereignisses, in: dies. (Hg.), Geschichte und Gesellschaft. Zeitschrift für Historische Sozialwissenschaft, Sonderheft 19: Struktur und Ereignis, Göttingen, S. 7-32.

Swinburne, Richard (Hg.) (1989), Miracles, New York.

Sztompka, Piotr (2004), The Trauma of Social Change. A Case of Postcommunist Societies, in: Alexander, Jeffrey C. u.a., Cultural Trauma and Collective Identity, Berkeley, S. 155-195.

Tänzler, Dirk (2003), Ritual und Grenze, in: Fischer-Lichte, Erika u.a. (Hg.), Ritualität und Grenze, Tübingen, S. 315-327.

Tambiah, Stanley J. (2002), Eine performative Theorie des Rituals, in: Wirth, Uwe (Hg.), Performanz. Zwischen Sprachphilosophie und Kulturwissenschaft, Frankfurt a.M., S. 210-242.

Taylor, Charles (1995), Das Unbehagen an der Moderne, Frankfurt a.M.

Theunissen, Michael (1992), Negative Theologie der Zeit, Frankfurt a.M.

Theunissen, Michael (2001), Reichweite und Grenzen der Erinnerung, Tübingen.

Thomä, Dieter (2003), Vom Glück in der Moderne, Frankfurt a.M.

Thomsen, Christian W. / Holländer, Hans (Hg.) (1984), Augenblick und Zeitpunkt: Studien zur Zeitstruktur und Zeitmetaphorik in Kunst und Wissenschaft, Darmstadt.

Tiedemann, Rolf (1965), Studien zur Philosophie Walter Benjamins, Frankfurt a.M.

Tillich, Paul (1966), Symbol und Wirklichkeit, Göttingen.

Todorov, Tzvetan (1987), Literature and its Theorists. A personal View of Twentieth-Century Criticism, Ithaca.

Track, Joachim (1996), Das Opfer am Ende. Eine kritische Analyse zum Opferverständnis in der christlichen Theologie, in: Riess, Richard (Hg.), Abschied von der Schuld? Zur Anthropologie und Theologie von Schuldbekenntnis, Opfer und Versöhnung, Stuttgart, S. 140-167.

Trakl, Georg (1997), Achtzig Gedichte, Ebenhausen bei München.

Tulloch, John (1999), Performing Culture, Stories of Expertise and the Everyday, London.

Turner, Victor (1981), Social Dramas and Stories about Them, in: Mitchell, William J. Thomas (Hg.), On Narrative, Chicago, S.137-164.

Turner, Victor (1989), Das Ritual. Struktur und Anti-Struktur, Frankfurt a.M.

Turner, Victor (1989), Vom Ritual zum Theater. Der Ernst des menschlichen Spiels, Frankfurt a.M.

Turner, Victor (1990), Are there Universals of Performance in Myth, Ritual, and Drama?, in: Schechner, Richard / Appel, Willa (Hg.), By Means of Performance. Intercultural Studies of Theatre and Ritual, New York, S. 8-17.

Vaassen, Bernd (1996), Die narrative Gestalt(ung) der Wirklichkeit, Braunschweig.

Vansina, Jan (1985), Oral Tradition as History, London.

Vattimo, Gianni (2004), Jenseits des Christentums. Gibt es eine Welt ohne Gott?, München.

Vedder, Ben (2000), Was ist Hermeneutik? Ein Weg von der Textdeutung zur Interpretation der Wirklichkeit, Stuttgart.

Vester, Heinz-Günter (1987), Zwischen Sakrileg und Sakralem. Durkheims Beitrag zur Soziologie der Emotionen, in: Schumann, Roswitha / Stimmer, Franz (Hg), Soziologie der Gefühle. Zur Rationalität und Emotionalität sozialen Handelns, München, S. 1-26.

Viehöver, Willy (2001), Diskurse als Narrationen, in: Keller, Reiner u.a. (Hg.), Handbuch sozialwissenschaftliche Diskursanalyse, Bd. 1. Theorien und Methoden, Opladen, S. 177-206.

Vischer, Friedrich Theodor (1962), Das Symbol, in: Zeller, Eduard, Philosophische Aufsätze, Leipzig, S. 153-193.

Voegelin, Eric (1938), Die Politischen Religionen, Wien.

Voegelin, Eric (1959), Die Neue Wissenschaft der Politik, München.

Voegelin, Eric (1999), Der Gottesmord: Zur Genese und Gestalt der modernen politischen Gnosis, München.

Vögele, Wolfgang (1994), Zivilreligion in der Bundesrepublik Deutschland, Gütersloh.

Vonessen, Franz (1982), Der Symbolbegriff im griechischen Denken. Zur philosophischen Grundlegung einer Symbolwissenschaft, in: Lurker, Manfred (Hg.), Beiträge zu Symbol, Symbolbegriff und Symbolforschung, Baden-Baden, S. 9-16.

Wägenbaur, Thomas (1993), The Moment: a History, Typology and Theory of the Moment in Philosophy and Literature, Frankfurt a.M.

Wagner-Pacifici, Robin Erica (1986), The Moro Morality Play. Terrorism as Social Drama, Chicago.

Wagner-Willi, Monika (2001), Liminalität und soziales Drama. Die Ritualtheorie von Victor Turner, in: Wulf, Christoph u.a. (Hg.), Grundlagen des Performativen. Eine Einführung in die Zusammenhänge von Sprache, Macht und Handeln, Weinheim, S. 227-251.

Wahrig, Gerhard (Hg.) (1997), Wörterbuch der deutschen Sprache, München.

Warburg, Aby M. (1996), Schlangenritual. Ein Reisebericht, Berlin.

Weber, Alfred (1935), Kulturgeschichte als Kultursoziologie, Amsterdam.

Weber, Max (1980), Wirtschaft und Gesellschaft, Tübingen.

Weber, Max (1985), Wissenschaft als Beruf, in: ders., Gesammelte Aufsätze zur

Wissenschaftslehre, Tübingen, S. 582-613.

Weber, Max (1988), Gesammelte Aufsätze zur Religionssoziologie, Bd. I, Tübingen.

Wehler, Hans-Ulrich (1998), Die Herausforderung der Kulturgeschichte, München.

Weinrich, Harald (1977), Tempus. Besprochene und erzählte Welt, Stuttgart.

Weis, Kurt (Hg.) (1995), Was ist Zeit? Zeit und Verantwortung in Wissenschaft, Technik und Religion, München.

Weiss, Gilbert (2003), Die europäische Rezeption Eric Voegelins, in: Ley, Michael u.a. (Hg.), Politische Religion? Politik, Religion und Anthropologie in Werk von Eric Voegelin, München, S. 27-46.

Weiß, Johannes (1993), Vernunft und Vernichtung. Zur Philosophie und Soziologie der Moderne, Opladen.

Weizsäcker, Richard von (2001), Drei Mal Stunde Null? 1949. 1969. 1989. Deutschlands europäische Zukunft, Berlin.

Wellmer, Albrecht (1985), Zur Dialektik von Moderne und Postmoderne. Vernunftkritik nach Adorno, Frankfurt a.M.

Welzer, Harald (2002), Das kommunikative Gedächtnis. Eine Theorie der Erinnerung, München.

Wenner, Claudia (1998), Moments of Being. Zur Psychologie des Augenblicks bei Virginia Woolf, Frankfurt a.M.

Willems, Herbert (1997), Rahmen und Habitus. Zum theoretischen und methodischen Ansatz Erving Goffmans: Vergleiche, Anschlüsse und Anwendungen, Frankfurt a.M.

Wind, Edgar (1992), Warburgs Begriff der Kulturwissenschaft und seine Bedeutung der Ästhetik, in: Wuttke, Dieter (Hg.), Aby M. Warburg. Ausgewählte Schriften und Würdigungen, Baden-Baden, S. 401-417

Wittgenstein, Ludwig (1998), Logisch-philosophische Abhandlung. Tractatus logico-philosophicus, Frankfurt a.M.

White, Hayden (1990), Die Bedeutung der Form. Erzählstrukturen in der Geschichtsschreibung, Frankfurt a.M.

White, Hayden (1991), Metahistory. Die historische Einbildungskraft im 19. Jahrhundert in Europa, Frankfurt a.M.

Wodak, Ruth u.a. (1998), Zur diskursiven Konstruktion nationaler Identität, Frankfurt a.M.

Woolf, Virginia (1996), Der Augenblick. Essays, Frankfurt a.M.

Wulf, Christoph u.a. (2001), Das Soziale als Ritual. Zur performativen Bildung von Gemeinschaften, Opladen.

Wulf, Christoph u.a. (2001), Sprache, Macht und Handeln – Aspekte des Performativen, in: ders. u.a. (Hg.), Grundlagen des Performativen. Eine Einführung in die Zusammenhänge von Sprache, Macht und Handeln, Weinheim, S. 9-24.

Wuthnow, Robert (1992), Rediscovering the Sacred. Perspectives on Religion in Contemporary Society, Grand Rapids.

Young, James E. (1992), Beschreiben des Holocaust. Darstellung und Folgen der

Interpretation, Frankfurt a.M.

Zertal, Idith (2003), Nation und Tod. Der Holocaust in der israelischen Öffentlichkeit, Göttingen.

Zimmermann, Hans Dieter (2001), Menschenopfer – Gottesopfer: Wodan, Iphigenie, Isaak, Dionysos, Christus, in: Dieckmann, Bernhard (Hg.), Das Opfer – aktuelle Kontroversen. Religions-politischer Diskurs im Kontext der mimetischen Theorie, Münster, S. 59-80.

Zimmermann, Michael (1992), Negativer Fixpunkt und Suche nach positiver Identität. Der Nationalsozialismus im kollektiven Gedächtnis der alten Bundesrepublik, in Loewy, Hanno (Hg.), Holocaust: Die Grenzen des Verstehens. Eine Debatte über die Besetzung der Geschichte, Reinbek bei Hamburg, S. 128-143.

Zimmermann, Moshe (2002), Täter-Opfer-Dichotomien als Identitätsform, in: Jarausch, Konrad H. / Sabrow, Martin (Hg.), Verletztes Gedächtnis. Erinnerungskultur und Zeitgeschichte im Konflikt, Frankfurt, S. 199-216.

Žižek, Slavoi (2001), Die gnadenlose Liebe. Frankfurt a.M.

Žižek, Slavoi (2001), Die Tücke des Subjekts, Frankfurt a.M.

Žižek, Slavoi (2002), Das Einzelne: Hitchcocks Universum, in: ders. u.a., Was Sie immer schon über Lacan wissen wollten und Hitchcock nie zu fragen wagten, Frankfurt a.M., S. 189-255.

Zoll, Rainer (Hg.) (1988), Zerstörung und Wiederaneignung von Zeit, Frankfurt a.M

Abbildungsverzeichnis:

„Willy Brandt am Warschauer Ghetto-Mahnmal" (S.70), Copyright bei Fotoagentur Sven Simon.

„Titelblatt" Time, Januar 1971 (S.264), Copyright bei Time. The Weekly Magazine.

Plastik „Willy Brandt" von George Giusti (S. 265), Copyright bei National Portrait Gallery Washington.

Historische Kulturwissenschaft

Herausgegeben von Bernhard Giesen, Alois Hahn, Jürgen Osterhammel und Rudolf Schlögl

Band 1
Rudolf Schlögl, Bernhard Giesen,
Jürgen Osterhammel (Hg.)
Die Wirklichkeit der Symbole
Grundlagen der Kommunikation in
historischen und gegenwärtigen
Gesellschaften
2004, 464 Seiten, broschiert
ISBN 3-89669-693-9

Band 2
Bernhard Giesen,
Christoph Schneider (Hg.)
Tätertrauma
Nationale Erinnerung im
öffentlichen Diskurs
2004, 412 Seiten, broschiert
ISBN 3-89669-691-2

Band 3
Mark Hengerer
**Kaiserhof und Adel in der Mitte
des 17. Jahrhunderts**
Eine Kommunikationsgeschichte
der Macht in der Vormoderne
2004, 692 Seiten, broschiert
ISBN 3-89669-694-7

Band 4
Fabio Crivellari, Kay Kirchmann,
Marcus Sandl, Rudolf Schlögl (Hg.)
Die Medien der Geschichte
Historizität und Medialität in
interdisziplinärer Perspektive
2004, 608 Seiten, broschiert
ISBN 3-89669-721-8

Band 5
Rudolf Schlögl (Hg.)
Interaktion und Herrschaft
Die Politik der frühneuzeitlichen Stadt
2004, 584 Seiten, broschiert
ISBN 3-89669-703-X

Band 6
Boris Barth,
Jürgen Osterhammel (Hg.)
Zivilisierungsmissionen
Imperiale Weltverbesserung seit
dem 18. Jahrhundert
2005, 438 Seiten, broschiert
ISBN 3-89669-709-9

Band 7
Dmitri Zakharine
Von Angesicht zu Angesicht
Der Wandel direkter Kommunikation
in der ost- und westeuropäischen
Neuzeit
2005, 690 Seiten, broschiert
ISBN 3-89669-717-X

Band 8
Armin Owzar
**»Reden ist Silber,
Schweigen ist Gold«**
Konfliktmanagement im Alltag des
wilhelminischen Obrigkeitsstaates
2006, 488 Seiten, broschiert
ISBN 3-89669-718-8

UVK